주제로 읽는 논어

지식인의 필독서,
논어

주제로 읽는 논어

論語

최남규 지음

전북대학교출판문화원

들어가는 말

역사의 흐름을 살펴보면, 중국은 흉노·몽고·여진·만주족 등 외부 세력의 끊임없는 침략을 받았음에도 불구하고 오히려 그들을 중국 문화에 융합·동화시켜왔다. 그 속에는 중국의 힘이 숨겨져 있다. 중국의 유구한 역사를 품고 있는 '유가사상儒家思想'이 그것이다. 또한 이것은 중국의 유구한 역사를 탄탄하게 지탱해 온 중국의 지혜이기도 하다.

유가는 한나라 시기 이후로 줄곧 중국의 핵심 사상이었다. 유가의 모체는 공자孔子이고, 그 경서는 사서四書이다. 사서는 ≪논어論語≫·≪중용中庸≫·≪맹자孟子≫·≪대학大學≫이다. 이 가운데 ≪논어≫는 공자와 그 제자들의 언행을 기록하였고, ≪맹자≫는 맹자의 언행을 기록하였다. 그리고 ≪대학≫과 ≪중용≫은 각각 ≪예기≫의 편장 하나씩을 단행본으로 독립시킨 것이다.

≪논어≫는 유교의 전래와 함께 우리나라에 수용되어 널리 유행하였다. 우리나라의 유교문화는 조선시대에 그 꽃을 피웠다. 이로써 ≪논어≫는 사대부를 비롯한 지식인의 필독서로 자리매김하였고 당시 문화·사상에 커다란 영향을 미쳤다.

현대사회를 살아가는 우리가 ≪논어≫를 읽는 것은 과거 유교로의 회귀가 아니다. 당시 조선사회는 중국문화에 대한 수용이 비평 없이 무조건적인 것에 가까웠다. 그러나 현대 한국사회는 전통 유교문화를 바탕으로 우리만이 가지고 있는 독창적이고 새로운 문화사상을 융합·창출해 냈다. 그러므로 그동안 우리가 경시해 왔던 '중국의 수천 년을 이어온 지혜' 즉 ≪논어≫를 지금의 순수 한국 문화의식에 접목시켜 '온고지신溫故知新'해 볼 만한 가치가 있다. 이것이 지금 우리가 ≪논어≫를 읽고 그것을 이해하려는 이유이자 동기이다.

≪논어≫는 상당한 분량의 내용을 담고 있다. '정보의 홍수는 지식의 가뭄을 만든다.'고 하였다. 그러므로 이처럼 막대한 분량의 내용을 모두 지식과 지혜로 소화한다는 것은 불가능한 일이다. 본 책은 정보의 홍수 속에 빠져 지식과 지혜에 대한 갈증에 허덕이는 현대인을 위해 ≪논어≫를 주제별로 정리하였다. ≪논어≫에서 얻고자 하는 지혜가 있다면 주제별로 찾아 읽고, 그것을 삶의 지혜로 삼을 수 있도록 편의와 열쇠를 제공하고자 한 것이다.

≪논어≫는 공자와 그 제자들의 어록이다. 모두 20편으로 구성 되어 있으니 주제별로 나누어져 있는 것은 아니다. 따라서 전문 연구자가 아니라면 주제별로 이해하기란 쉽지 않다. 그러므로 본 책 '주제별 논어'는 ≪논어≫를 주제별로 귀납하여 이해의 폭을 넓혀 주고자 하였다. 그리고 ≪논어≫와 관련된 '사서오경四書五經'의 내용을 포함하고 있는 경우, 그 내용의 이해를 돕기 위해 그 내용을 살펴 보기로 한다.

≪사기≫의 〈공자세가孔子世家〉와 〈중니제자열전仲尼弟子列傳〉은 공자와 그 제자들을 이해할 수 있는 중요한 사료이다. 이에 부록으로 첨부하여 독자들에게 자료로 제공하고자 하였다.

'문질빈빈文質彬彬'이란, 바탕이 되는 내용과 꾸밈이 되는 형식이 적절히 조화를 이루는 것을 말한다. 내용과 형식이 함께 조화를 이루어야 전달하고자 하는 내용이 더욱 빛을 발하여 훌륭해지는 것이다. 서예가의 '서예작품'은 일종의 '꾸밈의 문文'이다. 따라서 ≪논어≫의 내용을 담고 있는 서예작품을 함께 감상함으로써 본 책의 미적지향은 물론 독자들이 그 내용을 오랫동안 기억할 수 있도록 상승효과를 부여하고자 하였다.

2022년 4월

최남규

목차

老師

제1장

만세의 스승

상가지구(喪家之狗) : 상갓집 개

공자孔子는 세계 4대 성인 가운데 한 명이자 만대의 스승이다. ≪논어≫를 읽으려면 먼저 ≪논어≫ 속의 공자를 이해해야 한다. ≪논어≫ 곳곳에서 공자는 자신의 의지와 사상을 언급하기도 하고, 혹은 제자들이 느끼는 스승 공자에 대한 내용이 드러나 있기도 하다.

공자는 스스로를 "내가 젊었을 때에 미천하였으므로 비천한 기예에 능함이 많았다. 군자는 할 줄 아는 일이 많아야 하는가? 많지 않아도 괜찮다."[1]라고 하였다.

자공은 노나라의 대부인 숙손무숙叔孫武叔이 스승 공자를 자신과 비교하자, "집의 담에 비유한다면, 내 집의 담은 어깨까지 닿아서 집안에 있는 좋은 것들을 들여다볼 수 있지만, 우리 선생님의 담은 몇 길이나 되어서 그 문을 찾아 들어가 보지 않는다면 그 안에 있는 종묘의 아름다움과 온갖 다양한 건물들을 볼 수 없다. 그 문을 찾아낸 사람이 아마 많지 않을 것이다."[2]라고 하였다. 자공이 보기에 스승 공자의 깊이는 궁궐의 담처럼 높아 재대로 헤아리지 않으면 그 세계를 쉽게 알기 어려울 정도로 높다하였다.

공자는 열심히 노력하기를 끼니를 잊고, 침식을 전폐하는 사람[3]이라고 스스로를 평하였다. 공부하는 것이 즐거워 늙어가는 것도 모를 정도였고 그것도 모자라 밥 먹을 시간이 없을 정도였으니 과연 공자다운 열

1 ≪論語·子罕 09.06≫: "吾少也賤, 故多能鄙事. 君子多乎哉? 不多也."

2 ≪論語·子張 19.23≫: "譬之宮牆, 賜之牆也及肩, 窺見室家之好. 夫子之牆數仞, 不得其門而入, 不見宗廟之美, 百官之富. 得其門者或寡矣."

3 ≪論語·述而 07.19≫: "其爲人也, 發憤忘食, 樂以忘憂, 不知老之將至云爾."

정이다.

공자의 이런 열정이 없었다면 지금의 공자가 되지 못했을 것이다. 공자의 삶은 어느 누구 못지않게 파란 만장했다.

'공자孔子'는 그에 대한 존칭이다. 원래 이름은 '구丘'이고, 자는 중니仲尼이다. 영어권에서는 'Confucius'라고 한다. BC 555년 9월 28일에 노魯나라 추읍鄒邑 창평향昌平鄕에서 태어났다. 지금의 산동성山東省 곡부시曲阜市 남신진南辛鎭이다.

공자의 6대조代祖 할아버지 공보가孔父嘉는 송宋나라에서 대사마大司馬를 지냈는데, 화보독華父督에게 죽음을 당하자, 그의 아들 자목금보子木金父가 가족을 데리고 노魯나라로 도망쳐 왔다. 공자의 아버지 숙량흘叔梁紇은 자목금보의 고손자이다. 숙량흘의 이름에 대해서는 학자마다 의견이 다르지만, 일반적으로 성은 공孔이고, 이름은 흘紇이며, 자字는 숙량叔梁이다. 숙량흘은 향장鄕長(마을의 우두머리)에 해당하는 추읍재鄒邑宰를 지냈으며, 기골이 장대하고 힘이 셌다고 한다. 공자의 신장이 약 190㎝이었다하니, 아버지의 유전자를 이어받은 듯하다.

숙량흘이 55세 때, 진晉나라의 연합군과 함께 핍양성逼陽城을 공격하게 되었는데, 핍양군이 꾀를 내어 연합군을 성문 안으로 끌어들인 다음 성문을 내리려 하자 숙량흘이 혼자서 육중한 성문을 밀쳐내 갇힐 뻔한 군사들을 구해 냈을 만큼 힘이 장사였다고 한다. 숙량흘이 66세(혹은 72세 때라고도 한다), 안징재顔徵在가 약 15세이던 때, 부부의 연을 맺어 공자를 낳았다. 숙량흘은 이미 시씨施氏라는 정실부인에게서 아홉 명의 딸을 낳았고, 소첩과의 사이에서 아들 맹피孟皮를 낳았는데, 맹피는 절름발이 장애인이었다. 훗날 공자의 어머니가 되는 안징재는 숙량흘에게 세 번째 여인이었고, 공자는 열 한 번 째 자식이었다. 사마천司馬遷의 ≪사기史記≫에는 숙량흘이 안씨와 야합野合하여 공자를 잉태하였다[4]고 기록되어 있다. 야합에 대하여 구체적인 설명이 없기 때문에 정확하게 알 수 없다. 그러나 공자가 정상적인 혼인관계에서 태어난 것은 아니라는 것을 추측할 수 있다.

공자의 이름 구丘는 니구산尼丘山에서 기도한 후에 그를 낳았고, 머리가 니구산처럼 가운데 부분이 움푹 들어갔다고 하여 붙여진 이름이다. 아들 가운데 두 번째 서열임을 나타내는 중仲과 니구산의 니尼를 합한 것이다. 지금은 니구산을 니산尼山이라고 부른다. 공자가 세 살 되던 해, 즉 어머니 안징재가 18살 되는 해에 숙량흘이 죽었다. 어머니는 공자의 나이 17(혹은 24살이라고도 함)살 때 32세의 나이로 요절하였다. 공자는 이때까지 아버지의 무덤을 모르고 있다가 그때서야 사람들에게 물어서 합장하였다고 한다.

19살에 송나라에서 계관씨亓官氏(丌官, 笄官으로 쓰기도 한다) 집안의 딸과 결혼한 후, 노나라로 돌아와, 이듬해 20살에 아들 리鯉를 낳았다. 공자가 아들을 낳았다는 소식을 듣고, 노나라 군주 노나라 소공昭公이 축하 선물로 큰 잉어 한 마리를 보내왔다. 리鯉는 잉어라는 뜻이다. 아들의 이름이 리鯉이고, 자가 백어伯魚인 것은 영광스럽게 받은 선물을 기념하기 위한 것이다. 이 해에 공자는 노나라의 창고지기인 위리委吏의 벼슬을 하였고, 그 다음 해 21살에는 가축을 기르는 승전리承田吏의 관직을 맡았다.

당시 노나라 소공昭公 정권은 계씨季氏·맹손씨孟孫氏·숙손씨叔孫氏 등 삼환씨三桓氏의 손아귀에서 놀아났다. 공자가 35세 되던 해에, 소

4 ≪史記·孔子世家≫: "紇與颜氏女野合而生孔子."

공이 계평자季平子의 무뢰함을 참지 못하고 후씨后氏와 함께 계씨를 제거하려다 삼환이 합세하여 반격하자 소공은 제나라로 달아났다. 결국 소공은 7년 동안 타국을 떠돌다가 객사하였다. 공자가 42세 되던 해에 소공의 뒤를 이어 정공定公이 왕위에 올랐으나, 아무런 실질적인 권한이 없었다. 계씨의 가신 양호陽虎(혹은 陽貨로 쓴다)가 실질적인 권력을 잡고 휘둘렀고, 그 뒤에 계평자의 아들 계환자季桓子가 계략을 써서 몰아냈다. 공자는 52세에 노나라 정공을 수행하여 제나라 정공과의 협상에서 공로를 세웠고, 그 후로 국토를 관장하는 사공司空의 관직과 나라의 법을 관장하는 사구司寇의 자리에 올라 재상의 일까지 겸하여 살피게 되었다. 그러나 공자의 정치적 업적이 날로 유명해지자 공자를 제거할 계략으로 제나라에서 정공과 계환자에게 쓴 미인계에 넘어가 노나라 계환자는 3일 동안 조회를 열지 않았고 공자는 노나라를 떠났다. 결국 공자는 제자들과 55세 때부터 열국을 떠돌다가, 68세 되던 해에 계환자의 아들 계강자季康子의 초청으로 노나라로 돌아왔다. 그 후로 공자는 경전 편찬과 제자 교육에 전념하다가, 노나라 애공哀公 16년, 73세의 나이로 세상을 떠났다.

공자는 생전에 사랑하는 사람들을 떠나보내는 고통을 겪었다. 69세가 되던 해에 아들 리鯉가 50세의 나이로 세상을 떠났고, 그 다음 해에 가장 아끼던 제자 안연顔淵을 먼저 보냈으며, 72세 때에는 자로가 위나라에서 벼슬을 하다가 내란에 휩싸여 죽었다.

공자는 결코 쉽지 않은 삶을 살았다.

'상가지구喪家之狗', 즉 '상갓집 개'라는 말은 ≪사기史記≫의 ≪공자세가孔子世家≫에 나오는 말이다. 공자는 정나라에 가서 제자들과 서로 흩어져 혼자 성의 동문에 서 있었다. 이때 정나라 사람 누군가가 자공에게 "동문에 사람이 한 명 서 있는데, 이마는 요임금과 비슷하고, 목은 고요와 닮았고, 어깨는 자산과 비슷하더이다. 그리고 허리 아래는 우보다 세 치 정도 짧았는데, 고개를 숙이고 풀이 죽은 모습이 마치 집 나간 개 같더이다."라 하였다. 자공이 공자에게 이 일을 사실대로 일러주었다. 공자는 기분 좋게 웃으며 "그 모습이 꼭 닮은 것은 아니지만, 집 나간 개와 같다는 말은 정말 그렇다, 그렇다!"라 하였다.[5]

이는 공자 자신의 파란만장한 삶을 한 마디로 묘사한 말이다. 주인이 상가 일로 너무 바빠 밥을 챙겨 주지도 못하고, 문상객에 이리저리 걷어차여 돌아갈 곳 없는 문전걸식하는 신세를 가리킨다.

본 편 '공자'에서는 ≪논어≫에서 언급된 공자 자신의 사상이나 제자들이 언급한 공자에 대한 내용을 함께 살펴보도록 하자.

---

5 ≪史記·孔子世家≫: "孔子適鄭, 與弟子相失, 孔子獨立郭東門. 鄭人或謂子貢曰: '東門有人, 其顙似堯, 其項類皋陶, 其肩類子產, 然自要以下不及禹三寸. 纍纍若喪家之狗.' 子貢以實告孔子. 孔子欣然笑曰: '形狀, 末也. 而謂似喪家之狗, 然哉! 然哉!'"

제1장

01

앙지미고 仰之彌高

: 우러러 볼수록 더욱 높아만 가네

老師

'앙지미고仰之彌高'는 '우러러 볼수록 더욱 높다'라는 뜻이다. 스승 공자에 대한 제자 안연의 외침이기도 하다. '만세의 스승 공자'는 '우러러 보면 볼수록 더욱 높아만 보인다'는 스승의 위대함을 표현한 말이다.

1. 顏淵喟然歎曰, "仰之彌高, 鑽之彌堅. 瞻之在前, 忽焉在後. 夫子循循然善誘人, 博我以文, 約我以禮, 欲罷不能. 旣竭吾才, 如有所立卓爾. 雖欲從之, 末由也已."(≪論語·子罕 09.11≫)

   : 안연이 한숨을 쉬며 탄식하여 말하였다. "우러러 볼수록 더욱 높아지고, 뚫을수록 더욱 견고해지고, 쳐다보면 앞에 있는 듯한데, 어느덧 뒤에 있네. 스승님께서 순서대로 남을 잘 인도해 주시어, 나를 넓혀 주시기를 문으로써 하시고, 나를 절제하시기를 예로써 하시니, 그만두고자 해도 그만둘 수 없네. 나는 이미 내 재주를 다했는데, 마치 높이 세워두신 것이 있는 듯하다. 스승을 따르고자 하나 말미암을 데가 없네."

① **위연喟然:** 감탄하다. 탄식하다. ② **彌(두루 미, 더욱 미, mí):** 더욱. ③ **순순연선유인循循然善誘人:** 순서대로 사람을 잘 이끌어주다. ④ **박아이문博我以文, 약아이례約我以禮:** 문헌지식으로 나를 풍부하게 해주시고, 예의규범으로써 나를 절제시켜 주시다. ⑤ **기갈오재旣竭吾才:** 이미 나의 능력을 다하다. ⑥ **수욕종지雖欲從之:** 그를 따르고자 하지만 ⑦ **탁이卓爾:** 높은 모양새 ⑧ **말유末由:** 길이 없다. '由(말미암을 유, yóu)'는 길을 말한다.

공자가 가장 아끼던 제자 안연이 존경하는 마음을 담아 공자에게 지극한 찬미를 표현하였다. 안연은 이름이 회回이고 자가 자연子淵이다. 안연은 공자의 수제자이며, 공자가 가장 마음에 들어 하는 제자 중 한 명이다. 본 구절을 통하여, 스승 공자에 대한 안연의 무한한 숭상과 스승으로서의 공자의 매력을 느낄 수 있다. 학문을 좋아하고 총명했던 안연은 공자의 학문이 높고 심원하여 예측할 수 없고, 누구도 미칠 수 없는 경지에 올랐다고 생각하였다.

2. 子禽問於子貢曰, "夫子至於是邦也, 必聞其政, 求之與? 抑與之與?" 子貢曰, "夫子溫良恭儉讓以得之. 夫子之求之也, 其諸異乎人之求之與?"(≪論語·學而 01.10≫)
: 자금이 자공에게 물었다. "스승님께서는 한 나라에 가면 꼭 그 나라의 정치에 관한 이야기를 들으셨는데, 그것은 스승님께서 듣기를 요구하신 겁니까? 아니면 그 나라가 스스로 스승님께 들려드린 겁니까?" 자공이 말했다. "스승님께서는 온화하고 선량하고 공손하고 검약하고 겸양함으로써 그 나라의 정치에 관한 이야기를 얻어 들으신

것이다. 스승님께서 요구하시는 방법은 아마 다른 사람이 요구하는 방법과 다를 것이다.

① **지어시방至於是邦:** 한 나라에 이르다. ② **억여抑與:** '抑(누를 억, yì)'는 반문을 나타내는 반문사反問詞이다. '與(줄 여, yǔ)'는 '주다'의 의미. 주동적으로 알려준다는 의미. ③ **온양공검양溫良恭儉讓:** 온화하고 선량하고 공손하고 검약하고 겸양하다.

말솜씨가 굉장히 좋았던 자공은 공자의 성격을 '온溫'·'양良'·'공恭'·'검儉'·'양讓'으로 개괄하였다. 진항陳亢은 자가 자금子禽이다. 공자보다 40세 연하이다. 자공은 단목사端木賜이다. 자가 자공이다. 위나라 사람이며 공자보다 31세 연하이다. 공자의 명망이 굉장히 높아 각국의 정계 관련자들은 공자가 대단한 사람임을 알고 있었다. 공자가 가는 곳마다 고관대작들이 와서 공자에게 가르침을 청했다. 공자는 각국의 정사에 대해 잘 이해하고 있었다. 자금은 이러한 상황에 대해 잘 알지 못해 자공에게 물었다. 자공은 재아와 함께 말주변이 좋은 제자였다.[6] 자공은 정면으로 자공의 문제에 대해 대답하지 않고, '온溫'·'양良'·'공恭'·'검儉'·'양讓'한 인격으로써 정치에 참여한다는 것을 설명하였다.

3. 子路宿於石門. 晨門曰, "奚自?" 子路曰, "自孔氏." 曰, "是知其不可而爲之者與?"(≪論語·憲問14.38≫)
: 자로가 석문에서 유숙하였는데, 문지기가 물었다. "어디에서 왔는

6 ≪論語·先進 11.03≫ : "言語, 宰我子貢."

가?" 자로가 말했다. "공 씨에게서 왔습니다." "안 되는 줄 알면서 하는 자로구나"

① **석문石門:** 노나라 도성의 바깥문. ② **신문晨門:** 성을 지키는 문지기. ③ **해자奚自:** 어디에서 왔는가. ④ **시지기불가이위지是知其不可而爲之:** 일이 행해지지 않을 것을 알면서도 해나가다.

공자에 대한 당시 사람들의 공적인 평가는 "안 되는 줄 알면서 하는 자"이다. 자로는 중유仲由를 말한다. 자가 자로이다. 노나라 사람이고 공자보다 9세 어리다. 과감하고 용감한 제자로 알려져 있다.

"안 되는 줄 알면서 하는 자"라는 것은 후대에 공자를 언급할 때 가장 보편적으로 언급되는 말이기도 하다. 이로써 공자의 강인함과 사회적 책임감을 알 수 있다. 이는 또한 유가 전체를 아우르는 정신적 세계관이기도 하다. 마땅히 해야 할 일은 행할 따름이지 그 결과에 결코 연연하지 않는다. 정도正道가 세상에 행해지고 있다면 공자가 왜 그렇게 힘들게 정의를 위해 열국을 다니면서 외쳤겠는가.

장저長沮와 걸익桀溺에게 자로가 문진問津하였을 때, '온 천하가 다 한 물결에 휩쓸려 흘러가는데 누구하고 그 방향을 바꾸겠소? 또 그대는 사람을 피하는 인물을 따라다니기보다는 우리 같은 세상을 피해 사는 인물을 따르는 게 어떻소?'[7]라고 하였다. 이에 대해 공자는 '천하에 정도正道가 행하여지면 나는 방향을 바꾸려 들지도 않을 것이다.'[8]라고 대답하였다.

---

7 ≪論語·微子 10.06≫ : "滔滔者天下皆是也, 而誰以易之? 且而與其從辟人之士也, 豈若從辟世之士哉?"

8 ≪論語·微子 18.06≫ : "天下有道, 丘不與易也."

4. 葉公問孔子於子路, 子路不對. 子曰, "女奚不曰, 其爲人也, 發憤忘食, 樂以忘憂, 不知老之將至云爾." (≪論語·述而 07.19≫)

: 섭공이 자로에게 공자에 대해 물었다. 자로가 대답하지 않았다. 공자가 말하였다. "너는 어찌 '그 사람됨이 분발하여 먹는 것을 잊어버리고, 즐거워서 걱정거리도 잊어버리며, 늙음이 눈앞에 다가오는 것도 알지 못한다.'라고 말하지 않았는가?"

① **섭공葉公:** 섭현 현령. ② **부대不對:** 대답하지 않다. ③ **여女:** 여汝와 같다. 너. ④ **해奚:** 어찌. ⑤ **운이云爾:** 이러하다.

"발분망식發憤忘食, 낙이망우樂以忘憂, 부지로지장지운이不知老之將至云爾", 이 구절은 공자가 스스로에게 내린 평가이다. 섭공은 초나라 대부로 섭 땅의 현령이었다. 그러므로 섭공이라 불렀다. 자로는 거칠고 경솔한 면모가 있어서 자신의 말솜씨가 부족하다는 것을 알고 있었다. 섭공이 공자에 대해 물었을 때 자로는 말을 잘 못할까봐 걱정하여 차라리 대답하지 않는 쪽을 선택했다. 공자가 자로의 이 일에 대해 듣고 자로에게 어떻게 대답해야 하는지를 알려주었다. 공자는 자신을 "세 가지를 잊는 사람" 이라고 하였다. 먹는 것을 잊고, 걱정하는 것을 잊고, 늙어가는 것을 잊는다는 것이다. 먹는 것을 잊는다는 것은 공부에 몰두하기 때문이고, 걱정하는 것을 잊는 것은 내면에 즐거움의 원천이 있기 때문이며, 또한 나날이 늙어가는 사실조차도 잊고 사는 것이다.

5. 子曰, "吾十有五而志于學, 三十而立, 四十而不惑, 五十而知天命, 六十而耳順, 七十而從心所欲, 不踰矩."(≪論語·为政 02.04≫)

: 나는 열다섯 살에 학문에 뜻을 두었고, 서른 살에 자립하였으며, 마흔 살에 미혹되지 않았고, 쉰 살에 천명을 알았으며, 예순 살에 귀가 순해졌고, 일흔 살에 하고 싶은 대로 하여도 법도에 어긋나지 않았다.

① **십유오十有五:** 15세. 유有는 우又와 같다. ② **지천명知天命:** 하늘이 내린 사명을 이해하다. ③ **이순耳順:** 천명에 순종하다. ④ **종심소욕從心所欲:** 자신의 뜻을 마음이 따르며, 외물에게 끌리지 않는다. ⑤ **유구踰矩:** 규칙, 법도를 넘다.

공자는 자신의 인생을 되돌아 보건데, 10년 정도 마다 새로운 경지에 올랐다고 설명하였다. 이러한 단계는 자신이 겪어온 일생의 총 결산이기도 하며, 혹은 후대 사람에게 들려주는 일생의 계획과 또한 이러한 수준에 이르기를 바라는 가르침이기도 하다. 공자는 73세에 생을 마쳤다. 공자가 이 말을 했을 때에도 이미 70세가 넘어서였을 것이다. 15세에는 뜻을 세워 학문을 추구하였고, 30세에 이르러서는 입신출세하였으며, 40에는 세상물정에 미혹됨이 없었고, 50에는 하늘의 준 운명의 가치 혹은 도의 가치를 인식하였고, 60에는 귀에 들어오는 모든 말을 편안하게 인정하고 세상을 모두 아우르고 품을 수 있었으며, 70에는 하고 싶은 대로 하여도 올바른 도를 전혀 벗어나지 않았다. 이미 공자 자신이 곧 '도道'의 수준이었던 것이다.

6. 大宰問於子貢曰, "夫子聖者與? 何其多能也?" 子貢曰, "固天縱之將聖, 又多能也." 子聞之曰, "大宰知我乎! 吾少也賤, 故多能鄙事. 君子多乎哉? 不多也."(≪論語·子罕 09.06≫)

: 태재가 자공에게 물었다. "스승님께서는 성인이신가요? 그렇다면 어떻게 그리 능한 것이 많습니까?" 자공이 말했다. "진실로 하늘이 장차 성인으로 세우실 분이고 또 다능하신 분입니다." 공자가 이 말씀을 전해 듣고 말하였다. "태재가 나를 아는구나! 내가 젊었을 때 미천했기 때문에 보잘 것 없는 일들에 다능하지만, 군자가 잘하는 것이 많은가? 많지 않다."

① 大宰는 태제太宰와 같다. 관직명이다. ② **고固:** 본래. 진실로. ③ **종縱:** ~하도록 하다. ④ **천賤:** 출신이 빈한하다. ⑤ **비사鄙事:** 비루하고 보잘 것 없는 기술. ⑥ **부다야不多也:** 여기서 가리키는 것은 재능이 많지 않다는 것이다.

공자의 평생은 부침 浮沈 그 자체였다. 세 살 때 부친을 여의고, 어머니는 공자의 나이 17(혹은 24살이라고도 함)살 때, 32세의 나이로 요절하였다. 그는 남의 장례를 도와주면서 젊은 시절을 보냈다. 어려운 형편으로 안 해 본 일이 없었다. 이 때문에 남보다 더 많은 지혜를 갖출 수 있었던 것이다. 군자는 때어날 때부터 모든 것을 아는 것은 아니다. 호학好學하고, 호고好古하며 발분망식發憤忘食하였기 때문에 만인의 스승이 될 수 있었던 것이다. 공자는 '나는 나면서부터 알고 있는 사람은 아니고 옛것을 좋아하여 재빨리 그것을 알아내기에 힘쓰는 사람이다.'[9]라고 하였다.

---

9 ≪論語·述而 07.20≫ : "我非生而知之者, 好古敏以求之者也."

7. 子曰, "若聖與仁, 則吾豈敢? 抑爲之不厭, 誨人不倦, 則可謂云爾已矣." 公西華曰, "正唯弟子不能學也."(≪論語·述而 07.34≫)

: 공자가 말하였다. "성聖과 인仁 같은 것은 내가 어찌 감히 할 수 있겠는가? 그러나 배우는 것을 싫어하지 않으며, 가르치는 것을 게을리 하지 않는다고는 말할 수 있다." 공서화가 말했다. "바로 그것이 오직 저희 제자들이 배울 수 없는 점입니다."

① **抑(누를 억, yì):** 어기의 가벼운 전환을 나타내는 말. ② **위지불염爲之不厭:** 배움을 싫어하지 않는다. ③ **운이이의云爾已矣:** 이러할 뿐이다.

공자는 배우기를 좋아하였고, 가르치기를 좋아하였다. 호학好學에 대해 공자는 '식사하는 데는 배부르기를 바라지 않고, 거처하는 데는 편안하기를 바라지 않고, 일에 민첩하며 말에 조심스럽고, 인격을 갖춘 사람에게 나아가 자신을 바로 잡는다'[10]라고 하였다. 이와 더불어 공자는 또한 '자발적으로 나에게 속수의 예물을 가지고 오는 사람 이상이면, 내가 일찍이 가르치지 않은 일이 없다.'[11]라고 하였다. 속수束脩는 육포肉脯의 묶음이다. 혹은 속수束脩를 '띠를 묶고 단장을 하는'의 뜻으로도 해석 가능하다. 혹은 나이 15세 이상이면 가르치지 않은 일이 없다고 해석하기도 한다.

10 ≪論語·述而 01.14≫ : "食無求飽, 居無求安, 敏於事而愼於言, 就有道而正焉."

11 ≪論語·述而 07.07≫ : "自行束脩以上, 吾未嘗無誨焉."

8. 子曰, "十室之邑, 必有忠信如丘者焉, 不如丘之好學也."(≪論語·公冶长 05.28≫)
: 공자가 말하였다. "열 집 남짓한 마을에도 반드시 충실하고 성실함이 나와 같은 사람이 있을 것이다. 그러나 내가 배우기를 좋아하는 것만은 못할 것이다."

① **십실지읍十室之邑:** 열 가구의 작은 지방. ② **구丘:** 공자의 자칭.

공자는 어렸을 때 가난하였지만 노력하였다. 가난한 집안의 아이들은 일찍부터 집안일을 도맡으므로 집안을 먹여 살리고 입신출세할 수 있는 기술을 많이 배운다. 후에 성취를 이루었을 때, 다른 사람들이 공자를 "성여인聖與仁"이라고 생각하였을 때, 공자 스스로는 자신이 단지 배우기를 좋아하는 사람일 뿐이라고 생각하였다.

> "끈질기게 학문을 추구하였고 부지런하고도 즐겁게 제자들을 가르쳤을 뿐이고, 호학好學하였을 따름이다."
> "學而不厭, 誨人不倦."(≪論語·述而≫)

공자가 자신에 대해서 가장 높게 평가했던 부분은 바로 남들이 따라올 수 없는 호학好學 정신이었다.

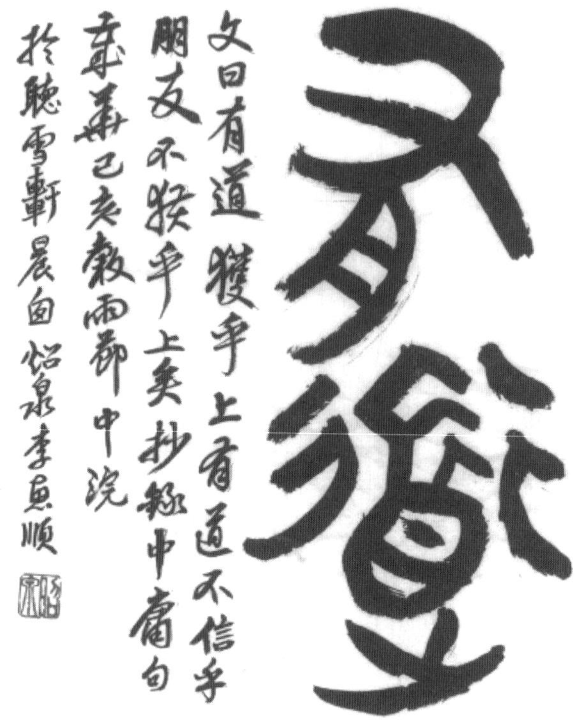

작품설명 **유도**

有道

: 정도에 맞다.

文曰有道. 獲乎上有道, 不信乎朋友, 不獲乎上矣.(≪中庸≫)

: 문장은 '유도'이다. "윗사람에게 신임을 얻는 데에는 방법이 있다. 친구들에게 신임을 얻지 못하면 윗사람에게 신용을 얻지 못한다."

抄錄中庸句. 歲華己亥穀雨節中浣. 於聽雪軒晨囱(窓), 炤泉李惠順

: 중용구절을 적다. 기해년 곡우전 중순, 청설헌에서 아침 창가에서. 소천 이혜순

제1장

02 곡굉침지 曲肱枕之

: 팔베개

老師

'곡굉침지曲肱枕之'는 '팔을 굽혀서 그것을 베고 자다'라는 뜻이다. 공자는 맛없는 밥을 먹고 편안한 잠자리가 아닌 팔베개를 하고 잠을 잔다 해도 그 속에 낙樂이 있으면 부귀영화는 자신에게는 뜬 구름 같다고 하였다. 본 절에서는 공자 자신의 '개인적 취향'과 관련된 구절에 대하여 살펴보기로 한다.

1. **原壤夷俟. 子曰, "幼而不孫弟, 長而無述焉, 老而不死, 是爲賊." 以杖叩其脛.** (≪論語·憲問 14.43≫)
   : 원양이 다리를 뻗고 앉아 기다리니, 공자가 "어려서는 공손하지 못하고, 자라서는 이어받을 만한 것이 없으며, 늙어서도 죽지 않으니, 이는 도를 해치는 자이다."라고 하고, 지팡이로 그의 정강이를 두드리셨다.

   ① **원양原壤:** 노나라 사람이다. 공자의 오랜 친구다. ② **이사夷俟:** 다리를 뻗고 앉아 기다리다. 이는 당시 예의가 없는 행동이었다. ③ **손제孫弟:** 손제遜悌와 같다. 겸손하고 우애깊다. ④ **무술無述:** 말할 만한 사적이 없다. ⑤ **賊(도둑 적, zéi):** 해치다. ⑥ **脛(정강이 경, jìng):** 정강이.

공자가 오랜 친구를 비평한 이 구절에서, 우리는 인생에 대한 공자의 생각을 엿볼 수 있다. 원양은 공자의 소꿉친구이지만, 공자와는 성격이 매우 다르다. "이夷"는 두 다리를 쭉 편 채 땅에 앉는 것이다. 앉은 자세가 우아하지 못하고 아무렇게나 앉은 모양새이다. 예의 없이 멋대로 앉은 모양이다. "늙어서도 죽지 않으니, 이는 도적이나 매한가지이다."[12]라는 말이다. 이 말은 매우 심한 욕이다. 오랜 친구이기 때문에 이렇게 말할 수 있는 것이기도 하지만, 이는 오랜 친구에 대한 가차 없는 질책과 비평이다. "어릴 때에는 겸손과 우애를 배워야 하고 어른이 되어서는 다른 사람이 칭송할 만한 업적을 남겨야 하고 늙어서는 다른 사람이 존경할 수 있는 사람이 되어야 한다. 그러나 4, 50이 되어서도 이름이 알려지지 않는다면 그러한 사람들은 무서워할 바가 못 된다."[13]

2. 子曰, "**飯疏食飮水, 曲肱而枕之, 樂亦在其中矣. 不義而富且貴, 於我如浮雲.**"(≪論語·述而 07.16≫)
: 공자가 말하였다. "거친 음식을 먹고 물을 마시며, 팔을 굽혀서 그것을 베더라도, 즐거움은 또한 그 속에 있다. 의롭지 않으면서 재물이 많고 지위가 높은 것은 나에게는 뜬 구름과 같다."

① **반소사飯疏食:** 거친 음식물을 먹다. ② **곡굉曲肱:** 팔꿈치를 구부리다. ③ **어아於我:** 나로 말하자면.

12 ≪論語·憲問 14.43≫ : "老而不死, 是爲賊"
13 ≪論語·子罕 09.23≫ : "四十五十而無聞焉, 斯亦不足畏也已."

반찬도 없이 아무리 맛없는 밥을 먹어도, 편안한 베개가 아닌 팔베개를 하고 잠을 잔다 해도, 즐거운 마음이 있으면 여기가 곧 천당인 것이다. 공자는 "정의롭지 못한 사회인데 재물을 많이 축적하고, 높은 지위를 차지하는 것은 부끄러운 일이다. 그러나 정의로운 사회인데 가난하게 사는 것 또한 부끄러운 것"[14] 이라 하였다. 가장 중요한 것은 안빈낙도安貧樂道이다. 의롭지 못한 방법으로 돈을 벌고 부당한 방법으로 벼슬을 하려 하기 때문에, 사건사고가 발생하는 것이다. 급하고 어려울수록 더욱 도의道義를 생각해야 한다. 급하고 어려우면 잘못을 저지르기가 쉽다. 이런 때 일수록 정신을 가다듬고 한 발짝 물러나 정당한가, 정의로운가를 판단하여야 한다.

3. 子曰, "富而可求也, 雖執鞭之士, 吾亦爲之. 如不可求, 從吾所好."(≪論語·述而 07.12≫)
: 공자가 말하였다. "부를 구하여 얻을 수 있다면, 비록 말채찍을 잡는 마부라도 내가 또한 하겠으나, 만일 구하여 얻을 수 없는 것이라면 내가 좋아하는 것을 하겠다."

① 雖(비록 수, suī): 비록. ② 집편지사執鞭之士: 채찍 잡는 마부. 미천한 직업.
③ 好(좋을 호, hǎo, hào): 좋아하다.

공자 자신의 재물관에 대한 설명이다. 공자는 안빈낙도하여 의롭지 못한 부귀는 뜬 구름과 같다고 생각했다. 공자는 제자 안연을 칭찬하며

14 ≪論語·泰伯 08.13≫ : "邦有道, 貧且賤焉, 恥也, 邦無道, 富且貴焉, 恥也."

이렇게 말했다.

"한 그릇의 밥과 한 표주박의 물로 비좁은 골목에서 살아도 그 즐거움을 바꾸지 않았다."

"一簞食, 一瓢飮, 在陋巷……不改其樂." (≪論語·雍也≫)

사실 공자의 생활태도와 안연은 거의 닮아있었다. 왜냐하면 그들은 내면에 즐거움의 원천을 지니고 있었기 때문이다. 이 때문에 후대에 "공안孔顔"이라고 병칭되었으며, "공안락처孔顔樂處"라고도 하였다. 공자는 재물에 관해서 매우 객관적이고도 실질적인 태도를 보였다. 공자는 인성을 중시하였지만, 부귀함이란 모든 사람이 얻고 싶어 하는 것임을 인정하였다. 그러나 공자는 재물을 얻는 수단이 정당한지 여부를 더욱 중시하였다. "정당하지 못한 일을 통해 얻은 부귀는 내겐 뜬 구름 같다.[15]"라고 하였다. 공자가 좋아했던 것은 원칙과 이상이었다. 외적인 재물은 삶에 있어 부가적인 것이므로 많을 수도, 적을 수도 있으며, 또한 사람들이 원하는 것이기도 하다. 하지만 공자는 만약 이러한 것들이 정당한 방법을 통해 얻는 것이 아니라면, 가난하다하더라도 결코 이를 벗어나려 하지 않는다고 하였다. 이 때문에 공자는 다음과 같이 말한 것이다.

"부와 귀는 사람들이 바라는 것이기는 하나 정당한 방법으로 얻은 것이 아니라면 그것을 받아들이지 않으며, 빈과 천은 사람들이 싫어하는 것이기는 하나 정당한 방법으로 얻은 것이 아니라면 거기서 벗어나지 않는다."

15 ≪論語·述而 07.16≫ : "不義而富且貴, 於我如浮雲."

"富與貴, 是人之所欲也, 不以其道得之, 不處也. 貧與賤, 是人之所惡也, 不以其道得之, 不去也."(≪論語·里仁≫)

4. **子曰, "德之不脩, 學之不講, 聞義不能徙, 不善不能改, 是吾憂也."(≪論語·述而 07.03≫)**
: 공자가 말하였다. "덕을 닦지 못하는 것, 배움을 강마하지 못하는 것, 의를 듣고 옮겨가지 못하는 것, 선하지 못한 것을 고치지 못하는 것, 이것이 나의 걱정이다."

① **덕지불수德之不脩:** 품덕을 수양하지 못하는 것. ② **徙(옮길 사, xǐ):** 본래 의미는 '옮겨가다'이다. 여기에서는 선善을 향한다는 의미이다.

공자는 선하지 못한 행동에 대해 염려하였다. 공자는 덕행을 잘 수양했는지, 학문을 잘 닦았는지, 정의로운 일을 행하지 못했는지, 단점을 고치지 못했는지 같은 네 가지를 자신의 걱정으로 삼고 이러한 실수를 하지 않도록 자신을 일깨웠다. 하지만 누구나 실수는 할 수 있다. 중요한 것은 이를 알고 고치는 것이다. 공자가 "과오를 저지르면 그것을 고치기를 꺼려하지 말라."[16]고 한 것처럼, 자신의 과오를 인식하고 스스로 비평하고 깨우치기란 쉽지 않다. 그래서 공자가 "나는 아직껏 자기의 과오를 알아서 내심 스스로를 비판할 수 있는 사람을 보지 못했다."[17]라고 한탄한 것이다.

---

16 ≪論語·述而 01.08≫ : "過則勿憚改."

17 ≪論語·公冶長 05.27≫ : "吾未見能見其過而內自訟者也"

5. 子曰, "莫我知也夫!" 子貢曰, "何爲其莫知子也?" 子曰, "不怨天, 不尤人, 下學而上達. 知我者其天乎!"(≪論語·憲問 14.35≫)
: 공자가 말하였다. "나를 알아주는 사람이 없구나!" 자공이 말했다. "어째서 스승님을 알아주는 사람이 없다고 하십니까?" 공자가 말하였다. "하늘을 원망하지 않고, 사람을 탓하지 않으며, 아래로부터 배워서 위로 도달했으니, 나를 알아주는 것은 하늘이로다."

① **尤(더욱 우, yóu)**: 원망하다. 책망하다.

② **하학이상달下學而上達**: 주희의 ≪논어집주論語集注≫는 "하늘에서 좋은 시운을 얻지 못하여도 하늘을 원망하지 않으며, 사람에게 합하지 못하여도 사람을 탓하지 않고, 다만 아래로 인간의 일을 배우며, 자연히 위로 천리를 통달하는 것만 안다는 것이다. 이는 다만 자기 몸에 반성하고 스스로를 닦아서 차례를 따라 점차 나아갈 뿐이고, 남보다 심히 다르게 하여 그 알아줌을 이루려 하지 않음을 말하는 것이다."18라 하였다. 오규 소라이 ≪논어징論語徵≫에서는 "아래(下)는 지금을 말하고, 위(상)는 옛날을 이르는 것이니, 이는 곧 선왕의 시서예악詩書禮樂을 배워 선왕의 마음에 통달한다는 말이다. '달達'은 ≪중용≫의 '하늘의 덕에 통달함(달천덕達天德)'이라고 할 때의 '달'과 같으니 이것이 바로 공자의 '지천명知天命'의 말이다."라고 하였다.

공자는 자신을 알아주는 것은 하늘밖에 없다고 탄식하였다. 한 사람의 마음과 모든 학문을 이해하고자 한다면 반드시 상대방과 비등한 수준이어야 한다. 공자의 경지는 그 누구도 그의 진정한 지음知音이 될

---

18 ≪論語集註≫ : "不得於天而不怨天, 不合於人而不尤人, 但知下學而自然上達. 此但自言其反己自修, 循序漸進耳, 無以甚異於人而致其知也."

수 없는 그러한 경지였다. 그의 제자들도 마찬가지였다. 사람들은 공자를 성인이자 다른 부류라고 생각하였다. 공자는 자신의 사명이 하늘로부터 부여된 것이므로 진정으로 자신을 이해하는 것은 하늘뿐이라고 생각했는지도 모른다.

'하학상달下學上達'은 '자신의 위치에서 최선을 다하고, 그 다음 몫은 하늘에 달려있다'라는 뜻으로 이해할 수도 있다. 일종의 '진인사대천명盡人事待天命'과 같은 것이다. '진인사대천명'은 '진인사청천명盡人事聽天命'이나 '진인사안천명盡人事安天命'으로 쓰기도 하고, 혹은 '모사재인謀事在人, 성사재천成事在天'이라고도 한다. 즉 '일을 꾸미는 것은 사람이지만 일을 이루게 하는 것은 하늘이 결정해 주는 것'이라는 뜻이다.

6. 子曰, "周監於二代, 郁郁乎文哉! 吾從周."(≪論語·八佾 03.14≫)
: 공자가 말하였다. "주나라는 하, 은의 2대에서 본보기를 삼았으니, 찬란하게 문채가 난다. 나는 주나라를 따르겠다."

① **監(볼 감, jiān,jiàn):** 鑑(거울 감, jiàn)과 같다. 본보기로 삼다. 참고하다.

② **이대二代:** 여기서 가리키는 것은 하나라와 상(은)나라이다.

③ **욱욱郁郁:** 문채가 무성한 모양.

≪논어≫에서 문명이 발전하지 않은 미개인未開人 민족을 지칭할 때 '만맥蠻貊' 이외에 '이적夷狄'을 쓰기도 하였다. 번지樊遲가 인仁에 대하여 묻자, 공자는 이와 같이 대답하였다.

> "평상시 일상생활을 하는데 공손히 하고, 공사를 처리하는데 신중하게 하고, 남과 사귀는 데 성실하게 해야 하는 것이며, 이러한 행동은 미

개인들 틈에 간다 하더라도 버릴 수 없다." 子曰: "居處恭, 執事敬, 與人忠. 雖之夷狄, 不可棄也." (≪論語·子路≫)

≪논어≫의 논리를 빌린다면, 현대 사회에 있어 '미개인'인가 아니면 '문명인'인가의 판단 기준은 일반 사람이 그 행동을 진실하게 하고, 남을 배려하는 마음이 있어야 한다는 것이다. 공자는 고대 '문명'의 상징 국가로 곧잘 '주周'나라 문명을 찬양하였다. 주나라의 문명을 창시한 것은 문왕文王이고, 이를 계승한 성인이 바로 공자이다. 공자는 운명은 하늘에 달려 있고 주나라의 문화를 전해야 하는 자신의 사명을 하늘이 알고 있으니 어느 누구도 하늘을 거역할 수 없다는 말로 제자들을 격려하였다. 이 때문에 공자는 광匡 땅에서 곤경에 처했을 때 다음과 같이 말하였다.

> "하늘이 이 문화(주나라 이룩한 문화)를 없애버리려 하였다면, 문왕 그분보다 나중에 죽을 사람들이 이 문화와 함께 하지 못하였을 것이다. 하늘이 이 문화를 없애버리려고 하지 않는다면, 광의 사람들이 나를 어쩌겠느냐?"
>
> 天之將喪斯文也, 後死者不得與於斯文也, 天之未喪斯文也, 匡人其如予何? (≪論語·子罕≫)

주나라 문화의 계승발전은 천명이었던 것이다.

7. 子曰, "述而不作, 信而好古, 竊比於我老彭."(≪論語·述而 07.01≫)

: 공자가 말하였다. "계승은 하되 창작하지 않으며, 미더운 마음으로 살면서 옛것을 좋아하는 것을 가만히 우리 노팽에게 견주어본다."

① **술이부작述而不作:** 이미 있는 문화를 전할 뿐 새롭게 창작하지 않는다. ② **절竊:** 몰래, 마음속으로, 부사 ③ **아我:** 우리. 친근함을 나타내는 말이다. ④ **노팽老彭:** 상나라의 대부라고도 하고, 혹은 노담老聃, 즉 노자라고 주장하기도 한다.

공자는 주나라의 예악문화를 동경하고 옛 것을 좋아하였다(好古). 공자는 주나라의 문화는 "예악"제도가 매우 발달했다고 여기고, 주나라 문왕이 죽은 이후로 문화를 책임지는 일은 자신에게 달려 있다고 생각하였다. 그러므로 공자는 "호고好古"하여 고대 문화를 부지런히 공부하였고, 이로써 당시 "예악이 붕괴"된 세상을 개선하고자 하였다. 공자는 이러한 문화를 태어나면서부터 알고 있었던 것이 아니라, 이를 좋아하여 재빨리 알고자 힘썼던 것이다. 공자는 스스로를 "나면서부터 알고 있는 사람은 아니고 옛것을 좋아하여 재빨리 그것을 알아내기에 힘쓰는 사람"[19]이며, 또한 "옛것을 복습하고, 새로운 것을 알면 곧 모두가 스승이다."[20]라고 하였다.

19 ≪論語·述而 07.20≫ : "我非生而知之者, 好古敏以求之者也."

20 ≪論語·爲政 02.11≫ : "溫故而知新, 可以爲師矣."

작품설명 **진덕수업**

進德修業

: 덕에 나아가며 학업을 닦는다.

泉谷

: 천곡

제1장

03 대가이고 待賈而沽

: 상인을 만나면 팔겠다

老師

'대가이고待價而沽'는 원래 '대가이고待賈而沽'로 쓴다. '살 사람이 있으면 팔겠다'는 뜻이다. 포부를 펼칠 기회가 있으면 펼쳐보겠다는 공자 자신의 감정을 솔직히 표현한 말이다. 본 절에서는 ≪논어≫에 나타나고 있는 공자 자신의 '인간적 감성'에 대하여 살펴보기로 한다.

1. 子貢曰, "有美玉於斯, 韞匵而藏諸? 求善賈而沽諸?" 子曰, "沽之哉! 沽之哉! 我待賈者也."(≪論語·子罕 09.13≫)

   : 자공이 말했다. "여기에 아름다운 옥이 있으면 궤 속에 감추어서 보관하시겠습니까? 좋은 상인을 구하여 파시겠습니까?" 공자가 말하였다. "팔 것이다. 팔 것이다. 나는 상인을 기다리는 사람이다."

   ① **온독이장저韞匵而藏諸:** 궤 안에 감춰 보관한다. ② **선고善賈:** 좋은 상인 ③ **고沽:** 팔다.

"선고善賈"는 본래 좋은 상인, 혹은 물건의 가치를 아는 사람을 가리킨다. 여기서는 안목이 있는 정치 지도자를 비유한다. 자공의 말솜씨가 매우 뛰어났음을 알 수 있다. 자공은 완곡하고도 함축적인 표현으로 '아름다운 옥을 감춰 두시겠느냐, 아니면 파시겠느냐'에 비유하여 공자의 뜻을 물었다. 직접적으로 물으면 당돌하겠지만 이처럼 적당하고도 완곡한 비유를 사용했으니 매우 정교하다 하겠다. 다른 사람들은 결코 이해하지 못하고, 오직 질문 받은 사람만이 그 질문의 요지를 이해할 수 있었을 것이다. 공자의 대답은 "물건을 아는 상인을 만나면 팔겠다(대고이고待賈而沽, 선고이고善賈而沽)."였다. 포부를 펼칠 기회를 기다리고 있음을 자공에게 표현한 것이다. 그러나 아무 때나 구별 없이 나서는 것이 아니다. 도의를 실행할 수 있으면 세상에 나타나 벼슬을 하고, 도의가 없으면 자신을 감추고 실력을 양성하면서 기회를 기다리는 것이다. 자기의 재능을 펼칠 수 없으면 애써 내세우지 않고, 시정時政에 간여하지 않으며, 남에게 거슬리지 않게 사는 것이다. 공자는 안연에게, "등용되면 나가고 버려지면 들어앉는다고 한 말은 오직 나와 너만이 실천할 수 있을게다."[21]라고 하였다. 사람들은 자신이 제대로 평가받기를 원하고, 노력한 만큼 그 대가를 받기를 원한다. 다행이 제대로 평가 받으면 좋겠지만 그렇지 못한 경우라 할지라도, 자신을 보충할 기회로 삼아 더욱더 노력하면서 때를 기다릴 줄 알아야한다. 이러한 기다림은 예나 지금이나 어려운 일이다. 그래서 공자가 등용되면 나가고 등용되지 않으면 들어앉아서 때를 기다리는 것을 실천할 수 있는 자는 자신과 안연뿐이라고 한 것이다.

---

21 ≪論語·述而 07.11≫ : "用之則行, 舍之則藏, 唯我與爾有是夫!"

2. 齊人歸女樂, 季桓子受之, 三日不朝, 孔子行. (≪論語·微子 18.04≫)
: 제나라 사람이 여악을 보내니, 계환자가 그것을 받아들이고 3일간 조회를 열지 않자, 공자가 떠났다.

① **歸(돌아갈 귀, guī)**: 饋(먹일 궤, kuì)와 같다. 드리다. 증정하다. ② **여악女樂**: 가무단. ③ **朝(아침 조, zhāo, cháo)**: 조회를 열다. ④ **行(갈 행, xíng)**: 조정을 떠나다.

공자가 주유천하周遊天下한 이유이다. 공자는 자신의 이상을 찾아 열국을 떠돌았다. 계환자 즉 계손사季孫斯는 당시 노나라의 집정 장관이었다. 공자는 당시 노나라 사구였는데, 사구는 오늘날 대법관에 상당한 관직이다. 이 사건이 발생한 때는 공자가 55세였을 때이다. 공자는 생의 대부분의 시간을 할애하여 가르침을 몸소 행하였다. 공자는 줄곧 정치이상을 펼칠 기회를 찾고 있었다. 노나라에서 그를 등용하였을 때 공자는 아주 짧은 시간 동안 탁월한 정치 업적을 이루었다. 그러나 집정관이 여색女色에 빠져 3일 동안 조회를 열지 않자 공자는 바로 노나라를 떠나 열국을 주유하였고, 수많은 고초를 겪었다. "안 되는 줄 알면서도 행하는"[22] 공자는 다른 나라에서 자신을 등용할 군주를 만나, 주나라 문화를 회복할 기회를 얻기를 바랐다.

22 ≪論語·憲問 14.38≫ : "知其不可而為之."

3. 朋友死, 無所歸, 曰, "於我殯." (≪論語·乡党 10.22≫)

: 친구가 죽어서 장례를 수습할 사람이 없자 말하였다. "내가 장례를 맡겠다."

① **무소귀無所歸:** 뒷일을 처리할 사람이 없다. ② **어아빈於我殯:** 내가 장례 일을 맡다.

공자는 친구 사이의 의로움을 매우 중시하였다. 친구가 어려움에 처해 있을 때 공자는 의로움을 펼쳤다. 돈과 시간과 힘을 써서 어려울 때 도움을 준 것이다.

4. 朋友之饋, 雖車馬, 非祭肉, 不拜. (≪論語·乡党 10.23≫)

: 친구가 주는 것은 비록 수레나 말이라도, 제사 지낸 고기가 아니면 절하지 않았다.

① **饋(먹일 궤, kuì):** 증정한 예물. ② **雖(비록 수, suī):** 비록. ③ **제육祭肉:** 제사에서 사용한 고기.

공자는 친구를 대할 때 물질의 경중으로 친구의 가치를 판단하지 않았다. 수레는 매우 귀한 예물이지만, 인정에 부합한다면 받는 것이다. 공자로 말하자면 성대한 감사를 표할 필요가 없었다. 그러나 제사에 쓴 고기는 가치로 따질 때 수레와 비교가 되지 않는다. 벗은 유무有無를 상통하는 정의情誼가 있으므로 보내온 물건이 아무리 큰 것이라 하여도 엎드려 절하는 일은 하지 않으나, 벗이 제사를 지내고 제물祭物로 차려 놓았던 고기를 보내오면 벗의 조상을 자기 조상과 마찬가지로 높이려는 뜻에서 엎드려 절한 것이다. 그러나 친구가 제사고기를 보내왔다는 것은 공자를 자신의 사람으로 여겼다는 의미이므로 공자는 예를 갖춰 감사함을 표하였고, 친구의 조상에 대해 존중을 표하였다.

5. 孔子於鄉黨, 恂恂如也, 似不能言者. 其在宗廟朝廷, 便便言, 唯謹爾. 朝, 與下大夫言, 侃侃如也, 與上大夫言, 誾誾如也. 君在, 踧踖如也, 與與如也. (鄉黨 10.1)

: 공자가 시골마을에 있을 때는 두려워 떠는 듯 말을 못하는 사람 같았다. 종묘와 조정에 있을 때에는 또박또박 말하되 오직 신중하게 하였다. 조정에서 하대부와 이야기 할 때는 분명하고 당당하게 이야기하였고, 상대부와 이야기할 때는 공손하면서 엄숙하였다. 임금이 계실 때는 조심스럽고 점잖았다.

① **향당鄉黨**: 시골 마을. ② **순순여恂恂如**: 온화하고 공손한 모양. ③ **편편언便便言**: 당당하고 차분하게 말하다. ④ **唯(오직 유, wéi)**: 다만. ⑤ **간간侃侃**: 분명하고 당당한 모양. ⑥ **은은誾誾**: 공손하면서도 엄숙한 모양. ⑦ **축척**踧踖: 조심스러운 모양. ⑧ **여여與與**: 위의威儀가 있는 모양.

제후국에는 경卿·대부大夫·사士의 계층이 있고, 이는 다시 상중하로 나뉘어 모두 9계급이다. 공자는 노魯나라에서 하대부下大夫의 직책인 사구司寇를 지냈다. 같은 계급인 하대부와 담화를 나눌 때에는 즐겁고 화목한 모습이었고, 자신보다 상관인 상대부上大夫와는 희희낙락하지 않고 고지식한 듯 예의를 갖추었다. 조회를 할 때는 군주를 존경하는 마음으로 조심스럽게 대하면서 허둥지둥 어찌할 바를 모르는 태도를 취하지는 않았던 것이다.

제자들이 공자 옆에 서 있을 때의 행동거지는 제각각이었다.

"민자건이 공자 곁에서 모시고 있을 적에는 그 태도가 온화하였고, 자로는 강직하였으며, 염유와 자공은 공손하고 즐거워하는 모습이었다."

"閔子侍側, 誾誾如也, 子路, 行行如也, 冉有子貢, 侃侃如也." (≪論語·先進≫)

상대방과 화기애애하고 즐겁게 대화를 나누기 위해서는 세 가지가 필요하다.

"행동거지를 바르게 하면 타인의 난폭함이나 오만함을 멀리할 수 있고, 낯빛을 바르게 하면 타인에게 신뢰를 얻을 수 있으며, 말을 입 밖에 낼 때 말투를 신중히 하면 비루하고 사리에 어긋나는 일을 멀리할 수 있을 것이다."

"動容貌, 斯遠暴慢矣, 正顔色, 斯近信矣, 出辭氣, 斯遠鄙倍矣." (≪論語·泰伯≫)

'鄙(더러울 비, bǐ,bì)'는 촌스럽고 남루한 것이고, '倍'는 '背(등 배, bèi,bēi)'와 같은 뜻으로 '불합리하고 착오가 있다'는 뜻이다. 남과 대화를 나눌 때, 상대방을 잘 들어주고 말을 조근 조근 화기애애하게(侃侃如也) 해야지 자기 이야기만 하고, 상대방의 말을 끊어선 안 된다.

6. 師冕見, 及階, 子曰, "階也." 及席, 子曰, "席也." 皆坐, 子告之曰, "某在斯, 某在斯." 師冕出. 子張問曰, "與師言之道與?" 子曰, "然, 固相師之道也."(≪論語·卫灵公 15.42≫)

: 악사인 면이 뵈러 왔을 때, 섬돌에 이르자 공자는 "섬돌입니다." 하였다. 자리에 이르자, "자리입니다."라고 하였다. 모두 자리에 앉자, 공자는 그에게 "아무개는 여기에 있고, 아무개는 여기에 있습니다." 라고 알렸다. 악사 면이 나가자 자장이 물었다. "악사와 말씀하실 때의 도리입니까?" 공자가 말하였다. "그렇다. 본디 맹인 악사를 도와주는 도리이다."

① **사면師冕:** 이름이 면冕인 악사. ② **계階:** 섬돌. ③ **석席:** 좌석. 자리. ④ **모재사某在斯:** 아무개가 여기에 있다. ⑤ **자장張:** 이름은 전손사顓孫師이고, 진陳나라 사람이다.

악사樂師가 맹인盲人이었으므로 하나하나 일러주어서 실수가 없도록 도와준 것이고, 또한 그것이 맹인을 접견할 때의 올바른 예법인 것이다.

7. 子食於有喪者之側, 未嘗飽也.(≪論語·述而 07.09≫)

子於是日哭, 則不歌.(≪論語·述而 07.09≫)

: 공자는 상중에 있는 자의 곁에서 음식을 먹을 때에는 일찍이 배불리 먹은 적이 없었다. 공자는 곡을 한 날에는 노래를 부르지 않았다.

① **유상자有喪者:** 상중에 있는 사람. ② **어시일於是日:** 그 날에는. 당일에는.

공자는 상대방의 상황에 따라 행동거지를 달리하였다.

"상을 당한 사람과 같이 할 때는 배불리 먹지도 않고, 노래도 부르지 않은 것이다. 공자는 상복喪服을 입은 사람과 면복冕服을 입은 사람, 눈먼 사람을 만나는 데 있어서, 이들이 나이가 어리더라도 반드시 일어나고, 이들을 지나가야 할 때는 반드시 걸음을 빠르게 옮겼다."

"見齊衰者, 冕衣裳者與瞽者, 見之, 雖少必作, 過之必趨." (≪論語·子罕≫)

재최齊衰'는 '자최'라고 읽기도 한다. '굵은 생베로 짓고 아래 가장자리를 좁게 접어서 꿰맨 상복'이다. 이것은 곧 상을 당한 사람을 보면 슬퍼하고, 높은 벼슬자리에 있는 사람에게는 존경을 표하고, 불편한 사람에게는 배려하고자 한 마음이다.

8. 子釣而不綱, 弋不射宿. (≪論語·述而 07.27≫)

: 공자는 낚시질을 하되 그물질은 하지 않았고, 주살질을 하되 잠자는 새는 쏘아 맞히지 않았다.

① **綱(그물 망, wǎng):** 그물. ② **弋(주살 익, yì):** 새에게 쏘는 화살. ③ **宿(묵을 숙, sù):** 둥지에서 서식하는 새.

일상생활 중 공자는 각각의 장소에서 사람이나 사물을 대할 때 정확한 판단과 적절한 표현으로써 임하였다. 공자는 노약자, 불행을 당한 자, 자연계의 작은 동물 등을 대할 때 극진히 보살피는 인간적인 감성을 가졌다. "공자는 향리에 있을 때 자신의 재능을 뽐내기를 원치 않았고 자신의 우월함을 드러내기를 원치 않았으며, 필요 없는 말은 하지 않았다. 그러나 종묘나 조정과 같이 정식적인 장소에서는 말할 때 또렷하고 분명히 말하였고 행동은 신중히 하였다."[23] 고대의 악사는 보통 맹인이었다. "冕(면류관 면, miǎn)"은 악사의 이름이다. 사면師冕이 공자를 뵈러 왔을 때 공자는 그를 위해 세심히 길을 일러주었다. 이와 같이 공자는 사람을 대할 때 세심하였다. 스승이 이렇듯 공손하고 극진하게 사람을 대하는 것은 제자들에게 가장 좋은 모범이 된다. "자식어유상자지측子食於有喪者之側, 미상포야未嘗飽也. 자어시일곡子於是日哭, 즉불가則不歌"[24]는 공자에 대한 제자들의 기록이다. 공자가 살던 시기에는 장례 절차가 매우 복잡하였다. 예의에 대한 지식을 전면적으로 갖춘 사람만이 이 일을 담당할 수 있었다. 공자는 장례를 돕는 일을 업으로 삼았다. 이는 당시 매우 어려운 일이었다. 공자는 그 일을 할 때면 늘 사람들의 슬픔에 공감하였다. 그러므로 자연히 입맛이 없었을 것이다. 공자는 매번 간단히 끼니를 때우고 먹지 않았다. 곡을 하며 우는 것은 자연스러운 감정의 표현이다. 공자는 곡할 때의 슬픈 감정을 감추지 않았다. 공자는 이 감정을 마음에 담고서 하루 동안 다시 노래 부르지 않았다. 공자는 일상생활에서 노래하는 일이 자주 있었지만, 장례가 있는 날에는 노래를 부르지 않았던 것이다. "釣(낚시 조, diào)"와 "弋(주살 익, yì)"은 고대 남자들의 일이다. 공자는 이러한 활동을 할 때에도 물고기를 대량으로 잡을 수 있는 도구를 사용하지 않았고, 둥지에서 잠자거나 쉬는 새를 쏘지도 않았다.

'조이불망釣而不網'은 탐욕을 부리지 않는 '지혜(智)'이고, '익불사숙弋

23 《論語·鄕黨 10.01》: "孔子於鄕黨, 恂恂如也, 似不能言者. 其在宗廟朝廷, 便便言, 唯謹爾."

24 《論語·述而 07.09》: "子食於有喪者之側, 未嘗飽也. 子於是日哭, 則不歌."

不射宿'은 함부로 살생을 하지 않으며, 남의 어려움을 이용하지 않는 것이니, 이것이 곧 '어짐(仁)'인 것이다. 어질고 지혜로운 공자의 모습은 제자들에게 기억되어 기록으로 남게 되었다. 공자의 이러한 행동은 인문주의자였던 그가 자연에 대해 품고 있던 자애심을 드러내 보여준다.

9. **子絶四, 毋意, 毋必, 毋固, 毋我.** (≪論語·子罕 09.04≫)
: 공자는 네 가지를 단절하였다. 사사로운 의견이 없었고, 반드시 해야 한다는 것이 없었으며, 고집을 부리지 않았고, 내가 아니면 안 된다는 것도 없었다.

① **絶(끊을 절,** jué**):** 단절하다. 두절하다. ② **毋(말 무,** wú**):** 무無와 같다. ③ **意:** **臆(가슴 억,** yì**)**과 같다. 주관 판단. ④ **必(반드시 필,** bì**):** 고집. ⑤ **固(굳을 고,** gù**):** 완고함. ⑥ **我(나 아,** wǒ**):** 아집. 자아. 다른 사람의 의견을 듣지 않는 것.

어떠한 성취를 이루고 난 뒤에 사람들은 종종 자기 자신에 대해서 뿌듯함을 느끼고 자기가 중심이라고 생각하며 잘난 척을 한다. 확실치 않은 일에 대해 지레짐작으로 단정을 내리는 것이 '자의恣意'적인 태도이고, 자신의 언행이 반드시 틀림없다고 스스로 주장하는 것이 '필必'이다. 그리고 자신의 의견만이 옳다고 고집固執하는 일이 '고固'이고, 매사에 자기편의만을 위해서 다투는 것이 이기적인 '아我'이다. 이는 군자가 반드시 버려야 할 태도이다. 공자에게는 자신을 지키기 위한 원칙이 있었다. 공자는 자기절제가 매우 강했으며 자기가 아니면 안 된다는 아집을 가지지 않았다.

10. **子溫而厲, 威而不猛, 恭而安.** (≪論語·述而 07.38≫)

: 공자는 온화하면서도 엄숙하며, 위엄이 있으면서도 사납지 않으며, 공손하면서도 편안하였다.

① **온이려溫而**厲: 온화하고도 엄숙하다. ② **위이불맹威而不猛**: 위엄이 있으면서도 사납지 않다. ③ **공이안恭而安**: 공손하면서도 편안하다.

공자가 사람들에게 주는 인상은 온화하면서도 엄숙하고, 위엄이 있지만 다가가기 어렵게 느껴지지 않고, 겸손하지만 편안한 모습이었다. 자하子夏는 군자에게는 세 가지 다른 면이 있다하였다.

> "그를 멀리서 바라보면 의젓하고, 그에게 가까이 가면 부드럽고, 그 말소리를 들으면 엄정하다."
>
> "望之儼然, 卽之也溫, 聽其言也厲." (≪論語·子張≫)

> "얼굴빛은 위엄이 있으면서 속이 유약한 것은, 그것을 소인들과 비유한다면, 마치 벽을 뚫고 담을 넘는 도둑과 같은 것이다."
>
> "色厲而內荏, 譬諸小人, 其猶穿窬之盜也與?" (≪論語·陽貨≫)

공자는 '온화하면서도 엄숙하고, 위엄이 있으면서도 사납지 않으며, 공손하게 대하면서도 사람을 편안하게 대해 주셨다.'고 하였는데, 이것이 곧 '군자삼변君子三變'과 같은 것이다.

> "자기의 의관을 바로 착용하고 사물을 바라보는 태도를 존엄하게 하면, 남이 바라보면 그를 두려워하게 되니 이 또한 위엄이 있으나 사납

지는 않은 것이다."

"正其衣冠, 尊其瞻視, 儼然人望而畏之, 斯不亦威而不猛乎?" (≪論語·堯日≫)

군자가 조심해야할 것은 자만하고 고지식하고 이기적인 마음이다.

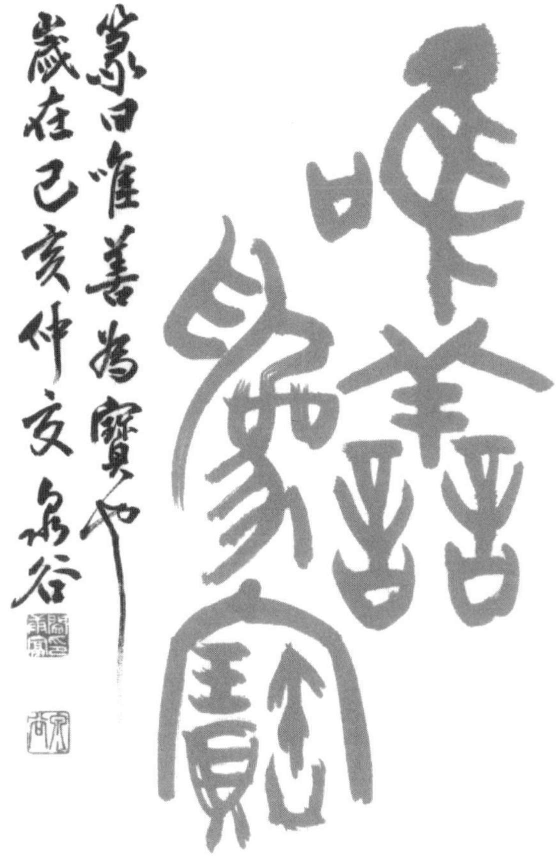

작품설명 유선위보

唯善爲寶

: 오직 선함이 보배이다.

篆曰, '唯善爲寶'也. 歲在己亥中夏, 泉谷.

: 전서는 '유선위보'이다. 기해년 한 여름, 천곡

抱負

제2장

제자들의 포부

각언이지(各言爾志) : 각자의 포부를 말해보다

안연과 계로가 공자를 모시고 있을 때 공자는 '각언이지各言爾志', '각자 너희들의 뜻을 말해보지 않겠느냐?'라 했다. 제자와 스승이 허심탄회하게 자신의 포부를 이야기하는 내용이다.

안연과 계로가 공자를 모시고 있을 때 공자는 '각언이지各言爾志', '각자 너희들의 뜻을 말해보지 않겠느냐?'라 했다. 제자와 스승이 허심탄회하게 자신의 포부를 이야기하는 내용이다.

공자의 제자 중 논어에 등장하는 주요 인물을 살펴보면 아래와 같다.

나이차	제자	자字	특징	다른 이름	출신국
-7	염경冉耕	백우伯牛	전염병으로 사망		노
-9	중유仲由	자로子路, 계로季路	3대 제자, 계씨 재季氏宰, 포 대부蒲 大夫	유由	노
-15	민손閔損	민자건閔子騫	효자로 유명	민자閔子	노
-29	염옹冉雍	중궁仲弓	계씨 재季氏宰		노
-29	염구冉求	자유子有	계씨 재季氏宰	염유冉有, 염자冉子	노
-29	재여宰予	자아子我, 재아宰我	공자에게 비난 받음	여予	노
-30	안회顏回	자연子淵	3대 제자, 31세 요절	안연顏淵, 회回	노
-31	단목사端木賜	자공子貢	3대 제자, 상인		위
-33	유약有若	자유子有			노
-44	복상卜商	자하子夏			위衛

-49	언언言偃	자유子游, 언유言游, 언偃	무성 재武城宰		오吳
-46	증삼曾參	자여子輿, 삼參, 증자曾子	효경	증점曾點의 아들	노
-48	전손사顓孫師	자장子張, 사師			진陳

백우伯牛는 전염병 혹은 문둥병에 걸렸다고 한다. 백우가 병에 걸리자 창문을 통해 그의 손을 잡고, "희망이 없구나, 운명이다. 이런 사람한테 이런 병이 생기다니, 이런 사람한테 이런 병이 생기다니"[25]라고 하며, 제자를 잃게 된 스승의 안타까운 마음을 천명에 의지하여 안타까워하였다. 안연이 죽자 공자는 통곡하며, "아! 하늘이 나를 버리는 구나, 하늘이 나를 버리는 구나."[26]라고 말했다. 제자의 죽음을 이렇게 가슴아파하는 스승은 많지 않을 것이다.

공자는 제자들에게 칭찬을 아낌없이 하였다.

민자건閔子騫은 효자로 이름이 난 인물이었는데, 공자는 그에 대해, "효성스럽구나! 민자건은"[27].라고 하였다. 심지어 공자는 자신이 안연보다 못하다고 하면서 칭찬을 아끼지 않았다. 어느 날 자공이 자신이 안연에 미치지 못한다고 하자 공자 역시 "그만 못하다. 나와 너는 그만 못하다."[28]라고 하였다.

그러나 공자는 그릇된 제자의 행동을 보면 사정없이 꾸짖었다. 어느 날 낮잠을 자고 있는 재여를 보고는 꾸짖을 가치조차 없다고 하였다.

25 《論語·雍也 06.10》: "亡之, 命矣夫! 斯人也而有斯疾也!"

26 《論語·先進 11.09》: "噫! 天喪予! 天喪予!"

27 《論語·先進 11.05》: "孝哉閔子騫!"

28 《論語·公冶長 05.09》: "弗如也, 吾與女弗如也."

"썩은 나무는 조각을 할 수 없고, 더러운 흙담은 흙손질을 할 수 없다. 내가 너를 꾸중해서 무엇 하랴."

"朽木不可雕也, 糞土之牆不可杇也, 於予與何誅."(≪論語·公冶長≫)

공자는 제자를 꾸짖기만 한 것이 아니라, 제자 앞에서 자신이 잘못한 일이 없다고 맹세하는 소박한 성인이기도 하다. 공자는 자신이 자로에게 의심 받을 만한 일이 발생하자, '절대 아니다'라고 하며 하늘을 두고 맹세하기도 하였다. 공자가 위나라 영공靈公의 부인 남자南子와 놀아난 것이 아니냐고 의심을 받자, "스스로 맹세하시기를, 내가 예에 맞지 않는 일을 한 것이 있다면 하늘에게 버림을 받았을 것이다. 하늘에게 버림을 받았을 것이다."[29]라고 하였다.

공자는 사람의 수준에 따라 가르치는 '인재시교因材施教'를 행하였다.

자로와 염유가 각각 의義로운 일을 들으면 그것을 바로 실천해야 하느냐고 묻자, 자로에게는 부형父兄에게 물어서 하라 하고, 염유에게는 바로 행동으로 옮기라고 하였다. 이를 본 공서화가 의아하게 여기고 공자에게 물었다. 공자는 "염유(求)는 뒤로 물러서는 편이기 때문에 앞으로 밀어내주었고, 자로(由)는 남의 몫까지 하는 사람이기 때문에 뒤로 물러나게 하여준 것이다."[30]라고 대답하였다.

아래에서는 ≪논어≫에서 보이는 제자들의 모습에 대하여 살펴보기로 한다.

29 ≪論語·雍也 06.28≫: "夫子矢之曰: 予所否者, 天厭之! 天厭之!"

30 ≪論語·先進 11.20≫: "求也退, 故進之, 由也兼人, 故退之."

제2장 01

포호빙하 暴虎馮河

: 맨손으로 범을 잡고 걸어서 황하를 건너다

抱負

자로가 공자에게 '삼군을 통솔하신다면 누구와 함께 하시겠습니까?'라고 묻자 '포호빙하暴虎馮河', 즉 '맨손으로 호랑이를 잡고, 맨몸으로 강을 건너려다' 죽어도 후회가 없는 사람과는 함께 하지 않겠다고 하였다. '포호빙하'는 자로의 성격을 대변하는 말이다. 본 절에서는 ≪논어≫ 중 자로에 관한 내용을 살펴보기로 한다.

1. 顔淵季路侍. 子曰, "盍各言爾志?" 子路曰, "願車馬衣裘, 與朋友共, 敝之而無憾." 顔淵曰, "願無伐善, 無施勞." 子路曰, "願聞子之志." 子曰, "老者安之, 朋友信之, 少者懷之."(≪論語·公冶長 05.26≫)
   : 안연과 계로가 공자를 모시고 있을 때, 공자는 "각자 너희들의 뜻을 말해보지 않겠느냐?"라고 하였다. 자로가 말했다. "수레와 말을 타고 가죽옷을 입는 것을 벗들과 더불어 함께하여, 그것들이 다 못쓰게 되고 해지더라도 유감이 없기를 원합니다." 안연이 말했다. "잘한 것을 자랑하는 일이 없고자 하며, 공로를 자랑하는 일이 없고자 합니다." 자로가 말했다. "스승님의 뜻을 듣기를 원합니다." 공자가 말하였다. "연로하신 분들은 편안해 질 수 있도록 하고, 벗들에게는 미더우며, 젊은이들은 꿈을 꾸도록 해주겠다."

① **侍(모실 시**, shì): 스승은 앉아 계시고, 제자들은 서 있다. '시좌侍坐'는 스승은 앉아있고 제자들은 서 있는 것이다. ② **盍(어찌 합**, hé): 하불何不의 합자이다. ③ **敝(해질 폐**, bì,bié): 부서지다. 해지다. ④ **벌선伐善**: 장점을 과시하다.

공자는 안연과 자로 두 제자와 함께 자신들이 지향하는 바에 대해 이야기하고 있다. 자로는 재물을 경시하고 의리를 중시하는 의협의 기질을 드러내었고, 안연은 그 겸손함을 엿볼 수 있다. 스승 공자는 "노자안지老者安之, 붕우신지朋友信之, 소자회지少者懷之."라 하였다. 이 12자는 유가사상의 치국평천하治國平天下라는 이상적인 정신세계의 구체적인 설명이라 하겠다.

믿음은 친구지간 뿐만 아니라, 나라를 다스리는데도 필요하다. 공자는 천승千乘의 나라를 다스리는 데는 "일을 정성껏 처리하여 백성들에게 신용이 있으며, 비용을 절약하고, 사람을 아끼며, 적절한 시기를 택해서 백성을 동원해 쓸 일이다."[31]라고 하였다. 이처럼 신중한 일처리로 신용을 얻고, 백성들에 대한 사랑과 시의적절한 사령이 바탕이 된다면, 노인들은 편안한 삶을 누릴 수 있을 것이고, 젊은 사람들은 꿈을 가질 수 있을 것이다.

31 《論語·述而 01.05》: "敬事而信, 節用而愛人, 使民以時."

2. 閔子侍側, 誾誾如也, 子路, 行行如也, 冉有子貢, 侃侃如也. 子樂. "若由也, 不得其死然." ≪論語·先進 11.13≫ :

: 민자건은 옆에서 모실 때 공손하고 엄숙하였으며, 자로는 씩씩하여 적극적이었고, 염유와 자공은 분명하고 명확했다. 공자가 (이를) 기뻐하였다. "유와 같은 자는 제 명에 죽지 못할 것이다."

① **시측侍側:** 제자들이 선생님 곁에 앉아 있거나 혹은 서 있는 것. ② **은은誾誾:** 공경하고 엄숙하다. ③ **항항行行:** 강인하고 솔직하다. ④ **간간侃侃:** 분명하고 당당하게 말하다.

민자건, 자로, 염유, 자공은 모두 "공문십철孔門十哲"에 해당한다. 공문십철은 공자문하 열 명의 우수한 제자들이다.

> "덕행으로 뛰어났던 제자들은 안연·민자건·염백우(冉耕) 및 중궁이었고, 언어로 뛰어났던 제자들은 재아(子我)와 자공이었고, 정사로 뛰어났던 제자들은 염유(冉求, 冉子, 子有)와 계로(仲由, 子路)였고, 문학으로 뛰어났던 제자들은 자유(言偃, 言游)와 자하였다."
>
> "德行, 顔淵·閔子騫·冉伯牛·仲弓. 言語, 宰我·子貢. 政事, 冉有·季路. 文學, 子游·子夏." (≪論語·先進≫)

공자는 이러한 제자들을 함께 교육하면서 즐거움을 누렸다. 본 구절에서 제자들은 스승 앞에서 자연스럽게 각자의 성격을 조금도 숨김없이 이야기 하고 있다. 자로는 타고난 성품이 진솔하고 강직하다. 따라서 어지러운 세상 속에서 자신의 목숨을 부지하기란 쉽지 않았을 것이다. 그러므로 자로에게 "부득기사연不得其死然."이라 직언한 것이다. 훗날 자로는 위衛나라에서 벼슬하던 중 내란에 끼어들었다가 죽임을 당했다.

3. 子曰, "道不行, 乘桴浮于海. 從我者其由與?" 子路聞之喜. 子曰, "由也好勇過我, 無所取材." (≪論語·公冶長 05.07≫)

: 공자가 말하였다. "도가 행해지지 않아서 뗏목을 타고 바다로 나간다면 나를 따라갈 사람은 아마도 유이리라." 자로가 이 말을 듣고 기뻐하였다. 이에 공자가 말하였다. "유는 용맹을 좋아함이 나를 능가하건만 뗏목 만들 목재를 구할 데가 없다."

① **桴(마룻대 부**, fú,fū): 강을 건널 때 쓰는 뗏목. ② **從(좇을 종**, cóng): 따르다. ③ **무소취재無所取材**: 적합한 목재를 구할 곳이 없다.

공자와 자로 사이에는 서로를 애틋하게 생각하는 감동적인 면모가 있다. 공자의 정치이상은 언제나 펼칠 기회를 얻지 못했다. 공자는 답답한 마음에 바다 밖으로 나가는 것이 낫겠다고 하소연하였다. 제자들 가운데 자로는 줄곧 공자에 대한 충심을 지니고 있었으므로, 공자는 자신을 따라 바다로 나갈 자는 아마 자로일 것이라고 생각한 것이다. 이 말을 들은 자로는 만면에 기쁜 기색이 가득하였다. 공자의 이 말이 그저 자신의 답답함을 털어놓은 것이라는 것을 경솔한 자로는 이해하지 못했다. 공자는 자로의 용기를 칭찬하면서도 배를 만들 목재를 얻을 수 없다는 핑계로 자로로 하여금 더 이상 앞서나가지 못하도록 하였다.

맹무백孟武伯이 "자로子路가 어집니까?"라고 묻자, 공자는 "잘 모르겠다."라고 하였다. 맹부백이 거듭해서 묻자 "천승을 거느리는 제후국에서 군무를 맡아보도록 할 수 있다."라고 대답하였다. 다시 염구가 어진 사람이냐고 묻자, "천호 되는 읍이나 백승을 거느리는 경대부의 집에서 읍장이나 가재 노릇을 할 수 있다."라고 하였다. 공서적公西赤에 대해서는 "적은 띠 끈을 매고 조정에 나서면 빈객들과 대담을 하도록 시킬 수 있다."라고 하였다. 그러나 공자는 이들 모두에 대해서 "인자한지는 모르겠다."고 하였다.

孟武伯問子路仁乎? 子曰: "不知也." 又問. 子曰: "由也, 千乘之國, 可使治其賦也, 不知其仁也." "求也何如?" 子曰: "求也, 千室之邑, 百乘之家, 可使爲之宰也, 不知其仁也." "赤也何如?" 子曰: "赤也, 束帶立於朝, 可使與賓客言也, 不知其仁也." (≪論語·公冶長≫)

맹무백이 인재를 구하기 위하여 공자에게 제자들의 자질에 대해 물은 것이다. 자로는 용맹하여 전차 천승이 있는 나라의 군정을 담당할 수 있는 능력을 갖추고 있었고, 염구는 재정 처리 능력을 갖추고 있었기 때문에 천호千戶되는 읍이나 백승의 전차를 거느린 대부 집안에서 재상 노릇을 할 수 있으며, 공서적公西赤은 화술이 좋기 때문에 외국에서 온 사신들과 외교적 대담을 할 수 있는 재능을 갖추고 있었다. 물론 '인仁'은 최고의 덕목이기 때문에 완성단계의 최고라고는 말할 수 없으나 이미 이들은 남과 구별되는 자기만의 능력을 갖추고 있었던 것이다. 하지만 이들 각각의 능력은 어쩌면 이들이 가지고 있는 '과過'일 수도 있다. 자로는 용맹하였기 때문에 그 용맹으로 인하여 정변에 휘말려 목숨을 잃게 된 것과 같이 말이다. 그러므로 한 사람의 일련의 행적을 살펴보면 그 사람의 지나친 점(과過), 못 미치는 점(불급不及)을 헤아릴 수 있는 것이다. 결국 '과유불급過猶不及'인 것이다.

4. 子謂顔淵曰, “用之則行, 舍之則藏, 唯我與爾有是夫!” 子路曰, “子行三軍, 則誰與?” 子曰, “暴虎馮河, 死而無悔者, 吾不與也. 必也臨事而懼, 好謀而成者也.”(≪論語·述而 07.11≫)

: 공자가 안연에게 말하였다. “써 주면 (국가와 천하를 위해) 행하고, 버리면 감추어 드러내지 않음을 행할 줄 아는 자는 나와 너 뿐이구나.” 자로가 말했다. “스승님께서 삼군을 통솔하신다면 누구와 함께 하시겠습니까?” 공자가 말하였다. “맨손으로 호랑이를 잡고, 맨몸으로 강을 건너려다 죽어도 후회가 없는 사람과는 함께 하지 않겠다. 일에 임하면 반드시 신중하고 계책을 잘 세워 성공을 거둘 수 있는 사람과 함께하겠다.”

① **용지즉행用之則行, 사지즉장舍之則藏:** 누군가가 임용해주면 포부를 밝히고, 임용되지 않으면 조용히 수양한다. ② **행삼군行三軍:** 군대를 이끌다. ③ **수여誰與:** 누구와 함께 하다. ④ **폭호暴虎:** 맨손으로 호랑이를 잡다. ⑤ **빙하馮河:** 맨몸으로 깊은 강을 건너다. ⑥ **임사臨事:** 임무에 마주하다.

공자가 안연을 칭찬하는 것을 자로가 납득하지 않자, 공자가 따끔하게 충고하였다. 공자와 그 제자들은 높은 학식을 갖고 있었고 다재다능했다. 그리고 배운 것을 사용해야 한다고 주장하였다. 그러나 임용되어 재능을 발휘하는 것은 자기에게 달려 있는 것이 아니다. 반면 임용되지 않았을 때 조용히 자신을 수행하는 것은 참으로 얻기 힘든 품격과 기량이다. 공자는 안연을 자신과 동일한 수준에 놓고 안연을 매우 드높이며 칭찬하였다. 그러나 자로는 곁에서 그 말을 들으면서 인정할 수 없었다. 그리하여 일부러 공자에게 “선생님께서 삼군을 통솔하신다면 누구와 함께 하시겠습니까?”라고 물음으로써 분위기 전환을 시도하였다. 그러나 공자는 그렇게 생각하지 않았다. 자로에게 경솔한 용기를 가지지 말고, 일이 닥쳤을 때에는 조심스럽고 신중해야 하며, 자세하게 계획하여야만 일을 완수할 수 있다고 권고하였다. 이 구절을 통해서 자로의 불만이 말과 표정에 드러난 것만 같아 매우 생동감 있게 느껴진다. 또한 공자의 대답은 오히려 자로의 무모한 용기를 지적하는 것으로, 독자로 하여금 웃음 짓게 하며 음미할 여운을 느끼게 한다. '폭호빙하暴虎馮河'는 맨손으로 호랑이를 잡고 맨몸으로 강을 건너는 것은 무모한 만용이고, '임사이구臨事以懼'는 매사에 두려운 마음을 가지고 임하는 신중함이다.

5. **子曰, "由之瑟, 奚爲於丘之門?" 門人不敬子路. 子曰, "由也升堂矣, 未入於室也."(≪論語·先進 11.15≫)**

: 공자가 말하였다. "유는 비파가락을 어찌 나의 문 안에서 연주하는가?" (이에) 문인들이 자로를 공경하지 않자, 공자가 말하였다. "유는 당에는 올랐으나 아직 방에 들어오지 아니한 것이다."

① **瑟(큰 거문고 슬**, sè): 고금鼓琴과 비슷한 악기. ② **奚(어찌 해**, xī): 어찌.
③ **승당입실升堂入室:** 학식 또는 기술이 얕음에서 깊음이 되고, 차근차근 나아감이 있어 높은 성취를 이룸을 비유.

공자는 자로의 음악적 재능에 대해 만족하지 못하였다. 그러나 또한 자로의 체면을 생각해주기도 하였다. 공자와 자로 사이에는 흥미로운 이야기와 대화가 적지 않다. "등당입실登堂入室"은 '마루에 올라 방으로 들어간다는 뜻으로, 학문이나 예술이 차츰 높은 수준으로 나아가 깊은 경지에 이른다.'는 뜻이다. 승당입실升堂入室'의 반대말이 '승당미입실升堂未入室'이다. 이미 대청까지는 올라섰지만, 아직 방안까지는 들어오지 못했다는 것이다. '승당입실'은 지금은 혹은 '모든 일은 차례가 있다'는 말로, '학문이 점점 깊어지다'는 뜻으로 쓰인다. 자로의 음악적 재능은 실로 한계가 있었다. 공자는 당연히 그것이 마음에 차지 않았기에 자로를 비평한 것이다. 그러나 다른 제자들이 이로 인해 자로를 존중하지 않자, 공자는 자신의 평가를 조절하여, 자로의 수준은 당에는 올랐으나 아직 방에 들어가지 못했을 뿐이라고 말하면서 자로의 체면을 살려주었다. 자로에 대한 공자의 애정 어린 표현이기도 하다.

사람은 각각 가지고 있는 능력이 다르다. 큰 그릇은 많은 양을 작은 그릇은 적은 양을 담는데 쓰인다. 그러므로 대인에게는 큰일을 맡기고, 소인에게는 작은 일을 맡기면 된다. 이에 대해, 공자는 이렇게 말하였다.

> "군자에게는 잔 지혜를 기대할 수 없으나 큰일을 맡을 것을 기대할 수는 있다. 소인에게는 큰일을 맡을 것을 기대할 수 없으나 잔 지혜를 기대할 수는 있다."
>
> "君子不可小知而可大受也, 小人不可大受而可小知也." (≪論語·衛靈公≫)

공자의 제자들은 각각의 특징이 있다. "시柴 자고子羔는 우직하고, 증삼曾參은 미련하며, 사師 자장子張은 극단적이고, 유由 자로子路는 거칠다."32 공자의 이러한 평가는 각각의 개성을 말하는 것이다. 우직하고 미련하고 극단적이라는 것은 아무것도 모르는 일자무식이라는 것이 아니라, 자신의 사상에 대하여 우직하고 미련하고 극단적일 정도

32 ≪論語·先進 11.18≫ : "柴也愚, 參也魯, 師也辟, 由也喭."

로 믿고 따르는 일종의 집착적인 성격을 가리킨다. 이들 제자들은 도를 깨달은 성인聖人의 정도에는 미치지 못할지 몰라도 모두 군자의 단계에 올라선 인물들이다.

자로子路는 성질이 강剛해서 그가 타는 거문고 소리 역시 강하고 거친 소리를 냈다고 한다. 그래서 공자孔子는 어느 날 자로의 거문고 소리를 듣고 '왜 여기서 거문고를 타느냐'고 나무랐다. 듣기가 싫었던 모양이다. 이 소리를 듣고 자로는 7일 동안이나 음식을 끊고 반성하였다고 한다. 그러자 다른 제자들도 공자가 자로를 나무람을 듣고 자로를 존중하지 않자, 공자는 자로가 깊은 곳의 정치精致한 이치를 터득하지 못했으나, 이미 상당한 수준에까지 도달하였다고 감싸준 것이다.

6. 子曰, "**衣敝縕袍, 與衣狐貉者立, 而不恥者, 其由也與? '不忮不求, 何用不臧?'**" 子路終身誦之. 子曰, "**是道也, 何足以臧?**" (≪論語·子罕 09.27≫)
: **공자가 말하였다. "낡고 해진 솜옷을 입고, 여우나 오소리 모피로 지은 옷을 입은 사람과 함께 서 있어도 부끄러워하지 않을 사람은 아마도 유가 아니겠는가? 남을 해치지 않으며 남의 것을 탐하지 않으니 어찌 좋지 아니한가?" 자로가 늘 외우고 다니자 공자가 말하였다. "그 도가 무엇이 그리 좋은가?"**

① **의폐온포衣敝縕袍:** 낡고 해진 솜옷을 입다. '衣'는 동사이다. ② **호학狐貉:** 여우와 오소리의 가죽으로 만든 옷. ③ **불기불구不忮不求, 하용부장何用不臧:** ≪시경·패풍邶風·웅치雄雉≫ 중의 시구이다. '忮(해칠 기, zhì)'는 질투하다, '臧(착할 장, zāng)'은 '좋다'는 의미이다.

자로의 자신감과 당당한 개성을 공자가 칭찬한 내용이다. 보통의 사람들은 경제적 상황이 좋지 못할 때 자괴감을 느낀다. 그러나 자로는 다른 사람을 질투하거나 재물을 탐하지 않고, 자신의 낡은 옷을 입고서도 당당하게 비싼 옷을 입은 사람과 함께 서 있으며 조금도 부끄럽게 생각하지 않았다. 자로는 스승의 칭찬을 받는 것이 쉽지 않은 일임을 알았기 때문에 매우 득의양양하며 스승의 칭찬말씀을 자주 입에 달고 다녔다. 그러나 공자의 말은 작은 것으로 만족하지 말고 나날이 그 덕을 닦아 나아가야 한다는 꾸중이었다. 한 단계 더 높아지기 위해서는 그곳에서 멈추지 않고, 자르고 갈고 쪼고 닦아야 하는 것(切磋琢磨)이다. 본 구절에서는 자로의 진솔함과 뿌듯해 함, 그에 대한 공자의 애정과 동시에 역정이 나는 모습이 생동감 있게 그려지고 있어 독자로 하여금 미소를 금치 못하게 한다.

7 子疾病, 子路使門人爲臣. 病間, 曰, "久矣哉, 由之行詐也! 無臣而爲有臣. 吾誰欺? 欺天乎! 且予與其死於臣之手也, 無寧死於二三子之手乎! 且予縱不得大葬, 予死於道路乎?" (≪論語·子罕 09.12≫)

공자의 병이 위독해지자, 자로가 자기의 제자를 보내 신하로 삼았다. 공자는 위독한 상태가 좀 덜해지자 말하였다. "오래되었구나. 유가 거짓을 행한 것이. 신하가 없어야 하는데 신하가 있게 되었으니 내 누구를 속일 것인가! 하늘을 속일 것인가! 또한 내가 신하들의 손에서 죽기보다는 제자들의 손에서 죽는 것이 낫지 않겠는가! 내가 비록 크게 장사지내지지는 못한다 하더라도 내가 도로에서 죽기야 하겠는가?"

① **위신爲臣:** 신하라는 명의로써 공자의 장례를 받들게 한다는 의미. ② **병간病間:** 병세가 호전되다. ③ **무녕無寧:** 차라리 ~할지언정. ④ **종부득縱不得:** 비록 ~하지 못하더라도.

공자가 큰 병에 걸렸을 때 자로가 예를 어기면서 공자의 장례를 준비했기 때문에 공자의 꾸중을 들었다. 공자가 큰 병에 걸리자 자로는 제자들을 데리고 스승님의 성대한 장례를 준비하였다. 후에 공자의 병세가 호전되었다. 당시 예에 따르면 공자는 성대한 장례를 치를 자격이 없었다. 공자는 마침내 자로가 예에 어긋나는 행동을 했음을 알게 되었고, 자로가 오랫동안 거짓을 행하였다고 매우 직설적으로 질책하였다. 자로는 스승을 사랑하였기에 스승의 신분을 뛰어넘는 장례를 치르고 싶어 했지만, 오히려 스승의 화를 초래하였던 것이다. 공자와 자로 사이의 관계는 부자사이와도 다르고 친구사이와도 다르지만 매우 친밀하였다. 공자가 조금이라도 칭찬하면 자로는 지나치게 기뻐하였다. 공자가 무슨 꾸지람을 하든 자로는 스승에 대해 변함없이 충성하고 강직하였으며 곁을 떠나지 않았다. 공자에 대해 자로 역시 때때로 직언을 올리며 거침없이 말대꾸를 하였다. 훗날 자로는 공자보다 일찍 세상을 떠났다. 공자가 자로에 대해, "제 명에 죽지 못할 것이다."라고 하였던 예언이 맞아들어 공자는 크게 슬퍼하였다.

공자는 자로에게 여섯 가지 말에 따르는 여섯 가지 폐단(六言六蔽)에 대해 말한 적이 있다. 배우지 않으면 여섯 가지 폐단이 있게 된다. 어리석게 되는 '우愚', 무절제한 방탕(蕩), 도의를 해치는 '적賊', 가혹해지는 '교絞', 용감하면서 '난亂'을 일으키는 것, 강하면서 함부로 행동하는 '광狂'이 이에 해당한다.

"인자하게 굴기를 좋아하면서 배우기를 싫어하면 그 폐단은 어리석어지는 것이다. 지혜롭게 굴기를 좋아하면서 배우기를 싫어하면 그 폐단은 무절제해지는 것이다. 신용 있게 굴기를 좋아하면서 배우기를 싫어하면 그 폐단은 도의道意를 해치게 되는 것이다. 정직해지기를 바라면서 배우기를 싫어하면 그 폐단은 가혹해지는 것이다. 용맹하게 굴기를 좋아하면서 배우기를 싫어하면 그 폐단은 난폭해지는 것이다. 굳세게 굴기를 좋아하면서 배우기를 싫어하면 그 폐단은 무모無謀해지는 것이다."

子曰: "由也! 女聞六言六蔽矣乎?" 對曰: "未也." "居! 吾語女. 好仁不好學, 其蔽也愚, 好知不好學, 其蔽也蕩, 好信不好學, 其蔽也賊, 好直不好學, 其蔽也絞, 好勇不好學, 其蔽也亂, 好剛不好學, 其蔽也狂." (≪論語·陽貨≫)

어쩌면 자로에게는 이러한 폐단이 생겨날 여지가 있었는지도 모른다. 이 때문에 공자는 제자를 사랑하는 마음에 무모한 행동을 삼가도록 가르쳤을 것이다.

작품설명 **수덕**

樹德

: 덕을 세우다.

篆文曰, 樹德也. 樹德務滋, 除惡務本..

: 덕행을 심는 데는 불어나도록 힘써야 하고, 악을 없애는 데는 뿌리 뽑는 것에 힘써야 한다.

歲在己亥仲春之節. 泉谷

: 기해년 봄이 한창인 때, 천곡.

제2장

02

회하감사 回何敢死

: 안회가 어찌 먼저 죽겠습니까

抱負

공자가 광 땅에서 두려운 일을 당했을 때, 안연이 나중에 도착하자 공자가 안회에게 '나는 네가 죽은 줄로 생각했다'라 하자 '회하감사回何敢死', '스승님이 계신데 제가 어찌 감히 죽겠습니까?'라 하였다. 이보다 더 간절한 스승에 대한 존경의 표현이 있겠는가! 가장 큰 불효는 부모보다 자식이 먼저 죽는 것이다. 그렇다면 '안회'가 스승보다 먼저 운명을 달리했으니 크게 잘못을 저지른 것이다. 본 절에서 ≪논어≫에서의 '안회'에 관한 내용을 살펴보기로 한다.

1. **子謂子貢曰, "女與回也孰愈?" 對曰, "賜也何敢望回? 回也聞一以知十, 賜也聞一以知二." 子曰, "弗如也, 吾與女弗如也."**(≪論語·公冶長 05.09≫)
   : 공자가 자공에게 "너와 회 중에 누가 더 훌륭하냐?"라고 하자, 자공이 대답하였다. "제가 어떻게 감히 회를 바라보겠습니까? 회는 하나를 들으면 그것으로 미루어 열을 알고, 저는 하나를 들으면 그것으로 미루어 둘을 압니다." 공자가 말하였다. "그만 못하다. 너와 나는 그만 못하다."

   ① **女**: '**汝**(**너 여**, rǔ)'와 같다. '너'의 의미이다. ② **愈**(**나을 유**, yù): 낫다.

공자는 자신과 자공 모두 안연보다 못하다고 생각하였다. 안연은 공자의 가장 자랑스러운 제자였다. 공자는 안연의 품행을 여러 차례 칭찬하였다. 자공은 단목사端木賜이고, 자가 자공이다. 자공은 상업, 말재주, 외교 방면의 재능이 매우 특출하였다. 자공은 다른 사람의 장단점을 평하기를 좋아하였고, 공자는 자공의 이러한 버릇을 좋아하지 않았다. 그래서 공자가 자공에게 "너와 안연을 서로 비교하면 어떠한가?"라고 물었고, 자공은 성실하면서도 영리하게 대답하였다. 안연은 하나를 들으면 열을 알지만, 자신은 단지 하나를 들으면 둘을 알 뿐이므로 차이가 크다고 하였다. 이 대답을 들은 공자는 매우 만족했다. 공자는 자기 자신과 자공 모두 안연에 미치지 못한다고 말한 것은 공자가 자공의 질문에 대해 자신이 제자보다 못하다고 인정하는 관대함을 보여주는 부분이다. 이 대화에 안연은 등장하지 않지만, 공자와 자공의 이러한 대화 속에서 안연의 훌륭함이 두드러져 드러난다.

2. 子畏於匡, 顔淵後. 子曰, "吾以女爲死矣." 曰, "子在, 回何敢死?"(≪論語·先進 11.23≫)

: 공자가 광 땅에서 두려운 일을 당했을 때, 안연이 나중에 도착하였다. 공자가 말하였다. "나는 네가 죽은 줄로 생각했다." 안연이 말했다. "스승님이 계신데 제가 어찌 감히 죽겠습니까?"

① **畏(두려워할 외,** wèi): 포위당하다.

공자와 안연 사이에 있었던 매우 특별한 대화이다. 유머가 담겨 있고 어떠한 악감정도 갖지 않은 스승과 제자 사이의 대화이다. 안연은 "德

行"에 있어 첫 번째로 손꼽히는 제자이다. 품행과 수행이 뛰어났으며 공자 학문의 정수를 깊이 이해하였다. 공자는 안연을 유가학파의 계승자로 일찌감치 생각해 두었던 듯하나, 안연이 공자보다 일찍 세상을 떠나고 말았으니, 공자의 비통함이 어떠할지 상상이 된다. 이 때문에 공자는 안연이 먼저 죽자, 깊은 탄식을 내뱉으며 울부짖었다.

> "아아! 하늘이 나를 버리는구나! 하늘이 나를 버리는구나!"
>
> "噫! 天喪予! 天喪予!"(≪論語·先進≫)

3. 子曰, "回也非助我者也, 於吾言無所不說."(≪論語·先進 11.04≫)
: 공자가 말하였다. "안회는 나를 돕는 자가 아니다. 나의 말에 대해 기뻐하지 않는 바가 없구나."

① **어오언於吾言:** 내가 한 말에 대해서. ② **說:** '悅(기쁠 열, yuè)'과 같다.

공자는 마치 비평하는 듯한 어조로 안연을 칭찬하고 있다. 이는 매우 독특한 표현으로 색다른 맛이 느껴진다. 공자는 안연이 자신에게 조금도 교학상장教學相長의 도움이 되어주지 않는다고 하였다. 이는 분명한 비판이다. 그러나 조금만 돌려 생각해 보면, 안연이 자신의 학설에 대해 기쁜 마음으로 탄복하지 않은 적이 추호도 없었다는 것을 말하고 있다. 이 때문에 안연은 한 번도 질문을 하거나 의심하지 않았던 것이다. 이로써 공자가 안연에 대해 미처 다 표현하기 어려운 깊은 애정을 갖고 있었음을 알 수 있다.

4. 子曰, "賢哉, 回也! 一簞食, 一瓢飮, 在陋巷, 人不堪其憂, 回也不改其樂. 賢哉, 回也!"(≪論語·雍也 06.11≫)

: 공자가 말하였다. "어질도다. 안회여! 한 그릇의 밥과 한 표주박의 물로 더러운 골목에서 사는 것을 사람들은 그 근심을 견디지 못하는데, 안회는 그 즐거움을 바꾸지 않으니 어질도다. 안회여!"

① 簞(**대광주리 단**, dān): 대나무로 만든 밥그릇. ② 堪(**견딜 감**, kān): 참고 견디다.

공자는 안연의 안빈낙도에 대해 감출 수 없는 칭찬의 마음을 드러내고 있다. 안연은 내면에 즐거움의 원천을 지니고 있었다. 안연은 단사표음簞食瓢飮으로도 그 즐거움을 바꾸지 않았고, 빈천함으로도 그 뜻을 굽히지 않았다.

공자 역시 자신의 '안빈낙도'에 대해 언급한 적이 있다.

> "거친 것을 먹고 물을 마시며, 팔을 베개 삼아 살아도 즐거움은 또한 그 가운데 있는 것이다."
>
> "飯疏食飮水, 曲肱而枕之, 樂亦在其中矣."(≪論語·述而≫)

본 구절에서 공자는 안연에 대해 감출 수 없는 칭찬을 하면서 "賢哉, 回也!"라고 말을 시작하였고, 안연의 현명함에 대해서 설명한 뒤 말미에서 다시 한 번 "賢哉, 回也!"라고 강조함으로써, 그 감정의 깊이를 자연스럽게 드러내고 있다.

5. 季康子問, "弟子孰爲好學?" 孔子對曰, "有顔回者好學, 不幸短命死矣, 今也則亡."(≪論語·先進 11.07≫)

: 계강자가 물었다. "제자들 중에 누가 배우기를 가장 좋아합니까?" 공자가 대답하여 말하였다. "안회라는 사람이 있어 배우기를 좋아했습니다. 불행히도 단명하여 죽었습니다. 지금은 없습니다."

① **孰(누구 숙,** shú): 누구. ② **亡:** '無(없을 무, wú)'와 통한다.

공자는 군자의 호학에 대하여 다음과 같이 정의한 적이 있다.

> "식사하는 데는 배부르기를 바라지 않고, 거처하는 데는 편안하기를 바라지 않고, 일에 민첩하며 말에 조심스럽고, 인격을 갖춘 사람에게 나아가 자신을 바로잡는다면 배우기를 좋아한다고 할 수 있다."
>
> "食無求飽, 居無求安, 敏於事而愼於言, 就有道而正焉, 可謂好學也已." (≪論語·述而≫)

이와 함께 "10호 정도의 작은 마을에도 반드시 충성되고 진실한 것이 나와 같은 사람이 있을 것이다. 그러나 내가 배우기를 좋아하는 것만은 못할 것이다."[33]라고 하며, 공자 자신보다 더 호학하는 자는 없다고 하였다. 그럼에도 공자가 위와 같이 '안연'의 호학을 언급한 것을 고려한다면, 안연 역시 공자만큼이나 배우기를 좋아하였던 것을 짐작해 볼 수 있다.

≪논어≫에는 본 구절 이외에도 제자 중 안연이 가장 배우기를 좋아한다는 내용이 보인다. 제자들 가운데 누가 가장 배우기를 좋아하느냐

---

33 ≪論語·公冶長 05.28≫ : "十室之邑, 必有忠信如丘者焉, 不如丘之好學也."

는 애공哀公의 질문에 공자는 이렇게 대답하였다.

> "안회라는 사람이 배우기를 좋아하여, 노여움을 다른 사람에게 풀지 않고 과오를 되풀이하지 않았는데 불행하게도 단명하여 죽었습니다. 지금은 없습니다. 배우기를 좋아한다는 사람을 들어보지 못하였습니다."
>
> "有顔回者好學, 不遷怒, 不貳過. 不幸短命死矣, 今也則亡(無), 未聞好學者也."(≪論語·雍也≫)

6. 顔淵死. 子曰, "噫! 天喪予! 天喪予!" (≪論語·先進 11.09≫)
: 안연이 죽자, 공자는 "아아! 하늘이 나를 버리는구나! 하늘이 나를 버리는구나!"라고 하였다.

① **噫(탄식할 희, yī)**: 감탄사. ② **천상여天喪予**: 하늘이 나를 망치려고 한다.

안연의 생몰년에 대해서는 의견이 분분하다. 일반적으로 안연은 BC 521에 태어나 BC 481에 죽은 것으로 알려져 있다. 노나라 소공昭公 21년에 태어나서 노 애공哀公 14년에 죽었으니 향년 41세이다.

≪사기史記·중니제자열전仲尼弟子列傳≫에는 "안회는 노나라 사람으로, 자는 자연이며, 공자보다 서른 살이 적었다."[34]라고 기록되어 있고, "무오년에 공자는 69세였는데, 아들인 백어가 죽었고 안회가 죽었다."[35]라고 기록하고 있다.

---

34 ≪史記·仲尼弟子列傳≫ : "顔回者, 魯人也, 字子淵. 少孔子三十歲."
35 ≪甲子會紀≫ : "戊午年, 孔子六十九歲, 伯魚卒, 顔回卒."

7. 顔淵死, 子哭之慟. 從者曰, "子慟矣!" 曰, "有慟乎? 非夫人之爲慟而誰爲?" (≪論語·先進 11.10≫)
: 안연이 죽자 공자가 그를 위해 곡하다가 애통하기에 이르렀다. 따르던 이가 "스승님께서 애통해 하셨습니다."라고 하자 "애통해 한 적이 있었느냐? 이 사람을 위하여 애통해 하지 않는다면 누구를 위하여 애통해 하겠느냐?"라고 하였다.

① **慟(서럽게 울 통,** tòng): 지나치게 슬퍼하다. 지나치게 애통하다. ② **부인夫人**: 그 사람. 안회를 가리킨다.

안연 사후에 안연을 존경하여 내린 시호가 많다. 당唐 태종太宗은 '선사先師'라는 시호를 하사하였고, 당唐 현종玄宗은 '연공兗公', 송宋 진종眞宗은 '연국공兗國公'이라는 시호를 봉하였다. 또한 원元 문종文宗은 '연국복성공兗國復聖公'이라는 시호를 봉해주었으며, 명明 가정嘉靖은 '복성復聖'이라 높여 봉하였다. 역사유적으로는 안연에 관한 안묘顔廟·누향정陋巷井·악정樂亭 등이 있다.

8. 顔淵死, 門人欲厚葬之. 子曰, "不可." 門人厚葬之. 子曰, "回也視予猶父也, 予不得視猶子也. 非我也, 夫二三子也."(≪論語·先進 11.11≫)
: 안연이 죽었을 때 문인들이 후하게 장사지내려 했다. 공자가 말하였다. "안 된다." 그러나 문인들이 후하게 장사지냈다. 공자가 말하였다. "안회는 나에게 아버지처럼 대했는데, 나는 그에게 아들처럼 대하지 못했다. 나의 탓이 아니다. 저 몇몇 제자들 탓이다."

① **후장厚葬:** 융성하게 장사지내다. ② **시여유부視予猶父:** 나를 아버지처럼 생각하다.

안연은 젊은 나이에 요절하였다. 이는 공자에게 큰 슬픔이었다. 공자는 비통함 속에서 안연의 요절로 하늘을 탓하기도 하였다. 공자는 안연을 가장 아꼈고, 또한 자신의 학설이 그에 의해 전해지기를 바랐지만, 안연은 끝내 일찍 공자의 곁을 떠나고 말았다. 공자는 이것이 어쩌면 하늘의 뜻일 지도 모른다고 생각하였다. 그래서 하늘이 자신을 버렸다고 반복하여 탄식하였던 것이다. 공자가 "이 사람을 위하여 애통해 하지 않는다면 누구를 위하여 애통해 하겠느냐?"라고 한 것은, 호학好學한 제자가 안연뿐이었음을 인정한 것이다. 그러나 공자는 예에 어긋나면서까지 안연의 장례를 후하게 치르는 것에는 반대하였다. 공자와 안연은 아버지와 아들과 같았다. 공자와 안연은 마음과 학문이 서로 통하는 스승과 제자였다. 공자의 이 말은 천명과 개인의 바람이 꼭 부합되는 것은 아님을 한탄한 것이기도 하다.

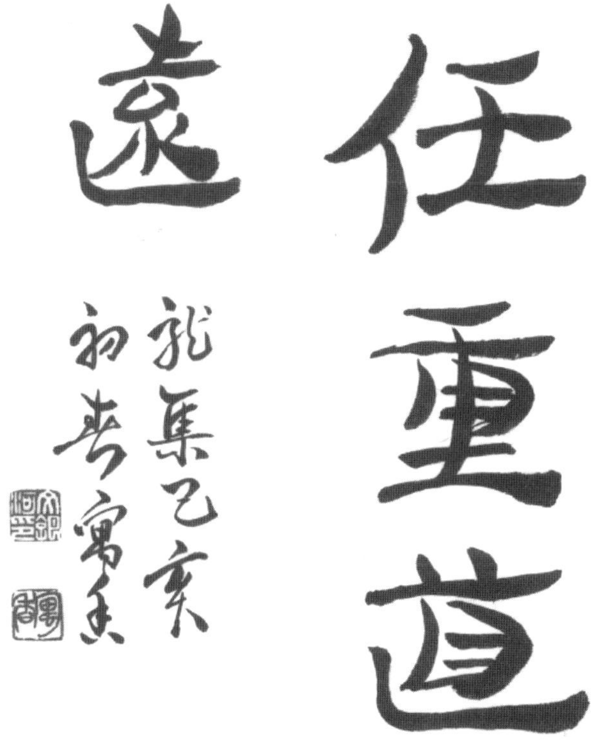

작품설명 **임중도원**

任重道遠

: 임무가 무겁고 도는 멀다.

龍集己亥初春, 寓香.

: 기해년 음력 정월, 우향.

歲在己亥仲春之節. 泉谷

: 기해년 봄이 한창인 때, 천곡.

제2장

03

완이이소 莞爾而笑

: 빙그레 웃다

抱負

'완이이소莞爾而笑'는 '빙그레 웃다'는 뜻이다. 공자가 자유子游 언언言偃이 다스리는 무성에 가서 이룬 성과를 보고 웃는 모습이다. 공자가 제자의 성취를 보고, 그 뿌듯함을 직접적으로 말하지 않고 유머스럽게 칭찬한 모습을 형용한 말이다. 그러나 자유는 진지하게 스승님께서 전수해 주신 대로 실천했을 따름이라고 대답하자, 공자는 다시 장중하게 자신의 잘못을 인정하였다. 매우 생동감이 넘치는 제자와 스승 간의 대화이다. 본 구절에서는 공자의 '제자에 대한 사랑'에 관한 내용에 대하여 살펴보기로 한다.

1. **冉求曰, "非不說子之道, 力不足也." 子曰, "力不足者, 中道而廢. 今女畫."**(≪論語·雍也 06.12≫)

   : 염구가 말했다. "저는 스승님의 도를 기뻐하지 않는 것은 아니지만, 힘이 부족합니다." 공자가 말하였다. "힘이 부족한 사람은 중도에까지 가다가 쓰러진다. 지금 너는 금을 그어버렸구나."

   ① **說:** '悅(기쁠 열, yuè)'과 같다. ② **女:** '汝(너 여, rǔ)'와 같다. ③ **畫:** '劃(그을 획, huà) 과 같다. 금을 그어 한계를 두다.

염구는 자가 '자유子有'이고 '염유冉有'라고도 한다. 노나라 사람으로 공자보다 29세 아래 이다. 염구가 '역부족力不足'하는 모습을 보이자, 공자는 그의 모습을 두고 스스로 한계를 두는 것이라고 지적하였다. 염구는 정사政事에 뛰어났던 자이다.

> "덕행으로 뛰어났던 제자들은 안연·민자건·염백우 및 중궁이었고, 언어로 뛰어났던 제자들은 재아와 자공이었고, 정사로 뛰어났던 제자들은 염유와 계로였고, 문학으로 뛰어났던 제자들은 자유와 자하였다."
>
> "德行, 顏淵閔子騫冉伯牛仲弓. 言語, 宰我子貢. 政事, 冉有季路. 文學, 子游子夏." (≪論語·先進≫)

염구가 계손씨季孫氏의 가재家宰로 있었을 때, 공자가 계씨季氏에게 간하여 태산에서 제사지내는 일을 중지하게 할 수 있느냐고 물은 적이 있다. 옛 법도에 제후만이 자기 봉내의 산천에 제사할 수 있는데, 대부大夫인 계씨季氏가 태산에 제사를 지내는 것은 참월무도僭越無道한 일이 있었다. 공자는 염구가 그것을 간언하기를 바랐으나, 간하지 못하자 그를 책망한 일이 있다.[36]

맹무백孟武伯이 염구의 사람됨을 물어보자 공자는 다음과 같이 대답하였다.

> "염구는 천호가 되는 읍이나 백승을 거느리는 경대부卿大夫의 집에서 읍장이나 가재 노릇을 할 수 있으나, 그가 인자한지는 모르겠다."

---

36 ≪論語·八佾 03.06≫ :季氏旅於泰山. 子謂冉有曰: "女弗能救與?" 對曰: "不能." 子曰: ""嗚呼! 曾謂泰山不如林放乎?"

"求也, 千室之邑, 百乘之家, 可使爲之宰也, 不知其仁也"(≪論語·公冶長≫)

공자는 일찍이 그를 '예藝'라고 칭찬한 적이 있다. 다재다능하다는 것이다. 계강자季康子가 물었다.

"염구(求)는 정치에 종사할 수 있겠습니까?", 공자가 대답하였다. "염구는 재능이 많습니다. 정치에 종사해서 안 될 일이 무엇이 있겠습니까."

季康子問: "仲由可使從政也與?" 子曰: "由也果, 於從政乎何有?" 曰: "賜也可使從政也與?" 曰: "賜也達, 於從政乎何有?" 曰: "求也可使從政也與?" 曰: "求也藝, 於從政乎何有?" (≪論語·雍也≫)

염구는 자기변명을 잘 하였다. 자신의 능력이 부족하여 진보함이 드러나지 않는다고 말하였다. 공자는 염구가 자기 자신에 대해 더 높은 요구치를 가지기를 바랐다. 그래서 그가 스스로 한계를 세우지 않기를 바랐다. 염구冉求가 분발하여 노력하면 향상할 수 있음을 말한 것이다. 섭공葉公의 물음에 공자는 스스로에 대해 이렇게 설명하였다.

"사람됨이 발분하면 식사를 잊고 그러한 것을 즐거워하여 근심을 잊어, 늙음이 닥쳐오리라는 것조차 모른다."

"其爲人也, 發憤忘食, 樂以忘憂, 不知老之將至云爾." (≪論語·述而≫)

아마도 공자는 염구도 자신과 같이 발분하기를 바랐을 것이다.

2. 子使漆彫開仕. 對曰, "吾斯之未能信." 子說. (≪論語·公冶長 05.06≫)

: 공자가 칠조개로 하여금 벼슬하게 하니, "저는 아직 벼슬할 자신이 없습니다."라고 하였다. 공자가 기뻐하였다.

① 仕(벼슬할 사, shì): 출사하다. 관직을 맡다. ② 미능신未能信: 아직 자신감이 없다.

공자가 칠조개의 겸허한 태도에 대해서 매우 기뻐한 구절이다. 칠조개는 칠조漆雕가 복성이고, 이름은 계啓, 字는 자개子開이다. 노나라 사람이며, 공자보다 11세 연하였다. 공자 문하에서 덕행으로 유명했던 제자이다. 칠조개는 겸허하여 관직을 맡는데 조급하지 않았고, 덕을 닦는데 한결 같았다. 공자는 제자의 이러한 겸손함을 보고 매우 기뻐하였다.

3. 子華使於齊, 冉子爲其母請粟. 子曰, "與之釜." 請益. 曰, "與之庾." 冉子與之粟五秉. 子曰, "赤之適齊也, 乘肥馬, 衣輕裘. 吾聞之也, 君子周急不繼富."(≪論語·雍也 06.04≫)

: 자화가 (공자를 위하여) 제나라에 심부름 가게 되자, 염자가 자화의 어머니를 위해 곡식을 요청했다. 공자가 말하였다. "부釜를 주어라." 더 줄 것을 요청하자 "유庾를 주어라"하였다. 염자는 곡식 오병을 주었다. 공자가 말하였다. "적이 제나라에 갈 때에 살찐 말을 탔고, 가벼운 갖옷을 입었다. 내가 들으니 '군자는 급박한 자를 두루 돌봐주지, 부유한 자를 계속 돌봐주지는 않는다.' 하였다."

① **粟(조 속, sù)**: 곡식. ② **釜(가마 부, fǔ)**: 고대 수량 재는 도구. 1부는 약 6두斗4승升이다. ③ **益(더할 익, yì)**: 더하다. 늘리다. ④ **庾(곳집 유, yǔ)**: 고대 수량 재는 도구. 유庾는 약 2두4승이다. ⑤ **秉(잡을 병, bǐng)**: 고대 수량 재는 도구. 16곡斛이 1병이다. 10두가 1곡이다. ⑥ **의경구衣輕裘**: 따뜻하고 가벼운 갖옷 입다. ⑦ **周(두루 주, zhōu)**: 구제하다. 도와주다.

자화子華의 성은 공서公西이고 이름은 적赤이다. 자화는 그의 자이다. 염구를 염자冉子라고 쓴 것으로 보아 이 글은 염구의 제자들이 기록한 것으로 보인다. 공서적公西赤이 제나라에 간 것은 노나라의 정사에 관한 일로 갔는지 공자의 일을 보아 주러 갔는지 알 수가 없다. 아마도 공자가 노나라의 대부로 있을 때 노나라의 일로 제나라에 간 것으로 보인다.

4. 原思爲之宰, 與之粟九百, 辭. 子曰, "毋! 以與爾鄰里鄕黨乎!"(≪論語·雍也 06.05≫)

: 원사가 가신이 되었는데, 그에게 곡식 900을 주었더니 사양하였다. 공자가 말하였다. "그것을 너의 이웃이나 마을 또는 고을 사람들에게 주지 않겠느냐?"

① **위지재爲之宰**: 공자의 가신이 되다. ② **여지與之**: 그에게 주다. ③ **인리향당鄰里鄕黨**: 이웃과 마을.

공자는 어려운 제자들을 돕는 것은 좋아했지만, 부유한 제자에게 부유함을 더하는 것은 원치 않았다. 원사는 원헌原憲이라고도 한다. 매우 빈곤한 집안 출신이었다. 공서화는 부유하였고 지위도 높았으며, 제나라에서 출사하여 외교활동을 할 수 있는 기회를 얻었다. 그러나 공자는 그의 부유함을 늘리는 데 도움이 되는 것을 좋아하지 않았다. 염유는 당시 공자의 가신이었는데 공자의 명을 듣지 않고 공서화의 어머니에게 많은 곡식을 주었다. 하지만 원사가 공자의 가신이 되었을 때 공자는 그에게 많은 곡식을 주어 그를 도왔다.

> "군자는 빈곤한 사람을 구제하지, 부유한 사람을 구제하지 않는다."
>
> "君子周急不濟富." (≪論語·雍也≫)

공자는 제자들에게 재물이 남으면 필요한 사람을 도우라는 것을 설파한 것이다.

5. **宰我問曰, "仁者, 雖告之曰, '井有仁焉.' 其從之也?" 子曰, "何爲其然也? 君子可逝也, 不可陷也, 可欺也, 不可罔也."** (≪論語·雍也 06.26≫)
: **재아가 물었다. "인자의 부류에 속하는 사람들은 비록 우물 속에 어진 사람이 있다고 말하더라도 그를 따라갈까요?" 공자가 말하였다. "어찌 그렇겠는가. 군자는 가보게 할 수는 있으나 빠지게 할 수는 없으며, 속일 수는 있어도 멍청하게 만들 수는 없는 것이다."**

① **정유인언井有仁焉**: 우물에 인자가 있다. ② **하위기연야何爲其然也**: 어찌 그렇게 하겠는가. ③ **逝(갈 서**, shì): 가다. ④ **陷(빠질 함**, xiàn): 빠지다. ⑤ **欺(속일 기**, qī): 속이다. ⑥ **罔(그물 망**, wǎng): 멍청하게 만들다.

재아는 낮잠 자다 공자에게 꾸지람을 들은 제자로 유명하다. 군자는 속을 수는 있어도 사리를 모르고 맹목적으로 우매한 짓을 하지 않는 것이다. '우물에 사람이 빠졌다'면 인仁을 행하기 위해 달려가지만 맹목적으로 우물 안으로 뛰어들어 모두 목숨을 잃는 희생을 하지 않는다. 보다 좋은 방법을 강구하여 위험에서 벗어나게 할 수 있을 것이다.

용맹勇猛과 만용蠻勇은 분명히 다르다. 만용은 '사리를 분별하지 않고 맹목적으로 함부로 날뛰는 무식한 행위'를 가리킨다. 대책을 강구하지도 않고 무조건 뛰어드는 것은 '만용'이다. 군자가 이러한 짓을 하겠는가!

'가기야可欺也, 불가망야不可罔也'는 군자를 '속일 수는 있어도 멍청하게 만들 수는 없는 것이다.'라는 뜻이다. ≪논어≫에서 '기欺'는 사람(혹은 인仁)이 우물 안에 있다는 말을 들으면 당연히 헤아릴 겨를 없이 당장 우물로 달려가야 함을 말하는 것이다. 만약에 이 일이 사실이라고 한다면 우물에 빠진 사람은 위험에 처하게 되기 때문이다. 속임을 당함은 뒤에 판단할 일이다. 그 일을 맞닥뜨리고 난 다음에 판단할 문제이다. 군자는 어질기 때문에 다른 사람들의 말을 신뢰하는 것이다. 그러나 확인한 다음 그것이 거짓이면 적절한 조치를 취하지 맹목적으로 헛되이 막무가내로 일 처리를 하지 않는 것이다.

6. 宰予晝寢. 子曰, "朽木不可雕也, 糞土之牆不可杇也, 於予與何誅?" 子曰, "始吾於人也, 聽其言而信其行, 今吾於人也, 聽其言而觀其行. 於予與改是."(≪論語·公冶長 05.10≫)

: 재여가 낮잠을 잤다. 공자가 말하였다. "썩은 나무에는 조각을 할 수 없고, 분토로 만든 담장에는 흙손질을 할 수 없다. 그러니 여에게 무슨 꾸지람을 하겠느냐?" 공자가 말하였다. "처음에는 내가 사람을 대함에, 그의 말을 듣고 그의 행동을 믿었다. 그러나 지금은 내가 사

람을 대함에, 그의 말을 들더라도 그의 행동을 살펴본다. (나는) 여로 인하여 이를 고쳤다."

① **주침晝寢:** 낮잠 자다. ② **분초지장糞土之牆:** 더러운 흙으로 만든 담장. ③ **杇(흙손 오, wū):** 흙손질하다. ④ **하주何誅:** 너의 무엇을 꾸지람하겠는가. ⑤ **어여여개시於予與改是:** 재아의 일을 통해 이러한 태도를 고쳤다.

공자와 재여 사이의 흥미로운 대화이다. 재여는 말주변이 좋았다. 이로 인해 그는 '언어言語'과에서 제일 첫 번째로 손꼽힌다. 재여는 공자를 놀리듯 "우물 속에 인한 자가 있다."라는 상황을 만들어 질문을 던졌다. 즉 고의로 말로써 논리를 세우고 함정에 빠지게 하여 스승을 곤란하게 하려 했던 것이다. 하지만 공자는 그에게 엄정한 충고를 건넨다. 인한 자는 지혜롭기 때문이다.

재여가 대낮에 낮잠을 자는 것을 보고 공자는 사람을 파악하는 태도를 바꾸게 되었다. "청기언이관기행聽其言而觀其行"처럼, 어떤 사람을 볼 때 가장 중요하게 보는 것은 그가 무엇을 하는지 이지, 그가 뭐라고 하는지가 아니다. 제자들의 행동에 타당하지 않은 부분이 있으면 공자는 서슴없이 꾸중하였다. ≪논어≫에는 재여가 등장할 때마다 그를 꾸짖은 내용이 보인다. 공자가 죽은 뒤 재여는 온 힘을 다해 스승의 덕행과 공헌을 알렸으며, 공자가 요순보다 위대하다고 생각했다. 재여는 스승께 여러 차례 엄격한 비판을 받았지만 스승에 대한 사랑은 매우 진실되었다. 이로써 공자의 인격적인 매력이 제자들의 마음을 끌어당기는 커다란 힘이었음을 알 수 있다.

≪논어≫에서 재여에 대한 평가는 그다지 긍정적이 못하다. 재여가 삼년 상喪은 너무 길다고 하자 재여는 부모로부터 삼년동안 사랑을 받

지 못한 자라고 꾸짖었던 일화도 있었다.

재여(재아宰我)가 물었다.

"삼년상은 그 기간이 너무 깁니다. 군자가 3년 동안 예를 차리지 않으면 예가 반드시 파괴될 것이고, 3년 동안 음악을 다루지 않으면 음악이 반드시 혼란해질 것입니다. 묵은 곡식이 다 없어지고 새 곡식이 나오고, 나무에 구멍을 뚫고 비벼 불을 얻을 수 있는 기간이니, 1년이 되면 상을 끝낼 만합니다."

공자가 말하였다.

"쌀밥을 먹고 비단옷을 입으면 너는 마음이 편하겠느냐?"

"편합니다."

"네가 편하다면 그대로 하여라. 군자는 상중에는 좋은 음식을 먹어도 맛이 없고, 음악을 들어도 즐겁지 않고, 거처하는 것이 불안하기 때문에 그렇게 하지 않는 것이다. 이제 네가 편하다면 그대로 하여라."

재아가 나가자 공자는 말하였다.

"재아는 인자하지 않다. 자식은 세상에 나온 지 3년이 된 후에야 부모의 품에서 벗어난다. 삼년상은 온 천하에 공통되는 상례이다. 재여도 자기 부모한테서 3년 동안의 사랑을 받은 일이 있는가?"

宰我問: "三年之喪, 期已久矣. 君子三年不爲禮, 禮必壞, 三年不爲樂, 樂必崩. 舊穀旣沒, 新穀旣升, 鑽燧改火,[37] 期可已矣." 子曰: "食夫稻, 衣夫錦, 於女安乎?" 曰: "安." "女安則爲之! 夫君子之居喪, 食旨不甘, 聞樂不樂, 居處不安, 故不爲也. 今女安則爲之!" 宰我出. 子曰: "予之不仁也! 子生三年, 然後免於父母之懷. 夫三年之喪, 天下之通喪也, 予也有三年之愛於其父母乎!" (≪論語·陽貨≫)

상례의 기간은 옛날과 지금이 다르다. 중요한 것은 기간이 아니라 마음이다. 부모에 대한 그리움이 없다고 한다면 말과 개, 돼지와 같은 짐승과 무엇이 다르겠는가? 상중인데도 음악을 듣고 즐겁고 맛있는 음식을 먹고 편히 거처한다면 부모를 떠나보내는 진정한 마음이 아니다. 애이불상哀而不傷, 즉 지나치게 슬퍼하여 몸을 상하게 하지는 말되[38], 부모가 그동안 자신을 위하여 희생하였던 마음을 충분히 헤아릴 수는 있어야 한다.

7. 伯牛有疾, 子問之, 自牖執其手, 曰, "亡之, 命矣夫! 斯人也而有斯疾也! 斯人也而有斯疾也!"(≪論語·雍也 06.10≫)

: 백우가 병을 앓자, 공자가 문병하였다. 창문으로 그의 손을 잡고 말하였다. "그럴 리가 없을 텐데, 명이로구나. 이런 사람에게 이런 병이 있다니. 이런 사람에게 이런 병이 있다니."

37 '찬수개화 鑽燧改火' 중 '찬수'는 나무에 구멍을 뚫고 문질러 불을 내는 것이고, '개화'는 불을 바꾸는 것이다. 옛날에는 일 년에 한식이나 청명절에는 불씨를 끄고 다시 부싯돌을 문질을 새 불을 붙였다.

38 ≪論語·八佾 03.20≫ : "哀而不傷."

① 牖(창 유, yǒu): 창문. ② 사인斯人: 이러한 사람. ③ 가질斯疾: 이러한 병.

공자는 백우(염경冉耕)가 중병을 앓자 슬퍼하였다. 혹자는 백우가 문둥병에 걸렸었다고 보기도 한다. '덕행德行'과에 손꼽히는 백우가 병에 걸려 생명이 위태로워지자 공자는 마음 아파하면서, 그의 운명이 이러함을 탄식하였다. "이런 사람에게 이런 병이 있다니!"를 반복하며 말한 것은 매우 슬픈 자신의 감정을 직접적으로 표현한 것이다.

8. 子謂公冶長, "可妻也. 雖在縲絏之中, 非其罪也." 以其子妻之.(≪論語·公冶長 05.01≫), 子謂南容, "邦有道, 不廢, 邦無道, 免於刑戮." 以其兄之子妻之.(≪論語·公冶長 05.02≫)

: 공자가 공야장을 평하기를, "사위 삼을 만하다. 비록 포승줄 가운데 있었으나 그의 죄가 아니었다." 하고는, 자기 딸을 그에게 시집보냈다. 공자가 남용을 평하기를, "나라에 도가 있을 때에는 버려지지 않을 것이고, 나라에 도가 없을 때에도 형벌을 받아 죽는 일은 당하지 않을 것이다."하고는, 형의 딸을 그에게 시집보냈다.

① 가처可妻: 그에게 시집보낼 만하다. ② 유설縲絏: 죄인을 묶는 포승줄. 여기서는 감옥을 가리킨다. ③ 기자其子: 그의 딸. ④ 방유도邦有道: 국가정치의 궤도. ⑤ 형륙刑戮: 형벌을 받다.

공자는 딸과 조카딸을 제자에게 시집보냈다. 공야장은 성이 공야公冶, 이름이 장長이고 자가 자장子長이다. 공야장은 감옥에 갇혔던 적이 있었으나 공자는 그가 결코 죄를 범하지 않았다고 믿었고, 자신의 딸을 그에게 시집보냈다. 남용은 치세治世이든 난세亂世이든 언제나 자신을 잘 보전하였으므로, 공자는 형의 딸을 그에게 시집보냈다. 공자는 제자를 제 자식처럼 생각하였다. 그가 제자들을 인정하는 기준은 덕행과 처세 능력이었다.

> "남용이 ≪백규白圭≫편을 되풀이 하여 외우자 공자께서는 자기 형의 딸을 그의 아내로 맞게 하셨다."
>
> "南容三復白圭, 孔子以其兄之子妻之." (≪論語·先進≫)

남용은 노나라 사람이고, 공자의 제자이다. 성은 남궁南宮이고 이름은 괄括이며, 자는 자용子容이다. 공자의 부친 숙량흘叔梁紇은 공자를 낳기 전에 딸 아홉과 아들 한 명의 이복형제를 두었다. 그 후에 공자의 모친인 안징재顔徵在를 맞아들여 공자를 낳았다. 본 구절에서 형은 이복 형 맹피孟皮를 가리킨다. 맹피는 이때 이미 세상을 떠났기 때문에 형 대신 질녀姪女를 시집보낸 것이다.

> ≪시경詩經 · 대아大雅 · 억抑≫
>
> 그대의 말을 삼가며,
>
> 그대의 엄숙하고 위엄 있는 태도를 공경하여 훌륭하지 않음이 없기를.
>
> 愼爾出話, 敬爾威儀, 無不柔嘉.
>
> 흰 옥돌에 있는 흠은 그래도 갈아 없앨 수 있으나,
>
> 이 말이란 것의 흠은 그렇게 할 수 없다네.
>
> 白圭之玷, 尙可磨也.

斯言之玷, 不可爲也.

가벼이 말하지 말고 함부로 지껄이지 말기를,

내 혀는 아무도 건드리지 못하고, 한 말은 좇아가 잡을 수 없겠네.

無易由言, 無曰苟矣,

莫捫朕舌, 言不可逝矣.

모든 말에는 대답이 없는 것이 없고, 모든 덕에는 응보가 없는 것이 없나니,

친구들을 사랑하며 백성들과 젊은이를 사랑하면

자손들 끊임없이 번성하여 만민이 받들게 될 것이네.

無言不讎, 無德不報.

惠于朋友, 庶民小子.

子孫繩繩, 萬民靡不承.

위 ≪시경≫은 '백규지점白圭之玷'이라는 성어로도 유명하다. '백규지점'은 원래 '흰 옥의 티'라는 말로서 '말을 삼가지 않는 결점'이나 '완벽한 사람이나 물건이 가진 조그만 결점'이라는 뜻으로 쓰인다. '玷(이지러질 점, diǎn)'자는 '옥의 한쪽이 이지러지다'는 뜻이다.

남용이 위의 구절을 매일같이 되풀이 하여 외운 것은 말을 삼가고 스스로를 경계하였기 때문에 공자는 그가 믿을 수 있는 인물임을 확신하고 조카딸을 그의 아내로 내준 것이다.

아는 자는 말이 없는 법이니 지자불언知者不言이요, 세 번 생각해서 말을 해야 할 것이니 삼사일언三思一言이며, 말은 삼가고 행동을 신중하게 해야 하는 것이니 근언신행謹言愼行이다.

9. 子之武城, 聞弦歌之聲. 夫子莞爾而笑曰, "割雞焉用牛刀?" 子游對曰, "昔者偃也聞諸夫子曰, '君子學道則愛人, 小人學道則易使也.'" 子曰, "二三者! 偃之言是也. 前言戱之耳."(≪論語·陽貨 17.04≫)

: 공자가 무성을 방문했다가 현악기에 맞추어 노래 부르는 소리를 들었다. 공자는 빙그레 웃으면서 농담반 진담반으로 이야기했다. "닭을 잡는데 어찌하여 소 잡는 칼을 쓰는가?" 자유가 질문을 받고서 대답했다. "옛날에 제가 스승님께 이런 말씀을 들었습니다. '군자가 도를 배우면 사람을 사랑하고, 소인이 도를 배우면 부리기 쉽다'라고 말씀하신 것을 들었습니다." 공자가 껄껄 웃으며 변명했다. "여보게들, 자유의 말이 옳다네. 앞에 내가 한 말은 농담일 뿐이라네."

① **지무성之武城:** 무성으로 가다. ② **완이이소莞爾而笑:** 기쁘게 미소 짓는 모양. ③ **이사易使:** 정치 명령을 잘 따르다. ④ **전언前言:** 방금 한 말. ⑤ **희지이戱之耳:** 농담일 뿐이다.

공자가 언언言偃이 다스리는 무성에 가서 언언과 나누었던 대화를 담은 구절이다. 자유子游는 성이 언言이고 이름이 언偃이다. 자가 자유이다. 언유言游라고도 부른다.

자유는 무성武城 읍재邑宰로 있을 때, 예악禮樂을 가르치는 등 무성을 잘 다스려 그곳에 들어서자 노래 소리가 들려왔다. 작은 읍을 다스리는데 너무 고차원적인 방법을 사용하고 있다는 방법의 그릇됨을 비평한 것이라고 보는 시각도 있고, 혹은 자유와 같은 큰 나라를 다스릴 만한 인재가 무성武城 같은 소읍小邑을 다스리고 있는 것을 애석하게 여겨서 소 잡는 칼로 닭을 잡는다는 '우도할계牛刀割鷄'에 비유한 것으로 보기도 한다.

공자는 일반사람과 같이 제자의 성취를 보았을 때, 그 뿌듯함을 직접적으로 표현하여 칭찬하지 않고 유머스럽게 말하였다. 그러나 자유는 매우 진지하게 자신은 스승님께서 전수해 주신 정치책략을 사용하고 있다고 대답하자, 공자는 다시 장중하게 자신의 잘못을 인정하였다. 스승과 제자의 대화가 매우 생동감이 넘친다.

큰 인물에게 너무 작은 일을 맡기는 것을 '우도할계牛刀割鷄'라 하고, 반대로 '계도할우鷄刀割牛'는 닭 칼로 소 잡는 것을 이르는 말로 인물도 아닌데 너무 큰일을 맡김을 뜻한다. 닭 잡는 칼로 어떻게 소를 잡을 수 있겠는가!

10. 子貢方人. 子曰, "賜也賢乎哉? 夫我則不暇."(≪論語·憲問 14.29≫)

: 자공이 사람들을 비교하니 공자가 말하였다. "사는 훌륭하도다. 나는 남을 비교할 한가함이 없다."

① **方(모 방, fāng)**: 평하다. 비교하다. ② **불가不暇**: 한가함이 없다.

남을 비교하여 그들의 장단점을 따지는 것도 사리를 밝히는 일이기는 하지만, 너무 그것에만 집착하면 남을 비평하는 데에 그치기 쉽다. 공자 자신은 그러할 틈이 없었다고 한 것은 자공에게 삼갈 것을 넌지시 표현한 것이다.

11. 叔孫武叔毁仲尼. 子貢曰, "無以爲也! 仲尼不可毁也. 他人之賢者, 丘陵也, 猶可踰也, 仲尼, 日月也, 無得而踰焉. 人雖欲自絶, 其何傷於日月乎? 多見其不知量也."(≪論語·子張 19.24≫)

: 숙손무숙이 중니를 헐뜯자 자공이 말했다. "이러지 마십시오. 중니는 헐뜯을 수 없습니다. 다른 사람의 현명함은 언덕인지라 그래도 넘어갈 수 있지만 중니는 해와 달인지라 넘어갈 수가 없습니다. 사람들이 비록 스스로 일월과 관계를 끊으려고 할지라도 그것이 어찌 일월에 손상을 끼치겠습니까? 다만 그 사람이 자신을 모른다는 사실을 더욱 잘 드러낼 뿐입니다."

① **무이위야無以爲也:** 그러지 말라. ② **유가유猶可踰:** 뛰어넘을 수 있다. ③ **수욕자절雖欲自絶:** 자신과 끊으려고 하지만. ④ **다多:** 다만. 단지. ⑤ **부지량不知量:** 자신의 역량을 모르다.

숙손무숙叔孫武叔이 '자공이 공자보다 잘났다'라고 말한 적이 있다. 그 말을 들은 자공이 단장을 예로 들어 자신과 공자의 차이를 말하였다.

> "집의 담에다 비유한다면, 저의 담은 어깨까지 닿아서 집의 좋은 것을 들여다볼 수 있습니다. 반면 우리 선생님의 담은 수 길의 높이가 되어서 그 문을 찾아내어 들어가지 않는다면 그 안에 있는 종묘宗廟의 아름다움과 온갖 관원들의 수효가 많은 것이 보이지가 않습니다. 그 문을 찾아낸 사람이 어떻게 된 노릇인지 적습니다."
>
> "譬之宮牆, 賜之牆也及肩, 窺見室家之好. 夫子之牆數仞, 不得其門而入, 不見宗廟之美, 百官之富. 得其門者或寡矣."(≪論語·子張≫)

왜 이러한 물음이 있었겠는가? 자공이 진정으로 내재된 예禮를 행하지 않았기 때문인지도 모른다. 남 앞에서 잘 난 것처럼 행동하여 다른 사람 눈에 스승인 공자보다 뛰어나게 보이도록 하였기 때문일 것이다. 자공이 공자에게 자신은 어떤 그릇이냐고 물었을 때, 공자는 제사 때 서직黍稷을 담는 그릇인 "호연瑚璉"[39]이라 하였는데, 이는 자공의 인품이 아직은 모두를 담을 수 있는 큰 그릇이 아니었기 때문일 것이다.

12. 陳子禽謂子貢曰, "子爲恭也, 仲尼豈賢於子乎?" 子貢曰, "君子一言以爲知, 一言以爲不知, 言不可不愼也. 夫子之不可及也, 猶天之不可階而升也. 夫子之得邦家者, 所謂立之斯立, 道之斯行, 綏之斯來, 動之斯和. 其生也榮, 其死也哀, 如之何其可及也?"(≪論語·子張 19.25≫)
: 진자금이 자공에게 말했다. "당신이 공손해서 그렇지 중니가 어찌 당신보다 낫습니까?" 자공이 말했다. "군자는 말 한 마디만 듣고도 지혜로운 자인지를 알고, 말 한 마디만 듣고도 지혜롭지 못한 자인지를 압니다. 말은 조심하지 않을 수 없습니다. 스승님에게 미치지 못하는 것은 하늘에 계단을 놓아서 올라갈 수 없는 것과 같습니다. 스승님께서 나라를 얻으시면 이른바 세우면 곧 서고, 인도하면 곧 행해지며, 편안하게 해주면 곧 몰려오고, 감동시키면 곧 화목하게 됩니다. 그 삶은 영광스러웠고 그 죽음은 슬펐습니다. 어떻게 미칠 수 있겠습니까?"

39 ≪論語·公冶長 05.04≫: 子貢問曰, "賜也何如?" 子曰, "女, 器也." 曰, "何器也?" 曰, "瑚璉也."

① **자위공야子爲恭也:** 스승님께서 공손하시다. ② **현어자賢於子:** 당신보다 더욱 재능이 있습니다. ③ **及(미칠 급, jí):** 미치다. ④ **知:** '智(슬기 지, zhì)'와 같다. ⑤ **愼(삼갈 신, shèn):** 신중하다. ⑥ **계이승階而升:** 계단으로 올라가다. ⑦ **방가邦家:** 제후국을 방邦이라고 하고, 대부의 영지를 가家라고 한다. ⑧ **道:** '導(이끌 도, dǎo)'와 같다. 인도하다. ⑨ **綏(편안할 수, suí):** 편안하게 하다.

공자가 세상을 떠나자 자공은 공자를 위해 변호하고 선전하였다. 자공은 매우 총명하였지만, 총명한 사람에게는 고질병이 하나 있다. 남 비평하기를 좋아하는 것이다. 그래서 공자는 한가하게 비평이나 하고 있다고 한 것이다. 자공은 상업과 외교방면에 매우 뛰어났다. 자공이 어느 날 공자에게 군자에 대해 물었다.

자공이 묻기를, "가난하면서도 아첨함이 없고, 부유하면서도 교만하지 않다면 어떠합니까?"라고 하자, 공자가 대답하였다. "가난하면서도 도道를 즐기고, 부유하면서도 예禮를 좋아하는 것 만 못하다."

子貢曰:"貧而無諂, 富而無驕, 何如?" 子曰: "可也, 未若貧而樂, 富而好禮者也." (≪論語·述而≫)

자공이 스승인 공자보다 뛰어나다고 말하는 사람들이 있었는데, 왜 이러한 물음이 있었겠는가? 자공이 진정으로 내재된 예禮를 행하지 않았기 때문인지도 모른다. 그래서 공자는 “더욱 노력하라”[40]고 한 것이다. ‘예’는 극기복례克己復禮이다. ‘자신의 욕심을 버리고 사람이 본래 지녀야할 예의와 법도를 따르는 마음으로 되돌아가’야 하는 것이다.

공자가 세상을 떠난 뒤, 공자를 폄하하고 오히려 자공을 칭찬하는 여론들이 있었다. 자공은 공자는 너무도 위대한 인물이기 때문에 세상 그 누구도 공자를 이해할 수 없으며, 이미 보통사람들은 이해할 수도 없고 따라잡을 수도 없는 높은 경지에 올랐다고 하였다. 자공은 공자를 해와 달에 비유하였다. 또한 스승의 삶은 살아서는 추앙받고 죽어서는 추모를 받아, 스승의 수준에 미칠 만한 사람이 없다고 하였다. 공자가 죽고 제자들은 공자의 무덤 옆에 움막을 짓고 3년을 지켰다. 3년 뒤 그들은 눈물을 흘리며 흩어졌다. 하지만 자공은 다시 돌아와 3년을 더 공자 곁을 지켰다. 6년 동안 공자의 묘를 지켰던 것이다. 후대에 공자 묘 부근에 촌락이 형성되었는데 그 이름이 ‘공리孔里’이다. 제자를 사랑하는 것과 스승을 존경하는 것은 언제나 긴밀하게 연결되어있는 고리이기도 하다. 공자의 제자들은 스승을 지극하게 모시고 존경하였다.

---

40 ≪論語·學而 01.15≫: 子貢曰: “詩云: ‘如切如磋, 如琢如磨’, 其斯之謂與?” 子曰: “賜也, 始可與言詩已矣, 告諸往而知來者.”

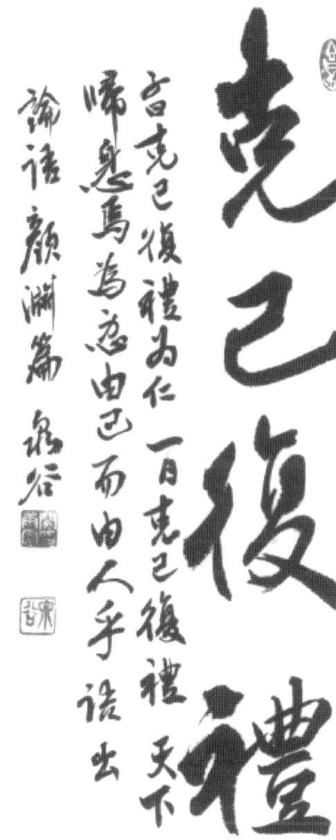

작품설명 **극기복례**

克己復禮

: 자신을 극복하고 예로 돌아가다.

子曰: "克己復禮爲仁. 一日克己復禮, 天下歸仁焉. 爲仁由己, 而由人乎." 語出論語顔淵篇, 泉谷.

: 공자는 말하였다. "'자기를 극복하고 예로 돌아가는 것이 인이다.' 어느 날이건 자기를 극복하고 예로 돌아가게 되면 온 천하가 인에 따르게 될 것이다. 인을 실천하는 것은 자기로부터 시작되지 남으로부터 시작되기야 하겠느냐?" 논어의 안연편에서 발췌. 천곡.

弟子

제3장

나의 제자들

비연성장(斐然成章) : 화려한 문채를 이루다

'비연성장斐然成章'이란 '화려한 문채를 이루다'의 뜻이다. 공자가 제자들의 이룬 성과를 두고 한 말이다. 학문적으로 볼 만한 성과를 이루었다는 뜻이다. 본 장에서는 '자신의 제자들'은 어떠한지에 대한 공자의 생각에 대하여 살펴보기로 한다.

제3장

01 부지재지 不知載之

: 마무리할 줄 모르다

弟子

'부지재지不知載之'는 '마무리 할 줄 모르다'는 뜻이다. 공자는 제자들은 이미 상당한 성과를 이루었지만, 아직 심원한 경지에는 이르지 못했기 때문에 제자들에게 학문을 올바르게 재량할 줄 알게 하고자 하였다. 본 절에서는 공자는 '제자들은 아직 수양 중'이라는 내용에 대하여 살펴보기로 한다.

1. 子在陳, 曰, "歸與! 歸與! 吾黨之小子狂簡, 斐然成章, 不知所以裁之." (≪論語·公冶長 05.22≫)
: 공자는 진나라에 있으면서 말하였다. "돌아가자. 돌아가자. 우리 고향의 제자들이 포부가 매우 높고 크나 아직은 거칠고, 문채 또한 찬란하지만 마무리할 줄을 모른다."

① **오당지소자吾黨之小子**: 노나라의 제자들. ② **광간狂簡**: 지향하는 바는 원대하지만 행동은 단순하다. ③ **비연성장斐然成章**: 찬란한 문채를 이루다. 학문이 볼만한 성취가 있다.

공자는 진나라에 있을 때 도가 행해지지 않음을 탄식하고서, 노나라로 돌아가 제자들을 가르쳐야겠다는 생각을 하게 되었다. 이 구절은 제자들에 대한 개괄적인 평가를 담고 있다. 공자가 이 말을 할 때, 노나라는 계강자가 집정하고 있었고 염구를 초빙해 정무를 도우라고 했던 시기였다. 그래서 공자는 고향으로 돌아가겠다는 생각을 하였다. 공자는 천하를 주유하면서 도를 행하고자 하였고, 백성들을 구제하고자 하였다. 하지만 적절한 기회를 찾지 못했다. 당시 각국의 군주들이 공자의 위대함을 몰랐던 것이 아니고, 오히려 공자의 위대함을 알고 두려워했기 때문에 그를 감히 기용하지 못했던 것이다. 공자는 이에 실망하였고, 자신의 이상을 실현할 수 없다면 차라리 고향으로 돌아가 제자들에게 자신의 이상을 전해주는 방향을 선택한 것이다.

진陳나라는 지금의 하남성河南省 회녕현淮寧現에 있었다. 공자는 각국을 두루 다녀보았지만 자신의 사상이 받아들여지는 곳이 없자, 고향인 노나라로 돌아가 제자들을 교육하는데 전념하고자 하였다. '광간狂簡'은 '뜻이 크고 대범하여 미친 듯이 몰두하다'라는 뜻이고, 구절 끝의 '之'는 앞 문장의 '장章'을 가리킨다. 그의 제자들은 문장을 화려하게 쓰기만 할 줄 알지 어떻게 해야 훌륭한 문장을 쓸 수 있는가를 알지 못했기 때문에 한 말이다. '裁(마를 재, cái)'자는 '재단하다'는 뜻이다. 문장을 재단하듯이 '지도하다'라는 뜻이다.

공자는 문채가 화려하지만 아직은 성숙되지 않아 일가를 이루지 못한 제자들의 학문을 올바르게 재량할 줄 알게 하고자 하였다.

문장을 잘 쓰는 것은 쉽지 않은 일이다. 화려한 미사여구만 늘어놓는다면 문장은 내용이 텅 비어 무게가 없고, 딱딱한 전문용어만 늘어놓는 것은 필자 자신만을 위한 문장일 뿐 대중을 위한 글이 아니다. 군자는

'문文'과 '질質'을 조화롭게 이루어야 한다고 하였다. 군자다운 문장을 쓰기 위해서는 '아름다움과 소박함이 두루 조화를 이루는 문장'을 써야 하는 것이다.

> "소박함이 화려함보다 많으면 거칠어 촌스러움을 면하기 어렵고, 문식이 실질을 압도하면 부허浮虛함을 면하기 어렵다. 화려함과 소박함이 섞여 조화를 이루어야만 군자인 것이다."
>
> "質勝文則野, 文勝質則史. 文質彬彬, 然後君子." (≪論語·雍也≫)

'野(들 야, yě)'는 '아름답게 꾸미지 않아 야성스럽고 질박한 상태'를 말하고, '史(역사 사, shǐ)'는 '실질적인 내용은 보잘 것 없으면서 겉모양만 번지르르한 상태'를 말한다. '사史'는 사관史官을 말한다. 당시의 사관들은 문채를 화려하게 꾸미는 것을 중요시하였다.

2. 子曰, "從我於陳蔡者, 皆不及門也."(≪論語·先進 11.02≫)
: 공자가 말하였다. "나를 진나라와 채나라에서 따르던 사람들이 다 문에 이르지 않는구나."

공자는 만년에 오랜 제자들이 자신의 곁에 있지 않음을 슬퍼하였다. 기원전 489년에 공자와 제자들은 진나라에서 채나라로 옮겨갔다. 그들은 중도에 진나라 사람들에게 포위당했다. 7일 만에 식량이 다 떨어져 많은 제자들이 굶주렸고, 더 이상 움직일 수도 없어 극심한 곤욕을 겪었다. ≪맹자≫와 ≪장자≫에도 공자의 '진채지액陳蔡之厄'(진채지곤

陳蔡之困)의 내용이 언급되어 있다. 당시 그를 따르던 제자들로는 자로, 자공, 안연, 자장, 재여 등이 있었다. 본 구절은 아마도 당시 이들 가운데에 진陳·채蔡 두 나라에서 벼슬을 하고 있는 사람이 없었던 터라, 곤경에 빠져서도 그것을 타개할 길이 막연했던 상황을 공자가 회상하여 말한 것으로 보인다.

주희朱熹 등은 본 구절을 공자가 노나라로 돌아와 제자들을 가르칠 때에, 진나라와 채나라에서 그를 따랐던 제자들이 자기 문하에 함께 있지 않음을 깨닫고, 그들을 그리워하여 말한 것으로 보기도 한다. 그러나 맹자孟子 등의 말을 살펴보면, 진나라와 채나라에서 벼슬한 사람이 없어서 고생하였던 일을 회상한 말임이 보다 분명해진다. 기원전 484년에 공자가 노나라로 돌아온 이후 자로, 자공 등은 공자를 떠났고 안연은 죽었다. 공자는 그들을 몹시 그리워했다.

애공哀公 3년에 계환자가 죽고 뒤를 이어 계강자季康子가 제자 염구를 초빙하자, 당시 진나라에 머물던 공자는 고향으로 돌아가 제자를 가르치는 일에 전념하고자 하였다. 애공 11년에 계강자는 염구의 권고로 공자에게 귀국을 요청하였는데, 이로써 공자는 14년여 만에 고향으로 돌아오게 되었다. 공자는 말년에 ≪시≫·≪서≫·≪예≫·≪악≫과 ≪주역≫을 정리하고 이를 제자들에게 전수하여 제자가 3000여 명에 달하였고, 그 가운데 학문적 성과를 이룬 자만 72명에 이르렀다.

3. **德行, 顔淵閔子騫冉伯牛仲弓. 言語, 宰我子貢. 政事, 冉有季路. 文學, 子游子夏.** (≪論語·先進 11.03≫)

: 덕행은 안연, 민자건, 염백우, 중궁이 뛰어나고, 언어는 재아, 자공이 뛰어나고, 정치는 염유, 자로가 뛰어나고, 문학은 자유, 자하가 뛰어났다.

① **언어言語:** 말을 잘 하다. 외교를 잘 하다. ② **문학文學:** ≪시≫, ≪서≫, ≪역≫ 등의 고대 문헌을 널리 알다.

"사과십철四科十哲"은 공자의 제자들 가운데 10명의 대표적인 인물이다. '덕행'은 개인수양을 가리킨다. 안연이 그 첫 번째로 손꼽힌다. 민자건閔子騫(민손閔損)은 효성으로 이름이 났다. 중궁仲弓(염옹冉雍)에 대해서는 공자는 이렇게 평하였다.

> "정치의 중대한 임무를 맡을 만하다. 국가의 중요한 지도자가 될 만하다."
>
> 子曰: "雍也可使南面." (≪論語·雍也≫)

'언어'는 말주변과 외교능력을 가리킨다. 박학하고 다재다능하며, 생각에 막힘이 없으며, 언어능력이 뛰어난 것이다. 언어 과가 두 번째에 속하는 것은 공자의 마음속에서 언어표현이 매우 중요하다는 설명이다. 마음속의 생각을 자유롭고 정확히 표현할 수 있어야만 지식인이다. 언어 과의 첫 번째는 재아宰我(재여宰予)이고, 두 번째는 자공子貢(단목사端木賜)이다. 공자는 비록 재아를 여러 차례 비판하였지만 이는 결코 그의 재능에 대한 부정은 아니다. 재아의 지혜는 질문내용을 통해 살펴볼 수 있다. 재아의 사고는 논리적이고 질문은 매우 날카로웠다. 재아가 삼년 상喪에 관해서 물은 적이 있다.

"1년이면 충분히 깁니다. 군자가 3년 동안 예를 차리지 않으면 예가 반드시 파괴될 것이고, 3년 동안 음악을 다루지 않으면 음악이 반드시 혼란해질 것입니다. 묵은 곡식이 다 없어지고 새 곡식이 나오고, 불붙이는 나무에서 새로운 불을 얻게 되는 것이니, 1년이 되면 상을 끝낼 만합니다."

"三年之喪, 期已久矣. 君子三年不爲禮, 禮必壞, 三年不爲樂, 樂必崩. 舊穀旣沒, 新穀旣升, 鑽燧改火, 期可已矣." (≪論語·陽貨≫)

분명 날카로운 질문이다. 당시로서는 상당히 용감한 질문이었을 것이다. 당시 전통관습에 대한 과감한 도전이다.

자공은 비유를 잘하였다. 비유로써 일의 진면목을 이해하였고 완곡하면서도 자유자재로 표현하였다. 자공은 외교방면에서 탁월한 성취를 보였다. 가난하지만 아첨하지 않고 부자이면서 교만하지 않는 것보다, 가난하지만 안빈낙도하고 부자이면서 '호예好禮'하는 것이 낫다는 스승의 말에 "절차탁마切磋琢磨"해야 함을 깨닫자, 공자가 이에 감탄하여 말하였다.

"사賜야말로 함께 시경을 논할 만하다. 지난날의 일을 일러주었는데 앞으로 할 일을 이해하는구나."

"始可與言詩已矣, 告諸往而知來者."(≪論語·述而≫)

정사政事 방면은 염유와 자로로 대표된다. 염유는 종종 공자에게 꾸지람을 받았다. 염유는 성격이 나약하였지만 다재다능했다. 염유는 종종 스승의 이상이 너무 높고, 자신의 능력은 거기에 미치지 못한다고 생각하였다. 공자는 염유와 자로를 비교하여 이렇게 말하였다.

> "염유(求)는 뒤로 물러서는 편이기 때문에 앞으로 밀어내주었고, 자로(由)는 두 사람의 몫을 하는 사람이기 때문에 뒤로 물러나게 하여준 것이다."
>
> "求也退, 故進之, 由也兼人, 故退之." (≪論語·先進≫)

자로는 군사방면, 군대를 통솔하고 전쟁을 이끄는 데에 있어 그 능력이 뛰어났다.

'문학'은 당시 인문학술을 가리켰다. 자유子游(言偃)와 자하子夏(卜商)는 공자의 제자들 중 가장 나이가 어린 제자들이었다. 공자가 세상을 떠났을 때 그들은 아직 30세도 채 되지 않았다. 그들은 유가경전의 전수에 가장 큰 공헌을 하였다. 자유와 자하가 효孝에 대해 물은 적이 있는데, 자유에게는 부모님을 모시는 것만이 아니라 진심으로 공경해야 하는 것이라 하였다.

> "오늘날에는 효도라고 하면 부모를 먹여 살릴 수 있다는 것을 의미하는데, 개와 말까지도 다 먹여 살려주는 사람이 있으니, (부모를) 공경하지 않는다면 (짐승을 기르는 것과) 무엇으로 구별하겠느냐."
>
> "今之孝者, 是謂能養. 至於犬馬, 皆能有養, 不敬, 何以別乎?" (≪論語·爲政≫)

그리고 자하에게는 부모님을 대하는 태도를 강조하였다.

> "부드러운 안색으로 부모를 섬기기가 어렵다. 일이 생기면 자제들이 그 수고를 맡아보고, 술과 음식이 생기면 부형이 먹고 하는 것을 효도라고 여기는가?"
>
> "色難. 有事, 弟子服其勞, 有酒食, 先生饌, 曾是以爲孝乎?" (≪論語·爲政≫)

공자는 제자들을 가르칠 때 '인재시교因才施教'하였기 때문에 이들의 행동거지와도 관련이 있었을 것이다.

고대에 선비를 등용하는 방법은 끊임없이 변화해왔지만, 대체적으로 이 네 과의 범위에서 크게 벗어나지 않는다. 공자는 덕행을 재능보다 더 중시하였다. 덕행 다음으로 언어, 그 다음으로 정사, 그 다음으로 문학을 중시하였다. 언어와 일반적인 말재주를 부리는 것은 다르다. ≪시≫와 ≪서≫를 숙독하고 경전을 인용할 줄 알며 적절하게 운용할 수 있는 것을 가리킨다. 다른 나라의 손님을 맞이할 줄도 알아야 하고 사방으로 나가 명령을 잘 해낼 줄도 알아야 한다. 언어와 정사는 모두 정치적 재능에 속하며, '문학'보다 중요하다. 그러나 이후에는 선비를 등용할 때 공자의 생각과 반대로 행해졌다. 이른 시기에는 효순한 자를 추천하면 면접을 보고 그의 도덕수준과 정치재능을 평가하였는데, 후대에는 온전히 그의 글 솜씨에 기대어 과거시험을 통해 성적을 매겨 등용하였다.

4. 季康子問, "仲由可使從政也與?" 子曰, "由也果, 於從政乎何有?" 曰, "賜也可使從政也與?" 曰, "賜也達, 於從政乎何有?" 曰, "求也可使從政也與?" 曰, "求也藝, 於從政乎何有?" (≪論語·雍也 06.08≫)

: 계강자가 물었다. "중유는 정사에 종사하도록 할 만합니까?" 공자가 말하였다. "유는 과단성이 있으니 정사에 종사하는 데 무슨 어려움이 있겠습니까?" 계강자가 물었다. "사는 정사에 종사하도록 할 만합니까?" 공자가 말하였다. "사는 세상사에 통달했으니 정사에 종사하는 데 무슨 어려움이 있겠습니까?" 계강자가 물었다. "구는 정사에 종사하도록 할 만합니까?" 공자가 말하였다. "구는 재주가 있으니 정사에 종사하는 데 무슨 어려움이 있겠습니까?"

① **果(실과 과**, gǔo): 과감하게 결단하다. ② **達(통달할 달**, dá,tà): 사리에 통달하다. ③ **藝(심을 예**, yì): 재능이 많다.

계강자는 노나라의 대부이다. 성은 계손季孫이고 이름은 비肥이다. 강康은 시호諡號이다. 공자는 계강자의 질문에 자로, 자공, 염유 세 제자 모두 재능이 있으며 정치 방면의 인재임을 칭찬하였다. 공문사과孔門四科 중에서 자로와 염유는 모두 정사과에 속하고 자공은 언어과에 속한다. 자공은 언어에 정통하였을 뿐 아니라 높은 목표와 넓은 흉금을 가지고 있었으며, 상업방면에도 정통하였다. 공자가 위나라에서 노나라로 돌아올 때, 계강자는 노나라에서 경卿의 위치에 있었기 때문에 인재를 추천해 대부로 등용할 수 있었다.

계강자가 '백성들이 공경스러워지고 충성스러워지며 선행에 힘쓰게 만들려면 어떻게 합니까?'라고 묻자, 공자는 "백성에게 장중한 태도로 임하면 공경스러워지고, 효성을 가지고 자애로운 태도로 임하면 충성스러워지고, 선한사람을 등용하여 몸가짐을 바로하지 못하는 사람을 가르치면 백성은 서로 권면하게 된다."라고 대답하였다.

> 季康子問: "使民敬忠以勸, 如之何?" 子曰: "臨之以莊則敬, 孝慈則忠, 擧善而教不能則勸." (≪論語·爲政≫)

공자는 좋은 사람을 등용하여 나라를 다스려야 함을 강조하였다.

5. 孟武伯問子路仁乎? 子曰, "不知也." 又問. 子曰, "由也, 千乘之國, 可使治其賦也, 不知其仁也." "求也何如?" 子曰, "求也, 千室之邑, 百乘之家, 可使爲之宰也, 不知其仁也." "赤也何如?" 子曰, "赤也, 束帶立於朝, 可使與賓客言也, 不知其仁也."(≪論語·公冶長 05.08≫)
: 맹무백이 "자로는 어집니까?"라고 물었다. 공자가 말하였다. "모르겠습니다." "그렇다면 어떤 사람입니까?"라고 다시 물었다. 공자가 말하였다. "유(자로)는 천승의 나라에 그 군정을 다스리게 할 수는 있으나, 그가 어진지는 모르겠습니다." "구는 어떻습니까?"하고 물었다. 공자가 말하였다. "구는 일천 가옥이 있는 고을과 백 대의 전차를 가진 집에서 재상노릇 하게 할 수는 있으나, 그가 어진지는 모르겠습니다." "적은 어떻습니까?"라고 물었다. 공자가 말하였다. "적은 허리띠를 매고 조정에 서서 빈객과 대담을 할 수 있으나, 그가 어진지는 모르겠습니다."

① **치기부治其賦:** 군사 일을 관리하다. ② **천실지읍千室之邑, 백승지가百乘之家:** 경대부의 영지. ③ **속대립어조束帶立於朝:** 예복을 입고 조정에서 관리를 하다.

공자는 맹무백의 질문에 자로, 염유, 공시적은 각각 특기를 갖고 있지만 그들이 '인'의 기준에 미칠 수 있는지는 아직 잘 모르겠다고 하였다. '인'은 모든 미덕의 총칭이다. 효, 제, 충, 신, 예, 의, 염, 치, 온, 양, 공, 검, 양 등의 모든 덕행을 포함하고 있다. 그리고 이러한 덕행의 항목을 모두 실천해야만 공자가 생각하는 '인'이라고 할 수 있었다. 그러므로 '인'의 경지는 무한하다고 하겠다. 공자 제자 가운데 오직 안회만이 "그 마음이 석 달 동안을 인자한 대로 변하지 않았고", 다른 제자들은 "하루 또는 한 달을 지속하는 데 그쳤다."[41] 공자는 자기 자신에 대해 "성聖과 인仁과 같은 것이라면 내가 어찌 감히 감당하겠느냐[42]라고 하였다. 그러므로 맹무백이 공자에게 세 명의 제자들이 인자의 기준에 도달했는지를 물었을 때, 공자는 다만 이 제자들의 장점에 대해서 평가할 뿐이었다. 자로, 염유는 모두 정치 방면의 인재였다. 공서화는 나이는 어리지만 예를 알았다. 공자는 그에 대해 '적은 허리띠를 매고 조정에서 빈객과 대담을 할 수 있다'고 하였으니, 그의 자태, 언사, 외교 재능은 모두 훌륭했던 것이다.

인仁을 이루는 것은 쉽지 않다.

---

41 ≪論語·雍也 06.07≫ : 子曰, "回也, 其心三月不違仁, 其餘則日月至焉而已矣."

42 ≪論語·述而 07.34≫ : 了口: "若聖與仁, 則吾豈敢?"

"자기가 서고 싶으면 남을 내세워 주고 자기가 발전하고 싶으면 남을 발전시켜 주여야 하며, 가까운 자기를 가지고 남의 입장에 비겨 볼 수 있어야 한다."

"爲仁之方", 己欲立而立人, 己欲達而達人, 能近取譬" (≪論語·雍也≫)

공자의 이 말은 사실상 모든 사람들이 언제 어디서나 실천할 수 있다. 인은 멀리 있는 것이 아니라, "내가 인자함을 원하면 그 즉시로 인자함이 오는 것이다."[43]라고 한 만큼 매우 가까이에 인접해 있다고 말하고 있다. 적赤은 성은 공서公西, 자는 자화子華, 공서화公西華이다. 노나라 사람으로 공자보다 42세 어렸다고 한다.

6. 季子然問, "仲由冉求可謂大臣與?" 子曰, "吾以子爲異之間, 曾由與求之問. 所謂大臣者, 以道事君, 不可則止. 今由與求也, 可謂具臣矣." 曰, "然則從之者與?" 子曰, "弑父與君, 亦不從也." (≪論語·先進 11.24≫)

: 계자연이 물었다. "중유, 염구는 대신이라 이를 만합니까?" 공자가 말하였다. "나는 그대가 색다른 질문을 하리라고 생각했는데, 결국 유와 구에 대해서 묻는구나! 이른바 대신이란 도로써 임금을 섬기다가 잘 안 되면 그만 두는 것이다. 지금 유와 구는 자리만 채우는 신하라고 할 수 있다." "그렇다면 따르기만 하는 자들입니까?" 공자가 말하였다. "아버지와 임금을 시해하는 일에는 또한 따르지 않을 것이다."

---

43 ≪論語·述而 07.30≫ : "我欲仁, 斯仁至矣"

① **대신大臣:** '大'는 인격적 성취를 말한다. ② **구신具臣:** 자리만 지키려고 하는 신하. ③ **弑(죽일 시, shì):** 아들이 아버지를 죽이고, 신하가 임금을 죽이다.

계자연季子然은 노나라의 권신權臣 계환자季桓子 사斯의 동생이다. 자로와 염유는 계씨의 가신家臣으로 있으면서 군정을 책임졌다. 공자는 '대신'의 범주에 드는 신하는 "이도사군以道事君, 불가즉지不可則止"라 하였다. '도의라는 원칙으로 군주를 모시고 잘 안 되면 그만 둔다'는 것이다. 이러한 사람들은 군주에게 상호 견제와 균형조절의 힘을 지니고 있기 때문에 군주가 멋대로 행할 수 없게 한다. 공자는 자로와 염유를 매우 공평하게 평가하였다. 그들은 모두 상응하는 능력을 가지고 있으며 충성을 다해 직무를 수행할 것이지만 '대신大臣'이라는 범주와는 아직 거리가 있었다. 하지만 이들 두 인물이 대신의 범주에 속하지 못한다 할지언정 당신네들처럼 군부君父를 죽이는 일에 따라 나설 사람들은 아니라는 것이다. 이는 계씨季氏의 무도한 짓을 풍자한 것이다.

역사서에 기록되어 있는 계환자季桓子(계손사季孫斯)에 관한 주요 내용은 아래와 같다. 환자는 계손사의 시호이다.

1. 계평자季平子가 죽고 아들인 계환자季桓子가 왕위를 이어 받았다. 계씨 집안의 가신인 양호陽虎가 국정을 강제 장악하고 계환자를 가두었으며 노나라를 국정을 농간하였다.
2. 양호는 계환자를 강압하여 맹약케 하고, 계환자가 군사를 이끌고 진晉나라에 가서 운鄆을 포위케 하였다.
3. 계환자가 맹헌자孟獻子(중손하기仲孫何忌)와 더불어 장수를 이끌고 위衛나라를 침략했다. 양호는 삼환을 제거하려 묘책을 꾸며 계

환자를 죽이려 하였다. 후에 음모가 탄로나 삼환三桓이 공격하자 양호는 제齊나라로 도망갔다.

4. 계환자는 "집안에 갑옷을 간직해 두지 않으며, 마을은 백치의 성을 쌓지 않음"과 "삼도 성을 무너뜨린다."[44]는 공자의 옛 제도 정책을 받아들여, 중손하기와 더불어 장수를 이끌고 가 비읍費邑을 무너뜨렸다. 삼도三都는 계손씨季孫氏의 비읍費邑, 맹손씨孟孫氏의 성읍郕邑, 숙손씨叔孫氏의 후읍郈邑을 가리킨다.
5. 계환자가 여자와 음악에 빠져 삼일 동안 조회에 나가지 않고 정사에 태만하여, 현인들을 소홀히 하고 예를 지키지 않자, 이에 실망한 공자는 위나라로 떠났다.
6. 계환자는 주邾 땅을 정벌하고, 곽수漷水 동쪽의 땅과 기수沂水 서쪽의 땅을 취하였다.
7. 계환자는 임종할 때 "예전에 이 나라는 흥성할 수 있었는데 내가 공자에게 죄를 지어 흥성치 못하게 되었다."[45]라고 하고, 계강자를 불러 "나는 곧 죽으니 노나라를 이끌려한다면 반드시 공자를 불러야 한다."[46]라고 하였다. 또한 애공 3년에 "가을 7월 병자 일에 계손사가 세상을 떠났다."[47]라고 하였다.

---

44 ≪史記·孔子世家≫ : "定公十三年夏, 孔子言於定公曰 : '臣無藏甲, 大夫毋百雉之城.' 使仲由為季氏宰, 將墮三都."

45 ≪史記·孔子世家≫ : "昔此國幾興矣, 以吾獲罪於孔子, 故不興也."

46 ≪史記·孔子世家≫ : "我即死, 若必相魯. 相魯必召仲尼."

47 ≪春秋左傳·哀公三年≫ : "秋, 七月, 丙子, 季孫斯卒."

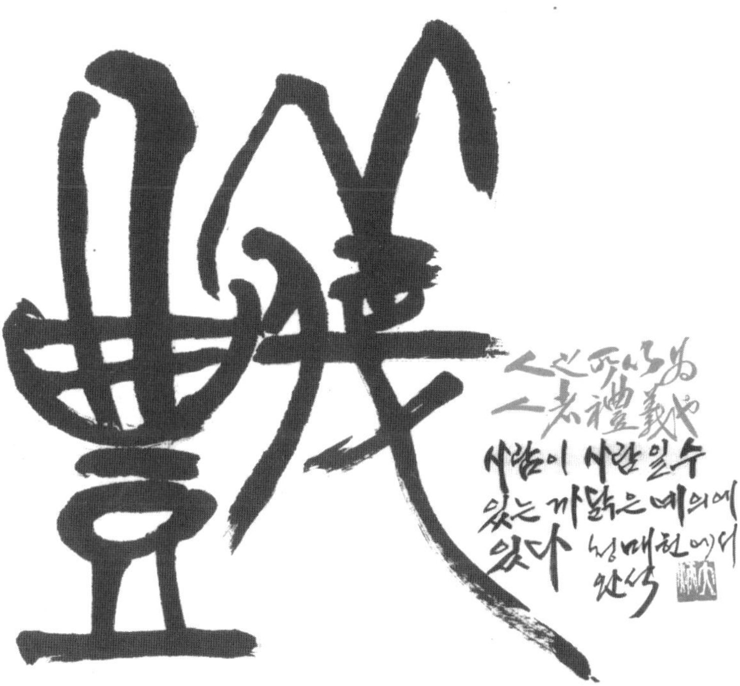

작품설명 **예의**

禮義

: 예절과 도의

人之所以爲人者禮義也..

: 사람이 사람일 수 있는 까닭은 예의에 있다.

청매헌에서. 완석.

제3장

02

비이소급 非爾所及

: 네가 미칠 바가 못 된다

弟子

자공이 공자에게 '남이 저에게 하는 것이 싫은 일은 저도 남에게 행하지 않겠습니다.'라고 하자 자공에게 '비이소급非爾所及', '네가 미칠 바가 아니다.'라 하였다. '내가 싫어하는 바를 남에게 요구하는 않는 것', 공자는 이것이 '서恕'이며, 이는 매우 실행하기 힘든 도라 하였다. 본 절에서는 공자가 생각하는 '제각각의 제자'의 모습에 대하여 살펴보기로 한다.

1. **柴也愚, 參也魯, 師也辟, 由也喭.** (≪論語·先進 11.18≫)
   : 시는 어리석고, 삼은 노둔하며, 사는 편벽되고, 유는 거칠다.

   ① **魯(노둔할 로**, lǔ): 둔하다. 어리석다. ② **辟(허물 벽**, pì): 편벽偏僻하다.
   ③ **喭(거칠 안**, ān): 거칠다.

공자가 자고子羔, 증삼曾參, 자장子張, 자로子路 네 제자에 대해 평가 하였다. 공자는 제자들의 성취에 대해 평가했을 뿐 아니라 제자들의 행동양식을 함께 평가함으로써, 그들의 타고난 성품을 분석하였다. 이로써 제자들 개개인이 자신의 결점을 분명히 알고 스스로 고치도록 권고하였다. 본 구절은 그들의 천성적인 기질과 성격을 분석한 내용이다. 이른바 '인재시교因才施教'는 이로써 시작된 것이다.

시柴는 고시高柴이고, 자는 자고이며, 공자보다 30세 아래이다. 고시의 어머니가 돌아가시고, 그는 3년 동안 묘를 지키며 매일 밤 슬피 울며 피눈물을 흘렸는데, 그로인해 자칫 실명할 뻔하였다. 자로가 자고를 시켜 비費 땅의 읍재宰를 하도록 하자, 공자는 "남의 자식을 해치는 일"[48]이라며 꾸짖었다. 자고는 아직 예악을 중심으로 한 학문에 숙달하기 이전인데 그에게 정사를 맡게 하면 사람을 버리기 쉽다는 지적이었던 것이다. 이에 자로가 "하필 책을 읽은 연후에만 공부를 했다고 하겠습니까?"라고 하자, 공자는 "그렇기 때문에 말 잘 둘러대는 사람을 미워하는 것이다."[49]라고 자로를 나무랐다.

삼參은 증삼曾參으로 증자를 가리킨다. 자는 자여子輿이다. 공자보다 46살이 어렸다고 한다. 그는 반응이 느렸으며 민첩하지 못했다. 그러나 노둔한 증삼은 오히려 매우 성실하였고 노력하는 사람이었다. 증자는 매일 세 가지 일로 자신을 반성하였다.

> "남을 위하여 일을 도모하면서 충성을 다하지 않았는가? 벗들과 사귀는 데 있어 미덥지 않았는가? 가르쳐 받은 것을 복습하지 않았는가?"
>
> "爲人謀而不忠乎? 與朋友交而不信乎? 傳不習乎?"(≪論語·述而≫)

증자는 부모에게 받은 몸을 상하지 않고 무사히 보존하기 위하여 극도로 조심하였다.

---

48 ≪論語·先進 11.23≫ : "賊夫人之子."

49 ≪論語·先進 11.23≫ : 子路曰: "有民人焉, 有社稷焉, 何必讀書, 然後爲學?" 了口: "是故惡夫佞者."

"조심함이 깊은 물가에 나서 있는 것과도 같고, 엷은 얼음을 밟고 있는 것과도 같다고 하였는데, 이제는 내가 그런 데서 해방되게 되었음을 알겠다."

"戰戰兢兢, 如臨深淵, 如履薄氷. 而今而後, 吾知免夫"(≪論語·泰伯≫)

'그런 데서 해방되게 되었음을 알겠다'는 말은 '죽고 나면 이제부터는 그것에서 해방될 수 있다'는 뜻이다. 또한 그는 "몸은 어느 부분을 막론하고 다 부모한테서 받은 것이므로 그것을 상하지 않게 잘 보존하는 것이 효의 첫째 요건이다.[50]"라고 말하며, 효의 첫째 요건이 제 몸을 무사히 보존하는 것임을 강조하였다.

사師는 전손사顓孫師이다. 성은 전이고 이름은 사이다. 자장子張은 그의 자이다. 자장은 공자보다 48세가 어렸다한다. 자공이 자장과 자하(상商) 중 누가 더 똑똑하냐고 물음에 공자는 이와 같이 대답하였다.

'사(자장)는 지나치고 상(자하)은 모자란다.' '과유불급過猶不及'이다.

"師也過, 商也不及."(≪論語·先進≫)

자로는 행동주의자이고, 모든 행동에서 성급하였기 때문에 거칠게 보였다.

자로는 '맨손으로 범에게 달려들고 황하를 맨발로 건너다가 죽어도 후회하지 않는 사람'이다.

子曰: "暴虎馮河, 死而無悔者." (≪論語·述而≫)

---

50 ≪孝經≫ : "身體髮膚, 受之父母, 不敢毁傷, 孝之始也."

2. 子路有聞, 未之能行, 唯恐有聞. (≪論語·公冶長 05.14≫)
: 자로는 들은 것이 있는데 아직 그것을 실행할 수 없을 때는 다른 것을 또 듣게 될까 오직 그것을 두려워하였다.

① 有: 우又와 같다.

자로의 특징은, 과감하게 행동한다는 것이다. 자로는 공자 제자들 중에서 '행동의 선봉'이었고 실천을 매우 중시하였기에 후대 사람들이 그를 '지현至賢'이라고 칭송하였다. 그는 사람됨이 호쾌하고 과감하였으며 의로운 일이라면 용감하게 실행하였다. 선한 말과 선한 행동을 알게 되면 기다리지 않고 실천하였다. 도리를 새롭게 알게 되는 것을 두려워하였다. 이는 새로운 지식을 받아들이기 원치 않았던 것이 아니라, 곧바로 행하지 못할까를 걱정했던 것이다.

3. 子曰, "片言可以折獄者, 其由也與?" 子路無宿諾. (≪論語·顔淵 12.12≫)
: 공자는 "한마디로 송사를 판결할 수 있는 자는 아마도 유일 것이다."라고 하였다. 자로는 승낙을 하고 나서 하루쯤 미루는 일이 없었다.

① 편언片言: 한마디. ② 절옥折獄: 안건을 판결하다. ③ 숙약宿諾: 승낙만 하고 실행하지 않다.

공자는 자로의 행동이 명쾌하고 공평하였기 때문에 사람들로부터 신뢰를 얻었음을 평한 것이다. 자로는 승낙한 바를 곧바로 실천하였다. 자로의 솔직하고 성실한 태도가 사람들의 신임들의 신임을 얻었다.

혹은 본 구절을 자로가 명쾌하여 한쪽의 진술만으로도 판단을 내릴 수 있는 능력이 있었다는 내용으로 이해하기도 한다. 어쨌든 자로는 사람됨이 충성되었고 믿을 만했기 때문에 사람들이 그를 매우 신임하였다. 송사가 있으면 그의 앞에서 거짓말을 하지 않았기 때문에 자로는 한쪽의 이야기만 듣고도 시비를 분명히 판단할 수 있는 탁월한 재능을 갖고 있었는지도 모른다.

4. 子曰, "回也其庶乎, 屢空. 賜不受命, 而貨殖焉, 億則屢中."(≪論語·先進 11.19≫)
: 공자가 말하였다. "안회는 도에 거의 가까웠으나 재화가 자주 비었고, 자공은 명령을 받아들이지 않고 재화를 잘 늘렸는데, 예측하면 자주 들어맞았다."

① **庶(여러 서, shù)**: 거의 대부분. ② **누공屢空**: 자주 허탕 쳤다. 곤궁했다. ③ **불수명不受命**: 명령을 듣지 않는다. ④ **화식貨殖**: 재물을 늘리는 것. ⑤ **億**: '**臆(생각 억, yì)**'과 같다. 예측하다. ⑥ **중中**: 정확하다. 들어맞다.

공자는 안회, 단목사의 장점을 칭찬하였다. 안회는 학문과 도덕 방면에서 뛰어났다. 단목사는 상업방면에서 뛰어났다. 사람들은 모두 서로 다른 재능과 똑똑함을 지니고 있다. 그에게 맞는 방면에서 발휘할 수 있는 것이다. 안회는 안빈낙도하였으므로 공자가 그를 칭찬하였다.

> "한 그릇의 밥, 한 쪽박의 물로 빈촌에서 살게 되면 다른 사람들은 그 근심을 견디어 내지 못하는데, 안회는 그렇게 살면서도 그의 즐거움이 변하지 않는다."

"一簞食, 一瓢飮, 在陋巷, 人不堪其憂, 回也不改其樂." (≪論語·雍也≫)

그래서 공자마저도 '賢哉(훌륭하도다)'라 감탄하였다. 공자는 안회를 자식으로 생각하였고, 안회는 공자를 부친으로 생각하였다.[51]

단목사는 말솜씨가 좋았고 매우 총명하였다. 그는 그의 총명함을 장사 방면에서 활용하여 매우 성공하였다. 사마천은 ≪사기·화식열전≫에서는 단목사의 상업적 성취에 대해서 특별히 소개하고 있다. 유가가 상업방면에 대해 반대한다는 것은 후대에 생긴 편견이다. 단목사는 오늘날에 추숭하는 '유상儒商'의 시조이다.

"의롭지 않으면서 돈 많고 벼슬 높은 것은 나에게는 뜬구름과 같다."

"不義而富且貴, 於我如浮雲."(≪論語·述而≫)

공자가 강조한 것은 다만 이것뿐이다. 수단이 정당하기만 하면 장사를 해서 돈을 버는 것이 안 될 것이 무엇이 있겠는가. 그러나 돈 버는 것을 일생의 유일한 목적으로 삼고, 돈 버는데 수단과 목적을 안 가리고 돈을 벌어서는 안 된다.

5. 子曰, "回也, 其心三月不違仁, 其餘則日月至焉而已矣."(≪論語·雍也 06.07≫)

: 공자가 말하였다. "안회는 그 마음이 3개월 동안 인에서 떠나지 않았으나, 그 나머지 사람들은 하루나 한 달 정도 거기에 이를 뿐이다."

---

51 ≪論語·先進 11.11≫ : "回也視予猶父也."

공자는 안회가 오랜 기간 동안 인을 행할 수 있음을 칭찬하고 다른 제자들로 하여금 배우도록 권면하였다. 안회는 공자가 가장 아꼈던 제자이다. 논어 전체를 통해 보면, 공자는 다른 제자들에게는 모두 적건 많건 비평을 하였지만 오직 안회에 대해서만은 칭찬만을 남겼다. 일반 사람들은 어떤 일을 오래도록 하지 못한다. 마음이 동할 때에는 행동하지만, 시간이 지나면 그 일을 손에서 놓기 일쑤다. 그러나 안연은 달랐다. '인'을 자신의 행동과 말에서 일관하였고, 오랜 시간 동안 인을 어기지 않을 수 있었다. 안연이 공자에게 칭찬받았던 것은 안빈낙도 외에도 총명하여 오랜 시간 동안 덕행을 실천하는 실천가였기 때문이다. 안회는 결코 맹목적으로 따르는 바보가 아니었다.

> "내가 안회와 종일토록 이야기하여도 내 뜻을 어기지 않는 것이 마치 어리석은 자 같았다. 그가 돌아간 뒤 그의 개인적인 행동을 살펴보니, 또 내 말의 대의를 발양하기에 충분하였다. 안회는 못난이가 아니다."
>
> "吾與回言終日, 不違如愚. 退而省其私, 亦足以發, 回也不愚" (≪論語·爲政≫)

6. **子曰, "語之而不惰者, 其回也與!"** (≪**論語·子罕** 09.20≫)
 : 공자가 말하였다. "말해주면 게을리 하지 않는 사람은 그 안회일 것이다."

① **語(말씀 어**, yǔ,yù): 알려주다. ② **惰(게으를 타**, duò): 게으르다.

공자가 안연의 부지런히 공부하고 게으르지 않은 성품을 칭찬한 내용이다. 보통의 사람은 말해주면 듣고 좋다고 생각하지만 그저 듣고 마는데 그친다. 혹은 잠깐 동안 실천한 후 곧바로 게을러진다. "하루나 한 달 정도 거기에 이를 뿐이다."[52] 그러나 안회는 달랐다. 안회는 스승의 말을 들으면 곧바로 부지런히 실천하였다. 이는 보통 사람들은 하지 못하는 것이다.

7. 子謂顔淵曰, "惜乎! 吾見其進也, 未見其止也."(≪論語·子罕 09.21≫)
: 공자가 안연에 대해 말하였다. "애석하도다! 나는 그가 진보하는 것은 보았으나, 그가 멈추는 것은 보지 못했다."

공자가 안회가 끊임없이 노력하는 사람이었음을 칭찬한 말이다. 공자는 '호학'을 매우 중시하였다. 공자 제자들 중에서 오직 안회만이 공자로부터 '호학'하는 사람이란 칭찬을 들었다. 애공이 공자에게 제자 중에 누가 '호학'하는 자인지를 묻자 공자는 곧바로 안회라 하였다. 그러나 불행히도 안회는 단명하였고, 공자는 매우 슬퍼하였다. 공부는 물길을 거슬러 나아가는 배와 같다. 나아가지 않으면 뒤로 밀려난다. 안회는 나아감이 있을 뿐 퇴보함이 없었다. 이러한 호학은 일반인과 견줄 바가 아니다.

8. 哀公問, "弟子孰爲好學?" 孔子對曰, "有顔回者好學, 不遷怒, 不貳過. 不幸短命死矣, 今也則亡, 未聞好學者也."(≪論語·雍也 06.03≫)
: 애공이 물었다. "제자들 중에 누가 배우기를 가장 좋아합니까?"공

52 ≪論語·雍也 06.07≫ : 子曰, "其餘則日月至焉而已矣."

자가 대답하여 말하였다. "안회라는 사람이 있어 배우기를 좋아했습니다. 그는 화가 나도 다른 사람에게 옮겨 화풀이를 하지 않고, 동일한 과오를 되풀이하여 범하지 않았는데 불행하게도 단명하여 죽고 말았습니다. 지금은 없습니다. 배우기를 좋아하는 사람이 있다는 말을 듣지 못했습니다."

① **천노遷怒:** 화남을 무관한 사람이나 무관한 일에 옮기지 않는다. ② **이과貳過:** 똑같은 잘못을 중복하지 않는다. ③ **亡:** '無(없을 무, wú)'와 같다.

공자는 노나라 애공의 물음에 안연이 호학하였으나 불행히도 단명하였다고 하였다. '학學'의 의미와 범위는 매우 넓다. 안연이 죽은 후에도 공자에게는 여전히 많은 우수한 제자들이 있었지만 공자는 그들이 호학한다고 칭찬한 적이 없었다. 이 구절에서 공자는 안연이 호학하여 "화가 나도 다른 사람에게 옮겨 화풀이를 하지 않고, 동일한 과오를 되풀이하여 범하지 않았다."고 하였다. "불천노不遷怒"는 판단능력이고 이성적인 행동이다. 화를 옮기지 않는 사람은 어떤 잘못을 했을 때 이 잘못에 대해서 생각해 보고 다른 사람이나 다른 일에 옮기지 않는다. 자신이 화가 나도 화를 다른 사람에게 풀지 않는다는 것이다. 이는 인간관계에 있어서 '화和' 즉 조화로움이며, '서恕' 즉 용서이다. 증자는 스승 공자의 도를 '一以貫之'한다면 "충서일 따름이다."[53]라고 하였다.

"불이과不貳過"는 자기반성이다. 실수는 대부분 자신의 성격적인 특성에서 비롯된다. 사람이 장점이 있다면 단점도 있기 마련이고, 결점이 있으면 또한 상대적으로 장점이 있기 마련이다. 중요한 것은 자신의 결

53 《論語·里仁 04.15》: "忠恕而已矣."

점을 발견했을 때 이 결점을 어떻게 장점으로 전환할 수 있을지를 생각해야 한다는 것이다. 안연은 '불이과不貳過', 즉 자신의 잘못을 다시 되풀이 하지 않도록 고쳐 나갔다. '불천노'가 다른 사람을 대하는 사회적 능력이라면, '불이과'는 자기를 극복하는 수양 즉 '극기복례克己復禮'의 능력이다. '호학'이란 책 속에서 지식을 공부하는 것만이 아니라, 지식을 배운 후 노력하여 덕행을 수행하는 것이기도 하다.

9. **子貢問曰, "賜也何如?" 子曰, "女, 器也." 曰, "何器也?" 曰, "瑚璉也."(≪論語·公冶長 05.04≫)**
: 자공이 물었다. "저는 어떠합니까?" 공자가 말하였다. "너는 그릇이다." "무슨 그릇입니까?" "호련이다."

① **器(그릇 기, qì):** 특정 용도가 있는 그릇. ② **호련瑚璉:** 고대 종묘의 옥기. 곡식을 담는다.

"군자는 한 가지 용도로 사용되는 그릇이 아니다."
"君子不器."(≪論語·爲政≫)

공자는 자공의 재능을 칭찬하면서 동시에 그가 더욱 많은 재능을 수양할 것을 바랐다. '호련'은 나라의 중요한 제사 의식에서 쓰이는 진귀한 그릇이다. 공자는 자공의 재능이 국가의 큰 임무를 담당할 만하다고 비유한 것이다. 자공은 분명히 재능이 있었고, 외교 능력이 매우 뛰어났다. 그러나 공자는 자공이 덕행 방면에서 수양을 더 닦고 더욱 많은 재능을 갖추기를 바랐다. 전문 능력도 물론 중요하지만 재덕을 겸비하는 것이 더욱 귀중하다. 학문을 한다는 것은 먼저 통달하여 전문가가 되고, 이 전문성에서 더 나아가도록 부단히 정진하고 넓혀 가야한다.

10. 子貢曰, "我不欲人之加諸我也, 吾亦欲無加諸人." 子曰, "賜也, 非爾所及也."(≪論語·公冶長 05.12≫)
: 자공이 말했다. "남이 저에게 하는 것이 싫은 일은 저도 남에게 행하지 않겠습니다." 공자가 말하였다. "사야, 네가 미칠 바가 아니다."

자공이 '서恕'의 도로써 '내가 하기 싫은 것은 남에게도 요구하지 않겠다.'하였다. 하나 공자는 이는 매우 실행하기 힘든 도라 하였다. 자공이 평생을 살아가면서 행하여야 할 것에 대해 묻자 공자는 이렇게 대답하였다.

> "자기가 원하지 않는 것을 남에게 행하지 말아라."
> "其所不欲, 勿施於人" (≪論語·衛靈公≫)

한마디로 말한다면, "아마도 '서'일 것이다(其恕乎)"이다. 그러나 이 '서'는 이해하기는 쉽지만 진정으로 실천하기는 매우 어렵다. "오역욕吾亦欲" 즉 '저도 남에게 행하지 않겠습니다'라는 말은 자공의 욕망이자 노력하여 실행하고자 하는 바람이다. '네가 미칠 바가 아니다'의 대답은 자공에게 찬물을 끼얹으려는 것이 아니라 그에게 "서恕"의 도리를 진정으로 실천함의 어려움을 과소평가하지 말라는 의미이다.

11. 子謂仲弓曰, "犁牛之子, 騂且角, 雖欲勿用, 山川其舍諸?"(≪論語·雍也 06.06≫)

: 공자가 중궁을 평하여 말하였다. "얼룩소의 송아지가 색이 붉고 또 뿔이 좋으면 비록 쓰지 않고자 하나 산천의 신이 그것을 놓아두겠는가?"

① **이우犁牛**: 얼룩소. ② **騂(붉은 말 성, xīng)**: 붉은 색. ③ **角(뿔 각, jiǎo)**: 뿔이 바르게 나다. ④ **用(쓸 용, yòng)**: 제사에 쓰다.

중궁은 비록 빈천한 출신이지만 그의 덕행과 재능이 중용될 가치가 있다고 공자가 말하는 구절이다. 중궁은 성이 염冉이고 이름이 옹雍이다. 자가 중궁이다. 공자보다 29세 어리다. 중궁은 가난한 집안에서 태어났지만 열심히 노력하여 학문적 성과를 이루었다.

> "옹은 남면하여 나라를 다스리도록 하여줄 만하다."
>
> "雍也可使南面." (≪論語·雍也≫)

이는 옹에 대한 공자의 평이다. 그의 능력이 한 나라를 관리할 만한 능력이 있다는 평이다. 공자는 얼룩소의 송아지로써 중궁을 형용하였다. 산천의 신도 그와 같은 인재를 쓰지 않음을 안타까워 할 것이라고 하였다.

"얼룩소의 송아지가 색이 붉고 또 뿔이 좋다(犁牛之子, 騂且角)"의 구절에서 엿볼 수 있듯이, 주나라에서는 붉은 색을 숭상하였다. 제사 때에 붉은 색의 희생양으로 제사를 드렸다. 밭가는 소는 밭을 가는 데 이용할 뿐 제사를 드리는 데에는 자격이 부족하다. 즉 공자의 의미는 중궁과 같은 인재는 밭을 가는 소에 비할 수 있을 만큼 출신이 평범하지만, 그에게는 붉은 털과 가지런한 뿔이 자라 있어 제사를 드리는 데 쓸 수 있는 것이다. 인재는 출신이 아니라, 걸출한지의 여부만을 따져야 한다. 공자의 이러한 비유는 중궁의 덕행과 재능에 대한 긍정일 뿐만 아니라 당시 성행했던 세습 지위 제도에 대한 반대의 견해라고 해석하기도 한다. 공자는 집정자들이 반드시 두루두루 현명한 인재를 등용해야 한다고 생각했다.

중궁이 계씨의 가재가 되어 정사에 먼저 필요한 것이 무엇이냐고 물은 일이 있는데, 공자는 이와 같이 대답하였다.

> "유사들에게 먼저 앞에 나서 솔선수범 일을 하고, 작은 잘못은 용서해주고, 좋은 인재를 등용하여라."
>
> "先有司, 赦小過, 擧賢才" (≪論語·子路≫)

12. 子曰, "孝哉閔子騫! 人不間於其父母昆弟之言."(≪論語·先進 11.05≫)
: 공자가 말하였다. "효성스럽다. 민자건이여. 사람들이 그 부모형제에 대해 말한 것에서 트집을 잡지 못했다."

① **間:** 다른 의견 혹은 의심. ② **昆:** 형.

공자가 민자건의 효행이 사람들에게 인정받았음을 칭찬한 내용이다.

민자건의 어머니가 돌아가시고 아버지는 재혼하여 아들 둘을 더 낳았다. 어느 날 민자건이 아버지를 위하여 수레를 몰았는데 양 손이 얼어 끈을 잡지 못했다. 아버지는 민자건이 매우 얇게 입었으며 옷 안은 모두 풀이라는 것을 발견하였다. 집에 돌아가서 보니 두 아들은 두텁고 따뜻한 솜옷을 입고 있다는 것을 알게 되고, 아내와 이혼해야겠다고 생각했다. 민자건이 아버지에게 말했다. "어머니가 계시면 아들 하나만 춥지만 어머니가 떠나시면 세 아들이 고단해집니다." 당시 이 일이 널리 알려지게 되었고, 민자건을 칭찬하였다. "효자로구나, 민자건이여. 한 마디 말로 어머니가 돌아오시고, 두 마디 말에 세 아들이 따뜻하게 되었다."[54]

13. **魯人爲長府. 閔子騫曰, "仍舊貫, 如之何? 何必改作?" 子曰, "夫人不言, 言必有中."(≪論語·先進 11.14≫)**

: 노나라 사람이 장부라는 창고를 짓자, 민자건이 말했다. "옛날 하던 것을 그대로 하는 것이 어떻겠는가? 하필 고쳐 만들어야 하는가?" 공자가 말하였다. "저 사람이 말을 하지 않을지언정 말을 하면 반드시 도리에 맞는다."

① **위장부爲長府**: 노나라 창고를 짓다. ② **잉구관仍舊貫**: 옛 모습을 그대로 하다.

공자가 민자건을 칭찬한 구절이다. '장부長府'는 노나라 창고로 재물과 병기를 보관하는 곳이다. 당시 노나라 소공은 삼환 대부와 권력을 다투었다. 민자건은 창고를 넓히는 것은 백성들을 고단하게 하고 재물을 낭비할 뿐만 아니라 동란을 야기할 것이라고 생각했다. 공자는 민자건의 이 말이 매우 옳다고 생각하였다.

'일구관'은 '일잉구관一仍舊貫'이라고도 한다. '본래 하던 대로 하지

54 ≪藝文類聚≫ : 母死。其父更娶。復有二子。子騫為其父御車失轡。父持其手。衣甚單。父則歸。呼其後母兒。持其手。衣甚厚溫。即謂其婦曰。吾所以娶汝。乃為吾子。今汝欺我。去無留。子騫前曰。母在一子單。母去四子寒。其父默然。故曰孝哉閔子騫。一言其母還。再言三子溫。

구태여 민간의 노력을 소모하여 다시 만들 필요가 없다'는 뜻이다. 어떤 일을 할 때 지난 것이라 하여 함부로 버리거나 없애지 않고, 옛것의 좋은 점을 받아들여 이를 바탕으로 일을 추진하는 것을 말한다. 옛 관례를 따른다는 뜻으로, 옛것을 연구하여 거기서 새로운 지식이나 도리를 찾아낸다는 뜻의 '온고지신溫故知新'과도 통한다.

14. 子謂子賤, "君子哉若人! 魯無君子者, 斯焉取斯?"(≪論語·公冶長 05.03≫)

: 공자가 자천을 평하였다. "군자답도다. 그 사람이여. 노나라에 군자다운 사람이 없었다면 이 사람이 어디에서 이러한 덕을 취했겠는가?"

공자는 자천이 군자이며 현명한 사람을 친구로 삼았다고 칭찬하였다. 자천은 성이 복宓이고 이름은 부제不齊이다. 자가 자천이다. 공자보다 30세 어리다. 그는 단현을 다스리면서 인재를 적절하게 등용하였고 덕정과 교화를 잘 펼쳤다. 이것은 또한 노나라에 인재가 많음을 증명하는 것이기도 하다. 공자는 군자가 벗에게서 덕을 취하는 것에 대해 이렇게 말하고 있다.

> "선한 사람을 보고는 그와 같아지기를 생각하고 악한 사람을 보고서는 안으로 자기를 반성해야 한다."
>
> "見賢思齊焉, 見不賢而內自省也."(≪論語·里仁≫)

남의 좋은 점을 보면 자기도 그 같이 되기를 생각하고, 남의 불미한 점을 보면 자기에게도 그러한 불미한 점이 없는지 반성하여야 덕을 취할 수 있는 것이다.

공자는 어진 이의 행동을 보면 그와 같아지기를 바라고, 어질지 못한 자의 행동을 보면 마음속으로 스스로를 반성해야 한다고 하였다. 어질지 못한 자를 만나면 반면교사反面教師의 효과로 삼을 수 있으며, 타산지석他山之石이 되기 때문이다. 혼자서 배우고 덕을 취할 만한 벗이 없으면 견문이 좁아지고 학식이 천박해지기 때문에, 군자는 친구들과 함께 토론하고 학습해야 하는 것이다.

15. 樊遲請學稼. 子曰, "吾不如老農." 請學爲圃. 曰, "吾不如老圃." 樊遲出. 子曰, "小人哉, 樊須也! 上好禮, 則民莫敢不敬, 上好義, 則民莫敢不服, 上好信, 則民莫敢不用情. 夫如是, 則四方之民襁負其子而至矣, 焉用稼?"(≪論語·子路 13.04≫)

: 번지가 공자에게 농사짓는 법을 물었다. 공자가 말하였다. "나는 숙련된 농부보다 못하다." 채소 가꾸는 법을 배우기를 청하자 공자가 말했다. "나는 숙련된 원예사보다 못하다." 번지가 나가자 공자가 말했다. "(탐구하고 물어볼 것도 많을 텐데) 작은 사람이구나, 번지는. 윗사람이 예를 좋아하면 백성들이 감히 공경하지 않을 수 없다. 윗사람이 의를 좋아하면 백성들이 그들에게 복종하지 않을 수 없다. 윗사람이 믿음을 앞세우면 백성들이 사실대로 하지 않을 수 없다. 만약 이와 같다면 천하의 백성들이 제 자식을 포대기에 업고 올 것인데, 어찌 농사짓는 방법을 쓰겠는가.

① **稼(심을 가, jià)**: 농사짓다. ② **위포爲圃**: 채소를 심다. 가꾸다. ③ **情(뜻 정, qíng)**: 실정. ④ **襁(포대기 강, qiǎng)**: 영아를 업는 포대기

번지樊遲의 자는 자지子遲이며 공자보다 36세 연하였다고 한다. 군자는 백성을 덕으로써, 즉 '예禮'•'의義'•'신信'으로 백성을 다스리는 것이지 모든 사사로운 일을 전부 간섭하고 같이 하는 것이 아니다. 그래서 공자는 번지에게 예의와 신뢰 등 삶의 기본소양을 중시하기를 바랐다. 공자가 사숙을 열었던 것은 제자들이 큰 임무를 맡을 수 있는 전문역량이 되고 수신修身하여 군자가 되기를 원했던 것이다.

이 구절을 보고, 많은 사람들은 공자가 채소 가꾸는 법을 배우고 싶어 하는 번지를 꾸지람한 것이 노동에 종사하는 백성을 멸시한 것이라고 비판하였다. 그러나 공자가 이렇게 말한 것은 곡식과 채소를 심는 것은 '예禮'·'의義'·'신新'을 강구하는 것보다 중요하지 않다는 생각을 표현한 것이다. 만약 번지 등의 제자들이 '예', '의', '신'을 수양한 후에 집정자를 도와 나라를 잘 다스린다면 백성들의 삶은 날로 좋아질 것이다. 이것이 바로 공자의 기본적인 신념이자 공자가 말하는 기본적인 교육이다. 각각의 직종에는 공통되는 상식이 있는데, 이것을 '통식通識'이라고 한다. '공통된 인식'을 말하는 것이다. 공자에게 있어서 이 통식이 바로 '예, 의, 신' 등 인간이 갖추어야 할 가장 중요한 덕목이었던 것이다.

사람에게는 개개인이 전문적으로 하는 일이 있다. 농부는 농사를 짓는 일을 전문적으로 하고, 어부는 고기잡이를 잘하는 전업이 있는 것이다. 그런데 만약 왕이 농사를 짓고 고기잡이를 한다면, 백성들을 언제 보살피고 다스릴 수 있겠는가! 왕은 백성을 편안하고 즐거운 마음으로 자신의 일에 종사할 수 있도록 도와주면 되는 것이다. 강압적으로 다스

리면 백성은 용수철처럼 튀어 오르게 된다.

16. 季氏富於周公, 而求也爲之聚斂而附益之. 子曰, "非吾徒也. 小子鳴鼓而攻之, 可也."(≪論語·先進 11.17≫)

: 계씨가 주공보다 부유했는데도, 구가 그를 위해 세금을 모으고 걷어서 더 늘려주었다. 공자가 말하였다. "나의 제자가 아니다. 제자들아, 북을 울려 성토하는 것이 좋겠다."

① **계씨季氏:** 계강자. ② **취렴聚斂:** 세금을 거두다. ③ **부익附益:** 더하다. 늘리다.

노나라의 경卿 계씨는 노나라의 시조이며 주실周室의 지친至親으로 큰 공을 세운 총재冢宰 주공周公보다도 부유하였다. 당시 계씨의 가재家宰였던 제자 염구冉求(자유子由)가 백성들의 세금을 배로 올려 계씨의 재산을 늘려 주었기 때문이다. 이 때문에 공자가 다 같이 염유를 성토해야 한다고 한 것이다.

당시 노나라는 삼환에 의해 좌우되었다. 그 중 계씨의 권력이 가장 셌고, 그의 재산은 노나라 왕보다 더 많았다. 그럼에도 그는 새로운 세법을 제정하여 자신의 수입을 늘리고자 하였고, 염유가 그 일을 도왔다. 이로 인해 공자는 염유에게 크게 실망하고 분노하였던 것이다. 공자는 염유가 계 씨를 도와 노나라의 현명한 신하가 되고 백성들을 풍요롭게 하여 노나라의 정치가 바른 궤도에 오르게 되기를 바랐다. 그러나 염유는 계강자를 위해 일하면서 충성을 다했고 마음에 견고한 원칙이나 원대한 목표가 없었다.

이래저래 염유冉有는 공자의 참 뜻을 제대로 계손 씨에게 간언하지 못한 꼴이 되었다.

> 한번은 계손씨가 태산에서 여제旅祭를 지내려 하였다. 공자는 염유에게 "너는 그 사람을 참월僭越한 죄에서 구해낼 수 없느냐?"라 묻자 "구해낼 수 없다."고 하였다. 그러자 공자는 "슬프다. 그래, 태산이 임방만 못하단 말인가?"
>
> 季氏旅於泰山. 子謂冉有曰: "女弗能救與?" 對曰: "不能." 子曰: ""嗚呼! 曾謂泰山不如林放乎?"(≪論語·八佾 ≫)

임방은 공자에게 예禮의 본질에 관하여 물은 적이 있다.

> 임방이 예의 근본이 무엇인가를 묻자 공자는 말하였다. "대단한 질문이요. 예는 사치스럽기보다는 차라리 검소해야 하고, 상사는 정연하기보다는 차라리 슬퍼야 하오."
>
> 林放問禮之本. 子曰: "大哉問! 禮, 與其奢也寧儉, 喪, 與其易也寧戚." (≪論語·八佾≫)

신은 인간보다 뛰어나다. 임방도 예의 본질에 대하여 물어 알고자 했는데, 신령의 능력을 지니고 있는 산신山神이 계씨의 무도한 예식을 받아들이겠는가? 여제旅祭는 산천에서 지내는 제사의 일종이다. 제후 이상만이 자신의 경내에서 산천에게 제사할 수 있는데 대부大夫인 계씨季氏의 제사는 무도無道한 월권越權 행위이다. 계손씨의 가재家宰인 염유冉有에게 간언하여 제사를 중지해 줄 것을 요구하였으나 염유가 제지시키지 못하고 있다. 계손씨는 무도한 일을 일삼았다.

작품설명 **삼락**

三樂

: 세가지의 즐거움

得天下英才而教育之三樂也.

: 영재를 얻어서 교육하는 것이 세 번째 즐거움이다.

이천구년육월, 청매헌에서 완석.

제3장

03

제자시좌 弟子侍坐

: 제자들과 함께 대화하다

弟子

제자 '자로'·'증석'·'염유'·'공서화'와 시좌侍坐하여 만약에 어떤 사람이 너희들을 알아준다면 무엇을 할 것인가에 대한 대담을 하였다. '시좌侍坐'란 윗사람을 모시고 앉아 담화를 나눔을 말한다. 본 구절의 통하여 네 명의 제자들의 이상을 엿볼 수 있고, 또한 공자의 평론을 통하여 공자의 사상을 엿볼 수 있다.

1. 子路曾皙冉有公西華侍坐. 子曰, "以吾一日長乎爾, 毋吾以也. 居則曰, '不吾知也!' 如或知爾, 則何以哉?" 子路率爾而對曰, "千乘之國, 攝乎大國之間, 加之以師旅, 因之以饑饉, 由也爲之, 比及三年, 可使有勇, 且知方也." 夫子哂之. "求! 爾何如?" 對曰, "方六七十, 如五六十, 求也爲之, 比及三年, 可使足民. 如其禮樂, 以俟君子." "赤! 爾何如?" 對曰, "非曰能之, 願學焉. 宗廟之事, 如會同, 端章甫, 願爲小相焉." "點! 爾何如?" 鼓瑟希, 鏗爾, 舍瑟而作, 對曰, "異乎三子者之撰." 子曰, "何傷乎? 亦各言其志也." 曰, "莫春者, 春服旣成, 冠者五六人, 童子六七人, 浴乎沂, 風乎舞雩, 詠而歸." 夫子喟然歎曰, "吾與點也!" 三子者出, 曾皙後. 曾皙曰, "夫三子者之言何如?" 子曰, "亦各言其志也已矣." 曰, "夫子何哂由也?" 曰, "爲國以禮, 其言不讓, 是故哂之." "唯求則非邦也與?" "安見方六七十如五六十而非邦也者?" "唯赤則非邦也與?" "宗廟會同, 非諸侯而何? 赤也爲之小, 孰能爲之大?"(≪論語·先進 11.26≫)

: 자로·증석·염유 및 공서화가 공자를 모시고 앉아 있을 때 공자가 말하였다. "내가 너희들보다 나이가 조금 더 많다고 해서 나 때문에 말하기를 어려워하지 말라. 너희들은 앉으면 하는 소리가 '나를 알아주지 않는다.'고들 하는데 만약에 어떤 사람이 너희들을 알아준다면 무엇을 하겠느냐?" 자로가 대뜸 대답했다. "천승지국으로 큰 나라들 사이에 끼여 있어 군사적 침략을 받고 뒤이어 기근까지 발생한다 해도, 제가 다스린다면 삼 년 만에 그 나라 백성들을 용기가 있고 도의를 알게 만들 수 있습니다." 공자가 빙긋이 웃으며 말하였다. "구야 너는 어떠냐?" 라고 하자 구가 대답했다. "사방 육칠십 리 혹은 오륙십 리 되는 지역을 제가 다스린다면 삼 년 만에 그 지역 백성들을 풍족하게 만들 수 있습니다. 예악 같은 것은 군자가 나타나기를 기다리겠습니다." "적아 너는 어떠냐?"라고 물어보자 적이 대답했다. "제가 이런 것을 할 수 있다는 말씀은 아니고 이렇게 되도록 배우고 싶습니다. 종묘에서의 제사나 제후들의 회동에 현단과 장보관을 착용하고 작은 보좌관 노릇을 하고 싶습니다."라 하였다. "점아 너는 어떠냐?"라 물어보자 점은 슬瑟 타기를 늦추어 멈춘 다음 퉁 하며 슬을 내려놓고 일어나서 대답하기를 "세 사람이 여러 가지를 잘 갖추어서 훌륭하게 대답한 것과는 다릅니다."라고 했다. 공자가 말하였다. "무슨 걱정이냐? 이 또한 각자 자기 생각을 말해보는 것인데." 그러자 점이 대답했다. "늦은 봄에 봄옷을 잘 차려입고 갓을 쓴 어른 대여섯 명 및 아이들 예닐곱 명과 함께 기수에서 세수하고, 무우에서 바람을 쐰 다음 노래를 읊조리며 돌아오겠습니다." 공자는 와 하고 찬탄하며 말

하였다. "나는 점의 말에 찬동하노라!" 세 사람이 나가자 증석이 뒤로 남았다. 증석이 "저 세 사람의 말은 어떻습니까?"라고 하자 공자는 "이 또한 각자 자기 생각을 말해본 것이다"라고 하였다. "스승님께서는 왜 유의 말을 듣고 웃으셨습니까?"라고 하니 "예로써 나라를 다스리는 것인데 그의 말이 겸양하지 않았기 때문에 웃었다"라고 하였다. "유독 구가 이야기한 것만은 나라를 다스리는 일이 아닙니까?" "사방 육칠십 리나 오륙십 리가 되면서 나라가 아닌 것을 어디서 보겠느냐?" "유독 적이 이야기한 것만은 나라를 다스리는 일이 아닙니까?" "종묘와 회동이 제후국의 일이 아니고 무엇이겠느냐? 적이 작은 보좌관이 된다면 누가 큰 보좌관이 될 수 있겠느냐?"

① **장호이長乎爾:** 너희보다 나이가 조금 많다. ② **무오이야毋吾以也:** 나 때문에 얽매이지 말라. 이以는 '已(이미 이, yǐ)와 통한다. 멈춘다는 의미이다. ③ **居(있을 거, jū):** 평소. ④ **솔이率爾:** 급하다. 경솔하다. ⑤ **가지이사여加之以師旅:** 군대로 침범하다. ⑥ **인지이기근因之以饑饉:** 이어서 기근의 재난에 당하다. ⑦ **비급比及:** 기다리다. ⑧ **지방知方:** 도리를 이해하다. ⑨ **哂(비웃을 신, shěn):** 비웃다. ⑩ **종묘지사宗廟之事:** 제사의 일을 가리킨다. ⑪ **단장보端章甫:** 예복을 입고 예모를 쓰다. 단端은 예복이고, 장보章甫는 예모이다. ⑫ **소상小相:** 예를 돕는 사람. ⑬ **희希:** '稀(드물 희, xī)와 같다. ⑭ **莫:** 暮(저물 모, mù) 와 같다. ⑮ **관자冠者:** 성인. 고대에는 20세가 되었을 때 관례를 하기 때문에 성인을 나타낸다. ⑯ **沂(물 이름 기, yí):** 곡부시 남쪽에 있는 강. ⑰ **무우舞雩:** 노나라에서 하늘에 비를 구하는 제사를 드리는 지방이다. 산동 곡부에 위치한다. ⑱ **唯(오직 유, wéi):** 문두에 쓰여 아무 의미가 조사이다.

'시좌侍坐'는 윗사람을 모시고 앉아 담화를 나눔을 말한다.

한편의 짧은 극본이다. 등장인물은 공자와 그의 제자들인 자로, 증석, 염유, 공서화이다. 이 때가 공자는 약 60세였고 자로는 약 51세, 증석은 약 39세, 염유는 약 31세, 공서화는 약 18세였다고 한다. 스승과 네 명의 제자는 서로 나이 차이가 커서 마치 할아버지와 손자 3대가 함께 있는 것 같았다.

공자와 제자들이 천하를 주유하던 길에 어느 작은 장소를 배경으로 '이상'에 대해서 이야기를 나누고 있다. 공자가 먼저 화두를 건넨다. '나는 스승이지만 나이가 조금 많을 뿐이다. 구속되지 말고 격의 없이 이야기하기를 바란다.' 이어지는 그들의 대화는 자연스럽고 친근한 분위기 속에서 이루어졌다. 공자는 계발啓發식 교육방법을 제창한 사람이다. 제자들이 적극적으로 말하도록 능숙하게 유도하고 있다.

당시 공자는 명성이 높았고 크게 존경받았다. 제후국의 왕들은 공자의 제자들 가운데 인재를 선발하고 싶어 했고, 공자 역시 제자들을 관직에 추천하였다.

자로는 자로답다. 마음을 절제하지 못하고 조금의 겸허함도 없이 먼저 말을 꺼냈다. 자로는 제자들 가운데 가장 나이가 많았고, 스승을 곁에서 모신 시간도 가장 길었다. ≪논어≫에서의 자로는 거칠고, 직선적이며, 호전적이고, 충실하며, 조급하고, 성실하고, 질박하고, 책임감이 강하였다. ≪史記·仲尼弟子列傳≫도 "자로는 성격이 거칠고 용감하게 힘을 쓰는 것을 좋아하고 의지가 굳고 강했다."[55]라고 설명하고 있다. 그는 스승 앞에서도 거리낌이 없었다. "솔이이대率爾而對"라는 표현은

55 ≪史記·仲尼弟子列傳≫ : "子路性鄙, 好勇力, 志伉直."

그의 성격을 잘 나타내고 있다. 자로의 이상은 웅대하였다. 천승의 나라가 안팎으로 환난이 있을 때 노력하여 3년 내에 큰 성과를 보이겠다는 것이다. 공자는 이 말을 듣고 어떠한 말도 하지 않고 그저 빙그레 웃었다. 공자는 당연히 자로라는 사람을 가장 잘 이해했고 그의 재능을 매우 아꼈다. 논어에서 공자가 자로의 성격을 비평한 구절을 적지 않게 찾아볼 수 있다. 그러나 일부구절에서는 자로의 품덕과 재능을 칭찬하기도 하였다. 여기에서 공자가 빙그레 미소를 지은 것은 자로가 겸양을 모르고, 지나친 솔직함과 자부심을 가지고 있었기 때문이다.

자로가 말을 마친 뒤 공자가 웃자 분위기가 약간 어색해졌다. 이제 다른 제자들은 주동적으로 이야기하려 하지 않았다. 그러자 공자가 하나하나 이름을 불렀다. 나이순대로라면 증석이 그 다음이었지만, 증석은 슬瑟을 타며 배경음악을 담당하고 있었다.

염유는 매우 재능 있는 제자였고, '정사政事'과에서 첫 번째로 손꼽히는 인물이었다. 염유는 겸손하고, 보수적이고, 신중하고, 조심스러워하는 성격이었다. 염유는 자로처럼 '천승지국'을 이야기하지 않았고, '사방이 60-70리'되는 땅을 이야기했다. 말하다보니 역시 큰 것 같았는지 다시 '50-60리'로 줄였다. 이처럼 작은 지역에서 3년 동안 다스려야 '족민足民'할 수 있을 것이며, 예의와 교화에 대해서는 다른 고명한 사람을 얻을 것이라고 하였다. 염유는 경제 방면에 정통하였기 때문에 백성들을 풍족하게 할 수 있다고 말한 것이다. 자로와 비교할 때 염유는 지나치게 겸손하다. 이 둘의 성격은 정반대라는 것이 여기에서 매우 선명하게 드러난다. 염유의 대답 또한 예측할 수 있었기에 공자는 아무 말도 하지 않고 공서화를 불렀다.

공서화의 재능은 외교방면에 뛰어났고 명령을 잘 수행하였다. 공자는 그에 대해 매우 높은 평가를 했다. 자로, 염유와 마찬가지로 나라를 다스릴 만한 인재라고 보았다. 그러나 공서화는 나이가 아직 어렸기 때문에 가장 겸손하게 말했다. 스스로가 무슨 능력이 있어서 무슨 일을 하겠다고는 말할 수 없고 단지 무엇을 배우고 싶다고 말하였다. 종묘제사나 외교방면에서 보좌관의 역할을 담당하고 싶다고 하였다.

마지막으로 증석이 등장한다. 공자와 다른 세 제자들이 대화할 때 증석은 슬瑟을 타고 있었다. 위의 대화는 모두 그의 음악이 반주되고 있을 때 이루어진 것이다. 그는 슬을 타면서 다른 세 사람의 이상을 듣고 있었다. 공자가 그의 이름을 불렀을 때 그는 연주를 마칠 준비를 하고 점차 소리를 줄여갔다. 그리고는 일어나 예를 갖추어 대답하면서, 자신의 지향은 세 사람과는 다르다고 말하였다. 증석은 예를 알고 차분하고 자신감이 있었다. 공자는 그의 이상이 무엇인지 알고 싶어 친근한 말로써 그를 격려하며 말하기를 '무슨 상관이 있느냐, 편하게 말해보라'고 하였다. 그러자 증석이 '늦은 봄에 봄옷을 잘 차려입고 갓을 쓴 어른 대여섯 명, 그리고 아이들 예닐곱 명과 함께 기수에서 세수하고 무우에서 바람을 쐰 다음 노래를 읊조리며 돌아오겠습니다.'라고 대답하였다.

이 구절은 시적인 느낌이 풍부한 구절이다. 시원한 봄바람이 불어오는 어느 봄날의 아름다운 풍경을 묘사하고 있다. 늦은 봄에 꽃이 피면 얇은 옷으로 갈아입고 대여섯 명의 젊은이들과, 예닐곱 명의 아이들과 함께 성 남쪽의 기수 가에 가서 노닐고, 무우에서 바람을 쐬고 따뜻한 봄 풍경 속으로 노래를 부르며 돌아오겠다는 것이다. 증석은 시와 같은 언어묘사로써 생동감 있는 표현으로 공자의 마음을 움직였다. 공자는 감탄하며 '증석과 함께 하겠노라'고 말한다.

증석은 벼슬을 중시하던 사람이 아니었다. 논어에 보이는 증석에 대한 기록은 오직 이 구절뿐이다. 그러나 그의 아들 증삼에 대한 구절은 매우 많다. 증삼은 효도로 이름이 났던 인물로 ≪대학≫, ≪효경≫과 같이 후대에 큰 영향을 미친 저작을 남겼다. 그러나 증삼은 평생 관직에 나가지 않았고, 문화교육 방면에 종사하였다. 증삼에게서 아버지 증석의 영향을 엿볼 수 있다.

이 구절의 말미는 증석과 공자의 대화로 이루어져 있으며, 이는 각 제자의 발언에 대한 공자의 평가라고 볼 수 있다. 공자가 증석을 긍정하였다고 해서 나머지 세 제자의 관점에 대해서 부정한 것은 아니다. 공자는 이 제자들 모두 나라를 다스릴 인재라고 생각했다. 다만 자로는 겸손하지 못하다고 지적하였다. 논어가 대부분 단편적인 기록인 반면, 본 구절은 장편에 해당한다. 스승님과 네 명의 제자가 각각 개성적인 언어와 태도를 가지고서 나눈 대화는, 2,500년 전의 위대한 교육가인 공자와 그의 제자들의 목소리를 생동감 있게 전하고 있다. 오늘날 읽어도 마치 눈앞에 펼쳐진 듯 그 광경이 선명하다.

춘풍기수春風沂水는 '춘풍과 기수에서 노닐다'라는 뜻으로, 봄이 오면 봄바람을 쐬고, 기수라는 시냇가에서 몸을 씻고 유유자적하게 봄을 즐기는 것을 말한다. '자연을 벗 삼아 유유자적한 생활'을 하는 안빈낙도를 말한다. 기수는 산동성 곡부의 남쪽으로 흐르는 강 이름이다.

요堯 임금이 허유許由에게 천하를 물려주려 하자 허유가 거절하였다. ≪장자莊子·소요유逍遙遊≫에 나오는 이야기이다.

당신이 천하를 다스려 천하는 이미 다스려졌습니다. 그런데도 제가 당신을 대신한다면 명예만을 위한 일이 되지 않겠습니까? 명예란 사실의 부수물과 같은 것입니다. 제가 부수물을 위해야 되겠습니까? 뱁새는 깊은 숲 속에 둥우리를 친다 해도 한 개의 나뭇가지를 사용할 따름이며, 두더지가 황하의 물을 마신다 해도 그것은 배를 채우는데 지나지 않습니다. 돌아가십시오, 임금님. 저는 천하를 맡는다하더라도 소용이 없습니다. 요리사가 비록 주방 일을 보지 않는다하더라도 시축尸祝이 술그릇과 제기를 넘어가 그의 일을 대신하지 않는 법입니다.[56]

사람이란 자신의 분수에 맞게 살아야 한다. 명예와 욕심에 사로잡히지 말고 자유롭게 살아야 한다. 천자와 같은 높은 자리도 하늘이 내려준 천명이 아니라면 자신의 욕심만을 부리다가 결국 비극의 종말이 올 수도 있다. 허유는 요 임금의 말을 듣고 귀를 더럽혔다면서 기산箕山 영수潁水에 내려가 귀를 씻었다하고, 마침 그때 소에게 물을 먹이러 왔던 허유의 친구 소부巢父는 영수의 물이 더러워졌다하여 다시 소를 상류로 끌고 올라가 물을 먹였다한다. '허유세이許由洗耳'의 이야기이다.

56 ≪莊子·逍遙遊≫ : "許由曰: 子治天下, 天下既已治也. 而我猶代子, 吾將爲名乎? 名者, 實之賓也. 吾將爲賓乎? 鷦鷯巢於深林, 不過一枝; 偃鼠飮河, 不過滿腹. 歸休乎君, 予無所用天下爲! 庖人雖不治庖, 尸祝不越樽俎而代庖."

孝行

제4장

효행

견마지양(犬馬之養) : 개와 말의 봉양

'견마지양犬馬之養'은 '개와 말과 같은 봉양'이라는 뜻이다. 부모님을 봉양할 때 먹는 것만을 봉양하고 진정한 존중함이 없다면 사람과 동물의 차이점이 없다. 진정한 효도란 진심어린 마음이 있어야 한다. 본 장에서는 ≪논어≫ 중의 '효행'에 대하여 살펴보기로 한다.

제4장

01 여리박빙 如履薄氷

: 얇은 얼음을 밟듯

孝行

'여리박빙如履薄氷'이란 '얇은 얼음을 밟듯 하다'라는 뜻이다. 자신의 '신체와 머리카락과 피부는 부모님으로부터 받은 것이니 절대 훼손하지 않도록 얇은 얼음을 밟듯 조심하라'는 말이다. 자신의 신체와 생명은 부모로부터 왔으니, 부모의 생명의 연장선상이라 할 수 있다. 자신의 몸을 돌보지 않는 것은 곧 부모님을 상해하는 일이다. 본 절에서는 ≪논어≫ 중에 보이는 '효'란 무엇인가에 대하여 살펴보기로 한다.

1. 孟懿子問孝. 子曰, "無違." 樊遲御, 子告之曰, "孟孫問孝於我, 我對曰, 無違." 樊遲曰, "何謂也?" 子曰, "生事之以禮, 死葬之以禮, 祭之以禮." (≪論語·爲政 02.05≫)
: 맹의자가 효를 묻자 공자가 말하였다. "어김이 없어야 한다." 번지가 수레를 몰고 있었는데 공자가 그에게 말하였다. "맹손씨가 나에게 효를 묻기에 어김이 없어야 한다고 대답했다." 번지가 물었다. "무엇을 이르신 것입니까?" 공자가 말하였다. "살아 계실 때는 섬기기를 예로써 하고 돌아가신 후에는 장사지내기를 예로써 하며, 제사지내기를 예로써 하는 것이다."

① **맹의자孟懿子:** 노나라 대부 중손씨仲孫氏다. 이름은 하기何忌. ② **무위無違:** 예를 어기지 않는다. ③ **御(어거할 어,** yù): 수레를 몰다. ④ **이예以禮:** 예로써 행하다.

맹의자가 공자에게 어떻게 하는 것이 효행인지를 묻자 공자가 "어김이 없는 것이다."라고 대답하였다. 춘추시기 노나라의 삼환은 노나라의 정권을 쥐고 있었다. 맹의자는 삼환 가운데 하나이다. 그들은 지위와 권위를 이용하여 자주 예의와 제도를 위반하였고, 예를 참월하였으며, 가족을 불의에 빠지도록 하였으니 이것은 불효에 해당된다. 공자는 맹의자로 하여금 예와 제도를 지키고 군신의 예를 분명히 할 것을 권고하였다. 예를 어기고 행하는 효는 다른 사람들의 비판을 불러일으키게 된다. 그러므로 이것은 결국 부모에 대한 불효인 셈이다. 효라는 것은 예를 어김이 없으면서 안에 담겨있는 효심과 겉으로 표현하는 예법이 서로 어우러져야만 진정한 효도라 할 수 있다.

맹의자의 부친 맹희자는 병환이 악화되어 죽음을 앞두게 되자, "지금 공구孔丘는 나이는 어리지만 예를 잘 아니 그가 통달한 사람이 아니겠는가? 내가 죽으면 꼭 그를 스승으로 모시도록 해라"라고 하여, 공자에게서 예를 배우도록 하였다.

공자 자신은 다음의 네 가지 자신하는 일이 있다.

> "나가서는 공경公卿을 섬기고, 집에서는 부모 형제를 모시며, 상사喪事를 게을리 하지 않고, 술로 인해 곤경에 빠지는 일이 없는 것이다."
>
> "出則事公卿, 入則事父兄, 喪事不敢不勉, 不爲酒困, 何有於我哉."
> (≪論語·子罕≫)

부모를 섬기는 것, 형제간의 우애는 일상생활이다.

2. 子曰, "父在觀其志, 父沒觀其行, 三年無改於父之道, 可謂孝矣."(≪論語·學而 01.11≫)

: 공자가 말하였다. "아버지가 살아계실 경우에는 그 뜻을 관찰하고, 아버지가 돌아가시고 안 계실 경우에는 그 행적을 살피는 것이니, 3년 동안 아버지가 하시던 방법에서 바뀌는 것이 없어야 효라 할 수 있다."

① **부지도父之道:** 아버지의 사람됨과 일을 행하는 좋은 풍격. ② **沒(가라앉을 몰, mò):** 돌아가시다.

공자가 바라는 효행 중 하나는 "3년 동안 아버지가 하시던 방법에서 바뀌는 것이 없어야하는 것이다." 고대에 특히 아버지는 한 집안의 가장으로서 집안일을 결정하고, 자녀들은 대부분 단독적으로 행동할 자유를 갖지 못했다. 그러므로 아버지가 살아계실 때에는 뜻을 품고는 있으되 그 뜻을 아직 행동으로 표현하지 못하고 마음속에 간직하여야만 했다. 훗날 아버지가 돌아가신 후에야 한 사람으로서 주도적으로 행동을 표현할 수 있었다. "3년 동안 아버지가 하시던 방법에서 바뀌는 것이 없어야 효"라는 구절은 오래도록 논쟁을 불러 일으켰다. 아버지가 돌아가신 후 자녀 된 자로서 아버지의 방법을 3년 간 유지한다는 것은 아버지에 대한 존중이며, 어른에 대한 애도의 마음이기도 하다.

3. 曾子曰, "吾聞諸夫子, 孟莊子之孝也, 其他可能也, 其不改父之臣與父之政, 是難能也."(≪論語·子張 19.18≫)

: 증자가 말했다. "내가 스승님께 들으니, '맹장자의 효 중에서 그 다른 것은 할 수 있지만, 그 아버지의 신하와 아버지의 정치 방법을 고치지 않는 것은 행하기 어렵다.' 하셨다."

① **맹장자孟莊子:** 노나라 대부 맹의자의 아들. ② **난능難能:** 하기 어렵다.

증삼은 맹장자의 효행을 매우 칭찬하였다. 공자는 맹의자에게 진정한 효행에 대해 다음과 같이 말해주었다.

> "살아 계실 때는 섬기기를 예로써 하고 돌아가신 후에는 장사지내기를 예로써 하며, 제사지내기를 예로써 하는 것이다."
>
> "生事之以禮, 死葬之以禮, 祭之以禮." (≪論語·爲政≫)

그의 아들 맹장자는 아버지가 돌아가시기 전과 같이 아버지의 신하를 바꾸지 않고 아버지가 정한 정책을 유지했다. 이렇게 하기란 당시 고대 사회에도 하기 힘든 행동이었나 보다.

4. 曾子有疾, 召門弟子曰, "啓予足! 啓予手! 詩云, '戰戰兢兢, 如臨深淵, 如履薄氷.' 而今而後, 吾知免夫! 小子!" (≪論語·泰伯 08.03≫)

: 증자가 병에 걸리자 문하의 제자들을 불러 모았다. "내 다리를 보아라, 내 팔을 보아라. ≪시경≫에도 '전전긍긍하는 모습이 마치 깊은 연못가에 있는 것처럼 하고, 얇은 얼음 위를 걷는 것처럼 하다'는 말

이 있지 않느냐. 나는 이제 걱정은 하지 않아도 되는 때가 되었음을 알겠다, 제자들아."

① **啓(열 계**, qǐ): 닫힌 것을 열다. 펴다. ② **免(면할 면**, miǎn): 벗어나다. 면하다.

증삼이 죽음에 임박했을 때, 신체를 보전하는 것으로써 효를 행했음을 기뻐하는 구절이다. 증삼은 효자였다. 그는 ≪효경≫을 지어 공자의 가르침을 그 안에 기록했다.

'신체와 머리카락과 피부는 부모님으로부터 받은 것이니 훼손하지 않는 것이 효의 시작이다'[57]라 하였다. ≪효경≫에 나오는 말이다. 즉 효자는 부모께서 주신 자신의 신체를 지극히 아끼고 보호해야 한다. 머리카락, 피부도 훼손시킬 수 없다. 이것이 효의 시작인 것이다. 증자는 임종 전에 문하의 제자들로 하여금 자신의 손과 발을 보도록 하였다. 자신의 신체가 완전하고 손상된 곳이 없다는 것은 일생동안 효의 도를 준수했다는 것이다. 자녀의 신체, 생명은 부모로부터 왔으니, 부모의 생명의 연장선상이라 할 수 있다. 그러므로 자녀 된 자로써 자신의 신체를 아무렇게나 훼손시키거나 가치 없이 희생시켜서는 안 되는 것이다. 예를 들어 한 때의 감정으로 맹렬하게 싸운다거나 뜻대로 되지 않는다고 해서 스스로 삶을 마감하는 경우는 신체를 손상시키는 것일 뿐만 아니라 덕을 해치는 일이므로 그것은 부모에 대한 불효이다.

고대에는 '刖(벨 월, yuè)'이라는 형벌이 있었다. 죄인의 다리나 발꿈치를 자르는 것이다. 혹은 증삼 자신은 일생동안 형벌을 받지 않았고, 다른 사람과 싸워 신체를 훼손시킨 적도 없어 부모님을 불안하게 하거

57 ≪孝經≫: "身體髮膚, 受之父母, 不敢毁傷, 孝之始也."

나 욕되게 하지 않았다고 이해할 수 있다.

≪효경≫에서는 효의 시작과 함께 효의 끝에 대해서도 언급하고 있다.

> "세상에 입신하고 이름을 후대에 드날림으로써 부모님을 영광되게 하는 것이 효의 끝이다."[58]

5. 子游問孝. 子曰, "今之孝者, 是謂能養. 至於犬馬, 皆能有養, 不敬, 何以別乎?" (≪論語·爲政 02.07≫)

: 자유가 효도에 대하여 물었다. 공자가 말하였다. "지금의 효는 부모님을 모시는 것을 효라고 한다. 개와 말 역시 능히 봉양하는 일이 있을 수 있다. 공경하는 마음이 없다면 어떻게 구별할 수 있겠는가?"

자유가 효에 대해 묻자 공자가 '효'는 부모님에 대한 '존경'이 있어야 한다고 하였다. '능히 봉양하는 것'은 의식주 방면의 보호와 봉양을 포함한다. 개와 말도 사람을 위해 집을 지키고 수레 끄는 일을 한다. 자녀와 개, 말은 모두 사람을 위해 일을 한다. 다만 다른 점은 사람에게는 인성과 인격이 있다는 점이다. 부모님을 봉양할 때 부모님께서 드실 것을 봉양하는 것 외에도 마음으로 존중함이 있어야 한다. 이것이 사람과 동물의 차이점이다. 존경하는 마음이 있어야 비로소 진정한 효도이다.

58 ≪孝經≫ : "立身行世, 揚名於後世, 以顯父母, 孝之終也."

6. 子夏問孝. 子曰, "色難. 有事, 弟子服其勞, 有酒食, 先生饌, 曾是以爲孝乎?" (≪論語·爲政 02.08≫)

: 자하가 효를 묻자 공자가 말하였다. "얼굴빛을 온화하게 하기 어려운 것이다. 일이 있을 때 동생이나 아들이 그 수고로움을 대신하고, 술과 밥이 있을 때 아버지나 형에게 잡숫게 하는 것, 어찌 이런 것을 효라고 하겠는가?"

① **색난色難:** 얼굴빛을 온화하게 하기 어렵다. ② **복기로服其勞:** 연장자를 위해 수고로움을 대신하다. ③ **선생先生:** 연장자 혹은 부모를 가리킨다. ④ **饌(반찬 찬, zhuàn):** 음식을 먹다.

공자는 자하에게 '효'는 반드시 부모에게 온화한 태도로 대하고, 기쁜 표정으로 대해야 하는 것으로, 이것은 매우 어려우니 노력해야 한다하였다. 이 구절에서 '제자弟子'와 '선생先生'은 '젊은이와 연장자' 또는 '제자와 스승'을 가리킨다. 부모에 대한 자녀의 사랑은 마음으로부터 우러나온 것이며 태어나면서부터 갖추고 있는 것이다. 그러나 보통사람들은 부모님과 함께 있거나 부모님을 모실 때 종종 기쁜 표정으로 부모님을 맞이하는 것을 소홀히 하곤 한다. ≪대학≫에 "誠於中, 形於外"라는 말이 있다. '마음이 성실하면 겉으로 드러난다.'는 뜻으로, 진실한 마음이 있어야만 기쁜 표정을 지을 수 있는 것이다. "오랜 병상에 효자 없다"는 말도 있다지만 "일이 있을 때 동생이나 아들이 그 수고로움을 대신하고, 술과 밥이 있을 때 아버지나 형에게 잡숫게 하는 일"을 하면서도 정작 기쁜 표정이 없다면 진정한 효도가 아닌 것이 된다. 주희의 ≪논어집주≫에서는 자하가 비교적 직설적이어서 표정도 자주 온화하지 못하여 공자가 자하의 성격과 특징에 대해 '색난色難'이라고 당부했다고 한다.

7. 子曰, "事父母幾諫, 見志不從, 又敬不違, 勞而不怨."(≪論語·里仁 04.18≫)

: 공자가 말하였다. "부모를 섬길 때는 완곡하게 간해야 한다. 부모의 뜻이 자신의 생각대로 따르지 않더라도 부모님의 뜻을 더욱 공경하여 어기지 아니하며, 수고롭더라도 원망하지 않아야 한다."

① **기간幾諫:** 완곡하게 권고하다. ② **노이불원勞而不怨:** 마음으로 걱정하지만 원망하지 않는다.

사람은 성현聖賢이 아니다. 그러므로 누구에게나 잘못이 있을 수 있다. 부모 역시 잘못을 할 때가 있을 것이다. 부모가 되는 것은 생물학적으로 자연스러운 일이다. 남자와 여자가 결혼하여 아이를 낳으면 자연히 부모가 되는 것이다. 아이를 낳는다고 해서 부모가 자연히 도덕적으로 고상한 인물이 되고 잘못을 저지르지 않게 되는 것이 아니다. 그러면 부모가 잘못을 했을 때 자녀는 어떻게 효를 행해야 할 것인가. 최선의 방법은 완곡하게 권고하는 것이다. 만약 그것이 통하지 않는다 해도, 부모의 뜻을 어기거나 원망하지 않는 원칙을 따르며 계속해서 존경해야 한다. 부모는 '평소에 몸소 행동으로 모범을 보여서 깨우쳐야 한다(躬行身敎).' 자식은 자신의 좋은 행동을 부모님 앞에서 노력하여 행함으로써 그들을 감화시키려고 노력해야 한다.

> "옛날에는 아들을 바꿔서 가르쳤고, 부자지간에는 선하라고 요구하지 않는다. 잘 되라고 책망하면 사이가 멀어지고, 사이가 멀어지면 상서롭지 못하기가 이보다 더할 게 없다."

"古者易子而教之。父子之間不責善。責善則離, 離則不祥莫大焉." (≪孟子·離婁上≫)

가족은 매일 함께 지낸다. 그러므로 자신의 모든 것이 드러나는 곳이 가정이다. 너무 친하기 때문에 부자지간에 함부로 대하기 쉽다. 항상 즐거운 모습으로 가족을 대하는 것은 어려운 일이다. 그래서 더욱 노력해야 한다.

제4장
02

유필유방 遊必有方

: 노는 곳을 알려라

孝行

'유필유방遊必有方'은 '노는 곳을 알려라'라는 뜻이다. 자신이 출타를 했으면 자신의 위치를 부모님께 알리라는 뜻이다. 이는 자식이 행하는 가장 기본적이 도리이다. 가장 기본적인 도리가 곧 효이다. 본 절에서는 '천하의 근본'을 행하는 것이 효행이란 내용에 대하여 살펴보기로 한다.

1. 子曰, "父母在, 不遠遊, 遊必有方."(≪論語·里仁 04.19≫)

: 공자가 말하였다. "부모님이 생존해 계실 때는 먼 곳에 가서 놀지 않으며, 놀더라도 반드시 일정한 장소가 있어야 한다."

① **遊(놀 유, yóu):** 노닐다. ② **유방有方:** 확정한 거처가 있다.

일반적으로 우리는 위 구절에서 말한 바와 같이 "부모님이 생존해 계실 때는 먼 곳에 가서 놀지 않고, 혹 놀더라도 반드시 일정한 장소를 알려주어야 한다."

현대 사회와 달리 고대 사람들은 먼 곳으로 갈 때에 교통이 매우 불편하였기 때문에, 일정한 연락을 취한다는 것이 불가능했다. 오늘날은 그것이 가능해졌다.

친구 집에 놀러가더라도 부모님께 꼭 연락을 취하여야 한다. 현 시대는 교통이 편리하고 연락을 함에도 매우 편리하다. 부모님이 걱정하는 것은 자녀가 가는 곳이 안전한지 아닌지, 친구를 사귈 때 도움이 되는 친구를 사귀고 있는가이다. 비록 옛날 말이지만 현대 생활에도 꼭 필요한 말이다.

2. 孟武伯問孝. 子曰, "父母唯其疾之憂."(≪論語·爲政 02.16≫)

: 맹무백이 효를 묻자, 공자가 말하였다. "부모로 하여금 오직 그 자녀의 질병만을 근심하시게 하는 것이다."

① **맹무백孟武伯:** 맹의자의 아들. 무武는 시호이다.

맹무백이 효행에 대해 묻자, 공자는 질병을 걱정하는 것 외에 다른 일에 대해서 부모님을 걱정하지 않도록 하는 것이 효라 하였다. 부모님께 자녀의 질병을 걱정하도록 하는 것 역시 불효이다. 이 구절에서 말하고자 하는 것은, 자녀들이 각 방면의 일을 잘 행함으로써 부모가 질병 이외에 다른 문제들로 인해 걱정할 필요가 없게 하라는 것이다. 이보다 더 큰 효는 없을 것이다. 질병은 사람의 힘으로 제어할 수 있는 것이 아니다. 그러나 자식 된 입장에서는 모든 방면에서 자신의 행동을 잘 다스림은 물론이고 자신의 건강에도 소홀해서는 안 된다.

맹무백의 아들 맹경자孟敬子에게 증자는 이렇게 말했다.

> "새가 죽을 때는 그 우는 소리가 애처롭고, 사람이 죽을 때는 그가 하는 말이 선하다."

군자는 세 가지 일에 책망하는 바가 있다.

"몸을 움직이는 데 있어서는 난폭하거나 오만한 태도를 없애야 하고, 정색을 하는 데 있어서는 성실함을 보여 주어야 하고, 말을 입 밖에 내는 데 있어서는 비루鄙陋하고 사리事理에 어긋나는 일이 없어야 한다."

曾子言曰: "鳥之將死, 其鳴也哀, 人之將死, 其言也善. 君子所貴乎道者三, 動容貌, 斯遠暴慢矣, 正顏色, 斯近信矣, 出辭氣, 斯遠鄙倍矣."(≪論語·泰伯≫)

증자의 이러한 당부로 보아 그의 부친 맹무백은 귀족자제로 포악하고 무도하였으며 예의가 없었다는 평이 옳은 것 같다.

3. 子曰, "父母之年, 不可不知也. 一則以喜, 一則以懼."(≪論語·里仁 04.21≫)

: 공자가 말하였다. "부모님의 연세는 알고 있지 않으면 안 된다. 한편으로는 그 때문에 기쁘고 한편으로는 그 때문에 두렵다."

일부 청소년들은 자신의 생일을 매우 중시한다. 생일을 만족스럽게 지내지 않으면 부모님이 자신에게 빚을 졌다고 여긴다. 그러나 정작 부모님의 생신이 되었을 때에는 종종 어물어물 넘어가도 된다고 생각한다. 부모님께 효도하는 것은 부모님의 연세를 마음속에 기억하는 것이다. 부모님의 연세가 나날이 늘어가는 것을 보면 장수하시는 것이므로 기쁘다. 이것이 "일즉이희一則以喜"이다. 그러나 부모님의 연세가 많아질수록 나날이 노쇠해지시니 자녀로서는 걱정이 된다. 이것이 "일즉

이구一則以懼"이다. 공자는 3세에 아버지가 돌아가셨고 17세에는 어머니가 돌아가셨다. 부모님을 일찍 여의었기 때문에 부모에 대한 그리움이 남달랐을 것이다.

4. 宰我問, "三年之喪, 期已久矣. 君子三年不爲禮, 禮必壞, 三年不爲樂, 樂必崩. 舊穀旣沒, 新穀旣升, 鑽燧改火, 期可已矣." 子曰, "食夫稻, 衣夫錦, 於女安乎?" 曰, "安." "女安則爲之! 夫君子之居喪, 食旨不甘, 聞樂不樂, 居處不安, 故不爲也. 今女安則爲之!" 宰我出. 子曰, "予之不仁也! 子生三年, 然後免於父母之懷. 夫三年之喪, 天下之通喪也, 予也有三年之愛於其父母乎!"(≪論語·陽貨 17.21≫)
: 재아가 물었다. "삼년상은 너무 깁니다. 군자가 삼 년간 예를 도모하지 않으면 예가 반드시 무너지고, 삼 년간 음악을 도모하지 않으면 음악이 반드시 무너질 것입니다. 옛 곡식이 이미 다 하고 새 곡식이 이미 나오며, 나무를 비벼 불도 새로 바꾸는 만큼 1년이면 되리라고 봅니다." 공자가 말하였다. "쌀밥을 먹고 비단옷을 입는 것이 너에게는 편안하냐?" 재아가 말했다. "편안합니다." "네가 편안하다면 그렇게 해라. 실로 군자가 상중에 있을 때에는 맛있는 것을 먹어도 맛있지 않고, 음악을 들어도 즐겁지 않으며, 집에 거해도 편안하지 않은 까닭에 그렇게 하지 않는 것이다. 그러나 지금 네가 편안하다면 그렇게 하여라." 재아가 나가자 공자가 말하였다. "여는 어질지 못하구나. 자식은 태어나서 삼 년이 지난 후에야 부모의 품을 벗어나니, 실로 삼년상은 천하 공통의 상례이다. 여도 그 부모로부터 삼 년 동안의 사랑은 받았을 것이다."

① **찬수개화鑽燧改火**: 나무를 비벼 불을 얻는 방법. 비비는 나무는 사계절마다 다르다. ② **期(기약할 기, qī, jī)**: 1년을 채우다. ③ **식부도食夫稻**: 좋은 곡식을 먹다. '稻(벼 도, dào)'는 고대 북방 지역의 진귀한 곡식이다. ④ **의부금衣夫錦**: 좋은 비단 옷을 입다.

공자와 재아가 "삼년상"이 필요한지에 대해 논한 유명한 구절이다. 재아는 말재주가 좋았으며 논리도 강하였다. 이 문제에 대해 재아가 제시한 논거도 매우 논리적이었다. 부모님의 상을 지키는 기간 동안 예와 음악을 돌보지 못할 것이므로 3년이 지나면 예와 음악이 무너지게 될 것이라는 것이다. 예의와 음악은 실제 행동으로 옮겨야 되기 때문이다. 예악이 한 번 무너지면 사회의 예절은 와해되기 마련이라는 것이다. 곡식도 1년에 한 번 새로운 곡식이 나오고, 불도 1년에 한 번 바꾸므로 자연계는 1년을 기점으로 하여 순환하는데, 상사喪事는 어째서 3년인가 하는 것이다. 재아의 주장은 상을 1년 동안만 치르면 된다는 것이다. 재아는 사회학의 관점에서 출발하였다.

반면 공자는 윤리규범을 중시하였다. 사회전체가 공통으로 지켜야 하는 행동준칙이 있다. 부모님이 돌아가시고 얼마 지나지 않아 좋은 것을 먹고 좋은 옷을 입고 좋은 곳에 살고 음악을 듣는 것을 즐기는 것은 효의 도를 실천하는 사람이 할 수 없는 행동이다. 양심이 그 기준이다. 부모님을 잘 모시지 못한 것에 대한 불효의 마음을 중시한 것이다.

재아는 '저는 1년 상을 치르고도 마음이 편안합니다.'라고 하였고, 공자는 재아에게 '네가 편하다면 그렇게 하라.'고 하였다. 재아는 이 말을 듣자마자 밖으로 나갔다. 재아가 나간 뒤 공자는 '자식은 태어나서 삼년이 지난 후에야 부모의 품을 벗어나니, 실로 삼년상은 천하 공통의 상례이다. 재아도 그 부모로부터 삼 년 동안의 사랑은 받았을 것이다.' 라고 하였다.

이처럼 공자는 윤리방면에서 심리방면으로, 다시 생리적인 입장에서 설명하고 있다. 사람에게는 진실한 감정(良心)이 있다. 공자는 재아가 이 마음이 없음을 안타깝게 생각하였다.

삼년상은 이제 더 이상 행해지지 않는다. 오늘날의 진정한 효도는 상을 지키는 시간이 많고 적음에 달려있지 않고, 부모님을 그리는 마음, 올바르게 자신의 인생을 살아감으로써 부모님을 욕되게 하지 않는 것에 있다.

5. 有子曰, "其爲人也孝弟, 而好犯上者, 鮮矣, 不好犯上, 而好作亂者, 未之有也. 君子務本, 本立而道生. 孝弟也者, 其爲仁之本與!"(≪論語·學而 01.02≫)

: 유자가 말했다. "그 사람됨이 효성스럽고 공손하면서 윗사람에게 덤비는 것을 좋아하는 자는 드물다. 윗사람에게 덤비는 것을 좋아하지 않으면서 어지러운 일을 만드는 자는 있지 않다. 군자는 근본적인 것에 힘쓴다. 근본적인 것이 확립되면 방법은 생기기 마련이다. 효도와 공손함은 인을 행하는 근본이 되는 것이다."

① **弟**: '悌(공경할 제, tì)'와 같다. ② **범상犯上**: 윗사람에게 덤비다. ③ **鮮(고울 선**, xiān,xiǎn): 적다. ④ **무본務本**: 근본에 힘쓰다.

'효성과 공경은 인의의 근본이다.' 유자는 공자의 제자로 성이 유有이고 이름은 약若이다. 노나라 사람으로 공자보다 33세 어리다.

한 사람이 어려서부터 좋은 가정교육을 받고 부모님과 어른을 존경하는 것을 배우면, 사회에 나가서도 예의 없이 다른 사람을 대하지 않으며 반동적인 행동을 하지 않는다. 이와 같은 관점은 맹자에서도 찾아볼 수 있다.

> "사람마다 부모님을 부모님으로 대하고 어른을 어른으로 대하면 천하가 태평하다."
>
> "人人親其親, 長其長, 而天下平" (≪孟子·離婁上≫)
>
> "요순의 도는 효제일 뿐이다."
>
> "堯舜之道, 孝弟而已矣" (≪孟子·告子下≫)

이는 고대 선현들의 "이효치천하以孝治天下", '효로써 천하를 다스린다'는 정치이념이다.

6. 曾子曰, "愼終追遠, 民德歸厚矣."(≪論語·學而 01.09≫)
: 증자가 말했다. "상례를 신중히 치르고, 돌아가신 분을 멀리까지 추모하면 백성의 덕이 후한 데로 돌아간다."

① **終(끝날 종, zhōng)**: 죽음. ② **추원追遠**: 선조에 제사를 올리다.

증자는 집정자들이 장례의 예의를 중시하면 민간의 민속이 순후해진다는 것을 일깨우고 있다. '신종愼終'은 슬퍼하는 마음으로 신중히 상례를 행하는 것을 말한다. 죽은 이에 대한 존경과 그리움을 표함과 동시에 산 자로 하여금 생명을 소중히 여기고, 노력하여 수행할 것을 바라는 마음이다. '추원追遠'은 때에 맞추어 제사를 행하면서 근원에 대해 생각하도록 하는 것이다. 이러한 행동은 모두 생명존중의 표현이다. '민덕民德'은 백성들의 풍격을 말하는 것이다. 집정자가 행동을 독실하게 하고 인후한 덕을 지니고 있으면, 백성들은 자연스럽게 자각하고 동화되니 점차 인효仁孝의 풍조가 형성되는 것이다.

혹은 '신중추원'을 '끝마칠 때를 더욱 신중하게 처리하고', '원대한 도를 추구하다'는 뜻으로 해석할 수도 있다. 노자는 일이란 것은 거의 끝나갈 무렵에 자주 잘못되게 되니, 마지막을 조심하여 처음같이 하면 실패하는 일이 없다고 하며, "마지막을 조심하기를 처음과 같이 하고, 그렇게 하면 잘못되는 일이 없다."[59]라고 하였다.

공자와 자하는 배움의 바탕에도 '효'가 자리 잡고 있어야 한다고 하였다.

> "집안에 들어오면 효도하고, 밖에 나가면 우애 있게 지내고, 삼가고 신용 있게 굴고, 널리 여러 사람을 아끼고 인자한 인물을 가까이 해야 한다."
>
> "入則孝, 出則悌, 謹而信, 汎愛衆, 而親仁"(≪論語·學而≫)

공자는 효를 갖춘 뒤에 여력이 있으면 그때에야 공부를 하라고 하였고,

> "부모를 섬기기를 자기 힘을 다할 수 있는 자를 …… 배우지 않았다고 하더라도 나는 반드시 이런 사람을 배운 사람이라 할 것이다."
>
> "事父母, 能竭其力, ……雖日未學, 吾必謂之學矣."(≪論語·學而≫)

---

59 ≪老子·德經下≫ : "愼終如始, 則無敗事."

자하는 학문을 했다고 자부할 수 있는 사람은 효를 갖춘 자라고 하였다. 이처럼 배움의 시작도 효에서 시작된다.

修養

제5장

수양

문질빈빈(文質彬彬) : 바탕과 꾸밈의 조화

'문질빈빈文質彬彬'이란 '바탕과 꾸밈이 조화'를 이루는 것을 말한다. '문'이란 꾸밈이고, '질'이란 바탕이다. 거친 본질을 후천적 수양으로 꾸며야 한다. 본 장에서는 '군자의 수양'에 대하여 살펴보기로 한다.

제5장

01

약지이례 約之以禮

: 예절로 제약하다

修養

'약지이례約之以禮'는 '예절로 제약하다'는 뜻이다. 글을 널리 배우는 것도 중요하지만, 배우는 것만으로 안 되고 다시 그것을 예로써 다듬어야 한다는 뜻이다. 본 절에서는 ≪논어≫ 중의 배움과 수양의 병행에 대하여 살펴보기로 한다.

1. 子曰, "弟子, 入則孝, 出則悌, 謹而信, 汎愛衆, 而親仁. 行有餘力, 則以學文."(≪論語·學而 01.06≫)

: 공자가 말하였다. "젊은이는 집에 들어가면 부모님께 효도하고 밖으로 나가면 윗사람에게 공손하며, 신중하고 믿음직스러움이 있으며, 널리 여러 사람을 사랑하고 인한 자를 가까이 하되, 이렇게 하고도 남는 힘이 있으면 그 힘으로 글을 배울 것이다."

① **제자弟子:** 과거에는 손아래사람을 가리키는 말이었다. 오늘날에는 청소년이나 학생을 가리킨다. ② **여력餘力:** 남는 힘.

먼저 행위규범을 배우고 난 후에 여력이 있으면 다른 전문지식을 배워야 한다는 것이다. 교육은 가정에서 시작된다. 집에서 부모님을 공경하면 문 밖에 나가도 다른 사람들과 우애 있게 지내게 된다. 또한 언제나 언행을 신중하게 하고, 좋은 사람이 되려고 노력하여야 한다.

그러므로 먼저 인생의 도리를 이해하고 난 다음에, 비로소 전문지식을 익혀야 한다. 사람이 먼저 되어야 하는 것이다.

2. **子路問君子. 子曰, "脩己以敬." 曰, "如斯而已乎?" 曰, "脩己以安人." 曰, "如斯而已乎?" 曰, "脩己以安百姓. 脩己以安百姓, 堯舜其猶病諸?"(≪論語·憲問 14.42≫)**

: 자로가 군자에 대해 물으니, 공자가 말하였다. "자신을 수양하여 경건해져야 한다." "그 정도뿐입니까?" "자신을 수양하여 남을 편안하게 하는 것이다." "그 정도뿐입니까?" "자신을 수양하여 모든 사람을 편안하게 하는 것이니, 자신을 수양하여 모든 사람을 편안하게 하는 것은 요순도 오히려 하지 못할까 걱정하였다."

① **수기이경脩己以敬:** 성실하고 경건한 마음으로 자신을 수양하다. ② **안인安人:** 가족과 친구로 하여금 편안하도록 하다. ③ **기유병저其猶病諸:** 하지 못할까 걱정하다. '病(병 병, bìng)은 걱정하다, 우려하다.

"수기이경脩己以敬" 즉 '자신을 수양하여 경건해져야 하고', "수기이안인脩己以安人" 즉 '자신을 수양하여 남을 편안하게 하여야 하며', "수기이안백성脩己以安百姓" 즉 '자신을 수양하여 모든 사람을 편안하게 하는 것'이 군자의 도이다.

이처럼 세 가지 단계가 있다. 먼저 '성실하고 공경하는' 마음으로 자신을 수양하고, 그 성실하고 공경하는 마음으로 다른 사람을 도와야 한다. 이것이 "수기이안인脩己以安人"이다. 이 단계를 완성한 군자여야만이 비로소 "백성을 편안하게 다스릴 수 있다."

이것은 매우 어려운 일이다. 이 때문에 큰 덕을 갖춘 요임금과 순임금도 하기 힘든 일이었다.

≪중용≫에서 '대덕大德을 갖춘 자는 그에 합당한 지위를 얻을 것이고, 복록福祿을 얻을 것이고, 천수天壽를 다할 것'이라 하였다. 이러한 대덕을 갖춘 자는 위대한 효자인 요순堯舜이 있다하였다. 큰 덕을 갖춘 자는 반드시 민심을 얻을 것이기 때문에 당연히 합당한 지위를 얻을 것이고, 하늘은 백성의 민심에 따라 움직이는 것이니 대덕을 갖추게 되면 복록을 얻고 천수를 누리는 것은 당연하다.

> 공자가 말하였다. "순은 그야말로 위대한 효자이다. 덕은 성인이고, 존귀하기는 천자이고, 부유하기는 사해를 차지하고, 종묘는 제사를 올리고, 자손은 그것을 보존하였다. 그러므로 위대한 덕은 반드시 그 지위를 얻고, 반드시 그 봉록을 받고, 반드시 그 명예를 얻고, 반드시 그 수명을 얻기 마련이다."
>
> "舜其大孝也與! 德爲聖人, 尊爲天子, 富有四海之內. 宗廟饗之, 子孫保之. 故大德必得其位, 必得其祿, 必得其名, 必得其壽" (≪中庸17章≫)

3. 司馬牛問君子. 子曰, "君子不憂不懼." 曰, "不憂不懼, 斯謂之君子已乎?" 子曰, "內省不疚, 夫何憂何懼?" (≪論語·顔淵 12.04≫)
: 사마우가 군자에 대해 묻자, 공자가 말하였다. "군자는 걱정하지 않으며 두려워하지 않는다." "걱정하지 않으며 두려워하지 않으면

군자라고 합니까?" 공자가 말하였다. "안으로 반성하여 꺼림칙하지 않으니, 무엇을 걱정하며 무엇을 두려워하겠는가?"

① **내성內省**: 자신을 반성하다. ② **불구不疚**: 꺼림칙함이 없다

사마司馬는 복성이고, 우牛는 자이며, 이름은 리犂이다. 송宋나라 사람이다. "불우불구不憂不懼", 걱정하지 않고 두려워하지 않기란 쉽지 않다. 공자는 자기반성을 하여 자신에게 부끄러움이 없으면 마음이 편안해지므로 자연스럽게 두려움과 걱정이 없어진다 하였다.

공자는 이렇게 말하였다.

> "군자는 마음이 평온하고 당당하나, 소인은 마음이 항상 조마조마하다."
>
> "君子坦蕩蕩, 小人長戚戚." (≪論語·述而≫)

맹자는 군자의 즐거움에 대해 이와 같이 말하였다.

> "하늘을 우러러 부끄러움이 없고, 몸을 구부려서는 사람에게 부끄럽게 여길 일이 없는 것이다"
>
> "仰不愧於天, 俯不怍於人"(≪孟子·盡心上≫)

당당하고 부끄러울 일이 없는데 무엇이 걱정이고 무엇이 두렵겠는가.

4. 子曰, "君子不器."(≪論語·爲政 02.12≫)

: 공자가 말하였다. "군자는 그릇처럼 살지 않는다.(그릇과 같이 일정한 용도로만 쓰이는 것이 아니다.)"

① **불기不器:** 그릇과 같지 않다. 고정된 용도에 제한되지 않는다.

'불기不器'는 어떤 하나의 용도로만 쓰이는 그릇이 되어서는 안 된다는 뜻이다.

> 달항達巷의 어떤 사람이 공자를 두고 "위대하도다, 공자孔子여. 박학하시면서도 그것으로 어느 것 하나 명성을 이루신 바 없다."라고 하였다.
>
> 達巷黨人曰: "大哉孔子! 博學而無所成名."(≪論語·子罕≫)

공자는 당시 매우 박학하지만 무언가 하나만 특출하게 잘 한다는 명성은 나지 않았다. 공자는 호학好學하였고 박학하였다. 또한 제자들에게도 박학하기를 바랐다. 그러나 언제나 예로서 절제할 줄 알아야 한다고 하였다.

> "글을 널리 배우고 그것을 예로써 제약해야한다."
>
> "博學於文, 約之以禮"(≪論語·雍也≫)

자공이 자기의 학문과 수양의 정도를 물어보자, 공자는 '호련' 정도의 쓰임을 가진 인물이라 하였다. 그릇 가운데 종묘에서 서직을 담을 때 사용하는 '호련' 정도에 해당된다고 한 것이다.

"너는 그릇이다."

"무슨 그릇입니까?"

"호련이다."

"女, 器也." 曰, "何器也?" 曰, "瑚璉也."(≪論語·公冶長≫)

호련은 서직黍稷을 담는 종묘의 귀중한 제기이다. 이처럼 호련은 기장과 곡식을 담는 그릇인데 그것을 옥으로 장식하였으니, 그릇 가운데 귀중하고 화려하며 아름다운 것이다. 모든 것을 다 담을 수 있는 큰 그릇은 아닐지라도 귀중한 그릇인 셈이다.

공자가 자공을 평하여 '너는 그릇이다.'라고 하였으니, 결국 어디에다 써도 모두 잘 처리해낼 인물에까지는 이르지 못했던 모양이다.

5. 子夏曰, **"雖小道, 必有可觀者焉, 致遠恐泥, 是以君子不爲也."**(≪論語·子張 19.04≫)

: 자하가 말했다. "비록 작은 기예일지라도 반드시 볼 만한 것이 있을 수 있으나, 깊이 들어가다 보면 그것에 빠져 구애됨이 있을까 두렵다. 이 때문에 군자는 하지 않는 것이다."

① **소도小道:** 일반적인 기예를 가리킨다. ② **가관자언可觀者焉:** 볼 만한 곳. ③ **치원공니致遠恐泥:** 오랜 시간동안 한 기예에 집중하여 구애됨에 빠질까 걱정하다.

'소도小道'는 일반적인 기예일 것이다. 혹은 인륜의 대도大道 이외에 당시 농업·의술이나 점술과 같은 잡술을 가리킬 것이다. '대도'는 경세제민經世濟民이고, 수신제가치국평천하修身齊家治國平天下이다.

이것을 현대사회에 대입해보면, 자신이 해야 할 일을 열심히 해야 함에도 불구하고 다른 잡일에 빠져있는 것을 말하고 있는 것이다. 취미생활도 좋지만 지나치게 취미생활에 빠져 직장생활을 망치게 된다면 이는 다른 사람에게 피해를 입히는 일이 된다.

6. 子曰, "君子不重, 則不威, 學則不固. 主忠信. 無友不如己者. 過, 則勿憚改."(≪論語·學而 01.08≫)
: 공자가 말하였다. "군자는 신중하지 않으면 위엄이 없고, 배우면 고루해지지 않는다. 충과 신을 중시하여야 한다. 자기보다 못한 자를 벗하지 말며, 과오가 생기면 고치기를 꺼리지 말아야 한다."

① **重(무거울 중, zhòng):** 장중하다. ② **학즉불고學則不固:** 많이 공부하면 고루해지지 않는다. '固(굳을 고, gù)'는 고루하다의 의미이다. 식견이 적은 것을 말한다. ③ **탄개憚改:** 고치기를 꺼리지 않다.

공자는 네 가지를 절대 하지 않았다. 이를 '절사絶四'라 한다.

> "억측하시는 일이 없고, 장담하시는 일이 없고, 고집하는 일이 없고, 이기적인 일이 없다."
>
> "毋意, 毋必, 毋固, 毋我."(≪論語·子罕≫)

'의필고아意必固我'를 하지 않으려면 배워야 한다.

공자는 자신에게 득이 되는 세 종류의 친구가 있고, 해가 되는 친구가 있다하였다.

득이 되는 세 부류의 벗이 있고, 해가 되는 세 부류의 벗이 있다. 곧은 사람을 벗으로 사귀고, 신용 있는 사람을 벗으로 사귀고, 견문이 많은 사람을 벗으로 사귀는 것이 이롭다. 아첨하는 사람을 벗으로 사귀고, 부드럽게 굴기를 잘 하는 사람을 벗으로 사귀고, 말 잘 둘러대는 사람을 벗으로 사귀는 것은 해롭다.

孔子曰: "益者三友, 損者三友. 友直, 友諒, 友多聞, 益矣. 友便辟, 友善柔, 友便佞, 損矣." (≪論語·季氏≫)

7. **子曰, "質勝文則野, 文勝質則史. 文質彬彬, 然後君子."(≪論語·雍也 06.18≫)**
: 공자께서 말씀하셨다. "바탕(내용)이 형식을 압도하면 거칠고, 형식이 바탕을 압도하면 겉만 번드르르하다. 형식과 바탕이 어우러져야 군자다."

① **質(바탕 질,** zhì)**:** 가공하지 않은 질박함. ② **文(글월 문,** wén)**:** 후천적으로 습득한 문식. ③ **野(들 야,** yě)**:** 조야하다. ④ **史(역사 사,** shǐ)**:** 꾸미다. 허황되다. ⑤ **빈빈彬彬:** 조화되다.

군자도 군자다운 군자가 있고, 소인배 같은 군자가 있다. 공자는 자하에게 이에 대해 다음과 같이 말했다.

"군자다운 선비가 되어야지, 소인다운 선비가 되지 말라"

"女爲君子儒! 無爲小人儒!" (≪論語·雍也≫)

'군자유'가 되기 위해서는 태도는 장중해야 하고, 자신은 위엄이 있는 자태를 가져야 하고, 다방면을 공부하여 수양과 학문에 통달하도록 해야 한다.

군자는 많은 일에 대해 통달하고, 좁지 않으며, 고루하지 않고, 장중하고 스스로 힘쓰며 문질을 겸비하고 있다. '불기不器'는 그릇처럼 단지 어떤 고정적인 용도로 제한되지 않는 것이다. 군자는 모든 재덕을 갖고 있어야 한다. 만약 한 가지 기술만을 가지고 있으면 만물과 만사의 공통된 도리를 관통할 수 없는 것이다. '불기不器'는 곧 '통재通才'이다. 하나의 이치만 통달하고 한 가지 기술만을 고집할 필요가 없다.

군자는 또한 내면과 외면의 조화를 이루어야 한다.

내재된 '질質'은 도덕과 학문을 가리킬 것이고, 외재된 '문文'은 태도나 말주변과 같은 것을 가리킨다. 사람에게 있어 외재적인 것과 내재적인 것은 모두 중요하다. 학문과 도덕수양이 아무리 뛰어나다해도 겉으로 드러나는 행동과 태도가 서투르고 고상하지 않다면 군자다운 선비라 할 수 없다. 이것이 '질승문質勝文'이다. '문승질文勝質'은 말솜씨가 화려하고 태도가 당당하지만 인품이 저질이고 학문이 낮은 것을 말한다. 그러므로 내재적인 것과 외재적인 것, 즉 내면의 질박과 외재의 수양은 적절하게 조화를 이루어야한다. 그래야만 비로소 '문질빈빈'한 군자가 될 수 있다.

작품설명 **이경수기**

以敬修己

: 이경수기

恭近禮, 儉近仁, 信近晴(情).

: 공손한 것은 예에 가깝고, 검소한 것은 인에 가깝고, 신실(信實)한 것은 정에 가깝다.

이천십구년 사월. 완석 정대병.

제5장

02

의지여비 義之與比

: 도의를 따르다

修養

'의지여비義之與比'는 '도의를 따르다'는 뜻이다. 자신 멋대로 하지 않고 도의에 따라 행동해야 한다는 뜻이다. ≪논어≫에서 군자는 '도의에 맞게' 행해야 된다는 내용에 대하여 살펴보기로 한다.

1. 子曰, "**君子之於天下也, 無適也, 無莫也, 義之與比.**"(≪論語·里仁 04.10≫)

공자는 말하였다. "군자가 세상에서 살아가는 모습은 해야만 된다는 것도 없고, 하면 안 된다는 것도 없으며, 알맞은 도리에 따른다."

① **適(갈 적**, shì)**:** 맞다. 마땅하다. ② **莫(없을 막**, mò)**:** 불가하다. ③ **比(견줄 비**, bì)**:** 따르다.

'무적무막無適無莫'은 꼭 이래야 한다고 고집하는 것도 없고 꼭 이래서는 안 된다고 고집하는 것도 없다는 뜻이다. 자신의 견해만을 고집하지 않고 '의義'에 따라 행동의 기준을 삼는다. '의義'는 '宜(마땅할 의, yí)'이다. 마땅히 해야 하는 것이고, 알맞아야 하는 것이다. 군자는 마음속에 공평무사함이 있는 것이지 강렬한 개인적 욕구를 가지는 것이 아니다. '의'로써 근거를 삼고 자신의 행동을 결정한다. 의가 있는 곳이 군자의 마음이 있는 곳이다.

2. 子曰, "**君子義以爲質, 禮以行之, 孫以出之, 信以成之. 君子哉!**"(≪論語·衛靈公 15.18≫)
: 공자가 말하였다. "군자는 의를 가지고 바탕으로 삼고, 예를 가지고 행하며, 겸손한 태도로 표현하며, 미더움을 가지고 이룬다. 그런 모습이 군자답다."

① **質(바탕 질, zhì)**: 바탕. 내면. ② **行(갈 행, xíng)**: 실천. ③ **孫**: '遜(겸손할 손, xǜn)'과 통한다. 겸손하다. ④ **信(믿을 신, xìn)**: 믿음. ⑤ **成(이룰 성, chéng)**: 완성하다.

입신立身하고자 한다면, 군자는 의를 본질로 삼아야 하고 예의, 겸손, 성실함 세 가지를 조합하여 완성해야 한다. '의'를 기초로 하여야 하며 예의로써 물러남과 나아감을 알아야 하고, 겸손하여 다른 사람에게 교만하게 굴지 말아야 하고, 성실함으로써 신임을 얻어야 한다. 이러한 사람만이 군자라 할 수 있다. 때로는 '의'를 중시하기는 하나, 태도가 겸손하지 않고 자기만 옳다고 여겨 교만한 사람도 있다. '행지行之', '출지出之', '성지成之'는 모두 행동으로 실천하는 것을 가리킨다.

극자성棘子成이 자공에게 "질質이면 되었지 문文은 해서 무엇하오?"라 하자, 자공이 "애석합니다. 그대의 군자에 대한 말씀은. 네 필 말의 수레로도 혀는 따라가지 못합니다. 문도 질같이 중요하고 질도 문같이 중요합니다. 범이나 표범의 털 뽑은 가죽이라면 개나 양의 털 뽑은 가죽이나 마찬가지입니다."라고 대답하였다.

棘子成曰: "君子質而已矣, 何以文爲?" 子貢曰: "惜乎, 夫子之說君子也! 駟不及舌. 文猶質也, 質猶文也. 虎豹之鞹猶犬羊之鞹."(≪論語·顏淵≫)

'질'도 '문'도 모두 중요하다. '의'가 질이라면, '예의'·'겸손'과 '성실'이 '문'이라 할 수 있다.

3. **曾子曰, "可以託六尺之孤, 可以寄百里之命, 臨大節而不可奪也, 君子人與? 君子人也."(≪論語·泰伯 08.06≫)**
: 증자가 말했다. "육척의 어린 임금을 맡길 만하고, 백리 길에 명을 부탁할 만하며, 크게 절개를 지킬 일에 임하여 그의 절개를 빼앗을 수 없으면, 군자다운 사람인가? 군자다운 사람이다."

① **육척지고六尺之孤**: 나이 어린 고아. ② **백리지명百里之命**: 국가의 명맥. ③ **임대절臨大節**: 중대한 변고를 만나다.

군자에게는 충성과 기개와 책임이 있어야 한다. "가이탁육척지고可以託六尺之孤, 가이기백리지명可以寄百里之命"은 군주에게 충성하고 정무를 잘 돌보는 덕과 재능을 나타내는 것이다. "임대절이불가탈야臨大節而不可奪也"는 생사존망의 걸린 때에도 이해관계로 절개를 바꾸지 않는 것은 군자를 말한다. '생사의 기로에 있어도 정도를 지킬 수 있는' 군자라면 나라의 중요한 운명을 맡길 수 있다. 유비劉備가 아들 유선劉禪을 제갈량諸葛亮에게 부탁한 '영안탁고永安托孤'의 이야기가 유명하다. 탁고 후인 장무章武 3년(223년) 유비劉備는 향년 63세의 나이로 영안궁에서 세상을 떠났다.

유비는 제갈량에게 "만약에 후임자 유선을 보좌할 수 있으면 보좌하되, 그렇지 않고 그의 재능이 모자란다면 그를 대신하여 바꾸기 바라오."라고 하였다.

이에 제갈량은 눈물을 흘리며, "감히 온 힘을 다 하고 충정忠貞의 절개를 죽을 때까지 바치겠습니다."라고 하였다. 유비는 다시 아들 유선에게 "너는 승상과 함께 나라를 잘 다스리도록 하고, 승상을 부친처럼 모시도록 하라."라고 하였다.[60]

4. **孔子曰, "君子有三戒, 少之時, 血氣未定, 戒之在色, 及其壯也, 血氣方剛, 戒之在鬪, 及其老也, 血氣旣衰, 戒之在得."(≪論語·季氏 16.07≫)**
: 공자가 말하였다. "군자에게는 세 가지 경계해야 할 일이 있다. 젊은 시절에는 혈기가 아직 안정되지 않았으니 경계할 것이 색욕에 있다. 장성하여서는 혈기가 바야흐로 강성하므로 경계할 것은 싸움에 있다. 늙어서는 혈기가 이미 쇠약해졌으므로 경계해야 할 것은 물욕에 있다.

① **戒(경계할 계, jiè)**: 경계하다. ② **소지시少之時**: 20세 이하. ③ **壯(씩씩할 장, zhuàng)**: 30세 이상. ④ **방강方剛**: 왕성하다. ⑤ **老(늙은이 로, lǎo)**: 50세 이상. ⑥ **得(얻을 득, dé)**: 탐욕.

60 ≪三國志卷·諸葛亮傳≫ : 謂亮曰 : "若嗣子可輔, 輔之 ; 如其不才, 君可自取." 亮涕泣曰 : "臣敢竭股肱之力, 效忠貞之節, 繼之以死!" 先主又為詔敕後主曰 : "汝與丞相從事, 事之如父."

사람은 일생에 있어 자신을 잘 경계해야 할 것들이 있다. 사람은 태어나서 죽음에 이르기까지 일생동안 생리, 심리의 변화과정을 겪는다. 대략적으로 유아기, 소년기, 장년기, 노년기의 네 단계로 나눌 수 있다. 인생의 모든 단계에는 각각의 어려움이 있다. 유아기에는 모든 것을 부모님께 의지한다. 소년기에는 신체의 발육이 시작되지만 심리는 아직 성숙하지 않았기 때문에 이성문제를 조심해야 한다.

영웅은 미인을 좋아하기 때문에 적을 깨트리는 술책으로 미인계가 종종 사용되었다. 이 때문에 "자고로 영웅은 미인을 좋아하는지라 미인의 손아귀 벗어나기 어렵다(自古英雄皆好色, 英雄難過美人關)"한 것이다.

유왕幽王은 포사褒姒의 미소를 찾기 위해 거짓으로 봉화를 피우게 하고 제후를 희롱하고, 포사가 짓는 한 번의 미소를 위해 결국은 나라가 망하게 되었다. 이를 두고 '주유봉화희제후周幽烽火戲諸侯, 홍안일소사경성紅顔一笑思傾城'이라 한다. 봉화를 올려도 거짓인 줄 알고 군사가 모이지 않았고, 유왕과 포사는 궁정을 빠져나가 도망쳤으나 얼마 가지 못하고 견융족에게 붙잡혀 유왕은 단칼에 베이졌으며 추장은 포사를 자기 아내로 삼았다.

장년에는 생명력이 가장 왕성하고 지배능력이 가장 강하여 쉽게 싸우게 된다. 노년이 되어서는 각 방면의 능력이 감퇴하고 미래에 대해 불안감으로 쉽게 탐욕에 빠지게 된다.

공자는 인생의 각 단계에서 생리현상이 자신의 행동을 지배하는 것을 모두 '지혜'로써 경계해야 한다하였다. 지혜로써 천성을 조절하여야 하는 것이다. 이것이 바로 '경계儆戒'이다.

5. 子曰, "士志於道, 而恥惡衣惡食者, 未足與議也."(≪論語·里仁 04.09≫)

: 공자가 말하였다. "선비로서 도에 뜻을 두고도 나쁜 옷과 나쁜 음식을 부끄럽게 여기는 사람은 함께 이야기할 가치가 없다."

① **치악의악식자恥惡衣惡食者:** 곤궁한 생활을 부끄러움으로 여기는 자.

② **미족未足:** ~할 가치가 없다.

공자는 '선비'는 모름지기 '악의악식'을 부끄럽게 여기지 않는 것이라 여겼다. 선비는 당시의 지식인을 가리킨다. 만약 선비가 곤궁한 생활을 부끄러움으로 여기면, 인생의 도를 논할 가치가 없다는 것이다.

> "거친 것을 먹고 물을 마시고 팔베개를 하고 살아도 즐거움은 또한 그 가운데 있는 것이다."
>
> "飯疏食飮水, 曲肱而枕之, 樂亦在其中矣."(≪論語·述而≫)

선비는 '안빈낙도'하여야 한다.

6. 在陳絶糧, 從者病, 莫能興. 子路慍見曰, "君子亦有窮乎?" 子曰, "君子固窮, 小人窮斯濫矣."(≪論語·衛靈公 15.02≫)

: 진나라에서 양식이 떨어졌을 때 수행하던 제자들이 허기지거나 아파서 일어날 수조차 없었다. 자로가 화가 나서 공자를 뵙고 말하길, "군자도 곤궁할 때가 있습니까?"라고 하자 공자가 말하였다. "군자는 곤궁에 처해도 의연하지만 소인은 곤궁하면 외람스러워진다."

① **재진절량在陳絶糧:** 진나라에서 식량이 떨어지다. ② **종자從者:** 따르는 사람들. ③ **興(일 흥, xīng,xìng):** 일어나다. ④ **고궁固窮:** 곤궁함을 지키다. ⑤ **濫(함부로 람, lǎn):** 원칙을 포기하다.

'진채지액陳蔡之厄'(진채지곤陳蔡之困) 때의 일이다. 공자가 제자들과 함께 진나라와 채나라 사이에 갇히게 되었다는 유명한 이야기이다. 군자는 모름지기 '처곤불람處困不濫', 곤란에 처해도 함부로 하지 않는 것이다. 공자 일행이 7일 동안 먹지 못하는 혹독한 시련을 겪게 되자, 믿음에 동요가 일기 시작했다. "군자역유궁호君子亦有窮乎", '군자도 곤궁할 때가 있습니까'. 당연히 있다. 그러나 군자는 오히려 곤경 속에서 절개를 더욱 굳게 지키고 삶의 가치를 체현한다.

> "부귀가 방탕하게 하지 못하고, 빈천하여도 결코 절개를 바꾸지 않을 것이고, 협박과 위협도 굴복하지 않는다."
>
> "富貴不能淫, 貧賤不能移, 威武不能屈"(≪孟子·滕文公下≫)

맹자는 위 같은 사람을 대장부라 한다하였다. 사람은 순조로울 때는 좋은 사람인 척 하지만 곤경에 처하면 곧바로 원칙을 포기하고 심지어는 온갖 나쁜 짓도 서슴지 않고 저지른다.

7. 子曰, "歲寒然後知松柏之後彫也."(≪論語·子罕 09.28≫)

: 공자가 말하였다. "날씨가 추워진 뒤에야, 소나무와 잣나무가 늦게 시듦을 안다."

① **세한歲寒:** 추운 날씨. 혹독한 시련을 비유. ② **彫(새길 조, diāo):** '凋(시들 조, diāo)'와 같다. 떨어지다.

'송백후조松柏後彫'이다. 소나무와 잣나무 잎은 혹한을 견디고 후에 떨어진다. 소나무와 잣나무로써 군은 절개를 비유하였다. "시궁절내견時窮節乃見", '어려운 시기를 만나야 그의 충절함이 드러나는' 법이다. 남송 문천상文天祥의 〈정기가正氣歌〉에 나오는 말이다.

8. **子夏曰, "君子有三變, 望之儼然, 卽之也溫, 聽其言也厲."**(≪論語·子張 19.09≫)

: 자하가 말했다. "군자는 모습에 세 가지 변화가 있다. 멀리서 바라보면 근엄하고, 직접 접해보면 따뜻하고, 그 말을 들어보면 엄정하다."

① **삼변三變:** 세 가지 변화. ② **엄연儼然:** 단정한 모양. ③ **즉지卽之:** 가까이 가다. ④ **溫(따뜻할 온, wēn):** 온화하다. ⑤ **厲(갈 려, lì):** 엄정하다.

군자의 형상변화에 대한 내용이다. 군자의 겉모습은 장중하고 태도는 온화하며 말은 신중해야 한다. 군자는 덕을 갖추고 있기 때문에 자연스러운 위엄이 서려있어 경외의 느낌을 갖게 한다. 허나 가까이 다가가면 오히려 온화하고 친근한 느낌이 든다. 군자는 언사가 매우 엄정하고 함부로 말하지 않는다. 자태에 위엄이 서려있는 것은 가벼운 소인이 아니라는 것이다. 온화하고 친근한 것은 다른 사람을 저 멀리 배척하지 않는다는 것이다. 언사가 엄정하다는 것은 원칙이 없는 무골호인無骨好人이 아니라는 것이다.

9. 子曰, "君子疾沒世而名不稱焉."(≪論語·衛靈公 15.20≫)

: 공자가 말하였다. "군자는 죽은 뒤에 이름이 세상에 일컬어지지 못할까 근심한다."

① **疾(병 질, jí)**: 걱정하다. ② **몰세沒世**: 세상을 떠나다. ③ **稱(일컫을 칭, chēng)**: 칭하다. 일컬어지다.

공자는 덕을 닦고 학업에 힘써야 하며, 후에는 세상에 이름을 남겨야 한다하였다. 호랑이는 죽어서 가죽을 남기고 사람은 죽어서 이름을 남긴다. 명예는 사람의 두 번째 생명이다. 그러므로 군자는 말과 행동을 신중히 하고 인품과 학문을 수양하여 공적을 쌓아 만세에 영예로운 이름을 남길 것을 바란 것이다. 인생은 바쁘게 흘러간다. 아름다운 이름을 남기고 후세에 혜택을 미치는 정신적 산물을 남길 수 있다면 얼마나 좋겠는가.

노자는 "자신의 근원을 잃지 않으면 영구할 수 있으며, 죽어서도 도를 잃지 않는 것을 장수라 한다."[61]라고 하였다. 진정한 장수는 오래 사는 것이 아니라 정신이 죽지 않고 영예로운 이름이 영원히 남는 것을 말한다.

10. 子路問成人. 子曰, "若臧武仲之知, 公綽之不欲, 卞莊子之勇, 冉求之藝, 文之以禮樂, 亦可以爲成人矣." 曰, "今之成人者何必然? 見利思義, 見危授命, 久要不忘平生之言, 亦可以爲成人矣."(≪論語·憲問 14.12≫)

: 자로가 완성된 사람에 대해 물으니, 공자가 말하였다. "장무중의

61 ≪老子·道德经≫ : "不失其所者久, 死而不亡者為壽."

지혜와 공작의 탐욕이 없음과 변장자의 용기와 염구의 기예 같은 것에다가 예악으로 가다듬으면, 또한 완성된 사람이라고 할 수 있다." 다시 말하였다. "지금의 완성된 사람이 어찌 반드시 그러겠느냐? 이익을 보면 의로움을 생각하며, 위태로운 것을 보면 목숨을 바치며, 오랫동안 곤궁해도 평소에 하던 말을 잊어버리지 않으면, 또한 완성된 사람이라 할 수 있을 것이다."

① 知: '智(슬기 지, zhì)'와 통한다. ② **불욕不欲**: 담백하다. ③ **藝(심을 예, yì)**: 다재다능. ④ **文(글월 문, wén)**: 장식을 더하다. ⑤ **수명授命**: 목숨을 바치다. ⑥ **要**: '約(묶을 약, yuē,yāo)'과 통한다. 곤경을 뜻한다.

장무중臧武仲의 이름은 흘紇, 무武는 그의 시호이다. 중仲은 항렬이고, 장문중臧文仲의 손자이다. 장무중은 지혜로운 사람이었으나 계씨季氏에 아부하여 장자를 폐하고 유자幼子를 옹립하는데 편을 들었다가 노魯나라에서 도망쳤다. 변장자卞莊子는 변읍卞邑의 대부大夫였다. 두 마리의 범을 찔러 죽였다는 용맹한 사람으로, 제齊나라가 노魯나라를 치려고 하였으나 변卞의 장자莊子가 무서워 감히 변읍을 지나가지 못했다고 한다. 변卞은 지금의 산동성 사수현泗水縣 동부에 있던 노나라의 읍이다.

자로가 '성인成人' 즉 군자의 기준에 대해 묻자 공자가 대답한 내용이다. 군자는 완벽한 사람에 가깝다. 지혜, 담백함, 용감함, 재능을 갖추어야 한다. 이 네 가지 덕에 예악의 수양까지 더해진다면 완벽한 군자이다. 공자는 너무 높다고 생각하여 기준을 조금 낮추었다. 이익을 보고도 얻고자 생각하지 않고, 위험을 마주하고도 굽히지 않고, 오래 빈천함에 처해도 절개를 바꾸지 않으면 '성인成人'이라 할 수 있다.

작품설명 **견리사의**

見利思義

: 이로움을 보면 도의를 생각한다.

己亥春 撫松齋主 靜巖

: 기해봄, 무송재 주인 정암

제5장

03

견현사제 見賢思齊

: 현자와 같아지기를

修養

'견현사제見賢思齊'는 '현자를 보면 같아지기를 바란다'라는 뜻이다. 현자는 보면 같아지기를 바라고 소인을 보면 반성을 해야 한다. 본 절에서는 ≪논어≫ 중의 허물의 반성에 대하여 살펴보기로 한다.

1. 子曰, "**如有周公之才之美, 使驕且吝, 其餘不足觀也已.**"(≪論語·泰伯 08.11≫)

   : 공자가 말하였다. "만약 주공의 재주와 같은 탁월한 재능이 있다하더라도, 가령 교만하고 인색하다면 그 나머지는 볼 것이 없다."

   ① **美(아름다울 미, měi):** 탁월한 재능. ② **사교차린使驕且吝:** 만약 교만하고 인색하다면. ③ **부족관不足觀:** 볼만한 가치가 없다.

재주를 가졌다고 해서 교만하지 말아야 한다고 권고하는 구절이다. 주공은 공자의 우상이었나. 주공은 주나라 무왕의 동생이고, 조카인 성왕을 대신해 7년간 집정하며 예악을 세웠다. 주공은 다재다능하면서도 겸손하고 노력하는 덕을 갖추었던 자였다. 현명한 인재가 찾아오면, "세 번이나 밥을 먹다가도 밥을 뱉고 맞이하였고, 목욕을 하다가도 머리카락을 쥐고 나와 맞이하여"[62] 천하의 존경과 추대를 받았다.

주공이 만약 교만한 자였다면 그의 모든 재능이 묻혀버렸을 것이다. 그러나 주공은 언제나 "교만하지 않고 인색하지 않다면 천하에 적이 없을 것이다."[63]라고 하였다.

2. 子曰, "**見賢思齊焉, 見不賢而內自省也.**"(≪論語·里仁 04.17≫)

공자는 말하였다. "현명한 사람을 보고는 그와 같아지기를 생각하고, 현명하지 못한 사람을 보고서는 안으로 자기를 돌아볼 것이다."

① **齊(가지런할 제**, qí): 같아지다. ② **내자성內自省:** 자기반성을 하다.

'견현사제見賢思齊'는 현인을 보면 그와 같아지기를 생각한다는 뜻이다. 현명한 사람을 보면 같아질 것을 생각하고 자기반성할 줄 알아야 한다하였다. 현명한 사람을 보면 내 자신도 그 사람과 같이 훌륭한 사람이 되겠다고 생각하고, 만약에 어질지 못한 사람을 보면 나는 어떤 사람인가를 반성해야 한다. 어질지 못한 자를 만나면 반면교사反面教師의 효과로 삼을 수 있으며, 타산지석他山之石이 되는 것이다. '타산지석它(他)山之石'은 "타산지석它山之石, 가이공옥可以攻玉."(≪詩經·小雅·鶴鳴≫)에서 나온 말이다. 남의 산에 있는 돌이라도 나의 옥을 다듬는 데에 쓸모가 있는 뜻으로, 다른 사람의 하찮은 언행 또는 허물과 실패까지도 자신을 수양하는 데 도움이 된다는 말이다.

---

62 ≪史記·魯周公世家≫ : "一沐三握髮, 一飯三吐哺,"

63 ≪周逸書·寤儆解≫: "不驕不吝, 時乃無敵."

3. 子曰, "過而不改, 是謂過矣."(≪論語·衛靈公 15.30≫)

공자는 말하였다. "잘못을 저지르고서도 고치지 않는 것, 이것을 바로 잘못이라고 한다."

① 是(저 시, shì): 이. 앞의 '과이불개過而不改'를 가리킨다.

누구라도 삶을 살아가면서 시시때때로 모든 일에서 주도면밀하여 어떠한 잘못도 없을 수는 없다. 물론 직접 모든 잘못을 겪어야만 발전할 수 있는 것은 아니다. 우리는 다른 사람의 경험을 통해 자신을 반성할 수 있고, 현명한 자와 현명하지 않은 자 모두에게서 자기반성의 소재를 찾을 수 있다. 여기서 공자의 말을 하나 더 살펴보자.

> "세 사람이 함께 길을 가면 거기에는 반드시 나의 스승이 있다. 그 가운데 나보다 나은 사람의 좋은 점을 골라 그것을 따르고, 나보다 못한 사람의 좋지 않은 점을 골라 그것을 바로잡는다." "三人行, 必有我師焉, 擇其善者而從之, 其不善者而改之"(≪論語·述而≫)

잘못한 것보다 더 잘못된 것은 바로 잘못을 하고도 고칠 줄 모르는 것이다.

4. 子貢曰, "君子之過也, 如日月之食焉, 過也, 人皆見之, 更也, 人皆仰之."(≪論語·子張 19.21≫)

: 자공이 말했다. "군자의 허물은 해와 달에 먹힘이 있는 것과 같아서, 허물이 있으면 사람들이 모두 보고, 고쳤을 때도 사람들이 모두 우러러본다."

① **食**: 蝕(좀먹을 식, shí)과 같다. 일식과 월식을 뜻한다. ② **更(다시 갱, gēng,gèng)**: 고치다.

자공은 말솜씨가 매우 좋았다. 여기에서 자공은 군자가 잘못을 범하는 것을 일식과 월식에 비유하였다. 일식과 월식은 모두 해와 달에 이지러짐이 생긴 것이며, 이는 특이한 현상으로 모든 사람이 이를 지켜본다. 사람의 잘못은 해와 달의 이지러짐과 같다. 모두가 바라보고 있다. 이지러졌다 다시 차는 자연의 순리처럼 군자가 잘못을 저지르면 바로 고쳐야 한다. 잘못을 고치면 사람들은 여전히 그를 존경하고 배우려 할 것이다. 이처럼 군자는 다른 사람에게 보여주지 못할 것 없이 당당하고 감출 것이 없이 떳떳해야 한다.

5. **子夏曰, "小人之過也必文."**(≪論語·子張 19.08≫)

: 자하가 말했다. "소인들은 허물이 있을 때 반드시 둘러댄다."

① **文(무늬 문, wén)**: 꾸미다. 감추다.

소인은 잘못을 저지르면 반드시 감추려고 한다 하였다. 군자는 공명정대하기 때문에 자신의 잘못을 당당히 인정하고 고치지만, 소인은 이와 반대이다.

> 공자는 "다 되었나보다. 나는 여태껏 자기의 과오를 알아 가지고 내심 스스로를 비판할 수 있는 사람을 보지 못하였다."라고 한탄하였다.
>
> "已矣乎, 吾未見能見其過而內自訟者也."(≪論語·公冶長≫)

6. 曾子曰, “吾日三省吾身, 爲人謀而不忠乎? 與朋友交而不信乎? 傳不習乎?”(≪論語·學而 01.04≫)

: 증자가 말했다. “나는 매일 다음과 같이 세 가지 측면에서 나 자신을 반성한다. 다른 사람을 위하여 일을 도모하면서 충실하지 않았는지? 친구들과 교제하면서 미덥지 않았는지? 전수받은 것을 익히지 못했는지?”

① **삼성三省**: 여러 차례 반성한다. ② **身(몸 신, shēn)**: 자기. ③ **忠(충성 충, zhōng)**: 충심. 진심. ④ **信(믿을 신, xìn)**: 믿음. ⑤ **傳(전할 전, chuán,zhuàn)**: 전수한 지식. ⑥ **習(익힐 습, xí)**: 익히다.

증삼은 후에 제자들을 많이 가르쳤고 그 성취 또한 컸다. 공자의 손자 자사도 증삼의 제자였다. 맹자는 자사의 제자의 제자였다. 증삼은 공부하기를 좋아하였고 자기 자신에 대한 요구 또한 높았다. ‘위인모爲人謀’, 다른 사람을 위해 무언가를 도모한다는 것은 상하 계급 관계에서 이고, ‘여붕우교與朋友交’, 친구와 사귄다는 것은 동년배 사이이고, ‘전불습傳不習’, 지식을 제자에게 전수한다는 것은 윗사람과 아랫사람과의 관계이다. 이는 모두 사람과 사람 사이의 관계이며, 사람이 사회에서 마주할 수 있는 관계이기도 하다. 이러한 인간관계에서 자신의 역할을 충실히 이행하는 것만이 또한 ‘극기복례克己復禮’하는 것이기도 하다.

작품설명 **삼성오신**

三省吾身

: 이(매일) 네 자신을 세 가지를 반성하다.

己亥春, 靜巖

: 기해년 봄, 정암.

7. 子曰, “德不孤, 必有鄰.”(≪論語·里仁 04.25≫)

: 공자는 말하였다. “덕 있는 사람은 외롭지 않다. 반드시 이웃이 있다.”

공자는 덕이 있는 자는 반드시 외롭지 않다 하였다. “덕불고德不孤” 즉 ‘덕 있는 사람은 외롭지 않다.’ 뜻을 같이 하는 사람이 함께 하기 때문이다. 공자는 제후들이 서로 권력을 위해 전쟁을 하고 오직 이익만을 위해 다투었던 혼란한 시기를 살았다. 그러나 공자는 3000여 명의 제자들이 찾아와 그의 문하에서 공부하였다. 오늘날 현대를 살아가는 우리들도 그의 사상을 공부하고 있으니, 공자 자신, 덕 있는 사람은 외롭지 않다.

사마우司馬牛는 형제들이 뿔뿔이 흩어져 같이 있지 못하자, “다른 사람은 모두 형제가 있는데 나만 형제가 없다”고 걱정스러워 하였다. 이를 보고 자사가 말하였다.

“삶과 죽음은 천명에 달려 있는 것이고, 부귀는 하늘에 달려 있는 것이다. 매사에 조심하며 실수를 하지 않으며, 남을 존경하고 예의를 갖추면, 천하에 있는 모든 사람이 나의 벗이고 형제인 것이다. 무엇을 걱정하는가?”

> 司馬牛憂曰: “人皆有兄弟, 我獨亡.” 子夏曰: “商聞之矣, 死生有命, 富貴在天. 君子敬而無失, 與人恭而有禮. 四海之內, 皆兄弟也, 君子何患乎無兄弟也?” (≪論語·顔淵≫)

덕을 베풀면 모두가 친구이고 형제가 아닌 사람이 없다.

8. 子曰, "三軍可奪帥也, 匹夫不可奪志也."(≪論語·子罕 09.26≫)

: 공자가 말하였다. "삼군에게서 장수를 빼앗을 수 있지만, 필부에게서 뜻을 빼앗을 수는 없다."

① **삼군三軍:** 군대. ② **필부匹夫:** 평범한 사람.

'불가탈지不可奪志', 군대에게서 장수를 빼앗을 수 있지만, 설사 필부라도 그 의지를 빼앗을 수는 없다. 군대가 장수를 잃는 것보다 사람이 의지를 상실한다는 것이 더 심각할 일이라는 것이다. 사람에게서 꿈이 없다면 절망이고 좌절이다.

이 구절을 또한 '군대를 통솔하는 장수는 포로로 잡을 수 있지만, 보통의 사람들이라도 강한 의지를 가지면 누구도 그 절개를 꺾을 수 없다'는 것으로 해석할 수 있다. 사람의 삶에서 무엇이든 잃어버릴 수 있다. 그러나 사람이 '의지'가 없다면, 희망이 없다면, 삶은 가치가 없어지게 된다. 하루하루 살아가는 것이 고통일 것이다.

자공이 정치에 대하여 물은 적이다. 공자는 "풍족한 식량, 풍족한 군대, 백성의 신망 중에서 먼저 하나를 버려야 한다면 가장 먼저 '풍족한 식량'이고, 두 번째는 '풍족한 군대'이지만, 상호간의 신뢰는 절대 버려서는 안 된다"라고 하였다.

> "옛날부터 죽음이란 모든 사람에게 다 있어 왔지만, 국민들이 집정자를 믿지 않으면 정치를 해나갈 수 없는 것이다."
>
> "自古皆有死, 民無信不立." (≪論語·顔淵≫)

자신에 대한 신뢰, 타인에 대한 신뢰가 바로 '의지'이고 '도리'이다.

제5장

04

주이불비 周而不比

: 두루 지내고 비교하지 않는다

修養

'주이불비周而不比'는 '두루 지내고 남과 비교하지 않는다'라는 뜻이다. 군자와 소인의 차이이다. 본 절에서는 ≪논어≫ 중의 군자와 소인에 대한 내용을 살펴보기로 한다.

≪논어≫에서 군자와 소인은 상호 대립적 개념으로 표현되어 진다. '군자'는 어떻고, '소인'은 어떻다는 구조로 쓰인 예문은 ≪논어≫에 모두 18번 쯤 보인다.

1. 子曰, "君子喻於義, 小人喻於利."(≪論語·里仁 04.16≫)
   : 공자가 말하였다. 군자는 의리에 밝고, 소인은 이득이 되는 일에 밝다.

   ① **喩(깨우칠 유, yù)**: 알다. 밝다.

'의'는 정의이며, 올바름이다. '의'는 도리에 맞는 행동이고 적절한 선택이며 결정이다. 유가사상에서 매우 중요한 관념이다. 군자는 부와 이익을 추구하지만, 만약에 의가 동반되지 않으면 그것은 뜬구름 같은 것이다.

"의롭지 않으면서 돈 많고 벼슬 높은 것은 나에게는 뜬구름과 같다."

"不義而富且貴, 於我如浮雲." (≪論語·述而≫)

이익 추구는 다른 사람이나 혹은 환경에 해를 입히지 않아야 하고, 합리적이고 적절하고 의에 부합해야 한다. 이것이 군자의 행동이다.

2. 子曰, "君子上達, 小人下達."(≪論語·憲問 14.23≫)

: 공자는 말하였다. 군자는 위로 통달하고, 소인은 아래로 통달한다.

① **상달上達:** 천명을 향해 나아가다. ② **하달下達:** 눈앞의 이익을 얻다.

'군자는 위로 통달하고, 즉 인의를 추구하고, 소인은 아래로 통달한다. 즉 이익을 추구한다.'로 이해할 수 있다.

공자는 소인과 군자의 가장 근본적인 차이점이 바로 의와 이익의 차이점이라 하였다. 인생은 매우 복잡한 요소들로 가득 차 있지만 이분법적으로 분리하자면, 상위적인 것과 하위적인 것이다. 상위적인 것은 아름다운 선을 추구하고 생명의 가치를 실현하는 것이고, 상대적으로 아래를 향해 추구하는 것은 절대적인 이익을 좇아가는 것이다. 이 둘은 상대적이면서 또한 상호 경쟁적인 것이어서, 하나를 노력하지 않으면 반드시 다른 하나가 몸속에서 꿈틀거리게 된다. 따라서 인격적으로 전진 도야하지 않으면 하위적인 마음이 뒤따라 발동하게 된다.

3. 子曰, "君子懷德, 小人懷土, 君子懷刑, 小人懷惠."(≪論語·里仁 04.11≫)
: 공자는 말하였다. 군자는 덕을 생각하지만 소인은 땅을 생각하고, 군자는 법대로 하고자 하나 소인은 혜택 받기만을 원한다.

① **회덕懷德:** 덕행을 지킬 것을 생각하다. ② **회토懷土:** 토지와 이익을 생각하다. ③ **회형懷刑:** 형벌의 두려움을 생각하다. ④ **회혜懷惠:** 이득을 얻을 것을 생각하다.

군자가 생각하는 것은 덕행이고, 소인이 생각하는 것은 토지와 거기에서 나는 산물이다. 혹은 '토土'는 제후들의 전쟁을 통하여 정벌하고자 하는 땅일 수도 있다. 군자가 생각하는 것은 사회 규범을 잘 지키는 것이지만 소인이 생각하는 것은 다른 사람으로부터 용서와 같은 은덕의 혜택을 얻는 것이다.

공자는 자신의 걱정에 대해 아래와 같이 설명하였다.

> "덕을 닦지 못하는 것, 학문을 연마하지 못하는 것, 의를 듣고 옮겨가지 못하는 것, 착하지 않은 것을 고치지 못하는 것, 이것이 나의 걱정이다."
>
> "德之不脩, 學之不講, 聞義不能徙, 不善不能改, 是吾憂也."(≪論語·述而≫)

소인배의 행위는 이를테면, 상인이 양심을 속인 돈을 벌고, 부정한 관리들이 뇌물을 받고 부정 축재하고, 일반 백성들은 이익을 보면 의로움을 잊는 것이다.

4. 子曰, "君子成人之美, 不成人之惡. 小人反是."(≪論語·顔淵 12.16≫)
: 공자가 말하였다. "군자는 남의 좋은 점을 더 드러내주고, 나쁜 것은 이루어지지 않게 하지만, 소인은 이와 반대다."

① 成(이룰 성, chéng): 완전해지도록 도와주다. ② 반시反是: 상반되다.

군자와 소인은 타인을 생각하는 마음이 서로 다르다. 군자는 다른 사람의 좋은 점을 완성시켜주고, 소인은 다른 사람의 나쁜 점을 이루어지게 한다.

> "자신이 서고 싶으면 남을 세워주고, 자신이 도달하고 싶으면 남을 도달하게 해준다."
> "己欲立而立人, 己欲達而達人."(≪論語·雍也≫)

군자는 자신의 행동이 선하고 아름답기를 추구하고, 다른 사람이 덕을 닦는 것을 도와주고, 모든 사람이 아름다운 덕을 실천하고 함께 조화로운 사회를 건설해 나갈 것을 희망한다.

5 子曰, "君子求諸己, 小人求諸人."(≪論語·衛靈公 15.21≫)
: 공자는 말하였다. 군자는 자기에게서 구하고, 소인은 남에게서 구한다.

① 求(구할 구, qiú): 구하다. ② 諸(모든 제[저], zhū): 지어之於의 합음자.

군자는 자신을 반성하고 소인은 다른 사람을 비난한다는 것이다. 군자는 훌륭한 사람을 보든 훌륭하지 않은 사람을 보든 스스로를 되돌아본다.

"선한 사람을 보고는 그와 같아지기를 생각하고 악한 사람을 보고서는 안으로 자기를 돌아본다."

"見賢思齊焉, 見不賢而內自省也."(≪論語·里仁≫)

"자기 자신을 많이 책하고 남을 적게 책하면, 원한을 사는 일을 멀어진다."

子曰: "躬自厚而薄責於人, 則遠怨矣."(≪論語·衛靈公≫)

"귀는 남의 그릇됨을 듣지 않고, 눈은 남의 단점을 보지 않고, 입으로는 남의 허물을 말하지 않으면 거의 군자라 할 수 있다."[64] ≪명심보감≫은 또한 군자란 남의 그릇됨을 듣지 않고, 눈으로는 남의 단점을 찾으려 하지 않고, 입은 남의 허물을 말하지 않는 자라 하였다.

6. 子曰, "君子和而不同, 小人同而不和."(≪論語·子路 13.23≫)

: 공자가 말하였다. "군자는 남과 갈등하지 않고 조화를 이루지만 남과 똑같이 행동하지 않는다. 소인은 이익을 같이 하는 사람끼리 항상 뜻을 같이 할 것 같지만, 조화를 이루지 못한다."

① **和(화할 화, hé)**: 조화. 사람과 화목하게 지내다. ② **同(한가지 동, tóng,tòng)**: 경솔하게 똑같이 행동하다.

군자와 소인은 '화'와 '동'의 차이가 있다. 모든 사람은 자신의 입장과 습관을 가지고 있다. 군자는 대원칙을 유지하면서도 자기 자신을 존중

64 ≪明心寶鑑≫: "耳不聞人之非, 目不視人之短, 口不語人之過, 庶幾君子"

함과 동시에 다른 사람을 존중한다. 모두의 의견을 존중하여 조화시키고 모두가 서로 잘 어울려 지낼 수 있도록 한다. 소인은 정반대이다. 원칙이 없고 자신에게 이익이 있는 의견만을 따른다. 편을 가르고 단체 속에서 파벌을 만들어 분쟁을 일으킨다.

무조건 남의 의견을 따르는 것은 '화和'가 아니라 '부화뇌동附和雷同'이다. 소인의 '동이불화同而不和'는 '부화뇌동'이다. '부화뇌동'은 줏대 없이 남의 의견에 따라 행동하는 것이다. 진정한 조화란 남이 나와 다른 점을 상호 인정하고 존중하면서, 한편으로는 상호 서로 조화를 이루어 나가는 것을 말한다. 이를 '동중존이同中存異, 이중구동異中求同'이라 한다. '같은 것에서 서로 다름을 찾고, 서로 다름에서 같음을 찾는다'는 뜻이다. 이를 줄여서 '존이구동存異求同'이라 한다. 그래야 만이 세계가 대동大同하게 된다. 온 세상이 화평을 하고 함께 번영할 수 있는 것이다.

7. 子曰, "君子周而不比, 小人比而不周."(≪論語·爲政 02.14≫)

: 공자가 말하였다. 군자는 두루 조화를 이루고 남과 비교하지 않지만, 소인은 남과 비교하고 두루 조화를 이루지 못한다.

① **周(두루 주**, zhōu): 두루 차별없이 대하다. ② **比(견줄 비**, bǐ,bì): 편애하다.

소인은 끼리끼리 편 가르기를 좋아한다. 군자는 이와는 반대의 성향을 보인다.

"긍지를 가지나 다투지는 않고, 여러 사람과 어울리기는 하나 편당하지 않는다."

"矜而不爭, 羣而不黨" (≪論語·衛靈公≫)

소인은 당을 결성하고 이익공동체를 만든다. 이익을 다루는 문제가 생겼을 때, 군자는 공평무사하게 일을 처리하는 반면 소인은 불공정하게 처리하고, 만에 하나라도 이익에 반하면 반목하여 원수가 된다. 하지만 군자는 대원칙을 지키며 모두를 동등하게 대한다.

8. 子曰, "君子泰而不驕, 小人驕而不泰."(≪論語·子路 13.26≫)

: 공자가 말하였다. 군자는 태연하되 교만하지 않고, 소인은 교만하면서 태연하지 않다.

① **泰(클 태**, tài): 태연하다. ② **驕(교만할 교**, jiāo): 교만하게 다른 사람을 능멸하다.

지위가 다른 사람보다 높고, 재물이 다른 사람보다 많고, 능력이 다른 사람보다 좋고, 명성이 다른 사람보다 크고, 용모가 다른 사람보다 아름다울 때 사람들은 교만이나 자만의 감정을 갖기 쉽다. 소인은 자신이 우월한 사람임을 드러내고, 재능을 과시하고, 다른 사람을 능멸하며 안하무인으로 행동하기가 쉽다.

가난하면서 원망하지 않는 것은 어렵다. 부유하면서 교만하지 않기는 쉽다.

子曰: "貧而無怨難, 富而無驕易." (≪論語·憲問≫)

공자는 가난하면서 원망하지 않는 것은 어려우나, 부귀하면서 교만하지 않기란 쉽다고 하였다. 그러나 그는 자공에게 부귀하면서 교만하지 않는 것만으로는 부족하다 하고, 더욱 더 노력하기 위해서는 "예를 좋아하라."[65]고 하였다.

공자는 자장子張에게 '종정從政'을 할 때, '다섯 가지 아름다움을 존중하라'고 하였는데, 이것이 "존오미尊五美"이다. 이 중 하나가 '태이불교'이다.

> "은혜스러우면서 낭비하지는 않고, 힘든 일을 시키면서도 원망을 사지는 않고, 원하기는 하나 탐내지는 않고, 태연하나 교만하지는 않고, 위엄이 있으나 사납지는 않는다."
>
> "惠而不費, 勞而不怨, 欲而不貪, 泰而不驕, 威而不猛"(≪論語·堯曰≫)

9. 子曰, "君子易事而難說也. 說之不以道, 不說也, 及其使人也, 器之. 小人難事而易說也. 說之雖不以道, 說也, 及其使人也, 求備焉."(≪論語·子路 13.25≫)
: 공자가 말하였다. "군자는 섬기기는 쉬워도 기쁘게 하기는 어렵다. 도리가 아닌 것으로 기쁘게 하고자 하나 기쁘게 할 수 없으며, 사람을 쓸 때에는 그 그릇에 맞게 한다. 소인은 섬기기 어려우나 기쁘게 하기는 쉽다. 비록 도리가 아닌 것으로도 기쁘게 할 수 있고, 사람을 쓸 때에는 완전히 갖추어지기를 바란다."

---

65 ≪論語·學而 01.15≫ : "未若貧而樂, 富而好禮者也."

① 事: 섬기다. ② 說: 悅과 같다. ③ 道: 정당한 도리. ④ 使人: 사람을 쓰다. ⑤ 器之: 재능을 재어 임용하다. ⑥ 求備: 완비하기를 구하다.

군자는 원칙을 중시하고 다른 사람과 잘 지내지만, 소인은 원칙이 없고 잘 지내기도 어렵다. 군자는 원칙이 있고 규칙이 있기 때문에 그와 일한다면, 자신의 재능에 따라 공평하게 일하면 그만이기 때문에 열심히만 하면 모시기가 쉽다. 설사 비정상적으로 아부하고 기쁘게 하려한다 해도, 군자는 이러한 것을 좋아하지 않기 때문에 받아들여지지 않는다. 그러나 소인은 아랫사람이 아부하고 비위맞춰 주는 것을 좋아한다. 그와 함께 일할 때에는 올바른 행위로서 그의 마음을 살 수 없다. 소인은 또한 모든 방면에서 트집을 잡기 때문에 받들기 힘들다. 소인은 아랫사람이 모든 능력을 갖추고 있기를 원한다. 그 사람의 능력에 따라 공적인 일을 적절하게 배정하는 하는 것이 아니라, 이것저것 가릴 것 없이 쉬도 때도 없이 사적인 일까지도 스스럼없이 시킨다.

10. 子曰, "君子不可小知而可大受也, 小人不可大受而可小知也."(≪論語·衛靈公 15.34≫)

: 공자가 말하였다. "군자는 전문지식과 같은 좁은 분야를 알지 못해도 큰 업무를 부여받을 수 있고, 소인은 큰 업무는 부여받을 수 없으나 본인의 전문분야는 알 수 있다."

① 소지小知: 작은 일에서 평가 받다. ② 대수大受: 중임을 맡다.

작은 일은 약간의 정미한 기술과 약간의 정신력은 될 수 있다. 그러나 큰일을 순조롭고 원만하게 완성시키려면 넓은 도량과 세밀한 계획이 있어야 하고, 인내심과 기개를 가져야 하며 유유자적하면서도 침착하게 대처할 수 있는 능력이 있어야 하고, 변통에도 능해야 한다. 만약 사소한 일로써 군자를 시험하고자 한다면 군자는 해내지 못할지도 모른다.

> 번지가 공자에게 농사짓는 것에 대해 가르침을 청했다. 공자는 "나는 늙은 농부만 못하다."라고 대답하였다. 그러자 번지가 채소 가꾸는 법에 대해 가르침을 청했다. 공자는 "나는 늙은 원예사만 못하다."라고 대답하였다.
>
> 樊遲請學稼. 子曰: "吾不如老農." 請學爲圃. 曰: "吾不如老圃." (≪論語·子路≫)

각자에게 자기의 전공이 있는 것이다. 공자는 인의예지仁義禮智를 세계화하는 것이 목적이었고 그것이 곧 전공이었다. 설사 농사짓는 법을 안다 해도 이를 가장 중요한 업으로 삼는 사람보다는 못했을 것이다. 또한 이 세상의 모든 일을 다 알 필요도 없고, 그럴 필요도 없다. 모르면 물어보고 전문가에게 맡기면 되는 것이다.

군자는 사소한 일에 얽매이지 않는다. 그래서 증자는 선비의 책임은 막중하고 가야할 길은 멀다하였다.

> "선비는 도량이 넓고 꿋꿋하지 않으면 안 될 것이, 소임은 중대하고 갈 길은 멀다. 인자함을 이룩하는 것을 자기의 소임으로 하니 또한 중대하지 아니한가. 죽은 후에라야 끝나니 또한 갈 길이 멀지 아니한가."
>
> 曾子曰: "士不可以不弘毅, 任重而道遠. 仁以爲己任, 不亦重乎? 死而後已, 不亦遠乎?" (≪論語·泰伯≫)

11. 孔子曰, "君子有三畏, 畏天命, 畏大人, 畏聖人之言. 小人不知天命而不畏也, 狎大人, 侮聖人之言."(≪論語·季氏 16.08≫)

: 공자가 말하였다. "군자는 세 가지를 경외한다. 하늘의 뜻을 경외하고, 덕망 높은 이를 경외하고, 성인이 남긴 지혜가 담긴 말을 경외한다. 그러나 소인은 천명을 알지 못하므로 경외하지 않는다. 대인에게 버릇없이 대하며, 성인의 말씀을 업신여긴다."

① **畏(두려워할 외**, wèi): 경외하다. ② **대인大人**: 정치 영수. 덕망 높은 이. ③ **성인지언聖人之言**: 고대 성왕이 남긴 교훈. ④ **狎(익숙할 압**, xiá): 무례하게 대하다. 경솔히 대하다.

군자는 경외하는 마음이 있지만 소인은 경거망동하기 때문에 경외하는 마음이 없다. 군자는 지혜와 미덕을 갖추고 있기 때문에, 스스로가 매우 평범하고 미미하다는 것을 알고 있다. 반면 소인은 지혜도 덕행도 없기 때문에 두려움이 없다. 군자는 하늘이 내린 사명과 높은 지위에 있는 덕이 있는 군자 그리고 고대 성왕이 남긴 교훈을 두려워하는 마음으로 배우고 실천하며 노력한다. 그러나 소인은 하늘이 무서운 줄 모르고, 덕이 있는 군자를 존경할 줄 모르고, 성인이 남긴 말을 모독하곤 한다.

12. 子曰, "君子坦蕩蕩, 小人長戚戚."(≪論語·述而 07.37≫)

: 공자는 말하였다. "군자는 마음이 평탄하고 넓지만, 소인은 늘 근심하고 걱정한다."

① **탄탕탕坦蕩蕩**: '坦(평평할 탄, tǎn)'은 평탄하다. 탕탕蕩蕩은 넓은 모양. ② **장척척長戚戚**: '長(길 장, cháng,zhǎng)'은 늘, 항상. '척척戚戚', 근심하는 모양.

행동은 마음의 표현이다. 군자는 당당하고 소인은 늘 근심에 차 있다. 이것은 내재되어 있는 소양의 발산이다.

> "소인은 늘 이익을 얻지 못할까 걱정하고 근심하며 전전긍긍하고, 또 이미 얻은 이익을 잃을까 전전긍긍한다. 만약 그것을 잃게 될까 근심한다면 못하는 짓이 없다."
>
> 其未得之也, 患得之. 旣得之, 患失之. 苟患失之, 無所不至矣. (≪論語·陽貨≫)

이 때문에 경거망동 물불을 가리지 않고 덤벼들게 된다. 어떤 나쁜 짓이라도 서슴지 않고 행하고 도리를 해쳤기 때문에, 그로인한 공포와 두려움의 심리를 갖게 되는 것이다.

> "지혜로운 사람은 당황하지 않고, 인자한 사람은 근심하지 않고, 용기 있는 사람은 두려워하지 않는다."
>
> 知者不惑, 仁者不憂, 勇者不懼."(≪論語·子罕≫)

군자는 마음이 당당하고 평탄하며 넓고, 하늘을 우러러 부끄럼이 없기 때문에 걱정을 하지도 또 두려워하지도 않는다.

위에서 살펴본 예문 이외에도 ≪논어≫에는 '군자'와 '소인'을 상호 대립적 개념으로 표현하고 있는 내용이 적지 않다. 그 구체적인 내용은 아래와 같이 살펴볼 수 있다.

군자다운 학자가 되어야 하지, 소인 같은 학자가 되어서는 안 된다.

"女爲君子儒, 無爲小人儒." (≪論語·雍也≫)

군자의 덕은 바람 같은 것이고, 소인의 덕은 풀과 같은 것이기 때문에, 풀 위에 바람이 불면 드리워진다.

"君子之德風, 小人之德草, 草上之風, 必偃."(≪論語·顔淵≫)

군자이면서도 인하지 않는 자가 있으나, 소인 중에는 인한 자가 없다.

"君子而不仁者有矣夫, 未有小人而仁者也." (≪論語·憲問≫)

군자는 곤궁하여도 굳게 지키지만, 소인이 곤궁하면 함부로 하게 된다.

"君子固窮, 小人窮斯濫矣." (≪論語·衛靈公≫)

군자는 용맹하나 만약에 도의道義가 없다면 난을 일으킬 수 있고, 소인은 용맹하나 도의가 없으면 도둑질을 한다.

"君子有勇而無義爲亂, 小人有勇而無義爲盜." (≪論語·陽貨≫)

군자가 도를 배우면 남을 사랑하고, 소인이 도를 배우면 부리기가 쉽다.

"君子學道則愛人, 小人學道則易使也." (≪論語·陽貨≫)

작품설명 **박시제중**

博施濟衆

: 백성들에게 널리 은혜를 베풀어 주고 많은 사람을 환난에서 건져내주다.

篆文曰博施濟衆也. "夫仁者, 己欲立而立人, 己欲達而達人. 能近取譬, 可謂仁之方也已."

: 전문은 '박시제중'이다. "인자한 사람은 자기가 서고 싶으면 남을 내세워 주고 자기가 도달하고 싶으면 남을 도달시켜 준다. 가까운 자기를 가지고 남의 입장에 비겨 알 수 있다면 그것이 인의 올바른 방향이라 하겠다."

語見論語雍也篇句, 時維己亥年仲夏之節. 泉谷

: 논어 옹야편 문장이다. 기해년 한 여름에, 천곡

仁

제6장

인

극기복례(克己復禮) : 자신을 버리고 예로 돌아가다

공자는 안연이 '인'에 대하여 묻자 '극기복례克己復禮'라 하였다. 자신을 극복하고 예로 돌아가는 것이 '인'이라 하였다. 모든 인은 자신을 극복하는 것으로부터 시작되는 것이다. 그 구체적인 방법이 인이 아니면 보지도, 듣지도, 말하지도, 행동하지도 않는 것이다. 본 장에서는 ≪논어≫ 중 '仁'에 대한 내용을 살펴보기로 한다.

제6장

01 입인달인 立人達人

: 다른 사람을 먼저

仁

≪논어≫에서 인을 실현하는 구체적인 항목 중에 하나가 '입인달인 立人達人'이다. '다른 사람을 먼저 세우고 다른 사람을 먼저 달성케 해야 한다'는 뜻이다. 내가 서고, 이루기 위해서는 먼저 타인을 세우고 이루게 해야 하는 것이 '인'이다. 본 절에서는 제자의 '인에 대한 물음'에 대하여 살펴보기로 한다.

1. 顔淵問仁. 子曰, "克己復禮爲仁. 一日克己復禮, 天下歸仁焉. 爲仁由己, 而由人乎哉?" 顔淵口, "請問其目." 子曰, "非禮勿視, 非禮勿聽, 非禮勿言, 非禮勿動." 顔淵曰, "回雖不敏, 請事斯語矣."(≪論語·顔淵 12.01≫)

   : 안연이 인에 관하여 여쭈어보자 공자가 말하였다. "자기 자신을 이기고 예로 돌아가는 것이 인이다. 어느 날 자기를 이기고 예로 돌아가면 천하가 인으로 돌아간다. 인을 하는 것은 자기로 말미암는 것이니 남으로 말미암는 것이겠는가!" 안연이 말했다. "그 구체적인 방법을 묻겠습니다." 공자가 말하였다. "예가 아니면 보지 말고, 예가 아니면 듣지 말고, 예가 아니면 말하지 말고, 예가 아니면 행하지 말라." 안연이 말했다. "제가 비록 불민하지만 이 말씀을 받들겠습니다."

① **克(이길 극, kè)**: 능히. ② **復(다시 부{돌아올 복}, fù)**: 실천하다. ③ **위인유기爲仁由己**: 인을 행함을 온전히 자신에게 기대다. ④ **目(눈 목, mù)**: 세목. 구체적인 요구사항. ⑤ **비례非禮**: 예에 부합하지 않다. ⑥ **불민不敏**: 총명하지 않다. ⑦ **事(일 사, shì)**: 받들다.

공자가 안회에게 인의 구체적 방법인 극기복례에 대해서 설명한 구절이다. '극기'는 '자신의 욕망을 극복하는 것'이다. 이는 '인仁'과 '기己'를 대립시킨 것이다. '자신의 욕심을 버리고 사람이 본래 지녀야할 예의와 법도를 따르는 마음으로 되돌아가야' 하는 것이다. 공자는 '극기복례'하는 인의 실천은 자기로부터 시작되는 것이지 남으로부터 시작되는 것이 아니라하였다. 또한 '극기복례'를 행하는 방법은 예가 아니면 보지도, 듣지도, 말하지도, 행동하지도 않는 것이라 하였다. 교만하지 않는 마음은 예가 아니면 행동으로 옮기지 않는 겸손한 마음이다.

이 구절의 핵심은 사람의 주도적인 마음이 인을 행하는 "위인유기爲仁由己"의 관건이라는 점이다.

> 인함이 멀리 있단 말인가? 내가 인함을 원하면 그 즉시로 인자함이 오는 것이다.
>
> "仁遠乎哉? 我欲仁, 斯仁至矣."(≪論語·述而≫)

그 구제적인 실천은 '사물四勿'이다. 이 '사물'은 사람과의 관계의 원칙이고, 생활의 원칙이다.

2. 仲弓問仁. 子曰, "出門如見大賓, 使民如承大祭. 己所不欲, 勿施於人. 在邦無怨, 在家無怨." 仲弓曰, "雍雖不敏, 請事斯語矣."(≪論語·顔淵 12.02≫)

: 중궁이 인에 관하여 여쭈어보자 공자가 말하였다. "대문을 나서면 큰 손님을 만난 듯이 하고, 백성을 부릴 때는 큰 제사를 받들 듯이 하여라. 자기가 하고자 하지 않는 바를 남에게 베풀지 마라. 그러면 나라에 있어서도 원망이 없을 것이고, 집에 있을 때에도 원망이 없을 것이다." 중궁이 말했다. "제가 비록 민첩하지 못하지만 모쪼록 이 말씀을 힘써 행하겠습니다."

① **대빈大賓:** 중요한 손님. ② **사민使民:** 민중을 부리다. ③ **대제大祭:** 국가의 중대한 제사. ④ **邦(나라 방, bāng):** 제후국. ⑤ **家(집 가, jiā):** 대부의 영지.

공자는 중궁에게 인의 기준은 '공경'과 '용서'라고 하였다. 중궁은 성이 염冉이고 이름이 옹雍이며 공자보다 29세 아래이다. 증자는 공자의 도를 '일이관지一以貫之'라 하여 "충서이이의忠恕而已矣"(≪論語·里仁≫)라 하였다. 공자의 도를 하나로 관철한다면 그것은 곧 '충서忠恕'라고 풀이한 것이다. '충'은 충경忠敬이고, '서'는 용서이다.

"출문여견대빈出門如見大賓, 사민여승대제使民如承大祭", 즉 '대문을 나서면 큰 손님을 만난 듯이 하고, 백성을 부릴 때는 큰 제사를 받들 듯이 한다.'의 구절은 사람을 공경하고 일에 대해서도 공경의 태도로 임해야 한다는 뜻이다. 조심스럽고 신중할 수 있다면 행동이 '인'에 어긋나지 않는다.

"기소불욕己所不欲, 물시어인勿施於人", '자기가 하고자 하지 않는 바를 남에게 베풀지 마라'의 구절에서 설명하고 있는 것이 바로 '서'이다. 다른 사람을 생각하면 내 마음속에 인이 존재하게 되며 더욱 '인'에 가까워지게 된다. 내 마음에 존재하는 '인'을 베풀어야 다스리는 백성들도 원망하지 않게 되는 것이다. 그러므로 "재방무원在邦無怨, 재가무원在家無怨"은 '인덕'의 실천 결과이자 완성인 셈이다.

3. **子張問仁於孔子. 孔子曰, "能行五者於天下爲仁矣." "請問之." 曰, "恭寬信敏惠. 恭則不侮, 寬則得衆, 信則人任焉, 敏則有功, 惠則足以使人."(≪論語·陽貨 17.06≫)**
   : 자장이 공자에게 인에 관하여 물어보자 공자가 말하였다. "천하에 다섯 가지를 행할 수 있으면 그것이 인이다." "부디 그것이 무엇인지를 여쭈어보겠습니다."라고 하자 공자는 "공손함, 관대함, 믿음직스러움, 민첩함, 은혜로움이다. 공손하면 모욕당하지 않고, 관대하면 민심을 얻고, 믿음직스러우면 사람들이 그에게 일을 맡기고, 민첩하면 공로가 있게 되고, 은혜로우면 다른 사람을 부릴 수 있다."라고 하였다.

   ① **任(맡길 임, rèn,rén):** 임용하다. 지지하다. ② **민즉유공敏則有功:** 일을 민첩하게 하여 효율이 있다.

자장은 단손사顓孫師이고 자가 자장이다. 공자보다 48세 아래이다.

공자는 자장에게 어떻게 인한 마음을 함양할 수 있는지를 가르쳐 주고 있다. 이 '인'의 기준이 '공관신민혜恭寬信敏惠'이다. 장중하고 공경하는 마음으로 남을 대하면 자연히 예를 갖추게 되고, 언행에 절도가 있게 되어 모욕을 당하지 않을 수 있다. 관용과 포용으로 남을 대하면 자연스럽게 뭇 사람들에게 추대와 지지를 얻을 수 있다. 성실하면서 부지런하면 타인의 신임을 얻을 수 있다. 또한 일에서는 탁월한 성과를 얻을 수 있다. 이득이 있을 때, 다른 사람과 함께 나누면 그 이득은 두 배 세 배로 늘어나고, 그 사람들은 감사의 마음을 갖게 된다. 이것은 인한 마음과 덕의 구체적인 표현이다. 그러므로 이것을 행할 수 있다면 자연스럽게 인의 경지에 이를 수 있다.

4. 樊遲問仁. 子曰, "居處恭, 執事敬, 與人忠. 雖之夷狄, 不可棄也."(≪論語·子路 13.19≫)

: 번지가 인을 물었다. 공자가 말하였다. "집에 거처할 때 공손하며, 일을 집행할 때 경건하게 하며, 남과 어울릴 때 진심으로 대하는 것이니, 비록 오랑캐 땅에 가더라도 버려지지 않을 것이다."

① **거처居處:** 일상생활. ② **집사執事:** 일을 행하다. ③ **之(갈지, zhī):** 가다. ④ **이적夷狄:** 소수민족 지역. 여기에서는 낙후되고 편벽한 지방을 가리킨다.

번지는 이름이 수須이고 자가 자지子遲이다. 공자보다 36세 아래이다. 번지는 인에 대해서 ≪논어≫에서 세 차례 물어보았다. 본 구절에서 공자는 번지에게 '인'을 '공恭'·'경敬'·'충忠'이라 하였다. 이외에도 공자는 번지에게 인이란 "선난후획先難後獲.(≪論語·雍也≫), '어려운 일을 먼저 하고 얻는 것을 나중에 하는 것'이라야 인이라 하였고, 또한 "애인愛人"(≪論語·顔淵≫),'사람을 사랑하는 것'이라 하였다. 공자는 때와 장소에 따라 그에 맞는 대답을 주었다. '공손(恭)', '경건(敬)', '진심(忠)'은 모두 '선'의 범주에 속한다. '공'은 다른 사람을 대할 때 예로써 존중하는 것이고, '경'은 일을 할 때 엄숙한 태도를 지켜나가는 것이고, '충'은 전심전력을 다하고 성실하게 다른 사람을 대하는 것이다. 이러한 선한 행동원칙은 문화수준이 높건 낙후된 지역이던 간에 반드시 필요한 덕행이다.

5. 子貢問爲仁. 子曰, "工欲善其事, 必先利其器. 居是邦也, 事其大夫之賢者, 友其士之仁者."(≪論語·衛靈公 15.10≫)
: 자공이 인을 행하는 것에 대하여 물었다. 공자가 말하였다. "장인은 그의 일을 잘 하려고 하면, 반드시 먼저 그의 도구를 예리하게 한다. 그러니 어떤 나라에 살 때에는 그 대부 가운데 현명한 사람을 섬기고, 그 사 가운데 어진 사람을 벗하라."

① 工(**장인 공**, gōng): 장인, 기술자, 목수. ② **利(날카로울 리{이}**, lì): 동사로, 정교하게 만들다. ③ **事**: 섬기다. ④ **友**: 사귀다.

공자가 자공에게 '인'은 현자를 받들고 인자를 사귀는 것에 대해, '필선리기必先利器' 즉 장인이 '먼저 공구를 잘 다듬어야 하는 것'으로 비유를 들었다. 인을 잘 행하려면 반드시 먼저 현명한 대부를 받들어 덕이 있는 자가 어떻게 정치하는지를 배워야 한다. 인과 덕이 있는 선비를 사귀어야 자신도 그 인과 덕을 배울 수 있다.

"벗과 함께 덕과 인을 닦아나가야 한다."
以友輔仁(≪論語·顏淵≫)

6. 子貢曰, "如有博施於民而能濟衆, 何如? 可謂仁乎?" 子曰, "何事於仁! 必也聖乎! 堯舜其猶病諸! 夫仁者, 己欲立而立人, 己欲達而達人. 能近取譬, 可謂仁之方也已."(≪論語·雍也 06.30≫)

: 자공이 "널리 백성에게 베풀고 민중을 어려움으로부터 구제해줄 수 있는 사람이 있다면 이 사람은 어떻습니까? 어질다고 할 수 있겠습니까?"라고 하자 공자가 말하였다. "어찌 어질 뿐이겠느냐. 틀림없이 성인의 경지일 것이다. 요임금과 순임금도 오히려 그것을 어려워했을 것이다. 어진 사람은 자기가 서고 싶으면 다른 사람을 서게 해주고, 자기가 도달하고 싶으면 다른 사람을 도달하게 해 준다. 능히 가까운 곳에서 비슷한 것을 취할 수 있다면 그것이 바로 인에 이르는 방법이라고 할 수 있다."

① **박시어민博施於民**: 은혜와 선의를 민중에게 베풀다. ② **제중濟衆**: 민중을 구제하다. ③ **하사어인何事於仁**: 어찌 인에 그치겠는가. ④ **기유병저其猶病諸**: 이것을 유감으로 여길 것이다. '病(병 병, bìng)'은 '유감'의 뜻이다. ⑤ **능근취비能近取譬**: 가까운 자신의 바람으로써 다른 사람을 예측한다. ⑥ **方(모 방, fāng)**: 방법.

본 구절은 인을 세 가지 측면에서 언급하고 있다. 하나는 "박시제중博施濟衆", '널리 사랑과 은혜를 베풀어서 뭇사람을 구제하는 것'이고, 다른 하나는 "기욕립이립인己欲立而立人, 기욕달이달인己欲達而達人", '자기가 서고 싶으면 다른 사람을 서게 해주고, 자기가 도달하고 싶으면 다른 사람을 도달하게 해 주는 것'이며, 다른 하나는 "능근취비能近取譬", '가까운 자신의 바람으로써 다른 사람을 예측하는 것'이다. 즉 인의 도리는 가까운 곳에서부터 행해나가는 것이다. 자공은 부유하였기에 널리 백성들에게 베풀고 많은 사람들을 구제하는 것으로써 인을 행하고자 하였다. 그러나 공자는 이는 성인의 일이며, 요임금과 순임금이라고 할지라도 행하기 어려운 것이라고 보았다. 인을 행하는 것은 가까운 것을 버리고 먼 곳에서 찾을 필요가 없고, 그렇게 거창할 필요도 없다. 가깝고 쉬운 일로부터 시작하면 되는 것이다. 먼저 자기가 서고 싶으면 남도 서게 하고 자기가 도달하고 싶으면 남도 도달하게 하여 자기 자신으로써 다른 사람을 헤아리는 것, 이것이 바로 인을 행하는 도리이다.

7. **問仁. 日, "仁者先難而後獲, 可謂仁矣."**(≪論語·雍也 06.22≫)
: **인에 대해 물었다. 말하였다. "인이라는 것은 어려운 일을 먼저 하고 얻는 것을 나중에 하면, 어질다고 할 수 있다."**

① **難(어려울 난, nán):** 어렵다. 노력을 해야 한다.

번지가 인에 대하여 묻자 공자는 '선난후획先難後獲', 즉 어려운 일을 먼저 행하고 후에 얻을 것을 구하는 것을 인이라고 하였다. 그리고 인을 행하는 방법에 대해서는, '먼저 노력하고 경작한 후에 성과를 얻을 것을 생각하면 그것이 인을 행하는 것'이라고 하였다. 사람들은 경작도 하지 않고 얻으려 하고, 열매를 따먹으려고만 하지 심지는 않는다. '선난후획'은 바로 자기로부터 출발하는 정확한 마음이자 인을 향해 가는 첫 걸음이라고 할 수 있다.

번지가 "덕을 숭상하는 것, 사악한 마음을 바로잡는 것, 미혹된 일을 가려내는 것"에 대하여 묻자, 공자는 "일은 먼저 하고 이득은 뒤로 미루는 것"이 덕을 숭상하는 것이라 하였다.

樊遲從遊於舞雩之下, 曰: "敢問崇德, 修慝, 辨惑." 子曰: "善哉問! 先事後得."(≪論語·顔淵≫)

번지가 공자에게 '지인知人'에 대해 묻자, 공자는 "곧은 사람을 등용하여 굽은 사람들 위에 놓으면 못된 사람들을 곧게 만들 수 있다."라 하였다. 그러나 이 말을 번지는 바로 이해하지 못하고 다시 자하子夏에 그 의미를 물어 보았다.

問知. 子曰: "知人." 樊遲未達. 子曰: "擧直錯諸枉, 能使枉者直." 樊遲退, 見子夏曰, "鄕也吾見於夫子而問知, 子曰: '擧直錯諸枉, 能使枉者直', 何謂也?" (≪論語·顔淵≫)

번지가 또한 농사짓는 법을 묻자, 공자는 "호례好禮"·"호의好義"·"호신好信"[66] 즉 '예와 의와 믿음을 먼저 좋아'해야지 하며, 그를 '소인小人'이라 나무랐다. 이러한 대화 내용으로 보아 번지는 썩 만족을 주는 제자는 아니었던 것으로 보인다. 따라서 '선난후획'이나 '선사후득'으로 인과 덕을 설명한 것으로 보인다.

---

66 ≪論語·子路 13.04≫ : 樊遲請學稼. 子曰: "吾不如老農." 請學爲圃. 曰: "吾不如老圃." 樊遲出. 子曰: "小人哉, 樊須也! 上好禮, 則民莫敢不敬, 上好義, 則民莫敢不服, 上好信, 則民莫敢不用情. 夫如是, 則四方之民襁負其子而至矣, 焉用稼?"에 보인다.

8. 樊遲問仁. 子曰, "愛人."(≪論語·顔淵 12.22≫)

: 번지가 인에 대해 물었다. 공자가 말하였다. "다른 사람을 사랑하는 것이다."

공자는 번지에게 인은 '사람을 사랑하는 것'이라 하였다. 인을 행하는 것은 매우 간단한 것일 수 있다. 내 곁의 사람에게 잘 대해주는 것이 그 시작이다. 하지만 '애인愛人'이 어찌 쉬운 일이겠는가! 자유는 군자가 도를 배우는 것을 '애인'으로 설명하였다.

> 군자가 도를 배우는 것은 곧 다른 사람을 사랑하는 것이다.
>
> "學道則愛人" (≪論語·陽貨≫)

그리고 공자는 나라를 다스리는 근본에 대해 말할 때도 '애인'을 언급하였다.

> "매사를 조심해서 해나가고, 신용 있게 하며, 비용을 절약하고, 사람을 아끼며, 적절한 시기를 택해서 백성을 동원하는 것이다.
>
> "敬事而信, 節用而愛人, 使民以時"(≪論語·學而≫)

'애인'은 가까운 사람을 사랑하는 것, 이웃을 사랑하는 것, 백성을 사랑하는 것, 이 세상의 모든 만물을 사랑하는 것이다.

작품설명 **득중**

得衆

: 민중을 얻다

篆曰得衆也. 道得衆則得國, 失衆則失國. 故君子先愼乎德.

: 전문은 '득중'이다. 이러한 도리는 많은 민중을 얻으면 나라를 세울 수 있고, 민중을 잃으면 나라를 잃게 된다는 것이다. 따라서 군자는 먼저 덕을 신중히 여기는 것이다.

語語見大學十章, 泉谷.

: 대학 십장에서. 천곡

제6장

02

강의목눌 剛毅木訥

: 강하고 의연하고 질박하고 어눌함

仁

'강의목눌剛毅木訥'은 '강하고 의연하고 질박하고 어눌함'이라는 뜻이다. 이렇게 하면 '인'에 가깝다는 것이다. 본 절에서는 '인'의 구체적인 내용에 대하여 살펴보기로 한다.

1. 子曰, "剛毅木訥近仁."(≪論語·子路 13.27≫)

: 공자는 말하였다. 강인함, 의연함, 질박함, 어눌함은 인에 가깝다.

① **剛(굳셀 강**, gāng**)**: 공정하고 사욕이 없다. ② **木(나무 목**, mù**)**: 성정이 질박하다. ③ **訥(말 더듬을 눌**, nè**)**: 말이 어눌하다.

'강의목눌剛毅木訥'은 인의 구체적인 실천항목이다. '강'은 욕심이 없는 것이며, 공정함이다. '毅(굳셀 의, yì)'는 과감한 결정과 동요하지 않는 마음이다. 용감히 앞으로 나아가는 것이다. '목木'은 질박하고 돈후함을 말한다. '눌訥'은 교언영색하지 않고 거짓되게 굴지 않는 것이다. 만약 이 네 가지를 행할 수 있다면 인에 가까울 것이다.

2. 子曰, "巧言令色, 鮮矣仁!"(≪論語·學而 01.03≫)

: 공자가 말하였다. "교묘하게 말을 둘러대고, 곱게 얼굴빛을 꾸미는 사람은 인한 사람이 적도다."

① 鮮(고울 선, xiān,xiǎn): 적다.

'인'과 '덕'은 내면적인 수양이다. 이 내면적인 수양이 밖으로 드러나는 것이 행동이다. 내재적인 진실함을 갖추지 않으면, 둘러대거나 아첨하는 말을 잘한다. 군자는 "눌언민행訥言敏行"[67](≪論語·里仁≫)즉 '언어는 어눌할지언정 행동에는 민첩하고', "민사신언敏事愼言"[68](≪論語·學而≫)즉 '일에 민첩하며 말에 조심스럽게 한다.'

3. 子曰, "唯仁者能好人, 能惡人."(≪論語·里仁 04.03≫)

: 공자는 말하였다. 오직 어진 사람만이 다른 사람을 좋아할 수 있고 또한 미워할 수 있다.

① 好(좋을 호, hǎo,hào): 좋아하다. ② 惡(미워할 오, wū,wù): 미워하다.

공자는 인한 자만이 좋은 사람과 나쁜 사람을 구별할 수 있는 능력이 있다고 보았다. 인한 자는 편중된 마음이나 염려함이 없기 때문에 좋은 사람과 나쁜 사람을 명확하게 분별할 수 있다. 또한 좋은 사람과 나쁜 사람에게 마땅히 대해야 할 태도를 적절하게 표현해 낸다.

---

67 ≪論語·里仁 04.24≫ : 子曰: "君子欲訥於言而敏於行."에 보임.

68 ≪論語·學而 01.14≫ : "敏於事而愼於言."에 보임.

4. 子曰, "仁遠乎哉? 我欲仁, 斯仁至矣."(≪論語·述而 07.30≫)

: 공자가 말하였다. "어짊이 멀리 있겠느냐? 내가 어질고자 하면, 곧 어짊이 다가온다."

인은 멀리 있는 것이 아니라, 자신의 의지에 달려 있다.

"욕인欲仁", '인하고자 하는 마음'은 곧 의지이다. 모름지기 공부하는 사람은 '의지'를 소중히 여겨야 한다. 그 의지는 곧 '인의仁義'이기 때문이다. '인'은 인자함이다. 이 인자함은 형제지간의 우애이고 애정이며 이웃을 사랑하는 마음이다. 무엇보다 중요한 것은 그렇게 하고자 하는 마음만 있으면 인자하게 된다는 것이다.

또한 인과 덕은 결코 멀리 있지 않고 모든 사람의 본성 안에 담겨 있는 것이므로, 굳이 바깥에서 구할 필요가 없다. 내가 인하고자 하고, 인을 행하고자 하는 일념만 있으면 인과 덕은 그 즉시 마음속으로부터 우러나올 것이다.

5. 子曰, "里仁爲美. 擇不處仁, 焉得知?"(≪論語·里仁 04.01≫)

: 공자가 말하였다. "인이 후덕한 마을이 좋은 곳이다. 택하여 인이 후덕한 곳에 살지 않으면 어떻게 지혜롭다고 할 수 있겠는가?"

① **이인위미里仁爲美:** 마을에 인이 후덕한 좋은 지역이다. ② **택불처인擇不處仁:** 풍속이 인후한 지역에 살지 않다. ③ **知:** 智와 같다.

공자는 또한 인자가 있는 곳에 가서 인자와 함께 살도록 하였다. 그래야 자기도 모르는 사이에 인자에 의해 감화되기 때문이다. 이것이 바로 환경의 중요성이다. '주사에 가까이 가면 붉은 물이 들고 먹을 가까이 하면 검게 되는 것'[69]과 같이, '맹모삼천지교孟母三遷之敎'는 "리인위미里仁爲美"에 해당한다. 좋은 환경을 선택하여 거주한 것이다. 그러므로 환경을 선택할 때는 신중하지 않을 수 없다.

> "선한 점을 골라서 그것을 따른다."
>
> "擇其善者而從之"(≪論語·述而≫)

좋은 환경을 선택한 뒤라야 이와 같은 기회 역시 많아지는 것이다.

6. 子曰, "**當仁, 不讓於師.**"(≪論語·衛靈公 15.36≫)

: 공자는 말하였다. "**인을 행할 일에 당면하면 스승에게도 양보하지 않고 힘껏 행한다.**"

① **당인當仁:** 인을 행하는 일에 마주하다. ② **불량어사不讓於師:** 스승에게 양보할 필요가 없다.

'당인불양當仁不讓'은 '인에 있어서는 양보란 없는 것이다.'는 의미이다. 또한 인을 행하는 것에는 존비의 구분이 없다. 좋은 인을 행하는 일에 있어서는 "불양어사不讓於師" 즉 '스승에게도 양보하지 말아야'한다. 스승에게도 양보할 필요 없이 용감하게 그것을 행하면 된다.

---

69 ≪文明小史≫ : '近朱者赤, 近墨者黑.'

7. 子曰, "志士仁人, 無求生以害仁, 有殺身以成仁."(≪論語·衛靈公 15.09≫)

: 공자가 말하였다. "뜻이 있는 선비와 어진 사람은 자신의 목숨을 구걸하느라 인을 해치는 일은 없고, 자신을 죽임으로써 인을 이루는 일은 있다."

① **구생이해인求生以害仁**: 생명을 구하기 위해 인덕을 해치다. ② **살신이성인殺身以成仁**: 생명을 희생하여 정의와 인덕을 이루다.

'구생해인求生害仁'은 소인이고, '살신성인殺身成仁'은 군자의 태도이다. 선비와 어진사람은 인과 덕을 생명보다 더 중시한다. '살신성인'은 맹자의 "사생취의捨生取義" 즉 '목숨을 버리고 정의를 좇는 것'과 같은 뜻이다. 정의를 버리느니 차라리 죽음을 택해야 한다. 가치 있는 죽음이란 인의가 있는 죽음인 것이다.

> 정의롭다는 것을 알고도 행하지 않는 것은 용기가 없는 것이다.
> "見義不爲, 無勇也."(≪論語·爲政≫)

작품설명 **견의불위무용야**

見義不爲無勇也

: 도의를 보고 행하지 않으면 용기가 없는 것이다.

泉谷.

: 천곡

8. 子曰, "不仁者不可以久處約, 不可以長處樂. 仁者安仁, 知者利仁."(≪論語·里仁 04.02≫)

: 공자가 말하였다. "어질지 못한 사람은 곤궁한 생활을 오래 견디지 못하고 즐거움도 오래 지속하지 못한다. 어진 사람은 인을 실천하는 삶 속에서 편안하고, 지혜로운 사람은 인을 이롭게 여긴다."

① **約(묶을 약, yuē)**: 빈천하고 곤궁하다. ② **안인安仁**: 인덕에 편안해하다. ③ **이인利仁**: 인을 행함으로써 이롭게 여긴다.

어질지 못한 사람은 있는 것을 잃을까봐 걱정하고, 없는 것을 얻고자 걱정한다. 있어도 걱정 없어도 걱정, 근심 걱정이 끊이질 않는다.

"배부르고 따뜻하면 음욕이 생겨나고, 배고프고 추우면 나쁜 마음이 생겨난다."[70]라고 하였다. 소인배는 오랜 곤궁함이나 순탄함에 편안하게 거주하지 못한다. 반면 지혜로운 자는 인을 행할 때의 이로움을 알기 때문에 인을 행한다. 오직 인한 자만이 '인'에 편안해 하고 곤궁함 속에서 변심하지 않는다. 안회처럼 '단사표음簞食瓢飮' 즉 누추한 거리에 살아도 바꾸지 않고 그 즐거움을 고치지 않는 것이다.

인한 자는 세상사 모든 것이 다 만족스럽다. 그들은 남에게 베풀고, 그것으로 다른 사람들이 잘 되는 것이 오히려 마음이 편하다. 남이 가졌다고 시샘을 한들 상대방이 불행해지는가? 오히려 속병이 나는 것은 그들을 시샘하는 자이다. 그러니 현명한 사람은 베푸는 행위에서 행복을 느낀다. 행복을 느끼는 것은 자신이 행복해지는 것이고, 행복해지면 자신에게 이로운 것이다. 그래서 즐거운 삶을 살 줄 아는 사람은 '인한

70 ≪金甁梅詞話≫ : "飽暖生閑事, 飢寒發盜心."

것을 이롭게 여기는 것'이다.

9. 子曰, "**苟志於仁矣, 無惡也.**"(≪論語·里仁 04.04≫)
: **공자가 말하였다. "진실로 인에 뜻을 두어야 나쁜 것이 없다."**

① **苟(진실로 구, gǒu):** 만약. 진실로.

공자는 만약 마음을 다하여 '인'을 행동의 출발점과 도착점으로 삼는다면 모든 행동이 '인'을 기준으로 삼게 되니 자연스럽게 나쁜 일을 하지 않을 것이라고 보았다.

중요한 것은 진실한 마음이다. 그래야 거짓된 것들이 감히 가까이 다가서지 못하는 것이다. 시종일관 끝까지 하나같이 진실한 마음으로 임해야만, 그 마음에도 '욕인사지欲仁斯至' 즉 '인이 다가오고', 나쁜 것을 멀리할 수 있다.

10. 子夏曰, "**博學而篤志, 切問而近思, 仁在其中矣.**"(≪論語·子張 19.06≫)
: **자하가 말했다. "널리 배우고 의지를 돈독히 하고, 절실히 묻고 가까운 것에서 생각하면 인이 그 곳에 있다."**

① **독지篤志:** 뜻을 지키다. ② **절문切問:** 간절하게 묻다. ③ **근사近思:** 가까운 것을 생각하다.

'박학독지博學篤志'는 '널리 배우고 의지를 돈독히 하는 것이다.' '절문근사切問近思'는 '절실히 묻고 가까운 것에서 생각하는 것이다.'

인자한 사람은 자기가 서고 싶으면 남을 내세워 주고 자기가 발전하고 싶으면 남을 발전시켜 준다. (무엇보다 가까운) 자기 자신을 남의 입장에 비겨 알 수 있다면 그것이 인의 올바른 방향이라 하겠다.

夫仁者, 己欲立而立人, 己欲達而達人. 能近取譬, 可謂仁之方也已.(≪論語·雍也≫)

자공이 '인'에 대하여 묻자 공자는 '가까운 곳에서 깨달음을 취하는 것'이 '인의 방법'이라 하였다. '능근취비'의 구체적인 실천이 바로 '자기가 서고 싶으면 남을 내세워 주고 자기가 발전하고 싶으면 남을 발전시켜 주는 것'이라 할 수 있다. 인생의 바른 길은 지나치게 높은 이상이 아니라 자기 가까운 곳에서부터 시작하는 것이다. 박학, 독지, 절문, 근사의 네 가지를 모두 겸비할 수 있다면 자신의 정확한 인생 방향을 알 수 있기 때문에 "인이 그 곳에 있는" 것이다.

11. **子曰, "參乎! 吾道一以貫之." 曾子曰, "唯." 子出, 門人問曰, "何謂也?" 曾子曰, "夫子之道, 忠恕而已矣."(≪論語·里仁 04.15≫)**

: 공자가 말하였다. "삼아, 나의 도는 하나로써 관통되어 있다." 증자가 "예!" 하고 대답하였다. 공자가 나가시자 문인들이 물었다. "무엇이라고 말씀하셨습니까?" 증자가 말하였다. "선생님의 도는 충과 서일뿐이다."

① **일이관지一以貫之:** 하나의 중심으로 전부를 꿰뚫다. ② **충서忠恕:** '충'은 성의와 진심을 다하다. '서'는 상대방을 용서하다.

삼參은 증삼이다. 자는 자여子輿이다. 공자보다 46세 아래이다.

"오도일이관지吾道一以貫之"는 공자의 핵심사상이 하나로 관철되어 있음을 나타낸다. '도'란 일을 행하는 풍격, 삶의 이상, 기본학설 등의 의미가 담겨 있다. 따라서 한 사람의 도는 그 사람의 인생관이라고 말할 수 있다. 공자는 증삼에게 자신의 도의 핵심을 알려주고 싶었다. 나이어린 증삼이 '예'라고 대답하자 공자는 더 이상 말을 하지 않았다. 증삼이 '잘 모르겠습니다. 제자는 듣고 싶습니다.'라고 했다면 공자의 또 다른 대답이 있었을지도 모른다.

증삼은 공자의 도를 "단지 충과 서일뿐이다."라고 단언하였다.

> 고시高柴는 어리석고, 증삼曾參은 둔하고, 전손사顓孫師는 형식적이고, 중유仲由는 거칠다.
>
> "柴也愚, 參也魯, 師也辟, 由也喭"(≪論語·先進≫)

공자는 제자들을 위와 같이 평가 하였는데, 공자가 증삼을 '노둔하다'라고 평가한 것은 '총명하지 않음'을 의미한다. 당시 증삼은 나이가 어렸다. 공자가 세상을 떠났을 때 그는 겨우 26세였다. 공자에게 가르침을 받은 지 얼마 되지 않았으므로 스승의 사상을 아직 제대로 이해하지 못했는지도 모른다. 물론 훗날 대단한 성과를 거두었지만 말이다.

증삼은 공자의 손자인 자사의 스승이다. 맹자가 바로 자사의 제자의 제자이다. 맹자는 공자의 학설을 계승하였을 뿐만 아니라 그 학설을 더욱 발양하였다.

12. 曾子曰, "士不可以不弘毅, 任重而道遠. 仁以爲己任, 不亦重乎? 死而後已, 不亦遠乎?"(≪論語·泰伯 08.07≫)

: 증자가 말했다. "선비는 도량이 넓고 뜻이 굳세지 않으면 안 된다. 짐이 무겁고 길이 멀기 때문이다. 인으로써 자기의 짐으로 삼으니 또한 무겁지 않은가? 죽은 뒤에야 끝나니 또한 멀지 않은가?"

① **홍의弘毅:** 넓고 강인하다.

'사불홍의士不弘毅', '선비는 도량이 넓고 뜻이 굳세지 않으면 안 된다.'는 뜻이다. '임중도원任重道遠'은 '자신의 임무와 짐이 무겁고 길이 멀다'라는 뜻이다. '인위기임仁爲己任'은 '인으로써 자기의 임무로 삼다'라는 뜻이다. '사이후이死而後已'는 '죽은 뒤에야 그만두다'라는 뜻이다.

증삼은 말년에 결국 공자의 '일관지도一貫之道'가 '인'이라는 것을 깨닫게 되었다. 또한 '사이후기'는 '일관지도'인 '인'이 삶을 꿰뚫는 원칙이라는 뜻이다. '인'은 '자후박책自厚薄責'으로써 실천하고, 예의 근본으로 돌아가는 '극기복례克己復禮'여야 하며, 나를 남의 입장에서 생각하는 '추기급인推己及人'의 배려하는 마음이다. 이와 같은 '인'은 죽어서야 그만둘 수 있으니 그 길은 매우 멀다.

주희는 "기소불욕己所不欲, 물시어인勿施於人"을 '추기급물推己及物' 즉 '자신을 미루어 만물에 미치는 것'이라 하였다. 이는 또한 '장심비심將心比心' 즉 '자신의 마음을 가지고 다른 사람을 헤아리는 것'이라고도 한다. 입장 바꾸어 생각하는 마음을 이르는 것이다.

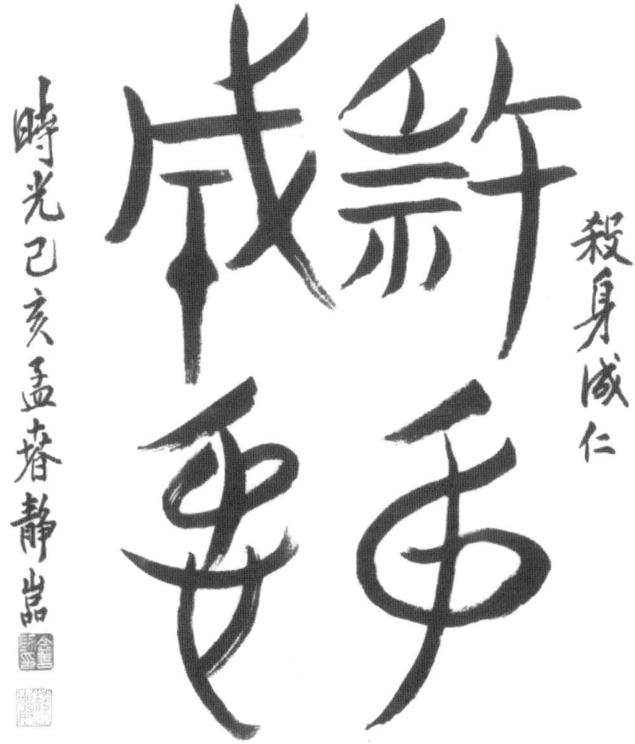

작품설명 **살신성인**

殺身成仁

: 자신을 희생해서라도 인을 이루다.

時光己亥孟春, 靜巖.

: 기해년 맹춘, 정암.

學

제7장

배움

학이불염(學而不厭) : 배우기를 싫증내지 않다

공자는 자신의 배움을 '학이불염學而不厭' 즉 '열심히 배우면서도 싫증을 내지 않는다.'라고 하였다. 마음속으로 묵묵히 익히고, 배우는 것을 염증내지 않고 가르치는 것을 게을리 하지 않겠다는 공자의 다짐이다. 본 장에서 ≪논어≫ 중 '배움'에 대하여 살펴보기로 한다.

제7장

01

학이지지 學而知之

: 배워서 알다

學

'학이지지學而知之'는 '배워서 알다'라는 뜻이다. 공자는 '지지知之', '아는 것'을 세 부류로 나누었다. '생이지지生而知之', '나면서부터 아는 것', '학이지지學而知之', '배워서 아는 것', '곤이지지困而知之', '애써서 알게 되는 것'이다.(≪論語·季氏≫). 듣고 보고 하여 거기서 이치를 깨닫는 것을 '배워서 아는 것'이다. 공자 자신은 "비생이지지자非生而知之者, 호고민이구지자야好古敏以求之者也."(≪論語·述而≫), '태어나면서 안 것이 아니라 옛것을 좋아하고 그것을 민첩하게 배우려 한 사람'이라 하였다.

1. **子曰, "學而時習之, 不亦說乎? 有朋自遠方來, 不亦樂乎? 人不知而不慍, 不亦君子乎?"(≪論語·學而 01.01≫)**
   : 공자가 말하였다. "배우고 제때에 그것을 익히니 또한 기쁘지 아니한가. 벗이 먼 곳에서 찾아오니 또한 즐겁지 아니한가. 남이 알아주지 않아도 화 내지 않으니 또한 군자답지 아니한가."

   ① **時(때 시,** shí): 때때로. 수시로. ② **說:** '悅(기쁠 열, yuè)'과 같다. ③ **慍(성낼 온,** yǔn,wěn): 성내다. 화내다.

학문하는 것, 친구를 사귀는 것, 수양의 도를 공부하는 것은 군자에게 가장 기본이 되고 절실한 일이다. 배움은 박학해야 하고, 친구와는 믿음이 있어야 하며, '군자유君子儒'는 남이 알아주기를 바라는 것이 아닌 "위기爲己"(≪論語·憲問≫) 즉 '자신을 위한' 학문을 해야 한다.

"학이시습지學而時習之"의 '시時'는 '적절한 때'라는 뜻이다. 봄에 씨를 뿌리고, 여름에 밭을 매고, 가을에 수확하고, 겨울에 저장하는 것처럼 적절한 시기가 있다.

'학學'은 통상적으로 ≪시詩≫, ≪서書≫, ≪예禮≫, ≪악樂≫, ≪역易≫의 오경과 '육예' '예악사어서수禮樂射御書數'를 가리킨다. '예의'·'음악'·'활쏘기'·'수레몰이'·'글씨'·'셈'이다.

공자의 교육은 사람 됨됨이, 일처리 능력, 덕을 기르는 도리를 공부하는 것이다. 이를 습득하고, 일상생활 속에서 적절한 때에 실천함으로써 덕행을 기르고 지혜를 넓혀야 군자가 될 수 있다. 배움에 즐거움과 성취감을 맛보는데 "어찌 기쁘지 않겠는가."

'우友'는 정직함, 관용, 박학한 학문을 가진 친구를 가리킨다. 고대에는 교통이 매우 불편하였기 때문에 친구가 멀리서부터 절실한 마음을 가지고 찾아와 함께 학문을 논한다면 얼마나 뿌듯하겠는가. 학문을 절차탁마하고 서로를 촉진시켜줌으로써 덕과 학업을 정진한다면 자연히 즐거울 것이다. "학이시습지學而時習之"는 자아추구를 위한 것이고, "유붕자원방래有朋自遠方來"는 학습을 위한 상호작용을 말하며, "인부지이불온人不知而不慍"은 진정한 덕의 실천이다. 그 사람의 학문과 성취를 다른 사람이 알아주지 않더라도 화내지 않는 것을 말한다. 공부를 하는 것은 덕을 닦기 위함이지 명성과 이익을 위한 것이 아니다. 그러므로 다른 사람이 자기 자신을 알아주지 않는가의 여부에 마음 쓸 필요가 없다.

이러한 것을 해낼 수 있다면 진정으로 덕이 있는 군자인 것이다.

2. 子曰, "**我非生而知之者, 好古敏以求之者也.**"(≪論語·述而 07.20≫)
: **공자가 말하였다. "나는 나면서부터 알고 있었던 사람이 아니다. 나는 옛 것을 좋아하고, 부지런히 그것을 탐구한 사람이다."**

① **생이지지生而知之:** 천부적으로 알고 있다. ② **호고好古:** 고대 문화를 좋아하다. ③ **敏(재빠를 민**, mǐn): 부지런하다.

공자는 스스로에 대해 나면서부터 아는 사람이 아니라 단지 옛 것을 좋아하고 민첩하게 구하는 사람이라고 하였다. "생이지지生而知之"는 천부적으로 똑똑하여 천성적으로 잘 알고 있는 것을 말한다. 그러나 공자 자신은 이런 사람이 아니라고 말한다. 공자는 스스로가 그저 "학이지지學而知之" 즉 '배워서 아는 사람'이라고 하였다. 또한 공자는 스스로에 대해 다음과 같은 언급을 하기도 하였다.

> "내가 젊었을 때에 미천하였으므로 대단치 않은 일을 많이 할 수 있게 된 것이다. 군자가 할 줄 아는 일이 많겠느냐, 많지 않느니라."
> "吾少也賤, 故多能鄙事. 君子多乎哉? 不多也."(≪論語·子罕≫)

3. 子曰, "**默而識之, 學而不厭, 誨人不倦, 何有於我哉?**"(≪論語·述而 07.02≫)
: **공자가 말하였다. "묵묵히 배워 알고 배우기를 싫증내지 않으며,**

남을 가르치고 인도하는 것을 게을리 하지 않는 것 이외에 나에게 또 무엇이 있으랴."

① **識(알 지[식],** zhì): 기억하다. ② **厭(싫을 염,** yàn): 싫증내다. ③ **회인誨人:** 다른 사람을 가르치다.

인생의 도리에 대해 공부하든 각종지식을 공부하든, 배운 내용을 기억하는 것이 가장 중요한 기본내공이다. 오직 기억하고 이해해야만 비로소 실천하고 활용할 수 있으며, 배운 지식을 진정으로 융합하고 관통할 수 있는 것이다.

> "이미 배운 것을 익히고 복습하며, 새로운 것을 알게 되면, 가히 스승이 될 수 있을 것이다."
>
> "溫故而知新, 可以爲師矣." (≪論語·爲政≫)

공자는 배운 것을 자주자주 새겨 익히고, 그렇게 익힌 지식을 가지고 남을 가르치는 '스승'이다.

4. 子曰, **"學如不及, 猶恐失之."**(≪論語·泰伯 08.17≫)

: 공자가 말하였다. "배움은 따라가지 못할 듯이 하면서도, 또한 놓칠까 두려워해야 한다."

"학여불급學如不及"은 '마치 도달하지 못할 것 같아 노심초사하며 열심히 공부하다'는 뜻이다. 늘 부족하다는 생각에 열심히 노력하는 것을 말한다. "유공실지猶恐失之"의 '유'는 '그래도'·'아직도'의 뜻이다.

공부를 할 때에는 긴박감이 필요하다. "학여불급學如不及"은 노력하여 좇아가는 것이 마치 공부를 따라가지 못할까 걱정하는 듯한 긴박감이고, "유공실지猶恐失之"는 이미 배운 것이지만 잊어버릴까 걱정하는 불안감이다. '호학好學'하는 자라면 이러한 긴박감과 불안감을 분명히 갖게 된다. 긴박감은 공부하면서 싫증을 느끼지 않게 하고, 불안감은 부단히 배우고 익히고자 하는 '온고지신'의 계기가 된다.

5. 子曰, "由也! 女聞六言六蔽矣乎?" 對曰, "未也." "居! 吾語女. 好仁不好學, 其蔽也愚, 好知不好學, 其蔽也蕩, 好信不好學, 其蔽也賊, 好直不好學, 其蔽也絞, 好勇不好學, 其蔽也亂, 好剛不好學, 其蔽也狂."(≪論語·陽貨 17.08≫)

: 공자가 말하였다. "유야 너는 육언과 육폐에 대해서 들었느냐?" 대답했다. "아직 듣지 못했습니다." "앉아 있어라. 내가 너에게 말해주겠다. 인을 좋아하고 배우기를 좋아하지 않으면 그 폐단은 어리석게 되는 것이고, 지혜로움을 좋아하고 배우기를 좋아하지 않으면 그 폐단은 방탕하게 되는 것이고, 신의를 지키기를 좋아하고 배우기를 좋아하지 않으면 그 폐단은 해치게 되는 것이고, 정직한 것을 좋아하고 배우기를 좋아하지 않으면 그 폐단은 비좁게 되는 것이고, 용기를 좋아하고 배우기를 좋아하지 않으면 그 폐단은 어지럽게 되는 것이고, 굳센 것을 좋아하고 배우기를 좋아하지 않으면 그 폐단은 미치광이처럼 되는 것이다."

① **육언육폐六言六蔽**: 여섯 가지 덕행, 여섯 가지 병폐. ② **居(있을 거**, jū): 앉아 있어라. ③ **蕩(쓸어버릴 탕**, dàng): 방탕하다. 근간이 없다. ④ **賊(도둑 적**, zéi): 해치다. ⑤ **絞(목맬 교**, jiǎo): 비좁다. 급박하다. ⑥ **狂(미칠 광**, kuáng): 경솔하다.

공자는 자로에게 배우기를 좋아하지 않으면 생기는 여섯 가지 병폐에 대해서 설명하였다. 공부는 매우 중요하다. 배우기를 좋아하면 다른 사람의 여러 병폐를 고치도록 도울 수 있다.

'愚(어리석을 우, yú)'·'蕩(쓸어버릴 탕, dàng)'·'賊(도둑 적, zéi)''絞(목맬 교, jiǎo)'·'亂(어지러울 란, luàn)'·'狂(미칠 광, kuáng)'은 배우지 않았을 때 생기는 여섯 가지 폐단이다.

인덕, 지혜, 성실, 정직, 용감함, 강인함 등은 일반적으로 추구하는 대상들이다. 그러나 만약 이들을 단편적으로 좇아가기만 할 뿐, 근본적으로 공부하기를 좋아하지 않는다면 그 지식은 얕아지고 말 것이다. 이는 결국 전면적이고 정확한 판단능력이 없는 상태가 되기 때문에 여러 가지 잘못을 저지르게 되는 것이다,

"호인불호학好仁不好學" 즉 '인을 좋아하지만 배우기를 좋아하지 않으면', 인덕의 진정한 내함을 이해할 수 없고, 인덕이라는 이름만 있을 뿐 그 실질은 없거나, 혹은 쉽게 속아버리는 '어리석음'을 범하게 된다. "호지불호학好知不好學"은 '지혜를 좋아하지만 배우기를 좋아하지 않는 것'이다. 이와 같은 폐단은 총명함을 드러내기를 좋아하지만 학문적 기초가 없기 때문에 말이나 행동에서 진정한 지혜가 드러나지 않아 '방탕'하게 된다. "호신불호학好信不好學"은 '신의를 지키기를 좋아하고 배우기를 좋아하지 않는 것'으로, 신의를 중시하기는 하지만 시비판단

의 능력이 없기 때문에 다른 사람에게 이용당하거나 자신을 해치기 쉽다. "호직불호학好直不好學"은 '정직한 것을 좋아하고 배우기를 좋아하지 않는 것'으로, 스스로는 정직하고 공평무사하다고 생각하지만 정직이라는 미명하에 다른 사람에게 모든 것을 책임지라고 하기 쉬워 조급하고 각박하게 된다. "호용불호학好勇不好學"은 '용기를 좋아하고 배우기를 좋아하지 않는 것'으로, 충동적으로 일하기 쉽고 결과를 책임질 능력이 없어 화를 초래하게 된다. "호강불호학好剛不好學"은 '굳센 것을 좋아하고 배우기를 좋아하지 않는 것'으로, 자기만 옳다고 여기므로 쉽게 자만하고 안하무인이 된다. 따라서 배우기를 좋아하지 않으면 진정한 지혜와 시비판단능력이 부족하게 되어 각종 미덕을 갖추고자 하나 이를 수가 없게 된다.

6. **子曰, "君子食無求飽, 居無求安, 敏於事而愼於言, 就有道而正焉, 可謂好學也已."**(≪論語·學而 01.14≫)
 : **공자가 말하였다. "군자는 먹는 데에 있어서 배불리 먹기를 추구하지 않고 거주함에 있어서는 편안함을 추구하지 않는다. 일을 함에 있어서는 민첩하고 말을 함에 있어서는 신중하며, 도가 있는 자에게 나아가 자신의 잘못을 바로잡는다면 배우기를 좋아한다고 할 수 있다."**

 ① **취유도就有道**: 도에 가까운 사람에게 가까이가다. ② **正(바를 정, zhèng,zhēng)**: 바로잡다.

공자는 '호학'의 조건을 "식불구포食不求飽", '먹는 것을 배부름을 구하지 않고', "거무구안居無求安", '사는 것에 편안한 것을 구하지 않고', "민사신언敏事愼言", '일은 민첩하게 하고 말은 조심스럽게 하고', "취유도정就有道正", '도 있는 군자와 가까이 하여 자신을 돌보는 것'이라 하였다.

이는 보통 사람들이 열심히 전문분야를 공부해서 명예를 얻고 물질생활을 누리려고 하는 것과는 다르다. 군자란 물질추구에 목적을 두지 않고 매사에 열심히 노력하고 신중히 말하며, 허심탄회한 마음으로 현명하고 덕이 있는 자들에게 가르침을 구하는 것이다.

7. 孔子曰, "生而知之者上也, 學而知之者次也, 困而學之, 又其次也, 困而不學, 民斯爲下矣."(≪論語·季氏 16.09≫)

: 공자가 말하였다. "태어나면서부터 아는 자가 최상이고, 배워서 아는 자는 그 다음이며, 답답해서야 배우는 자는 또 그 다음이지만, 답답해도 배우지 않는 자는 백성으로서 곧 최하가 된다."

① **斯(이 사**, sī): 이.

개인은 천부적인 자질이 다르기 때문에 노력해서 공부해야 한다. 공자는 자기 자신도 "생이지지生而知之"가 아니라고 하였다.

> 많이 듣고 그 가운데 좋은 것을 택하여 배우고, 많이 보고 그것을 익히면, 그것이 '생이지지'의 다음이다.
>
> "多聞, 擇其善者而從之, 多見而識之, 知之次也."(≪論語·述而≫)

공자는 많이 듣고 좋은 것을 택하여 배우고, 많이 보고 익히면 '생이지지' 다음은 간다고 하였다. 공자가 바로 이러한 사람이기도 하다. 이 세상 대부분의 지식인들은 "학이지지學而知之"하는 사람이다. "곤이학지困而學之"하는 사람은 공부에 대해 주도적인 면이 부족하지만, "곤이불학困而不學"인 사람보다는 백배 천배 낫다. '곤이불학'하는 사람은 지식과 생활 모든 면에서 눈 먼 봉사와 같은 사람들이다.

8. 子曰, "知之者不如好之者, 好之者不如樂之者."(≪論語·雍也 06.20≫)
   : 공자는 말하였다. "아는 것은 좋아하는 것만 못하고, 좋아하는 것은 즐기는 것만 못하다"

"지지知之", "호지好之", "낙지樂之"의 세 가지 경지가 있다. 어떤 학문이든 단지 단순한 이해에 그쳤을 뿐이라면 깊이 있게 파고들어 좋은 성적을 내기 어려울 것이다. 그러나 만약 일에 흥미가 생기고 그것이 더해져 즐거움이 있다면 더 높은 경지에 이를 수 있을 것이다. 물론 "낙지"에 도달하려면 먼저 "好之"의 과정이 있어야 한다. "호지"에 들어가려면 반드시 "학지學之" 즉 '지지'의 단계가 있어야 한다. 어떤 일을 좋아하고 즐길 수 있는 기초가 마련되어야 하는데, 그것이 바로 '학지'이다. 어떤 일에 숙달되기까지는 열심히 배우는 수련기간이 있어야 한다. 수련을 걸쳐 일에 숙련되면 그 일을 알게 될 것이고, 좋아하게 될 것이고 즐길 수 있을 것이다.

고통이 없는 즐거움은 없다. 큰일을 하려면 먼저 몸이 고통을 받는 시련의 과정을 겪는 것과도 같다. 맹자는 '생어우환生於憂患'하고 즉 '우환 속에서 살고', '사어안락死於安樂' 즉 '평안하고 즐거움에서 죽는다.'라고 하였다.

하늘이 큰 임무를 그 사람에게 내리려 할 적엔 반드시 먼저 심지를 괴롭히며, 그 근력을 수고롭게 하며, 그 몸과 피부를 굶주리게 하며, 그 몸을 궁핍하게 하여, 그의 하는 것을 어그러뜨리고 어지럽히는 것을 하는 것이니, 그렇게 함으로써 마음을 분발시키고 인내력을 갖게 하여, 그 능하지 못한 부분을 증익시키기 위한 것이다. 사람은 허물이 있은 뒤에야 고치는 것이니, 마음에 고달픈 것이 있고 생각에 순조롭지 못한 것이 있고 난 뒤에야 분발하게 되며, 고통이 얼굴에 나타나고 음성에 나타나야 깨닫는 것이다. 나라 안에 들어가면 법도 있는 집과 보필하는 선비가 없고, 나라 밖에 나가면 적국과 외환이 없는 경우는 나라가 항상 멸망한다. 사람은 우환 뒤에야 살아남고, 안락하면 죽는다는 것을 알게 되는 것이다.

"故天將降大任於是人也, 必先苦其心志, 勞其筋骨, 餓其體膚, 空乏其身, 行拂亂其所為, 所以動心忍性, 曾益其所不能. 人恒過, 然後能改. 困於心, 衡於慮, 而後作. 徵於色, 發於聲, 而後喻. 入則無法家拂士, 出則無敵國外患者, 國恒亡. 然後知生於憂患, 而死於安樂也."(≪孟子·告子下≫)

9. 子曰, "古之學者爲己, 今之學者爲人."(≪論語·憲問 14.24≫)
: 공자가 말하였다. "옛날의 배우는 사람들은 자기를 위해서 배웠지만, 지금의 배우는 사람들은 남을 위해서 배운다."

"위기지학爲己之學"과 "위인지학爲人之學"은 당시 사람들의 배움의 목적을 비판하기 위하여 옛날과 비교하여 설명한 것이다. "위기爲己"는 자신의 학문과 인격의 수양을 높이기 위한 것이고, "위인爲人"은 자신의 만족이 아니라 다른 사람에게 보여 주기 위한 공부를 하기 위한 것이다.

오늘날 우리가 어렸을 때부터 성인이 되어서까지도 계속해서 공부를 하는 이유는 행복한 삶을 영위할 수 있는 능력을 갖추기 위한 것이고, 자신으로 하여금 지식과 교양을 갖출 수 있도록 하기 위함이다. 이는 결국 자신의 역할을 담당할 수 있는 충실한 사회구성원이 되기 위함인 것이다. 쓸모 있는 사회구성원으로서 이 세상에서 편안한 삶을 추구하고자 하는 것, 결국 학습이란 일정한 지식을 쌓은 다음 자아세계自我世界를 세우고, 그것을 한층 더 향상시키고자 하는 것이다. 이것이 바로 '위기지학'이다.

'위인지학爲人之學'은 조금 배운 것을 하나의 도구로 삼으려는 것이다. 예를 들어, 공부를 해서 글을 쓰거나, 승진을 위해 배우거나, 기능을 갖추어 직업을 찾기 위한 도구로 삼으려는 것이다. 이것은 곧 자신이 익힌 지식과 학문을 이용하여 타인을 기쁘게 하고자하는데 사용하려는 것이다.

10. 子在川上曰, "逝者如斯夫! 不舍晝夜."(≪論語·子罕 09.17≫)

: **공자가 냇가에 계실 때 말하였다. "가는 것이 이 물과 같구나! 밤낮을 그치지 않는구나."**

① **逝(갈 서, shì)**: 가다.

세월이 총망히 흘러가는 것을 탄식하면서 제자들에게 시간을 아끼라고 격려하는 공자의 말이다. 시간은 한 번 흘러가면 다시는 되돌아오지 않는다. 모든 생명의 시간은 매우 한정적이다. 그러므로 우리는 매 순간을 아껴야 한다. 귀중한 시간을 잘 이용하여 자신의 생명가치를 드높여야 한다. 공자는 시간과 시간 속 만물이 마치 강물처럼 앞으로 흘러갈 뿐 되돌아 올 수 없다고 비유하였다. 그래서 그리스의 어느 철학자는 "같은 강물에 두 번 발을 담글 수 없다"[71]라고 하였고, ≪주역≫은 "하늘의 운행은 강건하므로, 군자는 이로써 스스로 강인하게 쉬지 않는다."[72]라고 하였다. '자강불식自强不息'은 자신이 강해지기 위하여 끊임없이 노력한다는 뜻이다.

71 Heracleitos의 "No man ever steps in the same river twice."

72 ≪周易·上經≫: "天行健, 君子以自强不息."

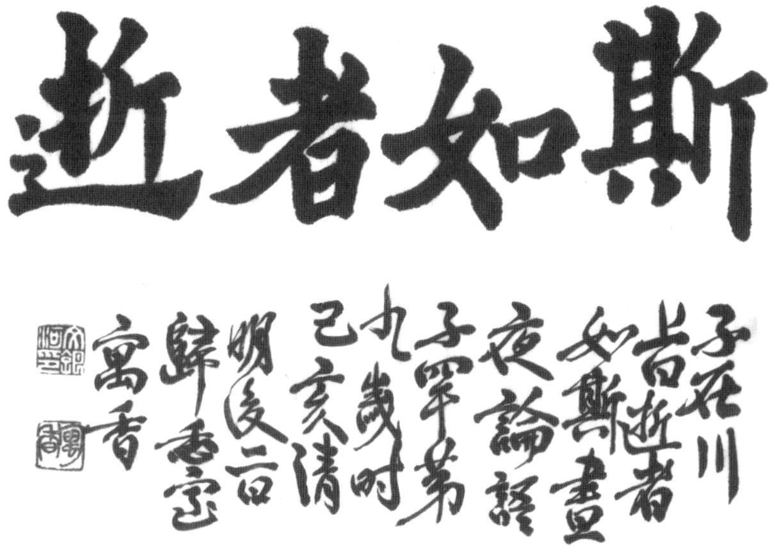

작품설명 서자여사

逝者如斯

: 가는 것은 저와 같다.

子在川上曰:“逝者如斯夫!(不舍)晝夜.”

: 선생님이 냇가에서 말씀하시기를, “지나가는 것은 이와 같은 것이라, 밤낮없이 멎지 않는다.”

論語子罕第九, 己亥清明後二日, 歸仁室, 寓香.

: 논어 자한편 아홉 번째 구절. 기해년 청명 후 이튿날, 귀인실에서, 우향.

제7장 02

택선종지 擇善從之

: 좋은 점을 택하여 배우다

學

공자는 배움이란 '택선종지擇善從之' 즉 '많이 듣고서 그 중에서 선한 것을 골라서 따르는 것'이라 하였다. 이것이 바로 '택선이학擇善而學', 많이 듣고 좋을 것을 택하여 배우는 것이다. 본 절에서는 '배움의 방법'에 대하여 살펴보기로 한다.

1. 子曰, "賜也, 女以予爲多學而識之者與?" 對曰, "然, 非與?" 曰, "非也, 予一以貫之."(≪論語·衛靈公 15.03≫)

: 공자가 말하였다. "사야, 너는 내가 많이 배워서 기억하고 있는 사람이라 생각하느냐?" 자공이 대답했다. "그렇습니다. 아닙니까?" 말하였다. "아니다. 나는 하나를 가지고 꿰뚫고 있다."

① **女**: '汝(너 여, rǔ)'와 같다. ② **識(기억할지[식]**, zhì,shí): 기억하다. ③ **일이관지一以貫之**: 하나의 중심사상으로 전부를 꿰뚫다.

사賜는 자공이다. 공자가 자공에게 자신의 학설은 하나의 중심사상으로 관통하고 있다하였다. "다학이지지자多學而識之者"는 공자에 대한 자공의 생각이다. 이에 하나를 더 추가하여 인식해야 할 것은 "일이관지"라는 대원칙이다. 공자의 '일一'은 그의 중심사상이고, 이것은 곧 '인仁'이다. 증자는 공자의 '일이관지'를 '충서忠恕'로 이해하였다.

> "스승님의 도는 충서일 따름이다."
>
> "夫子之道, 忠恕而已矣"(≪論語·里仁≫)

2. **子曰, "君子博學於文, 約之以禮, 亦可以弗畔矣夫!"(≪論語·雍也 06.27≫)**

 : 공자가 말하였다. "군자가 여러 가지 삶의 도리와 방식에 대해 널리 배우고, 예를 가지고 짜임새 있게 행한다면, 또한 어긋나지 않을 것이다."

 ① **畔**: '叛(배반할 반, pàn)'과 같다. 위배하다.

'박문약례博文約禮'는 '널리 배우고, 예절로 제약하다'는 뜻이다. 유자有子는 '예'는 '화和'를 가장 소중한 것으로 삼지만, 만약 '예'로 조절되지 않으면 행해지지 않는다고 하였다.[73]

'博(넓을 박, bó)'은 넓음이다. 많을수록 좋은 것이다. '約(묶을 약, yuĐ)'은 수렴이고 제약이다. 적으면 적을수록 좋다. 이것은 규범이자 규율이다. 공자는 지식은 많으면 많을수록 좋고, 행동은 수렴할수록 좋다고 생각하였다.

---

73 ≪論語·學而 01.12≫: "有子曰: 禮之用, 和爲貴. 先王之道, 斯爲美, 小大由之. 有所不行, 知和而和, 不以禮節之, 亦不可行也."(유자가 말하였다. 예의 실용적 가치는 조화에 있다. 고대 성왕들의 도리는 그로 (조화라는 점으로) 인해서 아름다웠던 것으로 대소사를 막론하고 다 그것을 지향하여 행하여졌던 것이다. 조화로 지향하는 데도 일이 순조롭게 행하여지지 않는 것은 한갖 조화에 귀중한 가치가 있다는 것만을 알고 조화를 지향하기만 하기 때문인데, 예로써 조절하지 않는다면 역시 일이 순조롭게 행하여지지 않게 마련이다.)

"일에 민첩하게 행하고 말에 조심스럽게 해야 한다."

"敏於事而愼於言."(≪論語·學而≫)

군자의 말과 행동은 합리적인 규범을 따라야 하는 것이다.

3. 子曰, "蓋有不知而作之者, 我無是也. 多聞, 擇其善者而從之, 多見而識之, 知之次也."(≪論語·述而 07.28≫)
: 공자가 말하였다. "아마도 알지 아니하고서도 실천하는 것이 있지만, 우리들에게는 그러한 것이 없다. 많이 듣고서 그 중에서 선한 것을 골라서 따르며, 많이 보아서 아는 것이니, 지혜로움의 두 번째 단계이다."

① **지지차知之次:** 배워서 아는 것은 그 다음이다. 배운 후 아는 것은 차등의 앎이다.

공자 스스로는 결코 천성적으로 똑똑한 것이 아니라 많이 공부하여 지식을 얻게 된 사람이라 하였다. 공자는 또한 이해하지 못했으면서 아는 척 하지 않았다고 하였다. 자장이 나라의 복록에 대하여 가르침을 청하자, '다문궐의多聞闕疑'하고, '다문궐태多聞闕殆'해야 한다하였다.

'많이 듣고 의심이 가는 일은 그대로 남겨 두고, 많이 보고 미심쩍은 일은 남겨 두고', '많이 듣고 의문스러운 것은 남겨 두고, 그렇게 하고도 남은 의문스러운 일은 말하기를 삼가면 과오가 적을 것이고, 많이 보고 미심쩍은 일은 남겨 두고, 그렇게 하고도 남은 미심쩍은 일은 행하기를 삼가면 후회되는 일이 적을 것'[74]이라는 말이다. 알지도 못하면서 아는 척하는 하는 것은 위험천만한 것이다.

4. 子曰, "三人行, 必有我師焉, 擇其善者而從之, 其不善者而改之."(≪論語·述而 07.22≫)

: 공자가 말하였다. "세 사람이 함께 길을 가면 거기에는 반드시 나의 스승이 있다. 그 가운데 나보다 나은 사람의 좋은 점을 골라 그것을 따르고, 나보다 못한 사람의 좋지 않은 점을 골라 그것을 바로잡는다."

① **擇(가릴 택, zé)**: 선택하다. ② **從(좇을 종, cóng)**: 따르다.

공자는 아는 체를 하지 않았고 단지 공부하기를 좋아하여 모든 사람들에게서 배우는 것을 잘 했다하였다. "기선자其善者" 즉 '좋은 점', "기불선자其不善者" 즉 '좋지 않은 점'은 모두 배울만한 부분이 있다. 어떤 사람이라도 그에게 배울 점이 있다. 좋은 점을 보면 같이지려고 하고 나쁜 점을 보면 자신을 반성할 수 있기 때문이다. 이것이 '호학'의 가장 기본이다.

---

74 ≪論語·爲政 02.18≫: "子張學干祿. 子曰: 多聞闕疑, 愼言其餘, 則寡尤, 多見闕殆, 愼行其餘, 則寡悔. 言寡尤, 行寡悔, 祿在其中矣."(자장이 간록장干祿章을 배우자 공자는 말하였다. 많이 듣고 의문스러운 것은 남겨 두고, 그렇게 하고도 남은 의문스러운 일은 말하기를 삼가면 과오가 적을 것이고, 많이 보고 미심쩍은 일은 남겨 두고, 그렇게 하고도 남은 미심쩍은 일은 행하기를 삼가면 후회되는 일이 적을 것이다. 말에 과오가 적고 행동에 후회되는 일이 적으면 봉록은 그 가운데 있는 것이다.)

5. 子曰, "學而不思則罔, 思而不學則殆."(≪論語·爲政 02.15≫)

: 공자가 말하였다. "배우기만 하고 생각하지 않으면 아무것도 없게 되고, 생각하기만 하고 배우지 않으면 위태롭다."

① **罔(그물 망**, wǎng): 시비를 가리지 못하다. ② **殆(위태할 태**, dài): 위태하다. 위험하다.

배움과 생각은 병행되어야 한다. 공부하면 앞 시대 사람들의 지혜를 얻을 수 있고, 자신의 식견 또한 넓힐 수 있다. 이것은 '온고지신溫故知新' 할 수 있다. 그러나 배우기만 하고 생각하지 않으면, 머리에 들어 있는 각종 지식들이 체계를 갖추지 못하기 때문에 미혹되기 쉽다. 사고를 해야 만이 배운 사리를 종합하고 융합하여 관통할 수 있고, 내 것으로 만들 수 있다. 그 다음 이 하나를 통하여 다른 셋을 유추해 낼 수 있다. 또한 만약 생각만 하고 공부하지 않으면 머리에 생각만 있고 학문적 체계가 없기 때문에 독단에 빠지기 쉽다. 이 때문에 자신만이 옳은 줄 알게 된다.

공자가 결코 하지 않는 네 가지가 있다. 그것은 바로 '절사絶四'이다.

> "억측하는 일이 없고, 장담하는 일이 없으며, 고집부리는 일이 없고, 아집을 부리는 일이 없다."
>
> "毋意, 毋必, 毋固, 毋我"(≪論語·子罕≫)

배우면서 생각을 하고 생각을 하면서 공부를 해야 이와 같이 될 수 있다.

6. 子曰, "吾嘗終日不食, 終夜不寢, 以思無益, 不如學也."(≪論語·衛靈公 15.31≫)
: 공자가 말하였다. "내 일찍이 종일토록 먹지 않고, 밤새도록 자지 않고서 생각하였으나 유익함이 없었다. 배우는 것만 같지 못했다."

① **嘗(맛볼 상, cháng)**: 일찍이. ② **이사以思**: 이로써 사고하다.

종일토록 생각하고 밤새도록 생각한들 실질적으로 배우지 않고 행동하지 않으면 그것은 헛생각이 되고 만다. 쓸모없는 시간 낭비이다. 또한 배우기만 해서도 안 된다. 이를 실천에 옮겨야 한다. '언행일치言行一致'와 '학이치용學而致用'이 있어야 한다. 배운 것을 행동으로 옮겨야 하지 않아서 듣기만 하고, 오직 시험을 치르기 위해서 시간을 때우고 있는 것이라면 쓸모없는 배움이다. 배운 것은 활용해야 한다. 이것이 '학이치용'이다. 탁상공론卓上空論에 그칠 것이 아니라 배운 것을 실천하고 그것을 활용하여야 한다.

7. 子貢問曰, "孔文子何以謂之文也?" 子曰, "敏而好學, 不恥下問, 是以謂之文也."(≪論語·公冶長 05.14≫)
: 자공이 물었다. "공문자를 왜 문이라고 하였습니까?" 공자가 말하였다. "부지런히 배우기를 좋아하고, 아랫사람에게 묻는 것을 부끄럽게 생각하지 않아서이다. 이 때문에 그를 문이라고 한 것이다."

① **敏(재빠를 민, mǐn)**: 부지런하다. ② **불치하문不恥下問**: 자신의 신분보다 낮은 사람에게 가르침을 구하는 것을 부끄럽게 여기지 않다.

'민이호학敏而好學', '민첩하게 배우기를 좋아하고', '불치하문不恥下問', 아랫사람에게 묻는 것을 수치스럽게 생각하지 않는 것이 '문文'이라 할 수 있다. '학문學文'은 호학이다.

공문자는 위나라 대부였던 공어孔圉라는 사람이다. 그의 시호는 '문文'이다. 시호란 죽은 뒤에 그의 공덕을 칭송하여 부르는 이름이다. 일반적으로 그 사람의 일생에 대한 개괄적인 평가에 근거하여 훌륭한 점을 들어 시호를 짓는다. '문'은 학문에 정진하였음을 대표하는 이름이다. ≪논어≫에서 '호학好學'한 인물로 꼽히는 것은 모두 네 사람이다. 첫 번째는 군자가 '호학'한다 하였고, 두 번째는 공자자신이 '호학'한다 하였다. 그 세 번째는 안연이고 네 번째가 공문자이다.

8. 子曰, "溫故而知新, 可以爲師矣."(≪論語·爲政 02.11≫)
: 공자가 말하였다. "옛 것을 파악하여 새로운 것을 알아야 스승이 될 수 있다."

공자는 '온고지신'하면 스승이 될 수 있다하였다. 바꾸어 말하면 스승이 되기 위해서는 즉 '온고지신'해야 한다는 것이다.

현대사회 사람들 대부분은 새로운 지식을 익혀야 한다고 생각한다. 그들은 아직 옛 것의 중요성을 인식하지 못하고 있다. 이것은 지금 우리가 ≪논어≫를 읽는 목적이기도 하다. ≪논어≫를 읽을 때마다 새로운 지식과 인식의 가장 큰 밑거름이 되는 것이 '고전'임을 느낀다. 이는 성인의 경험과 인생을 살아온 이들의 노하우가 응집되어 있기 때문이다.

9. 衛公孫朝問於子貢曰, "仲尼焉學?" 子貢曰, "文武之道, 未墜於地, 在人. 賢者識其大者, 不賢者識其小者. 莫不有文武之道焉. 夫子焉不學? 而亦何常師之有?"(≪論語·子張 19.22≫)

: 위나라의 공손조가 자공에게 물었다. "중니는 어디에서 배웠는가?" 자공이 말했다. "문왕, 무왕의 도가 아직 땅에 떨어지지 않아 사람들에게 있으니, 현명한 사람은 그 중에서 큰 것을 기억하고 현명하지 못한 사람은 그 작은 것을 기억하고 있으므로, 문왕, 무왕의 도가 있지 않음이 없다. 스승님께서는 어디에서인들 배우지 않으시겠는가? 또한 어찌 일정한 스승이 있겠는가?"

① **언학焉學:** 어디에서 배웠는가. ② **문무지도文武之道:** 주나라 문왕, 무왕의 도덕과 예절. ③ **미추어지未墜於地:** 실전失傳되지 않다. ④ **상사常師:** 고정된 스승.

'학무상사學無常師'는 '배움에는 일정한 스승이 없다.'는 뜻이다. 자공은 공자의 학문이 '학무상사'에서 비롯된 것이라 하였다. 공손조는 위나라 대부이다. 공자는 박학으로 이름이 났던 인물이었기 때문에, 공자의 박학이 도대체 어디에서 비롯되었는지 알고 싶었을 것이다.

자공의 말솜씨는 매우 비범하다. 주나라의 문왕과 무왕은 이미 존재하고 있지 않지만 그들의 도는 아직도 존재하고 있었다. 따라서 현명한 사람은 그 가운데의 큰 도리를 이해하지만 현명하지 못한 사람은 그 가운데 작은 도리만을 이해할 뿐이다.

그는 공자가 어디에서도 배우지 않음이 없으니, 어찌 반드시 고정된 스승이 있겠느냐고 말했다. 공자에게는 정해진 스승이 없었다. 정해진 스승에게서만 배우는데 그치지 않아야 큰 스승이 될 수 있다. 세상 모든 자연만물이 다 스승이다.

10. 子夏曰, "日知其所亡, 月無忘其所能, 可謂好學也已矣."(≪論語·子張 19.05≫)

: 자하가 말했다. "날마다 자기가 할 줄 모르던 것을 알아나가고, 달마다 자기가 잘하는 것을 잊지 않는다면 배우기를 좋아한다고 할 수 있다."

① **亡**: '無(없을 무, wú)와 같다.

'일지소망日知所亡'은 '매일 매일 자신이 할 수 없는 것을 아는 것'이고, '무망소능無忘所能'은 '자신이 할 수 있는 것을 잊지 않는 것'이다. 이것이 자하가 정의한 '호학'이다.

자신의 부족을 메꾸기 위한 것이 공부이다. 또한 이미 습득한 학식을 잊지 않기 위하여 복습해야 한다. 사람은 망각의 동물이다. 반복하지 않으면 잊어버리고 만다.

11. 子曰, "苗而不秀者, 有矣夫! 秀而不實者, 有矣夫!"(≪論語·子罕 09.22≫)

: 공자가 말하였다. "싹은 났으나 자라지 않는 것도 있고, 자라기는 했으나 열매 맺지 않는 것도 있다."

① **苗(모 묘, miáo)**: 싹이 나다. ② **秀(빼어날 수, xiù)**: 꽃이 피다. 자라다. ③ **實(열매 실, shí)**: 열매 맺다.

'묘이불수苗而不秀'는 '자질은 있으나 성공하지 못함'을 말하고, '수이불실秀而不實'은 '배웠으나 성과가 없음'을 말한다.

어떤 학자들은 이 구절은 공자가 안회의 요절을 탄식한 내용이라고 하였다. 안회는 학문적 성취는 높았지만 그 성과를 남기지 못하였다. 참으로 안타까운 일이다.

우리의 학문 또한 마찬가지이다. 만약 오롯하게 견지하는 태도와 뒷심이 받침 되지 않는다면, 노력을 했다 해도 결실을 맺기는 어렵다. 성과가 있으려면 지속성이 이어야 한다. 군자가 깨달음을 얻었다는 것은 꽃은 피웠지만 아직 결실을 얻지는 못한 것이다. 배움을 통해 얻은 지혜와 깨달음을 행동으로 실천하고, 자신의 삶의 모습을 바꾸어야만 비로소 열매를 맺었다고 할 수 있다.

12. 子曰, "譬如爲山, 未成一簣, 止, 吾止也. 譬如平地, 雖覆一簣, 進, 吾往也."(≪論語·子罕 09.19≫)

: 공자가 말하였다. "비유하자면 산을 쌓아 올리다가 흙 한 삼태기가 모자라는 데서 멈추었다고 하더라도, 중지했다면 그것은 내가 멈춘 것이다. 비유하자면 땅을 고르는데 비록 한 삼태기의 흙만을 부었을 뿐이라고 하더라도, 나아갔다면 그것은 내가 나아간 것이다."

① 簣(**삼태기 궤**, kuì,kuǎi): 삼태기.

본 구절은 '자강불식自强不息'하고 꾸준함을 유지해야하며, 도중에 그만두어서는 안 된다는 공자의 가르침이다. "비여위산譬如爲山, 미성일궤未成一簣"는 '산으로 비유하자면 산을 만드는데 흙 한 삼태기가 모자라 산이 되지 못하다.'는 뜻이다. 산은 일정한 높이가 있어 그 높이에 도달하기 전에는 비록 흙 한 삼태기가 모자란다 하더라도 산이 아닌 것이다. 이를 사자성어로 '공휴일궤功虧一簣'라 한다. '성공을 눈앞에 두고 실패하다', '거의 다 된 일을 막판의 실수로 그르치다'라는 뜻이다. 성공을 눈앞에 두고 실패하는 것은 꾸준함이 없기 때문이다. 실패와 성공의 원인을 우리는 일반적으로 외재적인 것에서 찾으려 한다. 성공하지 못하면 하늘을 원망하고 다른 사람을 탓하는 것이 그것이다. 그러나 실제로는 내재적인 요인이 더 크다. 성공과 실패는 자신의 게으름과 강인한 의지에서 비롯되는 것이다. 산이 만들어지기까지 딱 한 삼태기의 흙이 모자라는 상황과 같이 우리는 성공을 목전에 두고 그만두기 일쑤이다. 끝까지 노력하면 반드시 자신이 이루고자 하는 일을 이룰 수 있다. 조금 늦고 빠름의 차이일 뿐 결코 실패란 없다.

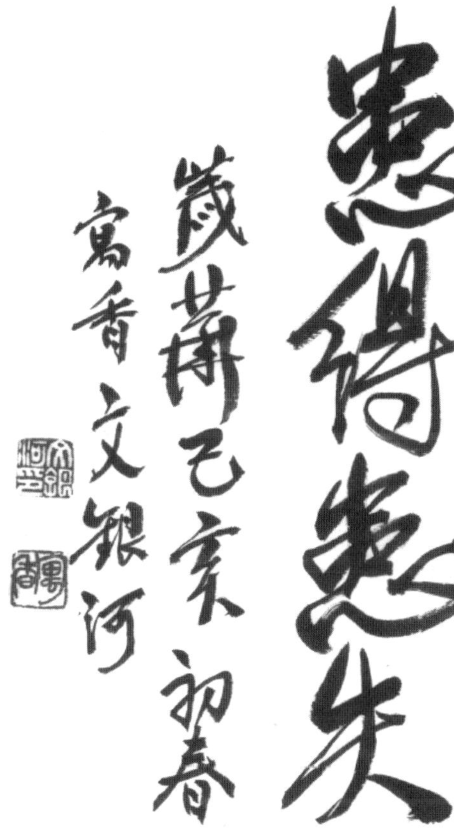

작품설명 **환득환실**

患得患失

: 얻을까 걱정하고 잃을까 걱정하다.

歲華己亥初春, 寓香 文銀河.

: 기해년 정월, 우향 문은하.

教

제8장

가르침

회인불권(誨人不倦) : 가르치기를 게을리 하지 않다

공자는 "회인불권誨人不倦" 즉 '남을 가르치기에 게을리 하지 않았는가.'를 반성하였다. "묵이지지默而識之, 학이불염學而不厭, 회인불권誨人不倦, 하유어아재何有於我哉?"(≪論語 · 述而 ≫)와 같이 '묵묵히 마음속에 기억하고, 열심히 배우면서 싫증을 내지 않고, 남을 가르치기에 게을리 하지 않는 것, 이 중에 어떤 것을 내가 이루었단 말인가.'의 반성을 통해, 공자는 항상 배움과 가르침에 겸허한 마음 자세였다. 본 장에서는 ≪논어≫ 중의 '가르침'에 대하여 살펴보기로 한다.

제8장

01

박학약례 博學約禮

: 좋넓게 배우고 예로 다지다

教

공자는 '박학약례博學約禮' 즉 '널리 배우고 예로써 다듬어야 한다.' 라고 하였다. 그래야만 정도에서 어긋나지 않는다는 것이다. 가르침은 이와 같이 예의로 절제하도록 하는 것이다. 본 절에서는 '배움'에 대하여 살펴보기로 한다.

1. 子以四教, 文, 行, 忠, 信. (≪論語·述而 07.25≫)
   : 공자는 네 가지로써 가르쳤으니, 문, 행, 충, 신이다.

① **문文**: 문헌, 즉 ≪시詩≫, ≪서書≫, ≪예禮≫, ≪악樂≫ 등 전적을 가리킨다.

② **행行**: 덕행. 행위 규범.

공자는 평소에 네 가지를 중점으로 해서 제자들을 가르쳤다. '문文'은 문헌전적을 공부하는 것으로 학문의 기초를 다지는 것이다. '행行'은 예를 지키고 의를 행하는 것으로, 인품과 덕을 수양하는 것이다. 안연은 공자의 교학원칙 두 가지를 언급한 바 있다.

글로 나의 지식을 넓혀 주시고, 예로 나의 행위를 단속하여 주신다.
博我以文, 約我以禮 (≪論語·子罕≫)

'박博'은 '지식을 넓게 하는 것'이고, '약約'은 '행동을 예법으로 제약하는 것'이다. 하나는 지식이고 다른 하나는 행동규범이다.

'충忠'은 '전심전력을 다하는 마음'이고, '신信'은 '진실하고 말에 신임이 있는 것'이다.

2. 子曰, "興於詩, 立於禮, 成於樂."(≪論語·泰伯 08.08≫)
: 공자가 말하였다. "시에서 흥기시키고, 예에서 서며, 악에서 완성한다."

덕을 닦는 과정이다. 공자는 주로 육예六藝를 가르치고, 덕을 닦는 것을 목적으로 하였다. 그 중 ≪시≫·≪예≫·≪악≫은 모두 덕행을 함양할 수 있는 것이다. '시'는 성정을 도야하고, 선을 좋아하고 악을 없애려는 마음을 일으킬 수 있다. '예'는 공경과 겸양이 근본이기 때문에 예를 배우면 행동을 단정히 할 수 있고 입신·처세할 수 있다. '악'은 가장 마지막 단계이다. 교화와 덕을 이룸에 있어 '화化'는 음악을 통해 충분히 드러난다. '악'은 무엇보다도 건전한 인격수양을 촉진할 수 있기 때문이다.

3. 子曰, "志於道, 據於德, 依於仁, 遊於藝."(≪論語·述而 07.06≫)
: 공자가 말하였다. "도에 뜻을 두고, 덕에 근거하고, 인에 의지하고, 예에 노닐어라."

① 據(의거할 거; 手-총16획; jù,jū): 근거하다. ② 依(의지할 의, yī): 의지하다. 기대다. ③ 藝(심을 예, yì): 예禮, 악樂, 사射, 어御, 서書, 수數.

공자는 덕 수양은 일정한 방법과 분명한 층차가 있다고 생각하였다. 가장 먼저 뜻을 세워야 한다. 삶의 바른 도리를 추구해야 한다. 이것이 "지어도志於道"이다. '덕'은 개인의 덕행수양이다. 덕을 닦는 원칙은 같지만 모든 사람의 수양 정도는 각기 다르므로 반드시 분명하게 파악해야 한다. '인'은 삶의 바른 길이다. 선을 택해 추구하는 것이 바로 그것이다. '유'는 육예를 숙련되게 익히는 것이다. 마치 물고기가 물에 노니는 것처럼 매우 자유스럽고 즐거운 것이다. 앞의 세 단계는 비교적 엄격하지만 마지막 단계는 홀가분하고 자유롭다. 노력과 함께 도덕수양에 잘 적응한다면 생명은 더욱 완전하고 입체적으로 충실해질 것이고 더욱 건강해질 것이다.

4. 陳亢問於伯魚曰, "子亦有異聞乎?" 對曰, "未也. 嘗獨立, 鯉趨而過庭. 曰, '學詩乎?' 對曰, '未也.' '不學詩, 無以言.' 鯉退而學詩. 他日, 又獨立, 鯉趨而過庭. 曰, '學禮乎?' 對曰, '未也.' '不學禮, 無以立.' 鯉退而學禮. 聞斯二者." 陳亢退而喜曰, "問一得三, 聞詩聞禮, 又聞君子之遠其子也."(≪論語·季氏 16.13≫)
: 진항이 백어에게 "당신은 또 색다른 말씀도 들은 것이 있습니까?" 하고 묻자 "아직 없습니다. 한번은 아버님께서 홀로 서 계시는데 제가 종종걸음으로 마당을 지나갔더니 '시를 배웠느냐?'라고 하시더군요. '아직 안 배웠습니다.'라고 대답했더니 '시를 배우지 않으면 말을

할 수가 없다'라고 하셨습니다. 저는 물러나와 시를 배웠습니다. 훗날 또 혼자 서 계시는데 제가 종종걸음으로 마당을 지나갔더니 '예를 배웠느냐?'라고 하시더군요. '아직 안 배웠습니다.'라고 대답했더니 '예를 배우지 않으면 존립할 수가 없다'라고 하셨습니다. 저는 물러나와 예를 배웠습니다. 이 두 가지를 들었습니다."라고 대답했다. 진항이 물러 나와서 기뻐하며 말했다. "한 가지를 물었다가 세 가지를 얻었다. 시에 관한 이야기를 들었고, 예에 관한 이야기를 들었고, 또 군자가 자기 아들을 멀리함에 관한 이야기를 들었다."

① **백어伯魚:** 공자의 아들. 이름은 鯉(잉어 리, lǐ)이다. 자는 백어伯魚이다.

공자는 아들 백어에게 '과정지훈過庭之訓'을 하였다. '과정지훈'이란 '부친의 가르침(교육)'이라는 뜻이다. 공자는 아들에게 시와 예를 배울 것을 당부하였고, 아들에게만 치우친 편애의 교육을 하지 않았다. 진항은 공자의 아들이 특별한 교육을 받으리라 생각했다. 그리하여 비밀리에 소장하고 있는 전적 '비급秘笈'을 얻고자 하였다. 공자는 일반 제자들을 가르칠 때와 같이 자신의 아들을 가르칠 때에도 다른 특별한 점이 없었다. 공자는 "불학시不學詩, 무이언無以言" 즉 '시를 배우지 않으면 말을 할 수가 없다'의 '시교詩敎'를 강조하였다. ≪시경≫을 공부한 후에야 비로소 말을 할 때 문아하고 논쟁할 때 근거가 있다. "불학례不學禮, 무이립無以立", '예를 배우지 않으면 존립할 수가 없다.' 입신처세하기 위해서는 예를 배워야 한다. 예로써 자신을 컨트롤 할 줄 알아야 사회에서 존경받을 수 있다. 그렇지 않으면 버릇없는 사람이 된다. 선량하고 성실하다고해서 그 행동이 적절한 것은 아니다.

"원기자遠其子"는 부자지간의 적절한 거리를 의미한다. 유가에서는 아버지는 엄격하고 어머니는 자애로워야 한다고 강조하였다. 따라서 부자지간에는 적절한 거리를 유지해야 한다는 것이 전통 습관이었다. 진항은 매우 영리했다. 그는 백어의 대답을 듣고 "문일득삼問一得三" 즉 하나를 물어 세 가지 사실을 알게 되었다. ≪시경≫을 배우고, 예를 배워야 하며, 군자와 아들 사이에는 적절한 거리가 있어야 하고 또한 편애하지 않는다는 것이다.

이에 대해 맹자는 다음과 같이 말하였다.

> "옛날에는 아들을 바꿔서 가르쳤고, 부자지간에는 선하라고 책망하지 않는다."
>
> "易子教之, 父子之間不責善."(≪孟子·離婁上≫)

위와 같이 하지 않으면 서로의 정이 끊기고 멀어지기 때문이다.

5. 子曰: "君子博學於文, 約之以禮, 亦可以弗畔矣夫!"(≪論語·雍也 06.27≫)
   : 공자는 말하였다. "군자로서 글을 널리 배우고 그것을 예로써 제약한다면 또한 정도에서 어긋나지 않을 수 있게 될 것이다."

널리 배운 글을 예로써 제약한다는 것은 실천하는데 절실하도록 법도에 따라 정리한다는 뜻이다. 좋은 스승 밑에 좋은 제자가 있는 법이다.

제자가 자기 스승에 대해 '경이원지敬而遠之'(雍也 6.22) 즉 '공경하면서도 멀리 하는 것'이 바로 이것이다. 이와 반대되는 표현은 '오이원지惡而遠之'이다. '오이원지'는 '미워하여 멀리하는 것'이다. 스승이 제자에게 '경이원지'의 존경을 받지는 못할망정 '오이원지'를 당하지는 말아야 할 것이다. 제자로부터 존경을 받기 위해서는 스승 역시 '박학博學'하도록 끊임없이 노력하고 정도에 어긋나지 않도록 하여야 한다. 학식은 뛰어나지만 예로써 절제하지 못하기 때문에 제자와의 사이에 불신이 쌓이는 것이다.

제8장
02

유교무류 有教無類

: 가르침에 차별이 없다

敎

공자의 가르침의 원칙은 '유교무류有教無類'이다. 차별 없는 가르침이다. 배우고자 하는 마음만 갖추고 있으면 공자는 구별 없이 가르쳤다. 본 절에서는 공자의 '가르침 자세'에 대하여 살펴보기로 한다.

1. 子曰, "有教無類."(≪論語·衛靈公 15.39≫)

   : **공자가 말하였다. "가르침만 있을 뿐 차별은 없다."**

   ① **무류無類:** 빈부, 귀천, 현명함과 우둔함의 구분이 없이 똑같이 대한다.

"유교무류有教無類"는 공자의 기본 교육방침이다. 공자시기에 교육을 받을 수 있는 것은 귀족의 특권이었다. 그러나 공자는 사람이라면 누구나 교육받을 권리가 있다고 생각했다. 빈부, 귀천, 현명함과 우둔함을 막론하고 모두 동등하다고 보았다. 공자는 위대한 교육가였다.

2. 子曰, "自行束脩以上, 吾未嘗無誨焉."(≪論語·述而 07.07≫)

: 공자는 말하였다. "속수 이상을 행하는 자는 내가 일찍이 가르치지 않은 적이 없다."

① 자自~이상以上: ~이상. ② 속수束脩: 육포 묶음. 자신의 신분에 알맞은 속수의 예법.

공자는 15세 이상의 소년이라면 누구에게나 적절한 가르침을 주었다. "행속수行束脩"는 고대의 귀족 자제가 15세가 되어 대학에 입학할 때 반드시 '속수' 즉 '말린 고기 10묶음'을 스승께 드려야 했다. 이는 일종의 예절이었고 마음의 표현이었다. 후대에는 '행속수行束脩'로써 '15세'의 나이를 대표하였다. 따라서 "행속수行束脩"는 공자가 가르침을 구하는 15세 이상의 제자들이라면 누구에게라도 가르침을 주었다는 뜻으로 해석할 수 있다. 공자의 "십유오이지어학吾十有五而志於學"(≪論語·爲政≫)이라는 말과 일맥상통한다. 공자는 귀족자제들만 공부할 수 있었던 당시대의 제한을 깨뜨리고 최초로 평민교육을 시작하였다.

3. 互鄕難與言, 童子見, 門人惑. 子曰, "與其進也, 不與其退也, 唯何甚? 人絜己以進, 與其絜也, 不保其往也."(≪論語·述而 07.29≫)

: 호향 사람들은 대화의 태도가 좋지 않아서 함께 이야기를 나누기 어려운데, 그곳의 한 아이가 공자를 뵙자 문인들이 의아하게 생각했다. 이에 공자가 말하였다. "나는 사람이 진보하는 것은 찬동하지만 퇴보하는 것은 찬동하지 않는데 어떻게 그 아이에게 심하게 대하겠느냐? 사람이 자기 자신을 깨끗이 하고 진보하려 할 때 그의 깨끗한 면을 받

아들이는 것이 그의 과거를 모두 옳았다고 보증해주는 것은 아니다."

① **호향互鄕:** 노나라 지명. 풍속이 좋지 못했던 곳. ② **난여언難與言:** 함께 사귀고 이야기하기가 어렵다. ③ **동자童子:** 15세가 되지 않은 아이. ④ **불보기왕不保其往:** 지나간 일은 담아두지 않는다.

교육을 받고자 하는 사람이면 출신신분이나 과거의 경력에 관계없이 교육의 기회를 주겠다는 것이 공자의 주장이다. 공자는 관대한 마음으로 가르쳤다. "호향난여언互鄕難與言"은 '호향互鄕 지역의 풍속이 좋지 않아 외부사람들에게 우호적으로 대하지 않았던 탓에 함께 이야기를 나누기가 힘들었다.'는 뜻이다. 하지만 호향의 아이가 공자를 뵙고자 했을 때 공자는 거절하지 않았다. 제자들은 이를 의아하게 생각했다. 공자의 교육 기본이념은 '유교무류'이다. 과거를 따지지 않고 편견도 가지지 않았다. 오직 성실한 마음으로 배움을 구하는 자라면 충분했다. 출신이 좋지 못하거나 과거에 그 사람이 어떤 사람이었든 간에 진심으로 배우려고 하면 공자는 모두 받아들였다. '불보기왕不保其往'은 '지나간 과거에 연연하지 않고 지금 모습 그대로를 받아들이는 것'이다.

4. 子曰, "不憤不啓, 不悱不發. 擧一隅, 不以三隅反, 則不復也."(≪論語·述而 07.08≫)

: 공자가 말하였다. "배우고 싶어 하는 번민이 없으면 계도하지 않을 것이며, 말로 표현할 줄 몰라 애태우지 않으면 말해주지 않을 것이다. 하나를 거론하였는데 셋을 미루어 짐작하지 않으면 다시 가르치지 않겠다."

① **憤(결낼 분**, fèn): 번민하다. 분발하다. ② **啓(열 계**, qǐ): 일깨워주다. 가르쳐주다. ③ **悱(표현 못할 비**, fěi): 말하고 싶지만 말이 나오지 않다. ④ **隅(모퉁이 우**, yǘ): 모서리. 모퉁이. ⑤ **反(되돌릴 반**, fǎn): 유추하여 생각하다.

이 구절은 공자의 계발식 교육사상을 알 수 있는 부분이다. 공자는 주도적으로 공부하고 이해하는 것을 중시하였다. 공자는 교육의 '결정적인 순간'을 중시했다. 공자는 제자들이 '거일반삼擧一反三' 즉 하나를 말하면 셋을 유추해 낼 수 있기를 바랐다. 쉬운 일은 아니지만 자주 머릿속에 담고 생각을 거듭한다면 못할 것도 없다. '분憤'하면 되는 것이다. 어떤 문제에 대해서 생각하거나 혹은 어떤 분야의 학문을 연구하면서, 문제의 답을 찾지 못하면 마음이 매우 조급해진다. 바로 이때에 가르침이 필요하다. 간절하게 배우고 싶은데 배움을 얻을 수 없는 바로 그 때 스승이 적절하게 계도해주는 것이 '계啓'이다. "불비불발不悱不發"과 "불분불계不憤不啓"는 같은 맥락이다. "거일반삼擧一反三"은 네 개의 모서리 가운데 하나의 모서리를 들어서 예로 보여주었을 때, 남은 세 개의 모서리까지 모두 연상해낼 수 있는 것을 말한다. 이것은 사물에 대해 일부분을 이해하고, 유추를 통해 그 나머지 비슷한 상황을 모두 파악할 수 있음을 의미한다.

5. 子曰, "吾有知乎哉? 無知也. 有鄙夫問於我, 空空如也. 我叩其兩端而竭焉."(≪論語·子罕 09.08≫)

: 공자가 말하였다. "내가 아는 것이 있는가? 나는 아는 것이 없다. 비천한 남자가 나에게 묻더라도 텅 비어 있는 것 같다. 나는 두 상황을 살펴 최선을 다해 알맞은 답은 찾을 뿐이다."

① **공공여空空如:** 텅 빈 것 같은 모양. ② **叩(두드릴 고,** kòu)**:** 두드리다. 묻다. ③ **竭(다할 갈,** jié)**:** 다하다.

'고기양단叩其兩端'은 '그 양쪽을 묻다'는 뜻으로, 문제의 양쪽을 잘 캐물어서 철저히 파악함을 말한다.

지식은 활용하는 것이 중요하다. 모든 사물은 변화무쌍하다. 구체적인 생활 속에서 지식을 활용하고 적절하게 사용할 수 있는 것은 매우 중요한 능력이다. 새로운 문제에 직면했을 때 문제의 정면과 반면을 바라보고, 어떻게 대응하고 처리할 것인가와 같은 요소에 대해 객관적이고 차분하게 사고해야 한다. 그래야 어떤 일에 대해서 적절하게 처리할 수 있고, 남들이 만족할 만한 가르침을 줄 수 있는 것이다.

작품설명 **유교무류**

有敎無類

: 가르침엔 구별이 없다.

篆文曰, 有敎無類也. 論語先進篇句. 時維己亥仲夏之節, 泉谷

: 전문은 '유교무류'이다. 논어선진편 구절. 기해년 한 여름에, 천곡.

제8장

03

인재시교 因才施敎

: 재능에 맞추어 가르치다

敎

공자는 맞춤형 교육을 하였다. '인재시교因材施敎' 즉 제자의 재능에 따라, 재능에 맞게 교육을 실시하였다. 이것이 지금의 눈높이 교육이다. 그리하여 '인'에 대한 대답, '예'에 대한 대답이 제자에 따라 각각 다르게 제시되었다. 본 절에서는 공자의 '가르침의 방법'인 '재능에 따른 교육' 방법에 대하여 살펴보기로 한다.

1. **子曰, "中人以上, 可以語上也, 中人以下, 不可以語上也."**(≪論語·雍也 06.21≫)

   : 공자가 말하였다. "중간쯤 되는 사람 이상에게는 심오한 진리를 말해도 되지만, 중간쯤 되는 사람 이하에게는 심오한 진리를 말하면 안 된다."

   ① **중인中人**: 천부적 재능이 중등 이상이 되는 사람. ② **어상語上**: 깊고 심오한 도리를 알려주다.

공자의 '인재시교因才施教'원칙에 대한 설명이다. 사람은 누구나 서로 다른 자질을 가지고 있다. 공자는 사람의 자질을 크게 상·중·하의 세 등급으로 분류하였다. 이 세 등급은 자질이 서로 다르므로 교육 방법도 자연히 달라진다. 자질의 다름에 따라 각기 다른 교육방법을 행하는 것을 '인재시교'라 한다. 이는 매우 중요한 교육방법이다. 가장 높은 자질은 '상지上智'이고, 가장 낮은 자질은 '하우下愚'이다. 공자는 이에 대해 자질의 이동과 변화가 쉽지 않음을 역설한 적이 있다. 그는 "유상지여하우불이唯上知與下愚不移."(≪論語·陽貨≫)라 하였는데, 이는 '오직 가장 지혜로운 사람과 가장 어리석은 사람만이 옮기지 않는다.'는 말이다. '옮기지 않음'은 자기의 하는 바를 고치지 않는다는 뜻이다. '상지'는 '생이지지生而知之' 즉 '태어나면서 아는 사람'이고, '하우'는 '곤이불학困而不學' 즉 '곤궁해도 배우지 않는 사람'을 말한다.

그러나 이처럼 양극단의 자질을 가진 사람은 극히 소수이다. 대부분의 사람들은 모두 중등의 자질을 가지고 있다. 중등의 자질을 가지고 있으면서 위를 향해 나아가고 싶은 사람들에게는 상등의 학문과 도리를 설명해 줄 수 있다. 이는 중등의 자질을 가진 사람이라도 적극적으로 진보를 향해 노력하면 높은 단계로 발전할 수 있음을 시사하는 부분이라 할 수 있다.

2. 司馬牛問仁. 子曰, "仁者, 其言也訒." 曰, "其言也訒, 斯謂之仁已乎?" 子曰, "爲之難, 言之得無訒乎?"(≪論語·顔淵 12.03≫)
: 사마우가 인을 묻자 공자가 말하였다. "인자는 그 말하는 것을 조심한다." 사마우가 말하였다. "말하는 것을 조심하면 곧 인이라고 할

수 있겠습니까?" 공자가 말하였다. "그렇게 하는 것이 어려우니, 말을 할 때 조심성이 없어서야 되겠느냐?"

① 訒(말더듬을 인, rèn): 말을 가볍게 하지 않고 신중하게 하다. ② 위지난 爲之難: 행하기 힘들다.

사마우가 '인'에 대해 묻자 공자는 '말을 신중하게 하는 것'이라 하였다. 공자의 '인재시교'의 교학방법으로 보아 사마우의 단점은 말이 많고 성질이 조급하였을 것이다. 공자는 천편일률적으로 '표준답안'을 제시하지 않았다. 사마우가 "말하는 것을 조심하면 곧 인이라고 할 수 있겠습니까?"라고 물은 것으로 볼 때, 그는 스승의 가르침을 이해하지 못했거나 언사에 조심성이 결여된 듯하다. 이 때문에 공자는 "그렇게 하는 것은 매우 어려운 일이다."라고 대답하였으니, 이는 사마우 너 자신도 방금 그렇게 행하지 못한 것이라고 일깨워준 것이다.

3. 子路問, "聞斯行諸?" 子曰, "有父兄在, 如之何其聞斯行之?" 冉有問, "聞斯行諸?" 子曰, "聞斯行之." 公西華曰, "由也問聞斯行諸, 子曰, '有父兄在', 求也問聞斯行諸, 子曰, '聞斯行之'. 赤也惑, 敢問." 子曰, "求也退, 故進之, 由也兼人, 故退之."(≪論語·先進 11.22≫)
: 자로가 "옳은 일을 들으면 곧 그것을 행합니까?"하고 물어보자 공자는 "부형이 계시는데 어떻게 옳은 일을 들었다고 곧 행하겠느냐?"라고 말하였다. 염유가 "옳은 일을 들으면 곧 그것을 행합니까?"하고 물어보자 공자는 "옳은 일을 들으면 곧 행하여라."라고 말하였다. 공서화가 말했다. "유가 '옳은 일을 들으면 곧 그것을 행합니까?'하고 여쭈었

을 때는 스승님께서 '부형이 계신다.'라고 하시고, 구가 '옳은 일을 들으면 곧 행합니까?'하고 여쭈었을 때는 스승님께서 '옳은 일을 들으면 곧 행하여라.'라고 하시니 제가 미혹스러워서 감히 그 까닭을 여쭈어봅니다" 이에 공자가 말하였다. "구는 뒤로 물러서기 때문에 그를 전진시켰고, 유는 잘 나서서 남의 몫까지 하기 때문에 그를 후퇴시킨 것이다."

① **退(물러날 퇴, tuì):** 물러나다. 여기서는 염구의 행동력이 부족함을 가리킨다.

② **兼(겸할 겸, jiān):** 자로가 용감하게 행하여 두 사람의 몫을 하다.

자로와 염유의 똑같은 질문에 대해 공자는 상반되는 대답을 주었다. 이는 '인재시교'로 인한 것이다. 염구는 내성적이고 실천력이 부족하기 때문에 "옳은 일을 들으면 바로 그것을 바로 행하라"라고 대답을 준 것이고, 자로는 거칠고 용감하여 두 사람 몫을 해내는 인물이기 때문에 옳은 일이라 할지라도 부모형제와 상의하여 행하라고 한 것이다.

4. 孺悲欲見孔子, 孔子辭以疾. 將命者出戶, 取瑟而歌, 使之聞之.(≪論語·陽貨 17.20≫)
: 유비가 공자를 뵈려고 하자 공자는 병을 구실로 거절하였다. 말을 전하는 사람이 문을 나가자 공자는 슬을 타면서 노래를 불러 그로 하여금 듣게 하였다.

① **유비孺悲:** 노나라 사람. 일찍이 공자를 따라다니며 배웠다. ② **사이질辭以疾:** 병을 이유로 접견을 거부하다. ③ **장명자將命者:** 말을 전하는 사람. ④ **사지문지使之聞之:** 유비가 듣도록 하여, 공자가 병이 없음을 알게 하다.

공자는 유비를 만나고 싶지 않았고, 그 사실을 고의로 그가 알게 하였다. 공자는 병을 핑계로 유비의 접견을 거절했다. 그러나 고의로 슬을 타며 노래를 불렀다. 유비로 하여금 자신의 과실을 반성하도록 한 것이다. 이것이 바로 '가르치지 않고 가르친 경우'라 하겠다.

5. 子曰, "由! 誨女知之乎! 知之爲知之, 不知爲不知, 是知也."(≪論語·爲政 02.17≫)
: 공자가 말하였다. "유야 너에게 안다는 것이 무엇인지 가르쳐 주겠다. 아는 것을 안다고 하고, 모르는 것을 모른다고 하는 것, 그것이 아는 것이다."

① 女: '汝(너 여, rǔ)'와 같다.

공자가 자로에게 실사구시의 태도를 가르쳐 준 내용이다. 자로는 공자보다 9년 아래다. 그는 성격이 개성적이고 솔직하였으며 호전적이고 나서기를 좋아하였으며 자만하였다. 이러한 그의 자질 때문에 이러한 가르침이 필요하였다. 몰라도 아는 것처럼 자신을 과장하지 말라는 뜻이다.

하지만 자로는 배운 것을 실천하는 데에 누구보다 노력한 인물이다.

> "자로는 어떤 도리를 듣고 아직 실천하기 전에 또 다른 도리를 들을까 두려워하였다."
>
> "子路有聞, 未之能行, 唯恐有聞." (≪論語·公冶長≫)

그는 먼저 배운 것을 실천에 옮기기 전에 또 다른 것을 배우게 될까 걱정하였으니 자로는 행동하는 실천가였음이 분명하다. 혹자는 이 구절을 자신의 우직함을 걱정한 내용으로 보기도 한다.

智慧

제9장

지혜

찰언관색(察言觀色) : 말을 살피고 안색을 헤아리다

'찰언관색察言觀色'은 '말을 살피고 사람의 안색을 살피다'는 뜻이다. 이는 '사람을 아는 지혜'이다. 본 장에서 ≪논어≫ 중의 '사람을 아는 지혜'에 대하여 살펴보기로 한다.

제9장

01

중호필찰 衆好必察

: 모두 좋다 해도 살펴라

智慧

'중호필찰衆好必察'은 '모두가 좋다고 해도 잘 살펴보아야 한다'라는 뜻이다. 이는 사람을 잘 살펴 알아야 한다는 뜻이다. 군자에게는 자신의 재능, 학식, 덕행, 능력을 다른 사람에 알리는 것이 중요한 것이 아니라, 더 중요한 것은 내가 다른 사람을 알 수 있느냐는 것이다. 본 절에서는 '사람을 안다는 것'에 대하여 살펴보기로 한다.

1. 子曰, "性相近也, 習相遠也."(≪論語·顏淵 12.02≫)
   : 공자가 말하였다. "사람의 본성은 서로 비슷하지만 습성으로 서로 달라진다."

공자는 사람의 본성은 서로 가깝지만 그들이 달라지는 것은 주로 후천적으로 형성한 습관이 다르기 때문이라 하였다. 우리는 그가 어떤 교육을 받았고 어떠한 경험이 있었는지를 통해 그 사람을 대략적으로 이해할 수 있다.

≪삼자경三字經≫ 첫 편의 "인지초人之初, 성본선性本善. 성상근性相近, 습상원習相遠", '사람의 처음 그 본성은 선하고, 본성은 서로 비슷

하나 습성으로 달라진다.'는 논어의 이 구절로부터 비롯된 것이다. 여기에 보이는 공자의 '性'은 아직 성악론도 아니고 성선론도 아니다. 공자는 단지 후천적 학습과 교화가 사람을 크게 차이나게 한다는 것을 강조한 것뿐이다.

2. 子曰, "不患人之不己知, 患不知人也. (≪論語·學而 01.16≫)
: 공자가 말하였다. "남이 자기를 알아주지 않음을 걱정하지 말고, 자기가 남을 알지 못함을 걱정하라."

① 患(**근심 환**, huǎn): 걱정하다.

만약 다른 사람이 나를 알아주지 않으면 어떻게 해야 하는지에 대한 공자의 가르침이다. 자신의 재능, 학식, 덕행, 능력은 단지 자신의 일일 뿐, 반드시 다른 누군가가 알아주는 것은 아니다. 다른 사람이 알아주지 않는 것이 간혹 그 사람에게 손해일 수 있지만, 군자에게 더 중요한 것은 내가 다른 사람을 알 수 있느냐는 것이다. 공자는 번지에게 지혜는 "知人"(≪論語·顔淵≫) 즉 '다른 사람을 아는 것'이라 하였다. 공자는 또한 군자는 "人不知而不慍"(≪論語·學而≫) 즉 '다른 사람이 몰라주어도 성내지 않는 자'라고 하였다.

'피아르(PR: public relations)'는 자신을 잘 포장해서 대중에게 알리는 것이다. 이것은 현대사회를 살아가는 인간에게 매우 중요한 전략 중 하나이다. 이 때문에 지금 현대사회는 남이 알아주지 않는 것을 속상해하지 않기란 매우 어려운 수양이 되어버렸다.

3. 子曰, "衆惡之, 必察焉, 衆好之, 必察焉."(≪論語·衛靈公 15.28≫)

: 공자가 말하였다. "많은 사람들이 싫어해도 반드시 좋은 점은 있는지 살펴보아야 하고, 많은 사람들이 좋아해도 반드시 나쁜 점은 없는지 살펴보아야 한다."

① **惡(미워할 오**, wù): 싫어하다. ② **察(살필 찰**, chá): 자세히 살피다.

시비와 선악을 판단할 때에는 공정하고 객관적인 기준이 있어야 한다. 모든 사람이 좋아하거나 싫어한다고 해서, 그것을 좇아 누군가를 좋아하거나 싫어해서는 안 된다. 이러한 이유로 공자는 다음과 같이 말하였다.

> "오직 인자한 사람만이 남을 좋아할 수 있고 남을 미워할 수 있다."
>
> "唯仁者能好人, 能惡人."(≪論語·里仁≫)

인자만이 판단 기준이 공정하고 객관적이기 때문이다. 그렇지 않으면 '의필고아意必固我' 즉 '억측하고, 장담하고, 고집 부리고, 아집을 부리기' 쉽다.[75]

75 ≪論語·子罕 09.04≫: "子絶四, 毋意, 毋必, 毋固, 毋我."(공자가 절대 안 하시는 일이 네 가지 있었다. 즉 억측하는 일이 없고, 장담하는 일이 없고, 자기 의견만을 고집하는 일이 없고, 이기적인 일이 없다.)

4. 子貢問曰, "鄕人皆好之, 何如?" 子曰, "未可也." "鄕人皆惡之, 何如?" 子曰, "未可也, 不如鄕人之善者好之, 其不善者惡之."(≪論語·子路 13.24≫)

: 자공이 "마을 사람들이 모두 어떤 사람을 좋아하면 어떻습니까?"하고 물어보자 공자는 "그것으로는 아직 안 된다"라고 말하였다. "마을 사람들이 모두 그를 미워하면 어떻습니까?"라고 하자 공자는 "그것으로도 아직 안 된다. 마을 사람들 가운데 선량한 사람은 그를 좋아하고, 선량하지 못한 사람은 그를 미워하는 것만 못하다"라고 말하였다.

"향인개호지鄕人皆好之"는 모든 사람이 좋아하는 사람을 가리킨다. 일반 사람들은 이런 사람이 인간관계가 좋다고 생각한다. 그러나 공자가 생각하기에 이런 사람은 전형적인 향원鄕愿이었다. 즉 원칙도 없고 입장도 없는 무골호인無骨好人인 것이다. 인간관계에 있어 가장 먼저 모든 사람이 자기를 좋아하기를 바라서는 안 된다. 만약 당신이 입장과 원칙을 가지고 있는 사람이라고 가정했을 때, 당신의 입장에 찬성하는 사람이라면 당신을 좋아하겠지만 반대하는 사람이라면 당신을 좋아하지 않을 것이다. 그러므로 중요한 것은 어떤 입장을 선택할 것인지, 이유가 무엇인지, 선택 후에 어떤 결과가 있을 것인지 등의 문제들에 대해 먼저 마음속으로 생각해 보는 것이다.

공자는 향원에 대해 이렇게 말하였다.

> "온 고을 사람들의 칭송을 받는 무골호인無骨好人은 덕을 해치는 자이다."
>
> "鄕愿, 德之賊也."(≪論語·陽貨≫)

'愿'자에 대해 혹자는 '原'으로 쓰거나 '傆(약을 원, yuǎn)'으로 써야 한다고 보기도 한다. ≪說文解字≫는 '傆'자에 대하여 "黠(약을 힐(교활함))이다"라고 하였다.

반면 맹자는 '향원鄕原'에 대해 이렇게 말하였다.

> "비난하려 해도 거론할 것이 없고, 꼬집으려 해도 꼬집을 것이 없으며, 유행하는 세속에 동조하고 더러운 세태에 영합하여, 처신이 충후하고 신실한 것 같으며 행실이 청렴하고 고결한 것 같은 사람이다."
>
> "非之無擧也, 刺之無刺也, 同乎流俗, 合乎汚世, 居之似忠信, 行之似廉絜."(≪孟子·盡心下≫)

≪논어주소論語注疏≫는 향원에 대해 "사람이 강직하지도 의지가 굳세지도 못하여 사람을 만나면 번번이 그 사람의 취향을 탐지해 아첨해 영합한다."[76]라고 설명하고 있다. 이것이 덕을 해치는 것임을 지적하고 있는 것이다.

5. 子曰, "君子不以言擧人, 不以人廢言."(≪論語·衛靈公 15.23≫)

: 공자가 말하였다. "군자는 말로써 사람을 천거하지 않고, 사람 됨됨이로써 그 사람의 말을 버리지 않는다."

① **거인擧人:** 한 사람을 천거하다.

---

76 ≪論語注疏≫ : "人不能剛毅, 而見人輒原其趣嚮, 容媚而合之."

그 사람의 말과 그 사람의 인품이 반드시 일치하는 것은 아니다. 군자는 눌언민행訥言敏行하고, 교언영색巧言令色하지 않는다.

소인은 교언에 뛰어나다. 때문에 그의 교언에 속임을 당할 수 있다. 그러나 그의 말만 듣고 그 사람을 등용해서는 안 된다. 하지만 그렇다고 해서 "불이인폐언不以人廢言" 즉 그 사람의 됨됨이가 좋지 않다고 해서 그의 말을 부정해서도 안 된다. 그 사람이 하는 말에 귀를 기울여야 하는 경우도 종종 있기 때문이다. 좋은 사람도 나쁜 말을 할 수 있고 나쁜 사람도 좋은 말을 할 수 있다. 동일한 사람이 한 말이라 하더라도 때로는 좋을 수도 있고 때로는 나쁠 수도 있다. 그러므로 말로써 사람을 천거해서도 사람 됨됨이로 그 사람의 말을 버려서도 안 된다.

6. 子曰, "**有德者必有言, 有言者不必有德. 仁者必有勇, 勇者不必有仁.**"(≪論語·憲問 14.04≫)
: 공자가 말하였다. "덕이 있는 사람은 반드시 말을 하지만 말솜씨가 있는 사람이라고 해서 반드시 덕이 있는 것은 아니다. 어진 사람은 반드시 용기가 있지만 용기 있는 사람이라고 해서 반드시 어진 것은 아니다."

"유덕자필유언有德者必有言"은 '덕이 있는 사람은 덕담을 하기' 때문에 말이 있다고 말한 것이다. 혹은 '덕이 있는 사람은 훌륭한 말을 한다.'라고 해석하기도 한다. "유언자불필유덕有言者不必有德"은 '말솜씨가 있다고 해서 반드시 덕이 있는 것은 아니다.'의 뜻이다. 말을 잘 하는 '교언영색巧言令色'하는 사람이 진정으로 덕행과 능력을 갖추고 있는 것은 아니라는 것이다. 덕을 갖춘 사람은 본래 남을 연민하는 정이 있기 때문에 그가 하는 말에는 틀림없이 사랑이 담겨있다.

> "지혜로운 사람은 미혹하지 않고, 인자한 사람은 근심하지 않고, 용기 있는 사람은 두려워하지 않는다."
>
> 知者不惑, 仁者不憂, 勇者不懼.(≪論語·子罕≫)

위 공자의 말처럼, 인한 사람은 공평무사하다. 그렇기 때문에 두려운 것도 없고 의로움을 보면 반드시 용감하게 행한다. 맹자가 말한 "인자무적仁者無敵"이 바로 이것이다.

7. 子曰, "**唯女子與小人爲難養也, 近之則不孫, 遠之則怨.**"(≪論語·陽貨 17.25≫)
   : 공자가 말하였다. "오직 여자와 소인만은 다루기 어렵다. 가까이하면 불손해지고, 멀리하면 원망한다."

① **난양難養:** 같이 지내기 어렵다. ② **孫:** '遜(겸손할 손, xùn)'과 같다. 겸손하다.

일반적으로 "유여자여소인위난양야唯女子與小人爲難養也"구절을 공자가 여성을 멸시한 내용을 담고 있는 것으로 잘못 이해하고 있다. 본 구절은 일반여성과 일반남성에 대해 비평한 글로 이해할 수 있다. 불공평하게도 고대의 여성들은 양질의 교육을 받을 기회가 적었고, 경제활동의 기회도 제한적이었다. '소인'은 일반남성, 군자가 아닌 자, 덕을 쌓으려는 의지가 없는 자를 가리킨다. 공자가 생각하기에 이런 부류의 사람들은 모두 소인배였다. 양질의 교육을 받지 못한 여성들과 수양이 덜 된 일반남성들은 모두 "근지즉불손近之則不孫, 원지즉원遠之則怨" 즉 '가까이 하면 불손하고 멀리하면 원망하는 행동'을 보일 수 있다. 혹은 스스로에게 이러한 특징이 있지는 않은지 반성해볼 수도 있다. 이로써 사람들과 지낼 때의 좋은 태도를 갖추고 인간관계의 방법을 조절하여 소인배가 되지 말아야 한다.

8. 子曰, "論篤是與, 君子者乎? 色莊者乎?"(≪論語·先進 11.21≫)
: **공자가 말하였다. "언론이 조리가 있어 빈틈없고 그럴듯하다고 해서 그 사람을 찬양하는데 그 사람이 과연 군자다운 사람인가 겉모양만 장중한 사람인가?"**

① **언독論篤:** 말이 조리 있다. ② **與(줄 여, yǔ):** 편들다. 찬양하다. ③ **색장자色莊者:** 모양새가 장중한 사람.

"논독시여論篤是與"는 원래 "여언독與言篤"어순의 도치이다. '是'는 강조문을 만들기 위하여 동사와 목적어 사이에 쓰이는 '之'의 용법과 같다. '색장色莊'은 안색만 장중한 척하는 것을 말한다.

덕이 있는 자와 겉모습만 그럴 듯한 사람을 구분해야 한다. 언사가 성실한 사람에 대해서는 당연히 칭찬해야 하지만 그것이 진실인지 자세히 판단할 필요가 있다. 언행이 일치되는 군자인가, 아니면 겉모습만 그럴듯한 사람인가. 총명하거나 사회경험이 풍부한 자는 그럴 듯하게 거짓으로 잘 꾸민다. 상대방의 말과 표정을 잘 살피고 오랫동안 관찰하여 그 사람의 됨됨이를 알 필요가 있다.

9. 子曰, "視其所以, 觀其所由, 察其所安. 人焉廋哉? 人焉廋哉?"(≪論語·爲政 02.10≫)

: 공자가 말하였다. "그 사람이 하는 짓을 보고, 그 사람이 걸어온 길을 살피고, 그 사람이 어떤 것에 만족을 느끼는지를 관찰한다면 그의 사람 됨됨이를 어디에 숨기랴, 그의 사람 됨됨이를 어디에 숨기랴!"

① **소이所以**: 행하는 일. ② **소유所由**: 걸어가는 길. ③ **소안所安**: 편안한 마음. ④ **廋(숨길 수, sōu)**: 감추다. 숨기다.

공자는 자장에게 '통달'이란 '찰언관색察言觀色'이라 하였다. 즉 남의 말을 살피고 안색을 헤아리는 것이다.

> "통달했다는 것은 정직하면서 정의를 좋아하며, 남의 말을 살피고 얼굴빛을 헤아리며, 남에게 자신을 낮추는 것을 생각하는 것이다."
> 夫達也者, 質直而好義, 察言而觀色, 慮以下人."(≪論語·顔淵≫)

'시관찰視觀察'은 사람을 살펴보는 방법이다. '시'는 보는 것이고, '관'은 대체적으로 보는 것이며, '察'은 자세히 보는 것이다. 현재, 과거, 미래의 표현을 자세히 살펴보아야 한다. '이이所以'는 현재 어떠한지, '소유所由'는 과거에 어땠는지, '소안所安'은 그가 어떠한 것에 편안해 하는지를 통해 그가 미래에 어떠할 것인지를 알 수 있는 것이다.

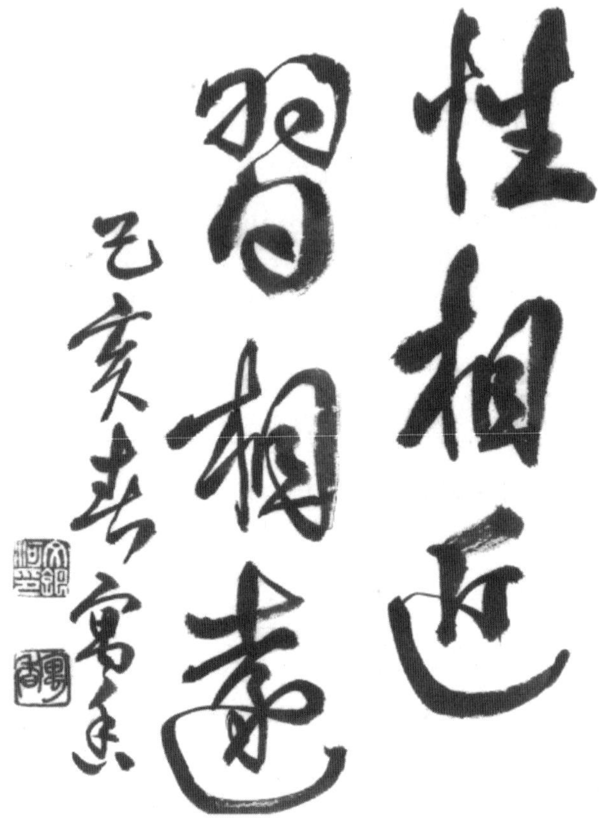

작품설명 **성상근습상원**

性相近習相遠

: 천성은 가까우나 습관은 멀어진다.

己亥春, 寓香.

: 기해년 봄, 우향.

제9장
02

후생가외 後生可畏

: 후배를 두려워하라

智慧

'후생가외後生可畏'는 '후배를 무시하지 말고 두려워 하라'는 뜻이다.

재여가 낮잠을 자고 있을 때 공자가 나무란 적이 있다. 공자는 이전에는 "청기언이신기행聽其言而信其行" '그가 하는 말을 듣고서는 그가 하는 일을 믿었지만', 지금은 "청기언이관기행聽其言而觀其行", '그가 하는 말을 듣고서도 그 행실을 살펴보게 되었다'라고 하였다.(≪論語·公冶長≫) 그 사람이 범한 잘못을 살펴보면 그 사람의 어떤 사람인지 알 수 있다. "관과觀過, 사지인의斯知仁矣"(≪論語·里仁≫)는 '허물을 살펴보면 인자한가의 여부를 알게 된다.'는 뜻이다. 이것을 바꾸어 말하면 "관기과觀其過, 지기인知其人"으로 표현할 수 있다. 그 사람의 과오를 보면 그 사람이 어떤 사람인가를 알 수 있는 것이다.

1. 子曰, "後生可畏, 焉知來者之不如今也? 四十五十而無聞焉, 斯亦不足畏也已."(≪論語·子罕09.23≫)
: 공자가 말하였다. "후배들을 두려워해야 하니, 장래의 그들이 오늘의 우리만 못하리라고 어찌 알겠는가? 사십이나 오십이 되어도 성취한 바가 없어 이름이 알려지지 않는다면, 그도 두려워할 게 못되는 사람이다."

① **가외可畏:** 두려워 할만하다. ② **焉(어찌 언,** yān)**:** 어찌. 어디. ③ **聞(들을 문,** wén)**:** 명성. ④ **斯(이 사,** sī)**:** 곧. 그래서.

"후생가외後生可畏"는 '후배를 두려워해야 한다.'의 뜻이다. 지금은 아직 어리다고 하나 그들의 장래는 무궁무진하다. 자로가 스승 공자에게 장래의 꿈에 대하여 물은 적이 있는데, 공자는 다음과 같이 대답하였다.

> "늙은이들은 편안하게 하여 주고, 벗들은 나를 신용 있게 대하도록 하여 주고, 젊은이들은 따르게 하여 주는 것이다."
>
> 老者安之, 朋友信之, 少者懷之" (≪論語·公冶長≫)

젊은이들을 따르게 하는 것은 그들에게 꿈을 갖게 하는 것이다. 공자는 젊은이들을 매우 존경하였다. 젊은이들의 앞길은 그들이 노력한다면 무궁무진하다. 그리하여 '후생가외'한 것이다. 고대 사람들은 수명이 짧았다. 4, 50이면 이미 적은 나이가 아니었다. 공자는 어떤 사람이 만약 4, 50세가 되어서도 아직 이름나지 않았다면 경외할 가치가 없다고 하였다. 그 외에도 이와 유사한 언급을 하였다.

> "나이 40이 되어서도 미움을 받으면 그야말로 그 인생은 끝이다."
>
> "年四十而見惡焉, 其終也已."(≪論語·陽貨≫)

물론 이는 보편적인 현상에 대해 말한 것이고, '대기만성大器晩成'과 같이 노년에 이름 난 사람들도 있다.

2. 闕黨童子將命. 或問之曰, "益者與?" 子曰, "吾見其居於位也, 見其與先生並行也. 非求益者也, 欲速成者也."(≪論語·憲問 14.44≫)
: 궐당의 한 동자가 손님을 안내하고 있었다. 어떤 사람이 그에 관하여 "정진하는 아이입니까?"하고 물어보자 공자가 말하였다. "나는 그 아이가 버젓이 자리를 차지하고 앉아 있는 것을 보았고, 그 아이가 연장자들과 나란히 걸어가는 것을 보았습니다. 그 아이는 정진하기를 추구하는 아이가 아니라 속성하기를 바라는 아이입니다."

① **궐당闕黨:** 공자가 노나라에 있을 때 머물던 지역. 현재 곡부 궐리闕里. ② **장명將命:** 소식을 전하다. ③ **익자益者:** 나아가기를 추구하는 사람. ④ **거위위居於位:** 성인의 자리에 앉다. ⑤ **병행並行:** 나란히 걷다.

공자는 '지자知者'란 "지인知人"(≪論語·顔淵≫) 즉 '사람을 알아보는 것'이라 하였다. 공자는 '지인'하였다. 사람을 보는 눈이 매우 뛰어났다. "궐당동자闕黨童子"에 대한 평도 매우 냉혹했다. "거어위居於位", '버젓이 앉이 있고', "여선생병행與先生並行", '연장자와 나란히 걸어가는 것'은 모두 예절이 바르지 못함의 표현이다. 당시 예절에 따르면 동자는 주인의 북쪽에 있어야 하고 길을 걸을 때에는 반드시 연장자의 뒤에 걸어야 한다.

젊은이는 겸손해야 한다. 겸손해야 노력할 수 있고 삶을 유지할 수 있는 미덕을 갖출 수 있다.

3. 子曰, “吾未見剛者.” 或對曰, “申棖.” 子曰, “棖也慾, 焉得剛?”(≪論語·公冶長 05.11≫)

: 공자가 “나는 아직 강직한 사람을 보지 못했다”라고 하자 어떤 사람이 “신정입니다”라고 대답했다. 공자가 말하였다. “정은 탐욕스러운데 어떻게 강직할 수 있겠는가?”

① **신장申棖:** 공자의 제자. ② **慾(욕심 욕, yù):** 욕망. 탐욕.

공자는 욕심이 없어야만 강직할 수 있다고 하였다. 욕망이 없고 탐욕이 없어야 다른 사람이 그에게 하지 말아야 할 일을 강요할 수 없게 된다. 욕망이 있고 탐욕이 있으면 원칙과 입장이 쉽게 변할 수 있다. 욕망이 있으면 바깥으로부터 제한을 받게 되고, 욕망이 없으면 외부적인 조건상황에 의지할 필요가 없게 되는 것이다. 여기서의 ‘욕망’은 모든 욕망을 포기하고 소극적으로 아무것도 하지 않는 것을 가리키는 것이 아니다. 공자는 자장에게 종정從政할 때에 ‘존오미尊五美’, 즉 ‘다섯 가지 아름다운 것을 존중해야 하는데’, 그 중 하나가 ‘욕이불탐欲而不貪’, 즉 ‘욕심은 있어야 한다. 그러나 탐욕을 부려서는 안 된다.’라고 하였다. ‘욕’은 ‘인의仁義’가 있는 욕심이고, ‘탐’은 사욕이 깃든 탐욕이다. 사적인 욕심이 아니라 공적인 욕망이어야 하는 것이다. 예를 들어, 관직과 돈을 마음에 두지 않는 욕심이 있어야 포청천과 같이 공정하고 청렴할 수 있다. ‘무욕즉강無慾則剛’은 ‘욕심이 없어야 강한 것’이다.

4. 子曰, “人之過也, 各於其黨. 觀過, 斯知仁矣.”(≪論語·里仁 04.07≫)
: 공자가 말하였다. “사람의 과실은 각각 그 부류에 따라 결정된다. 과실의 성질을 보면 곧 그 사람의 인의 정도를 알 수 있게 된다.”

사람의 잘못은 대부분 내재되어 있는 본인의 성격을 드러낸다. 사람을 이해하려면 그가 어떤 잘못을 저지르는지를 보면 그가 어떤 사람인지 알 수 있다. 사람의 성격은 모두 제각각이다. 누구는 조급하고 누구는 온화하고 또 누구는 쾌활할 수 있고 누군가는 침착할 수 있다. 누군가가 늘 같은 종류의 실수를 저지른다면 이것은 그의 잘못이다. 공자는 안연에 대해 잘못을 거듭하지 않는 사람이라고 평가하였다.

> “안연은 배우기를 좋아하고, 화를 다른 사람에게 옮기지 않으며, 두 번 다시 잘못을 저지르지 않는 사람이다.”
>
> “有顔回者好學, 不遷怒, 不貳過.”(≪論語·雍也≫)

‘불이과’하도록 하여야 한다.

5. 子曰, “鄙夫可與事君也與哉? 其未得之也, 患得之. 既得之, 患失之. 苟患失之, 無所不至矣.”(≪論語·陽貨 17.15≫)
: 공자가 말하였다. “비루한 사람과 함께 임금을 섬길 수 있겠는가? 그는 아직 얻지 못하였을 때는 얻으려고 걱정하고 얻고 나서는 잃어버릴까봐 걱정한다. 진실로 잃어버릴까봐 걱정하면 못 하는 짓이 없게 될 것이다.”

① **비부鄙夫:** 비루하고 천박한 사람. ② **무소부지無所不至:** 어떤 나쁜 일도 하게 된다.

공자는 소인배는 "환득환실患得患失" 즉 '얻지 못할까 걱정하고, 얻으면 또한 잃을까 걱정한다.'라고 하였다. '비부鄙夫'는 절개가 비루한 사람을 가리킨다. 이러한 부류의 사람들은 절개가 없기 때문에 관직을 얻지 못했을 때에는 얻지 못할 것을 걱정하고, 얻게 되면 또 지위를 유지하고 더 높은 지위를 얻기 위해 수단과 방법을 가리지 않는다. 소인배는 이익과 혜택이 눈앞에 있을 때 이와 같은 마음이 쉽게 일어난다. 그러므로 덕을 수양하고 절개를 지켜야만 어떠한 유혹도 마주 대할 수 있다. 이것이 바로 "물욕즉강無慾則剛", '욕심이 없으면 강인하고', 욕심이 있으면 "환득환실患得患失", '얻는 것을 걱정하고 잃는 것을 걱정하는 것'이다.

6. 子曰, "好勇疾貧, 亂也. 人而不仁, 疾之已甚, 亂也."(≪論語·泰伯 08.10≫)
: 공자가 말하였다. "용맹스러운 것을 좋아하면서 가난을 싫어하면 난동을 부리고, 사람이 어질지 못하다고 해서 그들을 미워함이 너무 심하면 화를 불러일으키게 된다."

① **疾:** 싫어하다. ② **已甚:** 지나치다.

사람 됨됨이는 온화하고 중용에 맞아야 한다. 그렇지 않고, "호용질빈好勇疾貧", 가난한 자가 자신의 가난을 불안해하면서 용감하면 반드시 혼란을 야기 시킨다. 그것은 절제가 부족한 '용감함'이기 때문이다. '호용好勇'은 폭력적인 경향을 말하고 '질빈疾貧'은 자신의 가난을 싫어하는 것을 말한다. 감정을 절제하지 못한 채 용감하기만 하면 폭력으로 자신의 감정을 발산하게 되고 난동을 부릴 수 있다. "인이불인人而不仁"은 어떤 사람의 행동이 단정하지 못함을 말한다. 만약 그들에 대한 미움이 과도해지고 여지를 남겨두지 않는다면, 그 불인不仁한 사람들은 난동을 일으킬 수 있다. 불인한 사람들을 지나치게 싫어하고 포용하지 않으면, 그들은 오히려 탈출할 공간을 잃고 난동을 부릴 수 있다.

그들에게는 사회적 포용이 필요하다. 불인한 자들을 지나치게 몰아붙이면, 그들은 감정조절을 잘하지 못하고 극단적인 사고를 하거나 극렬한 행동을 저지르기 쉽다. 그러므로 사랑과 관대함으로 그들을 대하고 반성할 공간을 만들어 주는 것이 어쩌면 더욱 조화로운 사회를 만들어가는 하나의 방법이 될 수 있다.

7. 子曰, "已矣乎, 吾未見能見其過而內自訟者也."(≪論語·公冶長 05.26≫)
: 공자가 말하였다. "끝났구나! 자기의 잘못을 발견하고 속으로 자책할 줄 아는 사람을 나는 아직까지 보지 못했으니."

① **이의호已矣乎:** 끝났다. 끝장이다. ② **자송自訟:** 자기 스스로 비판하다.

자기반성이 어렵다는 것에 대한 공자의 탄식이다. 보통사람이 자기반성이나 자기비판을 하는 것은 어려운 일이다. 실수를 하고나면 종종 부인하거나 책임을 떠넘기고, 심지어 잘못을 미화하기도 한다. 만약 반성하는 습관을 기르고, 자신이 저지른 실수에 대한 비판을 들었을 때 성실히 반성하고 잘못을 고칠 수 있다면 그는 이미 군자이다.

> "현자를 보면 현자 같기를 바라고, 다른 사람의 결점을 보면 이로써 스스로를 반성해야 한다."
>
> "見賢思齊, 見不賢而內自省也."(≪論語·里仁≫)

> "과오를 저지르고도 고치지 않는 것은 그 자체를 과오라 한다."
>
> "過而不改, 是爲過矣."(≪論語·衛靈公≫)

어떤 잘못을 하고 그것을 고치지 않는 것이야말로 진정한 잘못이다.

8. 孔子曰, "不知命, 無以爲君子也, 不知禮, 無以立也, 不知言, 無以知人也."(≪論語·堯曰 20.03≫)

: 공자가 말하였다. "천명을 모르면 군자가 될 수 없고, 예를 모르면 사회에 나설 수 없으며, 다른 사람의 말을 잘 알아듣지 못하면 그 사람을 알 수 없다."

군자라면 "지명知命", "지례知禮", "지언知言"해야 한다. "지명知命"의 '명命'은 운명일 수도 있고 사명일 수도 있다. 운명이라면 죽음과 삶, 수명, 빈곤함과 부유함 등의 변수에 객관적 제한이 있으므로 억지로 구하지 말아야 한다. 군자라면 모름지기 자신의 인생을 본래 선을 사명으로 삼고, 지선至善을 추구하는 것이 사명이다.

다음은 "지례"이다. 예는 사회성을 지닌 삼강오륜, 행동규범이다. 만약 예의규범을 알지 못한다면 사회에서 인정받는 것은 매우 어려운 일이다. 예를 모르면 아무리 인덕이 갖추고 있다고 하더라도 그 사람은 평가절하 된다. 그러므로 "부지례不知禮, 무이립無以立" 즉 '예를 알지 못하면 서지 못한다.'라고 한 것이다.

다음은 "지언"이다. 다른 사람을 이해하려면 그 사람의 말을 먼저 알아들어야 한다. '지언'하면, 그 사람이 무슨 말을 하는 지 알 수 있고, 그의 진실성을 알 수 있으며, 그 사람의 됨됨이를 알 수 있다. 말을 통해 그 사람의 기본 소양과 행동습관을 판단할 수 있는 것이다.

사실상 수양의 단계에서 살펴보면 '지언'이 가장 먼저이고 '지명'이 가장 어려운 단계일 것이다. 본 구절은 ≪논어≫의 가장 마지막 구절이다. "학이시습지學而時習之"로 시작하여 이 구절에서 끝을 맺는다. 그래서 가장 어려운 "지명"으로부터 다음 단계인 "지례", 가장 일반적인 "지언"의 단계로 설명한 것이 아닌가한다. 앞에서는 뒤로 향하는 것이고, 뒤에서는 앞으로 향하는 것이다. 군자는 천명, 사회규범, 인사 등 모든 것을 이해해야 입신·처세할 수 있고 아름다운 삶을 향유할 수 있다. 군자는 다방면에서 뛰어나야 하지만 가장 마지막에 이루고자 하는 것은 '천명'일 것이다.

處
世

제10장

처세

엄어율기(嚴於律己) : 스스로에게 엄격하다

'엄어율기嚴於律己'는 '자신 다루기를 엄격하게 하라'라는 뜻이다. '남에게는 관대함을 자신에게는 엄격함'을 요구하는 유교 사상이다. 본 장에서는 '처세'의 방법에 대하여 살펴보기로 한다.

제10장

01 궁자후책 窮自厚責

: 자신에게는 아주 엄격히

處世

중궁仲弓이 '인'에 대하여 묻자 공자는 "기소불욕己所不欲, 물시어인勿施於人"(≪論語·顔淵≫)이라 하였다. 공자는 용서하는 마음이 바로 '자신이 원하지 않는 것을 남에게 행하지 않는 것'이라 하였다. '물시어인'은 바로 다른 사람의 입장에서 생각하는 배려하는 마음, '입장 바꿔 생각하기'이다.

1. **子貢問曰, "有一言而可以終身行之者乎?" 子曰, "其恕乎! 己所不欲, 勿施於人."(≪論語·衛靈公 15.24≫)**
   : 자공이 물었다. "한 마디 말로써 종신토록 행할 만한 것이 있습니까?" 공자가 말하였다. "그것은 '서'이다. 자기가 원하지 않는 바를 남에게 행하지 마라."

종신토록 받들 행동준칙에 대해 자공이 가르침을 청한 것에 대한 공자의 대답이다. '恕(용서할 서, shù)'는 '용서하는 마음'이다. 이를 풀어서 말하자면, "기소불욕己所不欲, 물시어인勿施於人" 즉 '처지를 바꾸어 생각하고 다른 사람의 입장을 생각하는 것'이다. 좋은 인간관계를 유지하면서 조화롭게 사는 중요한 방법이다. 이보다 더 높은 단계가 바로 "기욕립이립인己欲立而立人, 기욕달이달인己欲達而達人"(≪論語·雍也≫) 즉 '자기가 나서고 싶으면 남을 내세워 주고 자기가 발전하고 싶으면 남을 발전시켜 준다.'이다. 이는 '인'의 구체적인 행위 가운데 하나의 올바른 방향을 제시한 것이다. 한마디로 말하자면 '능근취비能近取譬', '가까운 자기를 가지고 남의 입장에 비겨 알 수 있다'것이다.

2. 子曰, "躬自厚而薄責於人, 則遠怨矣."(≪論語·衛靈公 15.15≫)
: **공자가 말하였다. "자신에게 엄격하게 요구하고 다른 사람에게 관대하게 나무란다면, 원망을 멀리할 것이다."**

① **궁자후躬自厚:** 자신에 대해 엄격하게 요구하다. ② **박책어인薄責於人:** 다른 사람에게 적게 나무란다. 다른 사람에게 관대하게 대하다.

'궁자후躬自厚'는 '궁자후책窮自厚責'이다. '자신을 엄격하게 책망하다'는 뜻이다. 사람들의 원망을 받지 않기 위해서는 스스로에 대해 많은 반성이 필요하다.

"엄어율기嚴於律己" 즉 '스스로를 먼저 엄격하게 다스려야 한다.' 만약 다른 사람과 충돌이 발생했다면 먼저 스스로를 반성해야 한다. 자기도 제대로 하지 못하면서 어떻게 다른 사람을 질책하겠는가. 자기 자신에 대해서는 엄격하게 많은 것을 요구하고, 다른 사람에게는 관대하게 나무란다면 자연히 원망을 적게 들을 것이고 함께 잘 어울려 지낼 수 있다.

3. 子曰, "不逆詐, 不億不信, 抑亦先覺者, 是賢乎!"(≪論語·憲問 14.31≫)

: 공자가 말하였다. "상대방이 자기를 속일 것이라고 지레짐작하지도 않고, 상대방이 미덥지 않을 것이라고 억측하지도 않지만, 그래도 미리 깨닫는 사람이 현명하도다!"

① **역사逆詐**: 다른 사람이 속일 것이라고 미리 예측하다. ② **億**: '臆(가슴 억, yì)'과 같다. 추측하다. ③ **선각자先覺者**: 먼저 아는 자.

'저 사람은 나를 속이고 있을 거야'라고 미리 예측하거나 짐작하고 사람을 만나다면, 그 만남은 불신으로 가득 차 반갑지 않은 만남이 될 것이다. 미리 추측하기에 앞서 충분히 경청한 뒤에 상황의 진실여부를 판단해야 할 것이다. 때로는 선의의 마음으로 사람을 대하면 오히려 상대방이 선의적인 태도를 보이는 경우도 적지 않다.

상당수의 사람들은 소문만 듣고 사람을 판단한다. '불억불신不億不信'은 '근거도 없이 어떤 사람이 신의가 없다고 추측하지 말라'는 뜻이다. 소문만 듣고 억측하면 그 소문은 다시 다른 사람에게서 억측을 낳게 되어 결국은 피해자가 생기게 된다.

4. 子曰, "事君, 敬其事而後其食."(≪論語·衛靈公 15.38≫)

: 공자가 말하였다. "임금을 섬김에 있어서는 자신의 일을 신중하게 처리하고 녹을 먹는 것은 뒤로 돌린다."

① **事(일 사, shì)**: 섬기다. ② **후기식後其食**: 후에 비로소 봉록을 걱정하다.

'경사후식敬事後食'은 '먼저 섬기는 일을 진진하게 하고 봉록은 뒤로 돌린다.'라는 뜻이다.

윗사람을 모실 때는 먼저 자신의 일을 잘 처리하고, 그 다음에 대가를 물어야 한다. '군君'은 오늘날 상사, 상관, 사장 등을 가리킬 수 있다. 직장에 출근하면 먼저 맡은 바 일을 잘 마무리 하고나서 월급을 받아야 한다. 월급 받을 일만 생각하고 자신의 업무에 충실하지 않는다면, 도둑의 심보와 무엇이 다르겠는가. 모든 일이 마찬가지다. 자신의 책임을 다하지 못하고 대가나 이득을 얻고자 한다면 결국 그 피해자는 자신이 될 것이다. 도둑 같은 심보는 사람들이 금방 알아차리기 마련이다. 이는 사람 됨됨의 기본 도리이다.

5. **子張學干祿. 子曰, "多聞闕疑, 愼言其餘, 則寡尤, 多見闕殆, 愼行其餘, 則寡悔. 言寡尤, 行寡悔, 祿在其中矣."**(≪論語·爲政 02.18≫)
   : 자장이 봉록을 구하는 것을 배우려고 하였다. 공자가 말하였다. "많이 들어라. 그리고 그 가운데 의심스러운 것은 빼서 남겨두고 그 나머지만을 조심하여 이야기하여라. 그러면 잘못이 적을 것이다. 많이 보아라. 그리고 그 가운데 확신이 가지 않는 것은 빼서 남겨 두고 그 나머지만을 신중히 실행하여라. 그러면 뉘우침이 적을 것이다. 말에 잘못이 적고 행동에 뉘우침이 적다면, 봉록은 저절로 그 속에 있을 것이다."

   ① **간록干祿:** 관직자리를 얻어 봉급을 얻다. ② **闕(대궐 궐**, quē,què**):** 비우다. ③ **과우寡尤:** 잘못이 적다.

좋은 일자리를 얻고 좋은 대우를 받고자 한다면 언행이 신중해야 한다는 가르침이다.

'간록'은 나라의 '봉록'이다. 나라의 봉급을 받는 것을 말한다. 집정자는 언행을 함부로 해서는 안 된다. 의심나는 것은 독단적으로 처리하지 말고 주위 사람들과 충분히 상의하여 결정하여야 한다. 공자는 봉록을 얻기 위해서는 '말(言)'과 '행동(行)' 모두에 주의해야 함을 가르쳤다.

言 : 多聞闕疑 → 寡尤

말 : 자주 듣고 미심쩍은 말은 심사숙고 하라 → 잘못이 적어진다.

行 : 多見闕殆 → 寡悔

행동 : 자신을 자주 되돌아보고 위험에 빠질 일은 하지 않는다.

→ 후회할 일이 없다.

위 내용을 간추려보면, 나라를 다스리는 것에 있어서 집정자에게 가장 필요한 것은 '다문다견多聞多見, 신언신행愼言愼行'이라 할 수 있다. '많이 보고 많이 듣고, 말과 행위를 신중히 하여' 정책을 실행해야 하는 것이다.

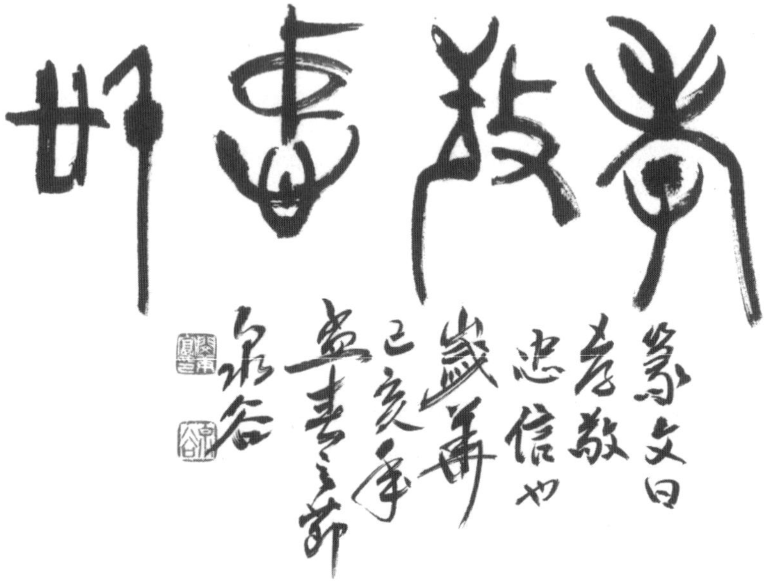

작품설명 **효경충신**

孝敬忠信

: 효도, 존경, 충성, 믿음.

篆文曰孝敬忠信也. 歲華己亥年孟春之節, 泉谷.

: 전문은 '효경충신'이다. 기해년 음력 정월 때, 천곡.

제10장

02

과유불급 過猶不及

: 과함은 못 미치는 것과 같다

處世

지나침도 결국 미치지 않음과 같은 것이다. '과유불급過猶不及'은 지나침과 모자람이 없는 '중용'의 도이다. 치우침이 없음이다.

1. 子貢問, "師與商也孰賢?" 子曰, "師也過, 商也不及." 曰, "然則師愈與?" 子曰, "過猶不及."(≪論語·先進 11.15≫)
   : 자공이 "사와 상은 누가 더 낫습니까?"하고 물어보자, 공자는 "사는 지나치고 상은 조금 못 미친다."라고 하였다. "그러면 사가 낫습니까?"라고 하자, "지나친 것은 못 미치는 것과 같다"라고 하였다.

   ① **사師**: 공자의 제자 자장子張. 이름은 전손사顓孫師. ② **상商**: 공자의 제자 자하子夏. 이름은 복상卜商. ③ **愈(나을 유, yù)**: 낫다. ④ **猶(오히려 유, yóu)**: 같다.

'과유불급過猶不及'은 '지나침은 못 미침과 같다.'의 뜻이다. 공자의 준칙에 의하면, 행동이 치우침 없이 바름에 맞아야 하고 중용의 도에 가깝도록 자신을 수양해야 한다. 자공은 적절한 비유를 통해 말을 잘하는 제자 중 한 명이다. 자장과 자하 중 누가 더 훌륭한가 하는 어려운 질문에, 공자는 자장은 급진적이고 자하는 보수적이라고 간단명료하게 대답한다. 자장은 젊지만 이상이 높았고 행동 또한 급진적이었다. 진취적이고 적극적이니 자장이 더 낫다고 생각할 수 있다. 그러나 공자는 '과' 또한 '불급'과 같으므로 모두 좋지 않다고 하였다. 그는 반드시 중용을 지켜야 한다고 생각했다. 화禍의 근본적인 원인은 '과함'이다. 무엇이든 지나쳐선 안 된다. 오히려 '모자람'이 나을지도 모른다. 모자라면 채울 수 있지만 과하면 깨질 수가 있기 때문이다.

2. 子曰, "放於利而行, 多怨."(≪論語·里仁 04.12≫)

: 공자가 말하였다. "이익에 따라서 행동하면 원망이 많다."

자로가 '성인成人'에 대하여 물었을 때 공자는 아래와 같은 두 가지 준칙을 답변으로 주었다.

> "이익을 볼 기회가 있으면 의로운가를 생각해야 한다."
>
> "見得思義."(≪論語·憲問≫)

> "의롭지 않으면서 돈 많고 벼슬 높은 것은 나에게는 뜬구름과 같다."
>
> "不義而富且貴, 於我如浮雲."(≪論語·述而≫)

정의롭지 않은 부귀가 무슨 의의가 있겠는가. 부귀는 모든 사람이 갖고 싶어 하는 것이다. 모두가 갖고 싶어 하니 다투게 되고 수많은 원망과 시비를 불러일으킬 수 있다. 오직 이익만을 추구하게 된다면, 사적인 이득을 위해 수단과 방법을 가리지 않고 남을 교묘하게 속이게 된다. 이는 결국 타인의 원망을 사고 국가적 피해를 양산하는 결과를 낳게 될 것이다. 그러므로 부귀는 반드시 '의義'가 동반되어야 한다.

3. 子曰, "貧而無怨難, 富而無驕易."(≪論語·憲問 14.11≫)

: 공자가 말하였다. "가난하면서 원망하지 않기는 어렵지만 부유하면서 교만하지 않기는 쉽다."

가난하면서 원망하고, 부유하면서 교만한 것은 인지상정이다. "빈이무원貧而無怨"과 "부이무교富而無驕" 중 전자가 어렵다하였다. '가난하면서 원망하기 않기가 부자이면서 교만하지 않기보다 더 어렵다.'는 것이다.

자공이 공자에게 "가난하면서도 아첨함이 없고, 부유하면서도 교만함이 없으면 어떠합니까?"하고 물은 적이 있다. 그러자 "이보다 더 좋은 것은 안빈낙도하고, 부유하면서도 예를 좋아하는 것이다."라고 하였다.

子貢曰: "貧而無諂, 富而無驕, 何如?" 子曰: "可也, 未若貧而樂, 富而好禮者也."(≪論語·學而≫)

'부유하면서 교만하지 않는 것'은 어쩌면 조금만 노력하면 실천할 수 있는 일일지도 모른다. 그러나 가난한 사람이 가난함을 달갑게 여기고 즐기는 것, 다시 말해 '안빈낙도'하는 것은 쉽지 않은 일일 것이다. 추위와 굶주림에 시달리면서 원망하는 마음이 없을 수 있다는 것은 그야말로 쉽지 않다. 반면 부유한 사람은 의식주가 풍부하고 마음에 여유가 있기 때문에 '부귀하면서 교만하지 않는 것'을 적지 않은 사람들이 실천할 수 있다. 그래서 공자는 "단사표음簞食瓢飮"과 "누항陋巷"에도 "불개기락不改其樂"하는 안연을 두고 "賢哉, 回也.", 즉 '훌륭하도다, 안회

여!'라고 한 것이다. 중국의 대시인 두보杜甫는 〈모옥위추풍소파가茅屋爲秋風所破歌〉에서,

> 어이하면 천 칸 만 칸짜리 너른 집을 구하여
>
> 安得廣廈千萬間
>
> 온 천하의 궁핍한 선비들 함께 살아 더불어 기쁨의 웃는 낯 지을까
>
> 大庇天下寒士俱歡顔
>
> 이런 집은 비바람에도 산처럼 끄떡없을 테니
>
> 風雨不動安如山
>
> 아아, 어느 때나 눈앞에 우뚝한 이 집 나타난다면
>
> 嗚呼何時眼前突兀見此屋
>
> 내 초가집 집 무너져 얼어 죽은 들 족하리라
>
> 吾廬獨破受凍死亦足[77]

라고 읊었다. 두보는 한 차원 더 높은 이상을 가졌다. 자신의 집은 무너지고 얼어 죽는다 해도 천하의 가난한 선비들이 집을 구하여 편안하게 살 수 있다면 만족한다하였으니 말이다.

4. 子曰, "攻乎異端, 斯害也已."(≪論語·爲政 02.16≫)

: 공자가 말하였다. "이단에 주력하면 해로울 따름이다."

① **攻(칠 공, gōng):** 공격하다. 비판하다. ② **이단異端:** 자기와 다른 주장과 입장.

77 杜甫, 〈茅屋爲秋風所破歌〉: "安得廣廈千萬間, 大庇天下寒士俱歡顔. 風雨不動安如山, 嗚呼何時眼前突兀見此屋, 吾廬獨破受凍死亦足."

'이단'은 유가와 다른 학설이다. 혹은 '사술四術(詩書禮樂)과 선도善道가 아닌 이단의 글'이다. 혹은 '이단'을 이성적이지 않은 비판으로 보기도 한다. 유가에서 이단은 학문을 추구하는 올바른 정신이 아니며, 또한 좋은 태도도 아니다. 공자가 유가와 다른 모든 학설을 부정한 것은 아니다. 노자에게서 가르침을 받았다.

혹은 '공攻'을 '공격하다'로 해석하여 '이단을 공격한다는 것은 해로울 뿐이지 이로울 게 없다'라고 해석하기도 한다.

5. 或曰, "以德報怨, 何如?" 子曰, "何以報德? 以直報怨, 以德報德."(≪論語·憲問 14.36≫)

: 어떤 사람이 "은덕으로 원수에 보답하는 것은 어떻습니까?"라고 하자 공자가 말하였다. "그렇게 한다면 무엇으로 은덕에 보답하겠느냐? 정직함으로 원수에 보답하고 은덕으로 은덕에 보답하는 것이다."

공자는 "以德報怨"보다 "이직보원以直報怨"을 주장했다. 올바른 정직함으로 적을 대하라는 것이다. ≪노자≫는 "보원이덕報怨以德"하라 하였다. 공자는 인애仁愛와 관서寬恕를 주장하였다. 그러나 무조건적인 아가페적인 사랑으로서의 "이덕보원"을 주장한 것은 아니다. '이직보원'의 '직直'은 정직함, 올바른 판단을 바탕으로 한 의리의 변별력이다. 잘못한 부분이 있으면 반드시 그에 상응하는 처벌을 받아야 한다. 반성이 있어야 잘못의 반복을 줄일 수 있다. 그래야만 인간관계가 더욱 아름답고 조화로워 질 수 있다. 올바른 판단을 바탕으로 한 정직함으로 원수를 갚는다면, 그 스스로가 경각심을 갖고 좋지 않은 언행을 바르게 고치도록 이끌어 줄 것이다. 물론 누군가 '이덕보덕以德報德'으로 나에게 은덕을 베풀었다면 나도 당연히 덕으로써 갚아야 한다.

6. 孔子曰, "侍於君子有三愆, 言未及之而言謂之躁, 言及之而不言謂之隱, 未見顏色而言謂之瞽."(≪論語·季氏 16.06≫)
: 공자가 말하였다. "군자를 모시는 데 있어서 저지르기 쉬운 세 가지의 허물이 있다. 첫째, 말할 차례가 자기에게 돌아오지 않았는데도 말하는 것이니 이것을 조급하다고 한다. 둘째, 말할 차례가 자기에게 돌아왔는데도 말하지 않는 것이니 이것을 숨긴다고 한다. 셋째, 안색을 살피지도 않은 채로 말하는 것이니 이것을 눈치 없다고 한다."

① **愆(허물 건,** qiān): 과실. 잘못. ② **안색顏色**: 표정. ③ **瞽(소경 고,** gǔ): 소경. 봉사. 눈치가 없다.

공자는 덕행이 있는 군자와 마주했을 때 조급하게 말하지 말고 그의 안색을 잘 살펴야 한다고 강조하고 있다. 때가 되지 않았을 때 말을 빼앗아 하면 조급함이 드러난다. 마땅히 의견을 밝혀야 할 때 말하지 않으면 숨기는 것이다. 할 말이 있는데도 하지 않으면 꿍꿍이가 있고 뭔가 당당하지 못하다는 느낌을 준다. 다른 사람의 안색을 보지 않고 말하는 것은 예의가 없는 것이다. 그러므로 '躁(성급할 조, zào)'·'隱(숨길 은, yǐn)'과 '瞽(소경 고, gǔ)'는 하지 말아야 한다. '조'는 '조급함'이고, '은'은 '자신의 마음을 숨기는 것'이고, '고'는 '눈이 먼 사람 같이 눈치가 없음'을 말한다. 다른 사람의 안색을 정확히 살피고, 적절한 때에 적절한 말을 해야 하는 것 또한 반드시 필요한 수양이다.

7. 子曰, "邦有道, 危言危行, 邦無道, 危行言孫."(≪論語·憲問 14.04≫)

: 공자가 말하였다. "나라에 도가 있으면 당당하게 말하고 당당하게 행동하며, 나라에 도가 없을 때는 당당하게 행동하되 말은 공손해야 한다."

① **邦(나라 방**, bāng)**:** 나라. ② **危(위태할 위**, wēi)**:** 정직하다. 당당하다. ③ **孫:** '遜(겸손할 손, xùn)'과 같다. 겸손하다.

나라에 도가 행해지고 있을 때와 없을 때, 군자는 각각 그 행동거지가 달라야 한다. 말을 하는 방식에 있어서는 서로 다름이 있지만 행동은 반드시 일관되고 정직해야 한다. 행동이 정직함을 잃게 되면 원칙을 잃게 된다.

말하는 방법은 서로 다를 수 있다. 때로는 완곡해야 한다. 말이 지나치게 곧으면 다른 사람에게 상처를 줄 수 있고 자신에게 화를 불러올 수 있다. 국가 정치가 혼란할 때, 행동은 정당하고 정의롭게 해야 하고, 말을 할 때에는 언제나 신중하고 조심하여 입으로 화를 불러오는 일이 없어야 한다.

8. 子曰, "可與言而不與言, 失人, 不可與言而與之言, 失言. 知者不失人, 亦不失言."(≪論語·公冶長 05.07≫)

: 공자가 말하였다. "함께 이야기할 만한데도 그 사람과 이야기를 하지 않는 것은 사람을 잃는 것이고, 함께 이야기할만하지 않은데도 그 사람과 이야기를 하는 것은 말을 낭비하는 것이다. 지혜로운 사람은 사람도 잃지 않고 말도 낭비하지 않는다."

① 知: '智(슬기 지, zhì)'와 같다.

'사람을 잃는 것'과 '말실수 하는 것'에 대한 공자의 가르침이다. 사귈만하지 않은 사람과는 많은 말을 하지 말고 신중해야 한다. 그렇지 않으면 말실수를 할 수 있다. 반대로 사귈만한 사람을 만나면 이해를 해야 하기 때문에 적극적으로 서로 대화를 해야 상대방을 알 수 있다. 사회생활에서 '지인知人'과 '지언知言'은 매우 중요하다. 공자는 지인과 지언에 대해 각각 다음과 같이 언급하였다.

> "'지혜'란 사람을 아는 것이다."
> "知人."(≪論語·顔淵≫)

> "예를 모르면 남 앞에 나설 길이 없으며, 말을 모르면 남을 알 길이 없다."
> "不知禮, 無以立也, 不知言, 無以知人也"(≪論語·堯日≫)

초나라 항우는 한신을 알아보지 못했지만, 유방 밑으로 들어간 한신은 중원지역을 평정하고 한라를 세우는데 큰 활약을 펼쳤다. '지인知人'과 '실인失人'의 대표적인 사례이다.

9. 孔子日, "益者三樂, 損者三樂. 樂節禮樂, 樂道人之善, 樂多賢友, 益矣. 樂驕樂, 樂佚遊, 樂晏樂, 損矣."(≪論語·季氏 16.05≫)
: 공자가 말하였다. "좋아하는 일 가운데 유익한 것이 세 가지이고, 좋아하는 일 가운데 해로운 것이 세 가지이다. 자신의 행동을 예악

의 범주 안으로 절제하기를 좋아하고 남의 훌륭한 점을 말하기를 좋아하고 현명한 벗이 많은 것을 좋아하면 유익하고, 교만의 즐거움을 좋아하고 일 없이 편안하게 놀기를 좋아하고 연회를 벌여서 먹고 마시기를 좋아하면 해롭다."

① '**樂(좋아할 요, yào)**': 좋아하다. ② **요절예악樂節禮樂**: 예악으로 자신의 행동을 절제하는 것을 좋아하다. ③ **佚**: '逸(달아날 일, yì)'과 같다. ④ **안낙晏樂**: 연회를 벌이고 먹고 즐기다.

'좋아하는 일'은 유익한 것도 있고 해로운 것도 있다. 공자가 생각하는 유익한 즐거움 세 가지는 먼저 예악으로 절제하기를 좋아하는 것이다. '예禮'는 다른 사람과의 관계에서 정도를 잘 지키는 것을 말하고, '요樂'는 정감의 소통과 조화를 추구하는 것이다. 만약 예악으로 절제하는 것을 즐겁게 여긴다면 다른 사람과의 관계가 조화를 이루게 될 것이고, 또한 다른 사람의 훌륭한 점, 장점, 우수한 점을 자주 말하고 그것을 즐거움으로 여기면 두 번째 유익한 즐거움인 선을 수양할 수 있다. 또한 현명한 벗을 많이 사귀면 그와 함께 덕을 닦을 수 있어 유익하다. 반대로 교만함을 즐거움으로 여기거나, 편안하게 놀고 마시는 것은 감각기관의 즐거움만을 탐닉하는 것이므로 타락하기 쉽다.

작품설명 **과유불급**

過猶不及

: 과함은 못 미치는 것과 같다.

"師也過, 商也不及." "過猶不及"

: "사(자장)는 지나치고 상(자하)은 모자란다.", "과함은 못 미치는 것과 같다."

歲在己亥孟夏之節. 泉谷.

: 기해년 한 여름의 계절에, 천곡.

제10장

03 충신독경 忠信篤敬

: 성실, 신용, 독실, 존경

處世

자장이 행동거지에 대해서 묻자, 공자는 말은 '충신忠信'하고 행동은 '독경篤敬'하라 하였다.(≪論語·衛靈公≫) '충신'은 성실하며 신용이 있음을 말하고, '독경'은 진지하고 조심스러워하는 마음이다.

1. 子曰, "人而無信, 不知其可也. 大車無輗, 小車無軏, 其何以行之哉?"(≪論語·為政 02.22≫)

: 공자가 말하였다. "사람이 만약 신의가 없다면 그것이 어떻게 옳은지 모르겠다. 큰 수레에 소의 멍에걸이가 없고 작은 수레에 말의 멍에걸이가 없다면 무엇으로 그것을 운행하겠는가?"

① 輗(끌채 끝 쐐기 예, ní): 수레의 멍에를 고정하는 쐐기. ② 軏(끌채 끝 월, yuè): 수레의 멍에.

사람은 신용이 가장 중요하다. 수레로 말하자면 멍에걸이와 같다. 고대에는 소가 끄는 수레를 대거大車라 하고, 말이 끄는 수레를 소거小車라 하였다. 수레 앞에는 나무막대기가 있어 소와 말에게 씌운다. 나무막대와 소, 말을 연결하는 곳의 부속품을 멍에와 멍에쐐기라고 한다.

'신용'은 수레의 멍에와 같이 인간이 살아가는 가장 중요한 기본 원칙이다. 신용은 사람의 생명과도 같은 것이다. 공자는 군자에게 있어 신용의 역할을 다음과 같이 설명하고 있다.

> "의를 바탕으로 삼고, 예에 따라서 그것(의義)을 행하고, 겸손한 태도를 가지고 그것을 남 앞에 내놓고, 신용을 가지고 그것을 성사시킨다."
>
> "義以爲質, 禮以行之, 孫以出之, 信以成之." (≪論語·衛靈公≫)

사람의 도의를 성사시킬 수 있는 것이 바로 '신용'인 것이다.

2. 子曰, "君子恥其言而過其行."(≪論語·憲問 14.29≫)
: 공자가 말하였다. "군자는 자신의 말이 행동을 능가하는 것을 부끄럽게 여긴다."

'치언과행恥言過行'은 '말이 행동을 능가하는 것을 부끄럽게 여긴다.'는 뜻이다. 언행일치의 중요성을 강조한 말이다. 말이 그 실제를 뛰어넘거나 말만 하고 행동하지 않는 허풍을 부끄럽게 여겨야 한다. 오히려 "욕눌어언이민어행欲訥於言而敏於行"(≪論語·里仁≫)과 같이 '말을 적게 하고 민첩하게 행동으로 실천하고자 해야 한다.' 허황된 말, 빈 말, 거짓된 말을 많이 하는 허풍쟁이보다 차라리 어눌한 편이 낫다.

3. 子曰, "其言之不怍, 則爲之也難."(≪論語·憲問 14.21≫)

: 공자가 말하였다. "말해서 부끄럽지 않는 것은 행하기가 어렵다."

① 怍(부끄러워할 작, zuò): 부끄러워하다

말을 해서 부끄럽지 않다는 것은 말을 신중히 했다는 것이다. 큰소리 치고 허풍 떨기는 쉽지만 실제로 행하기는 어렵다. 큰소리만 치고 행하지 않으면 사람으로부터 신뢰를 잃게 된다. 언행일치란 쉽지 않은 일이다. 또는 '말해서 부끄럽지 않은 일이라면 행하기가 어렵다.' 즉 '부끄럽지 않을 만큼 떳떳한 일은 행하기가 어렵다'는 뜻으로 해석하기도 한다. 또는 '말을 했는데 (실천하지 못함을) 부끄럽게 생각하지 않으면 이를 실천하기가 어렵다'로 해석하기도 한다. 말을 했는데 실천하지 못하면 이를 부끄럽게 여겨야 하는데 그렇지 않다면, 그만큼 신중하지 못하기 때문에 실천하기가 쉽지 않은 것이다.

자장이 나라를 다스릴 때 필요한 것에 대하여 묻자, 공자가 대답하였다.

> "많이 듣고 의문이 나는 것은 남겨 두고 그 나머지 의문된 일은 말하기를 삼가면 과오가 적을 것이고, 행동은 많이 보고 미심쩍은 일은 남겨 두고 그 나머지 위험한 일은 행하기를 삼가면 후회되는 일이 적을 것이다.
>
> 子張學干祿. 子曰: "多聞闕疑, 愼言其餘, 則寡尤, 多見闕殆, 愼行其餘, 則寡悔."(≪論語·爲政≫)

말과 행동에 있어 미심쩍은 일을 신중하게 처리하라는 것이다. 그러면 "과우과회寡尤寡悔" 즉 '잘못이 적어지고 후회할 일이 없다.'고 한 것이다.

집정자는 어느 누구보다도 말조심하고, 다각도의 결과를 관찰하고 충분한 논의를 거친 후에 정책을 실행하여야 한다. 그렇지 않으면 혼란을 야기할 수 있으며, 집정자의 정책결정으로 인해 역사적으로 돌려놓을 수 없는 커다란 과오를 만들어낼 수 있다. 만약 시행하려는 정책이 미심쩍다면 과감하게 보류를 하고 더욱 더 알아보고 철저한 분석을 한 다음 충분히 백성의 의견을 수렴한다면 부끄럽게 실패하는 일은 없을 것이다.

4. 子貢問君子. 子曰, "先行其言而後從之."(≪論語·爲政 02.13≫)
: 자공이 군자에 대하여 물어보자 공자가 말하였다. "먼저 자신의 말을 스스로 실행하고, 그 다음에 다른 사람으로 하여금 자기를 따르게 하는 것이다."

"선행후종先行後從"은 '먼저 행하고 난 후에 다른 사람이 행하도록 한다.'라는 뜻이다.

> 자공이 "제가 남이 나에게 하는 것을 원치 않는다면, 저도 남에게 그것을 하지 않으려 합니다."라고 말하자, 공자는 "자공아, 네가 해낼 수 있는 일이 아니다."라고 대답하였다.
>
> 子貢曰: "我不欲人之加諸我也, 吾亦欲無加諸人." 子曰: "賜也, 非爾所及也." (≪論語·公冶長≫)

이처럼 먼저 행하고 난 다음에 남에게 요구한다는 것은 그만큼 어려운 일이다. 혹은 "선행후종"을 '먼저 실행하고 나서 말을 꺼내야 한다.'

라고 해석하여, 말보다 먼저 실천해야 한다는 뜻으로 이해하기도 한다. 군자가 되고 싶거든 먼저 행한 후 말하라고 권고하는 구절이다. 빈 말이나 허풍을 내뱉고 행동은 그에 미치지 못하거나, 심지어 말만 하고 행동은 하지 못하는 경우가 많다.

5. **有子曰, "信近於義, 言可復也. 恭近於禮, 遠恥辱也. 因不失其親, 亦可宗也."(≪論語·學而 01.13≫)**
: **유자가 말하였다. "약속이 정의에 가까우면 그 말은 실행할 수 있다. 공손함이 예절에 가까우면 치욕을 면할 수 있다. 가까이 하면서도 그들 사이의 친밀함을 잃지 않는다면, 역시 존경할 만하다."**

① **근어近於**: 가깝지만 같지는 않다. ② **復(돌아올 복**, fù): 실천하다. ③ **宗(마루 종**, zōng): 존경 받을만하다. ④ **因(인할 인**, yīn): 기대다. 의지하다. 가깝다.

유자가 사람을 대하는 원칙에 대해 말한 내용이다. '신信', '공恭', '인因'은 모두 인간관계에서 지켜야 하는 품격이다.

'인불실기친因不失其親'의 '인因'자에 대한 해석에는 이견들이 있다. 가장 일반적인 해석은 '가까이 지내면서도 친근함을 잃지 않고 좋은 관계를 지속으로 유지한다면'이다. 그러나 명사적 용법으로 해석하여 '가까운 사람', '의지하는 사람', 혹은 '인姻'의 통가자로 보고 '혼인은 자기 친가를 배반하지 않은 여인과 결혼한다.', '혼인을 하는 데 있어 데려올 수 있는 범위를 벗어나지 않는다는 것도 중요한 일'이라고 이해하기도 한다.

'가까이 지내면서도 친근함을 잃지 않고 좋은 관계를 지속으로 유지한다는 것'은 쉽지 않으면서도 매우 중요하다. 나이를 먹으면서 각자의 이유가 생기면서, 그렇게 친하게 지냈던 친구들과 좋은 관계를 계속 유지하기란 쉽지 않다. 일 년에 겨우 한두 번 안부를 묻는 것이 전부이거나 기껏해야 연말에 한번 만난다. 또한 친하고 가까울수록 더욱 상대방을 존경하고 아껴주어야 한다. 가족 역시 마찬가지이다. 친근하다 해서 함부로 대하거나 함부로 말해선 안 된다. 가장 많이 접촉하고 가장 가깝기 때문에 오히려 더 큰 상처를 받을 수 있다. 친하다는 것은 서로 의지할 수 있다는 것이지 화가 날 때 화풀이하는 대상이 아니다. 인생을 사는데 있어 좋은 친구가 있고 행복한 가정이 있다는 것은 그 무엇과도 견줄 수 없는 큰 행복이다.

혹은 '因'자를 '恩'의 뜻으로 해석하여, '은혜를 베풀어 주면서도 변치 하고 지속적으로 친근하게 가깝게 지내면 또한 존경할 만하다.'라는 뜻으로 해석하기도 한다. 다른 사람에게 은혜를 베푸는 것은 일종의 미덕이다. 형식적인 은덕이 아니라 본래 베풀었던 마음을 끝까지 잃지 않고 지속으로 유지한다면 이는 매우 존경할 만한 은덕이다. 은혜를 베푸는 것은 '인심을 사기 위한' 것이 아니라 진심이 담겨야 한다.

"신근어의信近於義, 언가복야言可復也"는 '약속이 정의에 가까우면 그 말은 실행할 수 있는 것이다.'는 뜻이다. 노자는 "경약필과신輕若必寡信"(≪老子帛書≫) 즉 '승낙을 잘 하면 반드시 미덥지 않다.'라고 하였다. 진심이 없이 성급하게 한 승낙은 그만큼 심사숙고 하지 않았기 때문에 당연히 실현성이 낮다.

"공근어례恭近於禮, 원치욕야遠恥辱也"는 '공손함이 예절에 가까우면 치욕을 당하지 않는다.'라는 뜻이다. 사람을 대하는 공손함이 예의에 맞지 않으면 상대방을 오히려 불편하게 만들고, 너무 지나치면 자신을 너무 낮추게 되어 스스로 굴욕을 가져 올 수 있다. 다른 사람에게 공경을 표할 때는 예절에 맞게 행동해야 하지만 결코 비굴하게 행동해서는 안 된다.

6. **或曰, "雍也仁而不佞." 子曰, "焉用佞? 禦人以口給, 屢憎於人. 不知其仁, 焉用佞?"(≪論語·公冶長 05.04≫)**
   : 어떤 사람이 "옹은 어질지만 말재주가 좋지 않다"라고 하자 공자가 말하였다. "말재주가 무슨 소용이 있는가? 그럴듯한 말재주로써 다른 사람을 대하면 자주 다른 사람의 미움을 사게 된다. 그가 어진지 어떤지는 모르겠으나 말재주가 무슨 소용이 있는가?"

   ① **佞(아첨할 녕, nìng):** 말재주가 좋다. ② **禦(막을 어, yù):** 반박하다. 대하다. ③ **구급口給:** 말재주. ④ **증어인憎於人 ;** 다른 사람에게 미움 받다.

교묘한 말재주는 다른 사람을 염증 나게 만든다는 가르침이다. 공자는 "교언영색巧言令色, 선의인鮮矣仁" 즉 '말만 교묘하게 하고 아부를 잘 하는 사람은 인한 자가 드물다.'라고 하였다. 말만 잘하고자 하고 다른 사람들이 좋아하는 표정에만 지나치게 신경을 써서 진실한 마음을 보여주지 못한다면, 사람들은 그를 가볍게 보고 더 이상 신뢰하지 않게 된다.

언어표현 능력 또한 매우 중요하다. 성실하고 겸손한데다가 말주변까지 좋으면 당연히 환영을 받겠지만, 허풍만 떨고 거짓되고 자만하면서 말솜씨만 자랑한다면 오히려 사람들에게 미움을 받게 된다. 말재주가 좋다는 것은 마땅히 말해야 할 때 말을 하고, 해야 할 말만을 하는 것이다. 말에도 인덕이 있어야만 다른 사람의 마음을 얻을 수 있는 것이다.

7. 子張問行. 子曰, "言忠信, 行篤敬, 雖蠻貊之邦, 行矣. 言不忠信, 行不篤敬, 雖州里, 行乎哉? 立則見其參於前也, 在輿則見其倚於衡也, 夫然後行." 子張書諸紳. (≪論語·衛靈公 15.06≫)

: 자장이 어떻게 하면 자신의 주장이 수용되어 행해질 수 있는지에 대하여 물어보자 공자가 말하였다. "말이 충성스럽고 믿음직하며 행동이 독실하고 경건하다면 오랑캐의 나라에서라도 행해지게 될 것이나, 말이 충성스럽지 않고 믿음직하지 않으며 행동이 독실하지 않고 경건하지 않다면 비록 자기 고장에선들 행해지겠느냐? 서 있으면 이 글자들이 앞에 늘어서 눈앞에 있는 듯이 보이고, 수레를 타면 이 글자들이 수레 채 끝의 횡목에 기대어 눈앞에 있는 듯이 보여야, 마침내 행해질 것이다." 자장이 그 말을 띠 자락에 적었다.

① **行(갈 행, xíng)**: 행동의 원칙. ② **만맥지방蠻貊之邦**: 문화가 낙후된 지역을 널리 가리킨다. ③ **참어전參於前**: 앞에 늘어서 있다. ④ **의어형倚於衡**: 가로막에 기대져 있다. ⑤ **紳(큰 띠 신, shēn)**: 귀족이 허리에 매는 띠.

공자가 자장에게 일을 행하는 원칙에 대해 가르침을 준 내용이다. 공자는 "충신독경忠信篤敬" 즉 '말은 충직하게 하고 행동은 독실하게 하라.'고 하였다. 자장은 구절을 띠에 적고 평생의 행동지침으로 삼고자 하였다. 언행을 성실히 하고 진실한 양심과 믿음을 지키며, 독실하고 경건하게 행동한다면 어디를 가든 환영받는 사람이 될 것이다.

'견참어전見參於前'은 '앞에 가지런히 늘어선 있는 것을 보는 것 같이 하라.'는 뜻이고, "견의어형見倚於衡"은 '가로 막에 기대어져 있는 것을 보는 것 같이 하라'라는 뜻이다. 앉으나 서나 수레를 몰 때도 항상 눈에서 이 구절이 떠나지 않도록 하여 평생토록 좌우명으로 삼으라는 뜻이다.

交友

제11장

교우

절절시시(切切偲偲) : 절실하게 충고하다

절절시시切切偲偲'는 친구에게 '절실하게 충고하다'라는 뜻이다. ≪논어≫에서는 친구 간에 서로 절절하게 충고하고 격려하며, 형제간에는 화기애애해야 한다하였다. 본 장에서는 ≪논어≫ 중의 '교우 관계'에 대하여 살펴보기로 한다.

제11장

01

이문회우 以文會友

: 공부로 친구를 만나다

交友

증자는 '이문회우以文會友'하고 '이우보인以友輔仁'하라 하였다. '물이류취物以類聚, 인이군분人以群分' 즉 '사물은 종류별로 모이고, 사람은 무리로 나뉜다.'라는 말이 있듯이 끼리끼리 노는 법이다. 검은 색을 가까이 하면 검어지기 쉽고, 붉은 것을 가까이 하면 붉어지기 십상이다. 공자는 '주륙지우酒肉之友' 즉 '술과 고기를 먹기 위한 친구'를 사귀지 말고 '이문회우'하라 하였다. 본 절에서는 '사귐'의 방법에 대하여 살펴보기로 한다.

1. 曾子曰, "君子以文會友, 以友輔仁."(≪論語·顏淵 12.24≫)
   : 증자가 말하였다. "군자는 문으로써 벗을 모으고, 벗으로써 인을 돕는다."

증자는 친구를 사귀는 목적은 "이문회우以文會友" 즉 '문으로써 벗을 모으고', "보인輔仁"즉 '벗을 통해 인의 향상을 도모하는 것'이라 하였다.

친구사이는 서로 "익우益友" 즉 '도움이 되는 친구'가 되어야 한다. 친구는 삶의 의지가 되어주고, 잘못을 고치고 선을 권면함으로써 인덕을 실천할 수 있어야 한다. 친구 사이에 평소에 서로 만나 가벼운 담화를 나누는 것도 좋은 일이지만, 함께 놀고 즐기는 것만이 목적이 된다면 그 사이에 내용이 없기 때문에 금방 싫증나기 쉽다. 유우석劉禹錫은 〈누실명陋室銘〉에서 "훌륭한 선비들과 담소를 나누고, 비천한 자들은 왕래하지 않는다."[78]라고 하였는데, 이가 바로 '이문회우以文會友'이다.

2. **司馬牛憂曰, "人皆有兄弟, 我獨亡." 子夏曰, "商聞之矣, 死生有命, 富貴在天. 君子敬而無失, 與人恭而有禮. 四海之內, 皆兄弟也, 君子何患乎無兄弟也?"(≪論語·顏淵 12.05≫)**

: 사마우가 근심하며 "다른 사람들은 모두 형제가 있는데 나만 유독 형제가 없다."라고 하자, 자하가 말했다. "내가 듣자하니 생사에는 천명이 있고 부귀는 하늘에 달려 있다고 하더라. 군자는 매사에 조심스럽고 실수가 없으며, 다른 사람에게 공손하고 예의가 있어서 사해 안에 있는 사람들이 모두 다 형제이다. 군자가 어찌 형제가 없다고 걱정하는가?"

① **亡**: '無(없을 무, wú)와 같다. ② **商(이름 상**, shāng): 자하가 자신을 가리키는 말. 자하의 이름은 복상卜商이다.

사마우의 형은 사마환퇴司馬桓魋이며 송나라 신하였다고 한다. 모반을 일으켰지만 실패하여 도망갔고 형제들이 이로 인해 다른 나라를 떠돌았다. 사마우는 여기저기를 떠돌다 노나라로 왔고 공자 문하로 들어왔다. 인륜의 변고를 당했고 또한 부귀도 잃어버렸으니, 그의 마음속에

78 〈陋室銘〉: "談笑有鴻儒, 往來無白丁."

는 우울과 고뇌가 있었을 것이다. "사생유명死生有命, 부귀재천富貴在天"은 사람의 '삶과 죽음, 부귀는 모두 하늘이 주는 것'이란 뜻이다. 천성은 인간의 능력 밖이라 억지로 구할 수가 없는 것이다. 하지만 "경이무실敬而無失, 여인공이유례與人恭而有禮. 사해지내四海之內, 개형제야皆兄弟也"과 같이 '공경'으로 사람을 대하고, 사람됨이 예절에 부합하며, 잘못을 범하지 않는다면 천하의 모든 사람이 그와 지내는 것을 즐거워하며 그와 형제가 되기를 원할 것이다. 따라서 "사해지내四海之內, 개형제皆兄弟" 즉 '천하가 곧 형제이자 친구'이니, 군자는 형제가 없음을 걱정하지 않는는 것이다.

당대唐代 왕발王勃의 〈송두소부지임촉주送杜少府之任蜀州〉에서 "해내존지기海內存知己, 천애약비린天涯若比鄰"의 구절이 유명하다. '세상에 알아주는 친구가 있다면 세상의 어디나 이웃 친척과 같은 것'이다. 베풀고 좋아하는 마음만 있으면 이 세상 모든 사람이 모두다 형제이고, 마음을 같이 하는 친구는 아무리 멀리 떨어져 있어도 항상 곁에 있는 것과 같은 것이다.

王勃, 〈送杜少府之任蜀州〉
두소부의 촉주 부임을 전송하며

성의 궁궐은 장안을 에워싸고, 城闕輔三秦,
아름다운 풍광 속 다섯 나루터 바라보네. 風煙望五津.
그대와 이별하는 내 마음, 與君離別意,
다 같이 객지에서 벼슬하는 몸이네. 同是宦游人.
이 세상에 알아주는 친구가 있으면, 海內存知己,

세상 끝 어디나 이웃에 있는 것 같다네. 天涯若比鄰.
그러니 이별하는 길가에 서서 無爲在歧路,
아녀자처럼 눈물 흘리지 말게나. 兒女共沾巾.

3. 子曰, "不得中行而與之, 必也狂狷乎! 狂者進取, 狷者有所不爲也."(≪論語·子路 13.21≫)
: 공자가 말하였다. "중용의 도를 지키는 사람을 찾아내어 사귀지 못한다면 나는 반드시 열광적인 사람과 고지식한 사람을 택할 것이다. 열광적인 사람은 앞으로 나아가 무언가를 취득하고, 고지식한 사람은 절대로 하지 않는 일이 있다."

① **중행中行**: 중용의 행동. ② **狂(미칠 광, kuáng)**: 행동이 편벽되다. ③ **狷(성급할 견, juǎn)**: 고집스럽고 융통성 없는 사람.

공자는 만약 '중용의 도'를 지키는 사람과 사귀지 못한다면, 열광적인 사람·고지식한 사람과 사귈 것이라 하였다. '중용의 도'를 행하는 것은 어렵다. 열광해야 할 때 열광하고 고지식해야 할 때 고지식할 수 있는 것, 나아가 성취하고자 할 때 분발하고 마땅히 하지 말아야 할 때는 물러설 줄도 아는 것이 '중용의 도'이다. '중용의 도'는 판단할 수 있는 능력이며 제어할 수 있는 통제력이다. 그러나 "견광狷狂", '열광적이고 고지식한' 사람은 '과過'함이 있다. '과유불급'이다.

만약 '중용의 도'를 갖춘 사람을 사귀지 못한다면, 소심하거나 비겁한 사람을 사귀는 것보다 오히려 열광적인 사람이나 고지식한 사람을 사귀는 것이 낫다. "고지식한 사람"은 어떠한 일을 하지 않음이 있는 사람이다. 정의롭지 않은 일을 하지 않으면 좋은 행함이다. "열광적인 사람"은 행하지 않음이 없는 사람이다. 자신의 수양을 위하여 끊임없이 노력하면 좋은 열정이다.

4. 子曰, "主忠信, 毋友不如己者, 過則勿憚改."(≪論語·子罕 09.24≫)
: 공자가 말하였다. "충성과 신의를 주로 하고, 자기만 못한 자를 벗하지 말며, 과오가 생기면 서슴없이 고쳐라."

① **毋(말 무, wú):** ~하지 마라. ② **불여기자不如己者:** 도덕수준이 자기만 못한 사람. ③ **憚(꺼릴 탄, dān):** 걱정하다. 두려워하다.

"주충신主忠信"은 본 구절이외에도 두 곳이 더 보인다. ≪학이≫편에는 다음과 같이 기록되어 있다.

> "군자는 지중하지 않으면 위언이 없고, 학문도 공고해지지 않는다. 충성과 신용을 주로 하고, 자기만 못한 사람을 벗으로 사귀지 말고, 과오를 저지르면 그것을 고치기를 꺼려하지 말라."
>
> "君子不重, 則不威, 學則不固. 主忠信. 無友不如己者. 過則勿憚改"(≪論語·學而≫)

≪안연≫편에서는 자장의 언급에 보인다.

> "덕을 숭상하고 모순됨을 가려내려면, 충성과 신용을 주로 하고 의로운 데로 옮겨가는 것이 덕을 숭상하는 것이다."
>
> "崇德辨惑, 主忠信, 徙義, 崇德也."(≪論語·顏淵≫)

자기보다 못한 사람과는 사귀지 않으면 좋다. 그러나 '택선擇善'하는 것도 필요하다. 세 사람이 같이 해도 그 중에 반드시 스승이 있다 하였다. "택기선자종지擇其善者而從之, 기불선자래지其不善者而改之", 즉 훌륭한 사람이 있으면 '그들의 선한 점을 골라서 그것에 따르고', 만약 그들 가운데 선하지 않는 자가 있다면 '그들의 선하지 않은 점을 골라서 바로잡으면' 된다.

사람의 잘못은 자신의 잘못을 알고도 고치지 않음에 있기 때문이다.

5. **子路問曰, "何如斯可謂之士矣?" 子曰, "切切偲偲, 怡怡如也, 可謂士矣. 朋友切切偲偲, 兄弟怡怡."**(≪論語·子路 13.28≫)

: 자로가 "어떠해야 선비라고 할 수 있습니까?"하고 물어보자 공자가 말하였다. "서로 절절하게 충고하고 격려하며 화기애애하다면 선비라고 할 수 있다. 친구 간에 서로 절절하게 충고하고 격려하며, 형제 간에는 화기애애해야 한다."

① **절절시시切切偲偲:** 서로 절차탁마하다.

② **이이怡怡:** 화순하다.

공자는 자로에게 선비는 친구와는 절실하며 서로 격려하면 지내고 형제지간에는 화기애애하게 지내야 한다고 하였다. '절절시시切切偲偲'는 간절하고 절실한 모습이나 모양을 형용하는 말이다. 친구와 대화를 나눌 때 절실하면서도 꼼꼼하고 정확하면서도 똑똑하게 이야기하는 태도를 가리킨다.

반면 자공에게는 다른 답을 주었다.

"자기 자신의 행동에 있어 수치스러운 짓을 하지 않고 외국에 사신으로 파견되어 군주가 준 사명을 욕되게 하지 않는 자이다."

"行己有恥, 使於四方, 不辱君命"(≪論語·子路≫)

자로에게는 친구와 형제지간에 화기애애하고 잘 지내야 한다고 하였고, 자공에게는 수치스러운 행동을 하지 않고, 사명을 다하고, 효도하고, 형제지간에 우애하고, 신뢰가 있어야 한다하였다. 제자들의 성격이 각각 다르기 때문에 '인재시교因才施敎'한 것이다.

공자는 자로에게 친구와 사귈 때 서로 공경해야 한다고 가르쳐 주었다. 친구와 사귈 때 서로 공경하여야 하며 서로 권면해야 한다. 이것이 바로 공자가 중시하는 교우의 도이며, 우리가 배워야 할 교우의 원칙이다. 형제는 혈연관계이다. 서로 친하고 사랑하며 같은 뜻과 덕이 있어야만 가정에 조화로운 분위기가 가득하다. 친구에 대해 공경할 수 있고 형제를 사랑할 수 있으면 지식과 예에 도달한 지식인, 즉 "사士"라고 칭해질 자격이 있다.

6. 子曰, "晏平仲善與人交, 久而敬之."(≪論語·公冶長 05.16≫)

: 공자가 말하였다. "안평중은 다른 사람과 사귀기를 잘하여 오래되어도 사람들을 함부로 대하지 않고 존경하였다."

안평중의 이름은 영嬰이며 안자晏子라고 불린다. 제나라 대부였다. "안자사초晏子使楚" 이야기의 주인공이다. 안자는 중국 춘추시대 제齊나라의 영공과 장공, 경공까지 3대에 걸쳐 임금을 보좌한 명재상이다.

안으로는 군주를 충직하게 모시고 밖으로는 원칙과 절도를 잃지 않은 탁월한 정치가로 유명하다. 제후국들이 각축하는 불안정한 패권질서와 정치 환경 속에서도 그의 외교 전략과 역량은 제나라의 위상을 크게 높여 놓았다. 춘추 5패 가운데 하나로 큰 세력을 떨친 초楚 나라 사신으로 갔을 때, 안자는 그의 명성과는 달리 키가 5척五尺이 안 되는 단신에 볼품없는 외모였다. 사신을 얕잡아 본 초나라는 대문을 걸어 잠그고 쪽문으로 가도록 안내했다. 개 나라에 사신으로 왔으면 개구멍으로 들어가겠지만 초楚 나라 사신으로 왔으므로 그리할 수 없다고 버텼고 결국 대문을 열게 했다. 영 왕을 만나자 이번엔 제나라에 그렇게 인물이 없느냐고 그의 외모를 빗대 수모를 주었다. 그러자 안자는 "수도 임치臨淄는 사람들이 소매를 들어 올리면 도시에 그늘이 지고, 땀을 한꺼번에 뿌리면 비가 오는 것 같으며, 어깨가 닿고 발꿈치가 채여 걸을 수 없을 만큼 인재가 많다."고 말하며 "제나라는 상대국의 수준에 맞게 사신을 파견하는데, 자신은 하등의 인물이다."라고 하였다. 머쓱해진 초왕은 이후 정중히 그를 대했다고 한다.

"선여인교善與人交"는 '사람들과 사귀기를 좋아하다'는 뜻이다. "구이경지久而敬之", '오래 사귈수록 존경하라.'는 뜻이다. 많은 사람과 사귀어야 한다. 좋은 사람에게서는 좋은 마음을 배우고, 나쁜 사람에게서는 반성의 기회를 찾으면 된다. 사귐이 오래 되면 친숙해져 상대방을 존경하는 일을 잊게 되기 쉽다. 친하면 친할수록 더욱 상대방을 존경해야한다.

7. 子夏之門人問交於子張. 子張曰, "子夏云何?" 對曰, "子夏曰, '可者與之, 其不可者拒之.'" 子張曰, "異乎吾所聞, 君子尊賢而容衆, 嘉善而矜不能. 我之大賢與, 於人何所不容? 我之不賢與, 人將拒我, 如之何其拒人也?"(≪論語·子張 19.03≫)

: 자하의 문인이 자장에게 사람을 사귀는 일에 대하여 물어보자 자장이 "자하는 무어라고 하던가?"라고 했다. "자하께서는 '사귈 만한 사람이면 그 사람과 함께하고, 사귈 만하지 않은 사람이면 그 사람을 물리쳐라'라고 하셨습니다."하고 대답하니 자장이 말했다. "내가 들은 바와 다르다. 군자는 어진 사람을 존중하되 일반 대중도 포용하며, 훌륭한 사람을 칭찬하되 무능한 사람도 긍휼히 여긴다. 내가 아주 어질다면 다른 사람에게 무엇을 용납하지 않겠느냐? 그리고 내가 어질지 못하다면 다른 사람이 나를 물리칠 것인데, 어떻게 내가 다른 사람을 물리치겠느냐?"

① **矜(불쌍히 여길 긍**, jīn,qín): 동정하다.

공자에게서 들은 교유의 도에 대한 자하와 자장 각각의 견해이다. 공자가 죽은 뒤 능력 있는 제자들이 각각 유파를 세웠다. "유분팔가儒分八家"가 있다하였다. 즉 여덟 분파로 나뉘었다는 것이다. 자하와 자장은 각각 하나의 분파가 되었다. 이 두 사람의 견해는 모두 예전에 공자로부터 받았던 가르침이다. 자하는 "가자여지可者與之, 기불가자거지其不可者拒之" 즉 '사귈 만한 사람이면 그 사람과 함께하고, 사귈 만하지 않은 사람이면 그 사람을 물리쳐라.'한다 하였다. 반면 자장은 "존현이용중尊賢而容衆, 가선이긍불능嘉善而矜不能" 즉 '어진 사람을 존중하되 일반 대중도 포용하며, 훌륭한 사람을 칭찬하되 무능한 사람도 긍휼히 여긴다.'라고 하였다.

자하는 선택적이라면, 자장은 포용적이다. 옳고 그름의 문제가 아니다. 각각의 적성에 따라 사귀면 된다. 자하와 자장의 성격은 자신들의 대답과는 반대로, 자하는 아마 선택이나 구별 없이 친구를 사귀었기 때문에 공자가 '가불가可不可'를 보고 사귀어야 한다고 하였고, 자장은 선택적이었기 때문에 무능한 사람을 긍휼히 여기고 돌봐주어야 한다고 해답을 주었을 것이다.

"존현尊賢"은 즉 재능이 탁월한 사람을 존중하는 것이고, "용중容衆"은 일반 대중을 너그러이 받아들인다는 것이다. "가선이긍불능嘉善而矜不能"은 좋은 사람은 칭찬하고 격려하여야 하며, 선하지 못하는 사람을 보면 그를 동정하고 도와주어야 하는 것이다.

자장의 분석은 논리적이다. 만약 당신이 재능과 덕이 탁월한 사람이라면 다른 사람을 받아들일 수 있을 것이다. 그러나 만약 당신이 재능과 덕이 없는 사람이라면 다른 사람이 먼저 당신을 거절할 것이니 당신이 무엇에 기대 다른 사람을 거절하겠는가.

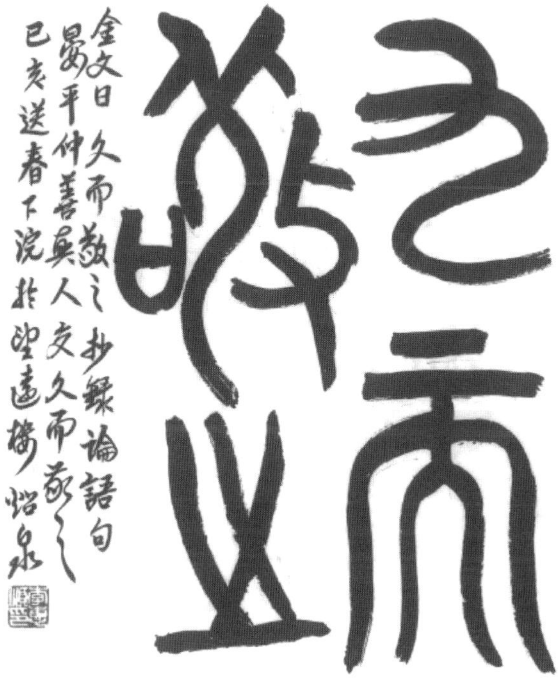

작품설명 **구이경지**

久而敬之

: 오래되어도 사람들을 함부로 대하지 않고 존경하다.

金文曰久而敬之. 抄錄論語句. "晏平仲善與人交, 久而敬之."

: 금문은 '구이경지'의 구절이다. 논어 구절을 쓰다. "안평중은 다른 사람과 사귀기를 잘하여 오래되어도 사람들을 함부로 대하지 않고 존경하였다."

己亥送春下浣於望遠樓, 炤泉.

: 기해년 송춘 하순, 망원루에서. 소천.

제11장

02

직량다문 直諒多聞

: 정직하고 참되고 다식한 친구

交友

'직량다문直諒多聞'이란 '정직하고 참되고 다식한 친구'가 자신에게 이득이 되는 친구라는 뜻이다. 본 절에서는 '벗'에 대하여 살펴보기로 한다.

1. **孔子曰, "益者三友, 損者三友. 友直, 友諒, 友多聞, 益矣. 友便辟, 友善柔, 友便佞, 損矣."(≪論語·季氏 16.04≫)**
   : 공자가 말하였다. "유익한 교우도 세 가지 유형이 있고, 해로운 교우도 세 가지 유형이 있다. 정직한 사람을 벗하고, 신실한 사람을 벗하고, 견문이 많은 사람을 벗하면 유익하다. 아첨하는 사람을 벗하고, 부드러운 척 잘하는 사람을 벗하고, 말 잘하는 사람을 벗하면 해롭다."

   ① **우직友直:** 정직한 친구를 사귀다. ② **諒(믿을 량[양], liàng):** 성실하다. ③ **편벽便辟:** 아첨하고 영합하다. ④ **선유善柔:** 심히 유약하다. 앞에서는 영합하지만 뒤에서는 헐뜯다. ⑤ **편녕便佞:** 교묘한 말로 말을 잘하다.

나에게 도움이 되는 친구와 나에게 해를 끼치는 친구는 각각 세 개의 부류가 있다. 정직한 친구를 사귀면 잘못이 있을 때 서로 직언해줄 수 있고 친구로서 인을 보완할 수 있다. 신실信實한 친구를 사귀면 진실한 마음을 서로 보여줄 수 있어 진실과 정직을 배우게 된다. 박학다식한 친구를 사귀면 학문을 서로 연마할 수 있다.

득이 되지 않는 나쁜 친구는 아첨을 잘 하고 거드름을 피우거나, 상대의 마음에 들기 위해 아첨하면서 앞에서 나약한 척 하며, 교묘한 말을 잘 하고 언행이 불일치하는 사람이다. "근묵자흑近墨者黑"처럼 묵을 가까이 하면 검어지게 되는 것이다. 이러한 친구와 어울리면 함께 어울려 못된 짓을 할 수 있다. 유익한 친구는 정직하고, 신실하며, 견문이 넓은 사람이다. 그렇다면 나는 누군가에게 유익한 친구일까?

2. 子貢問友. 子曰, "忠告而善道之, 不可則止, 毋自辱焉."(≪論語·顏淵 12.23≫)

: 자공이 친구에 관하여 물어보자 공자가 말하였다. "충심으로 일러주어 잘 인도하되 안 되겠으면 그만두어야지 이 일로 인하여 스스로 욕을 당하지 말아야 한다."

성현이 아닌 이상 누구나 잘못을 저지르기 마련이다. 친구가 잘못이 있으면 먼저 전심전력으로 충고를 해 주어야 하고, 진심으로 권면해 주어야 한다. 그러나 이러한 좋은 마음도 만약 친구가 충언과 충고를 받아들이지 않으면, 원망하지도 성내지도 말고 멈추어야 한다. 그렇지 않으면 오히려 상대방으로 부터 반감과 조소를 사거나 욕을 먹을 수도 있다. 사실 친구와의 사귐도 여지를 남겨 두어야 한다. 친구의 사정과 눈치를 보아가면서 충고도 해야 한다.

"얼굴빛을 알아보지 않고서 말하는 것은 장님과 같다."

"未見顔色而言謂之瞽."(≪論語·季氏≫)

3. 子游曰, "事君數, 斯辱矣, 朋友數, 斯疏矣."(≪論語·里仁 04.26≫)

: 자유가 말했다. "임금을 섬김에 있어서 간언을 자주 하면 곤욕을 당하게 되고 친구와 사귐에 있어서 충고를 자주 하면 사이가 소원해지게 된다."

① 數(자주 삭, shuò): 자주.

좋은 말도 한두 번이다. 간언은 하물며 귀에 거슬리기 마련이다. 그래서 간언은 조심스럽게 접근해야 한다. 군신과 붕우는 모두 사회적 관계이지 혈연관계가 아니다. 그러므로 적절한 거리를 유지하면서 분수를 지켜야 한다. 윗사람에 지나치게 친근하게 굴면 싫증을 내기 쉽고 스스로 난처한 상황을 자초할 수도 있다. 친구에게 있어서도 잦은 충고는 오히려 관계가 소원해 질 수 있는 동기가 된다. 사람과 사람 사이에는 언제나 적절한 거리가 필요하다.

4. 子曰, "可與共學, 未可與適道, 可與適道, 未可與立, 可與立, 未可與權."(≪論語·子罕 09.30≫)

: 공자가 말하였다. "함께 공부할 수 있어도 그것만으로는 아직 함께 도를 향하여 나아갈 수 있는 것은 아니고, 함께 도를 향하여 나아갈 수 있어도 그것만으로는 아직 함께 입신처세 할 수 있는 것은 아니

며, 함께 입신처세 할 수 있어도 그것만으로는 아직 함께 변통할 수 있는 것은 아니다."

① **權(저울추 권, quán)**: 융통하다.

본 구절은 공자가 자신을 알아주는 사람을 찾기 어렵다고 말한 내용이다. "공학共學"은 "적도適道", "입立", "권權"과 함께 배움의 네 단계라 할 수 있다. 배우는 것은 사람됨과 처세의 도리를 배우는 것이다. '도'는 인생의 바른 길이다. '입'은 입신처세 할 수 있는 것이다. '권'의 단계가 가장 어렵다. 다른 사람과 함께 균형을 맞추는 것으로 이는 홀로 균형을 맞추는 것과는 또 다르다. 공자의 이러한 생각은 그의 인생 경험, 제자를 가르치면서 얻은 깨달음으로부터 비롯된 것이다. 삶에서 가장 얻기 어려운 것은 큰일을 상의할 친구를 얻는 것이다. 그러므로 "지기난구知己難求" 즉 '자신을 알아주는 친구를 구하는 것은 어렵다.'

'공학共學' 즉 함께 공부하는 것은 보편적인 일이지만, '적도適道' 즉 '함께 도를 향하여 나아가는 것'은 쉬운 일이 아니다. 함께 공부하는 사람들에게는 각자의 목적과 의지가 있다. 함께 공부하는 사람이 공통된 인식, 부합하는 뜻을 가진 동지이기란 결코 쉬운 일이 아니다. 이보다 더 어려운 것은 함께 균형을 맞추어 나아가는 융통성이다. 친구와 공통된 인식을 가지고 있다하더라도 구체적으로 실행해 나가는 과정은 일치하지 않을 수 있다. 그러므로 완전한 원칙이 있다고 하더라도 수많은 요소와 변동에 적응하기 위해서는 반드시 상황에 맞는 변통력이 있어야 한다.

5. 子曰, "巧言令色足恭, 左丘明恥之, 丘亦恥之. 匿怨而友其人, 左丘明恥之, 丘亦恥之."(≪論語·公冶長 05.24≫)

: 공자가 말하였다. "그럴듯하게 꾸민 달콤한 말과 부드러운 듯이 꾸민 반질한 얼굴과 아첨의 소지가 있는 지나친 공손은 좌구명이 그것을 부끄럽게 여겼거니와 나도 그것을 부끄럽게 여긴다. 원한을 감추고 그 사람을 친구로 삼는 것은 좌구명이 그것을 부끄럽게 여겼거니와 그것을 나도 부끄럽게 여긴다."

① **족공足恭:** 지나치게 공경하다. ② **익원匿怨:** 원한을 숨기다.

친구를 사귐에 있어서 귀중한 것은 진실함과 당당함이다. 좌구명은 노나라 태사였다. ≪좌전≫의 작자라고 알려져 있으며, 공자는 그를 매우 칭찬하였다. 사람과 사람 사이에서 가장 중요한 것은 진실함이다. 공자는 좌구명의 비유를 들어 위선자를 질책을 하였다. "교언巧言", "영색令色", "족공足恭" 이 세 가지 행동은 모두 진실함이 없는 외재적인 표현이다. 위선자는 말이 매우 감동적이고 표정 또한 매우 호감이 가게 할 뿐만 아니라, 태도 또한 매우 공경스러운 듯이 행한다. 그러나 이런 사람들은 매우 사적인 목적을 가지고 있기 때문에 진실성이 결여되어 있다. 이 때문에 공자는 "교언영색巧言令色, 선의인鮮矣仁"(≪論語·學而≫) 즉 '약삭빠른 말과 좋은 듯이 꾸미는 얼굴을 하는 자는 인한 자가 드물다.'라고 하였다.

친구 사이에는 종종 마찰이 생기거나 서로에게 불만이 생기는 어쩔 수 없는 상황이 존재한다. 그러나 만약 서로 간에 맺힌 원망을 곧바로 풀지 않고, 속마음을 억지로 숨기고 억누르면서 서로를 만나다면, 이는 일종의 고통이고 위선적인 행위이다. 차라리 정직하고 진솔한 대화를 통해 서로의 오해를 푸는 편이 낫다. 그렇지 않으며 겉과 속이 다른 '표리부동'한 행위로 인해 모두가 불편해지고 말 것이다. 공자는 이와 같이 "익원우인匿怨友人" 즉 '원망하는 마음을 갖고 있으면서 친한 척 하는 것'을 수치스럽게 생각하였다.

6. 子曰, "羣居終日, 言不及義, 好行小慧, 難矣哉!"(≪論語·衛靈公 15.16≫)
: 공자가 말하였다. "종일토록 여럿이 함께 있으면서 의로운 일에는 언급하지 않고 잔재주 부리기나 좋아한다면 이는 곤란하도다!"

① **소혜小慧:** 잔재주.

'의義'는 정의이자 도의이다. 인생에 있어서 '반드시'는 필요한 준칙이고 원칙이다. 이는 원칙과 이상이다. 이러한 것이 없는 것은 작은 지혜이다. 친구는 "이문회우以文會友, 이우보인以友輔仁"(≪論語·顏淵≫) 즉 '문으로써 벗을 모으고, 벗으로써 인을 도와야 한다.'

7. 子曰, "君子矜而不爭, 羣而不黨."(≪論語·衛靈公 15.21≫)
: 공자가 말하였다. "군자는 긍지를 가지지만 다투지는 않고, 여러 사람이 한데 어울리지만 작당하지 않는다."

① **矜(불쌍히 여길 긍**, jīn,qín)**:** 긍지. 장중. ② **黨(무리 당**, dǎng)**:** 사적인 이익을 위해 결합하다.

해야 할 것과 하지 말아야 할 일이 있다. 이는 사람 됨됨이와 일처리의 원칙이다. 군자는 원칙을 견지하고 장중하고 신중하면 자연스럽다. 내면에 공평무사함이 있으므로 다른 사람과 잘 지내지만 편당을 짓지 않는다.

> "사적인 이득을 위하여 군자는 끼리끼리 놀지 않는다."
>
> "君子不黨"(≪論語·述而≫)

8. 子曰, "愛之, 能勿勞乎? 忠焉, 能勿誨乎?"(≪論語·憲問 14.07≫)

   : 공자가 말하였다. "어떤 사람을 사랑하면서 그에게 일을 시키지 않을 수 있겠느냐? 어떤 사람에게 충성스러우면서 그에게 올바른 길을 알려주지 않을 수 있겠느냐?"

   ① **勞(일할 로**, láo): 피로하게 하다. ② **誨(가르칠 회**, huì): 알려주다.

부모가 자녀를 사랑하기에, 스승이 제자를 사랑하기에, 상사가 부하를 사랑하기에, 친구 사이에 서로를 사랑하기에 관심을 가지고 권고해 주고 격려해 주고 권면해 주는 것이다.

> "사랑할 때에는 살기를 바라다가 미워할 때에는 죽기를 바란다."
>
> "愛之欲其生, 惡之欲其死"(≪論語·顔淵≫)

작품설명 **이문회우**

以文會友

: 문장으로 친구와 만나다.

抄錄論語句. 以文會友, 以友輔仁. 己亥季春中浣於聽雪軒東囱(窓)下茶爐邊, 炤泉李惠順.

: 논어 구절을 쓰다. "문장으로 친구를 만나고, 친구로 통하여 인의 향상을 도모하다." 기해년, 음력 3월 중순, 청설헌 동쪽 창가 다로 옆에서, 소천 이혜순.

禮樂

제12장

예악

회사후소(繪事後素) : 흰 바탕에 그림을

'회사후소繪事後素'는 '흰 바탕에 그림을 그리다'라는 뜻이다. 이는 '예악'에 관한 설명이다. 소박한 예가 인성에서 매우 아름다운 부분을 두드러지게 한다. 예는 본래 있었던 아름다운 부분을 더욱 선명하고 두드러지게 한다. 예를 배운 후에는 인성이 더욱 아름답게 두드러지는 것이다. 본 장에서는 '예악'에 관해서 살펴보기로 한다.

제12장
01

공신용직 恭愼勇直

: 공경, 신중, 용감, 정직

禮樂

‘공신용직恭愼勇直’은 ‘공경’, ‘신중’, ‘용감’, ‘정직’이다. 이는 ‘예악의 본질’이다. 그러나 만약 예절로써 절제하지 않으면 ‘노勞’, ‘사葸’, ‘난亂’, ‘교絞’하게 된다. 유자有子는 “예지용禮之用, 화위귀和爲貴”(≪論語·學而≫), ‘예의 실용적 가치는 조화에 있고’, “불이례절지不以禮節之, 역불가행야亦不可行也”, ‘예로써 조절하지 않는다면 일이 순조롭게 행하여지지 않게 마련이다’라 하였다. 따라서 “예지절禮之節, 악지화樂之和”, ‘예로써 절제하여야 하고, 음악으로써 조화를 이루어야 하는 것’이다. 본 절에서는 ‘예악의 본질’에 대하여 살펴보기로 한다.

1. 林放問禮之本. 子曰, “大哉問! 禮, 與其奢也寧儉, 喪, 與其易也寧戚.”(≪論語·八佾 03.04≫)
   : 임방이 예의 본질이 무엇인가를 물어보자 공자는 말하였다. “좋은 질문이군요! 예는 사치스러운 것보다는 차라리 검소한 것이 좋고, 상사는 장례식을 잘 치르는 것보다는 차라리 슬픔에 젖는 것이 좋소.”

   ① **임방林放**: 노나라 사람. ② **易(바꿀 이, yì)**: 잘 처리하다. 돌보다. ③ **戚(겨레 척, qī)**: 슬프다.

공자가 임방에게 예의 본질을 설명한 내용이다. 예가 외재적으로 표현되는 의식이라면 내면에 담아야 할 것은 공경과 진실함이다. 이것이 바로 예의 근본이다. 외재적인 의식은 쉽게 드러나 명백하게 볼 수 있는 것이지만 내재적인 공경과 진실함은 보여주기가 힘들다. 그래서 우리는 쉽사리 '의식'과 같은 겉모양을 중시하게 되고, 내재적인 '공경'과 '진실'은 소홀히 하게 된다. 그러나 사치스러운 것은 진심이 담긴 검약하고 소박한 것만 못하다. 인의 근본은 내면의 공경에 있지 외재적인 형식에 있지 않다. 장례는 진심으로 슬퍼하는 것이 가장 중요하다. 슬픔은 내면에서 비롯된다. 깊은 감정이 없으면 진정으로 슬퍼할 수 없다. 장례를 치를 때 진심으로 슬퍼하기보다, 남에게 보여주기 위해서 혹은 자신의 체면을 위해서 화려하게 겉모양으로 자신의 지위를 드러내려고 하는 자들이 있다.

본 구절에서 '이易'는 '일을 잘 처리하다'라는 뜻이다. ≪맹자≫ "이기전주易其田疇(그 농지를 잘 다리다)"의 '易'와 의미와 같다.

2. 子曰, "奢則不孫, 儉則固. 與其不孫也, 寧固."(≪論語·述而 07.36≫)
: **공자가 말하였다. "사치스러우면 공손하지 않고 검소하면 고루한데, 공손하지 않은 것보다는 차라리 고루한 것이 더 낫다."**

① **孫:** '遜(겸손할 손, xùn)'과 통한다. 공손하다. ② **固(굳을 고, gù):** 고루하다.

사치하며 예를 어기는 것보다는 검약하여 고루한 것이 낫다.

자공이 "가난하면서도 아첨함이 없고, 부유하면서도 교만함이 없다면 어떠하겠습니까?"라고 물은 적이 있다. 이에 대해 공자는 "괜찮기는 하나 가난하면서도 도道를 즐기고, 부유하면서도 예禮를 좋아하는 것만은 못하다."라고 대답하였다.

子貢曰: "貧而無諂, 富而無驕, 何如?" 子曰: "可也, 未若貧而樂, 富而好禮者也." (≪論語·學而≫)

예의는 일종의 불손해지는 거만을 제약하는 것이다. 따라서 유자는 예의 가치가 '조화로움(和)'에 있음을 밝히면서, 만약 "일정한 규약으로 절제하지 않으면 행해지지 않는다."[79]라고 덧붙여 설명하였다. "검즉고儉則固"는 일종의 너무 절약하고 '검소하여 초라해 보이는 것'이다. 초라해 보이지만 공자는 불손을 행하는 것보다 낫다하였다. 우리는 '검이불루儉而不陋', 즉 '검소하되 누추하지 않고', '화이불치華而不侈', 즉'화려하면서도 사치스럽지 않았으면' 좋겠다.

3. **子曰, "恭而無禮則勞, 愼而無禮則葸, 勇而無禮則亂, 直而無禮則絞. 君子篤於親, 則民興於仁, 故舊不遺, 則民不偸."(≪論語·泰伯 08.02≫)**
   : 공자가 말하였다. "공손하나 예의가 없으면 수고로워지고, 조심스러우나 예의가 없으면 두려워지며, 용맹스러우나 예의가 없으면 어지러워지고, 강직하나 예의가 없으면 각박해진다. 군자가 친척에게 돈독하면 백성들 사이에서 어진 기풍이 홍성하고, 옛날 친구를 버리지 않으면 백성들도 (사람을 대하는데) 각박해지지 않는다."

79 ≪論語·學而 01.12≫: "不以禮節之, 亦不可行也."

① **葸(눈 휘둥그레 할 사, xǐ)**: 두려워하다. 겁내다. ② **絞(목맬 교, jiǎo)**: 말로 상처를 주다. 가혹하게 자극하다. ③ **篤(도타울 독, dǔ)**: 돈독하다. ④ **고구故舊**: 옛 친구. ⑤ **偸(훔칠 투, tōu)**: 냉담하다. 각박하다.

공자는 미덕이 적절하게 발휘될 수 있으려면 예의 작용이 있어야 함을 강조하였다. '공恭', '신愼', '용勇', '직直'은 네 가지 아름다운 덕행이다. 그러나 만약 예절로써 절제하지 않으면 '노勞', '사葸', '난亂', '교絞'하게 된다. '노'는 공손하지만, 예절을 모르고 예로써 절제되지 않으면 예의를 잘 실행하지 못하기 때문에 스스로를 곤경에 빠뜨리고 헛수고하게 된다. '신'은 신중하고 조심스럽지만, 예를 모르면 용기가 없어 두렵고 불안하게 된다. '용'은 용감무쌍하지만, 예로 절제하지 않으면 만용을 부려 혼란을 야기 시키게 된다. '직'은 정직하고 솔직하기만, 예로 절제하지 않으면 다른 사람을 배려하는 마음이 없기 때문에 다른 사람을 가혹하고 각박하게 만든다.

'노사난교勞葸亂絞'하면 자신과 타인을 모두 상하게 한다. 그러므로 집정자가 '예'로 절제 하여 인이 두터우면, 백성들도 그를 따라 인이 두터워지고 기풍이 나날이 좋아지게 된다. 이것이 공자 '덕정德政'사상의 체현이다.

인仁의 실행은 거창한 것이 아니다. "독어친篤於親" 즉 '가까운 사람과 돈독하게 지내고', "고구불유故舊不遺" 즉 '옛 친구를 버리지 않으면', 인에 가까운 것이다.

4. 子夏問曰, "'巧笑倩兮, 美目盼兮, 素以爲絢兮.'何謂也?" 子曰, "繪事後素." 曰, "禮後乎?" 子曰, "起予者商也! 始可與言詩已矣."(≪論語·八佾 03.08≫)

: 자하가 "'귀엽게 웃는 모습 아름답구나! 아름다운 두 눈이 초롱초롱하구나! 흰 바탕 위에다 문채를 지었구나!'라고 한 것은 무엇을 말한 것입니까?"하고 물어보자 공자는 "그림을 그리는 일은 먼저 흰 바탕을 마련해놓고 난 뒤에 한다는 말이다"라고 하였다. 자하가 "예가 나중이라는 말씀입니까?"라고 하자 공자가 말하였다. "나를 일깨워주는 사람은 상이로구나. 비로소 그와 함께 시를 이야기할 수 있게 되었다."

① **교소천혜巧笑倩兮, 미목반혜美目盼兮, 소이위현혜素以爲絢兮:** ≪시경≫에서 나온 구절이다. '**倩**(예쁠 천, qiàn)'은 아름답다. '盼(눈 예쁠 반, pàn)'은 눈동자의 흰자와 검은자가 분명하다. '絢(무늬 현, xuàn)'은 색이 아름답다. ② '**素**(**흴 소**, sù)': 희다.

공자는 예가 인성을 더욱 아름답게 한다고 하였다.

'교소천혜巧笑倩兮, 미목반혜美目盼兮, 소이위현혜素以爲絢兮'의 구절은 ≪시경詩經·위풍衛風·선인碩人≫에 나오는 구절이다.

"회사후소繪事後素"는 고대 회화에서 먼저 각종 색채를 칠한 뒤 마지막으로 흰 색으로 그 사이를 칠하여 다른 색이 도드라져보이도록 하는 것이다. 당시의 회화재료, 제작기술로는 회화에 쓰는 종이와 천을 백색으로 만들 수 없었다. 밑그림에 바탕색깔이 필요하기 때문에 습관적으로 가장 마지막에 흰 색을 칠하는 관습이 생긴 것이다. '교소천혜巧笑倩兮, 미목반혜美目盼兮'는 한 여자의 천성적인 아름다움이다. 이와 같은 미모에 흰색 옷을 입어 그 광채가 더욱 두드러지게 한 것이다. 이는 마치 한 폭의 그림을 그리는 것과 같다. 먼저 아름다운 각양각색의 색을 칠한 후 그 위에 흰 색을 칠해 각양각색의 색깔이 더욱 두드러지고 선명해지도록 하는 것이다. 이것을 ≪시경≫의 구절로 표현한 것이 바로 "소이위현혜素以爲絢兮"이다. 흰 바탕으로 화려하게 하고 흰색으로 다채롭게 한다는 뜻이다. 선천적으로 미모를 타고난 미인은 많은 수식을 할 필요 없이 이미 본바탕이 아름다운 것이다. 본바탕이 바로 '素(흴 소, sù)'이다. 그렇다고 이 하얀 바탕만 있어선 안 된다. 이 본바탕에 미소와 눈이 드러나야 아름다운 여성이 되는 것이다.

자하가 "예후호禮後乎?"를 연상해낸 것은 '거일반삼擧一反三' 즉 '하나를 말하면 세 가지를 반추해 내는 것이다.' 이는 ≪논어≫ 전체에서 자하가 가장 빛나는 부분이다. 보통사람들은 예가 색채이고 인성이 백색이라고 생각한다. 마치 그림 그릴 때 흰 색의 종이를 사용하여 수많은 "예"를 그리는 것과 같다고 보는 것이다. 배우게 된 예는 색깔처럼 예쁘다. 그러나 공자의 견해는 반대이다. 공자는 인성이 본래 매우 아름다운 것이고 예가 백색이라는 것이다. 소박한 예가 인성에서 매우 아름다운 부분을 두드러지게 한다. 인성은 선을 향한다. 인간 본성의 아름다운 잠재능력이다. 예는 본래 있었던 아름다운 부분을 더욱 선명하고 두드러지게 한다. 그렇기 때문에 한 사람이 설사 예를 배우지 않았다 해도 똑같이 좋은 사람일 수 있고 자아실현의 길을 걸을 수 있는 것이다. 더욱이 예를 배운 후에는 본래 아름다운 미인이 흰 옷을 입는 것과 같아서 인성이 더욱 아름답게 두드러지는 것이다.

5. 子入太廟, 每事問. 或曰, “孰謂鄹人之子知禮乎? 入太廟, 每事問.” 子聞之曰, “是禮也.”(≪論語·八佾 03.15≫)

: 공자는 태묘에 들어가면 매사를 꼬치꼬치 물었다. 어떤 사람이 말하기를 “누가 추인의 아들이 예를 안다고 했는가? 태묘에 들어가면 매사를 묻는데”라고 했다. 공자는 이 말을 듣고 말하였다. “이것이 바로 예이다.”

① **태묘太廟**: 노나라 주공의 묘. ② **鄹(나라 이름 추**, qǔ): 춘추시기 노나라 지명. 오늘날 산동 곡부 부근이다. ‘추인지자鄹人之子’는 공자를 가리킨다.

공자는 알지 못하면 묻는 것이 예의 표현이라 하였다. 공자는 자로에게 ‘앎’에 대하여 “지지위지지知之爲知之, 부지위부지不知爲不知” 즉 ‘아는 것을 안다고 하고 모르는 것을 모른다하는 것’이라 하였다. 태묘와 같이 가장 정중하고 천자를 모시는 예식을 거행하는 곳은 사소한 일까지도 모두 신중을 기해야 한다. 설사 예식의 절차를 모두 숙지하고 있더 해도 다른 동료들과 보조를 맞추고 동료 역시 예식의 절차를 알고 있어야만 조화를 이룰 수 있기 때문에, 매사를 물어 확인해야 한다.

주공의 묘에는 천자의 진열품이 있다. 제사드릴 때의 기본적인 예의는 천자를 모시는 것과 같다. 그리하여 예의가 더욱 엄중해야 한다. 당시의 공자는 이미 예를 아는 것으로 이름나 있었다. 그럼에도 공자는 태묘에 들어간 후 모든 일에 대해 의문이 생기면 물었다. 공자는 예의 구체적인 부분을 자세히 물어 이해하는 것이 예의 표현이라고 여겼다. 예는 형식과 예식일 뿐만 아니라 내재적인 이해와 감정도 담고 있다. 그러므로 확정할 수 없는 것은 분명히 물어야 한다. 이처럼 예를 행해야만 비로소 표면으로만 표현하는 것에 그치지 않고 내재된 감정도 담을 수 있다.

6. 子曰, "禮云禮云, 玉帛云乎哉? 樂云樂云, 鐘鼓云乎哉?"(≪論語·陽貨 17.11≫)

: 공자가 말하였다. "예라 예라, 그것이 단순히 옥이나 비단 같은 예물을 말하겠느냐? 음악이라 음악이라, 그것이 단순히 종이나 북 같은 악기를 말하겠느냐?"

① **옥백玉帛:** 예를 행할 때 쓰는 옥과 비단. ② **종고鐘鼓:** 종과 북.

공자는 예악에서 단지 형식만 중시해서는 안 된다하였다. 예의 목적은 질서규범을 추구하는 데 있다. 음악의 목적은 조화와 아름다움을 추구하는 것에 있다. 그러므로 예악의 근본 목적은 공손하고 조화된 사회를 세우는 것이다. 예의의 완성은 옥기와 속백 등 물품을 사용해야 하고, 음악의 연주는 종과 북 등의 악기를 사용해야 한다. 그러나 이러한 물품의 많고 적음, 악기의 귀하고 천함은 예악의 본질이라고 할 수는 없다. 만약 이러한 외물에 주의를 기울인다면 오히려 예와 음악의 본질을 소홀히 하게 될 것이다.

"시로써 감흥을 갖고, 예로써 자립하고, 음악으로 완성한다."
"興於詩, 立於禮, 成於樂"(≪論語·泰伯≫)

예는 행위의 절제이므로 그에 준하여 행동하면 외부사물에 동요 없이 자립할 수 있게 되는 것이고, 음악은 성정性情을 화평케 해주고 사악하고 더러운 마음을 씻어주므로 음악을 통해 고상한 인품을 이룩하게 된다. 그러나 외물만을 중시한다면 음악의 본질이 흐려지게 되어 오히려 심란心亂하게 된다.

7. 子與人歌而善, 必使反之, 而後和之. (≪論語·述而 07.31≫)

: 공자가 다른 사람과 함께 노래를 부르는데 그 사람이 노래를 잘하면 반드시 그로 하여금 다시 부르게 하고 그런 다음에 그를 따라서 불렀다.

① 反: 반복하다.

공자는 다른 사람과 즐겁게 지내기를 잘하였다. 음악은 조화로운 예술이다. 특히 중국 고대의 음악은 조화를 중시하였다. ≪예기·악기≫에서는 "예는 그들의 의지를 인도하고, 악은 그 소리를 조화롭게 한다."[80]고 하였고, 또한 "예는 민심을 절제하고, 음악은 백성의 소리를 조화롭게 한다."[81]라고 하였다. 이는 음악의 기능이 조화라는 것을 설명한 부분이다. 공자는 음악의 이러한 특성을 알고 있기 때문에 다른 사람과 함께 노래할 때 그 사람이 노래를 잘 하면 반드시 그에게 다시 한 번 부르라고 청한 뒤 그를 따라 노래 불렀다. 이러한 행동은 다른 사람과의 감정 교류의 한 방식이고 상호관계를 더욱 조화롭게 융합하게 만든다.

이는 일종의 공자가 강조한 "화이부동和而不同"(≪論語·子路≫) 즉 '조화를 이루지만 완전히 같지는 않다.'는 사상과 같다.

80 ≪禮記 · 樂記≫ : "禮以道其志, 樂以和其聲."

81 ≪禮記、樂記≫ : "禮節民心, 樂和民聲."

제12장

02 이례절지 以禮節之

: 예로서 절제하다

禮樂

'이례절지以禮節之'는 '예로서 절제하다'는 뜻이다. 인하기 위해서는 '예악으로 교화'를 해야 한다. 본 구절에서는 '예악으로서의 교화'에 대하여 살펴보기로 한다.

1. 子曰, "人而不仁, 如禮何? 人而不仁, 如樂何?"(≪論語·八佾 03.03≫)
   : 공자가 말하였다. "사람이 어질지 않다면 예를 해서 무엇 하며, 사람이 어질지 않다면 음악을 해서 무엇 하랴?"

공자는 예악의 본질이 '인'에 있다하였다. '인'은 인간의 본성으로 말하자면, 진실한 마음과 선을 향하는 힘이다. 인생의 준칙에서 말하자면, 인생의 바른 길, 선의 추구이다. 또한 개인적인 수양으로 말하자면, 완벽한 인격형성이다. 그렇다면 진실한 마음이 없고 훌륭한 인격의 아름다움이 없다면 예악을 한들 무슨 소용이겠는가. 진실한 인이 없는 예악은 단지 껍데기, 형식일 뿐이다.

2. 子貢欲去告朔之餼羊. 子曰, “賜也! 爾愛其羊, 我愛其禮.”(≪論語·八佾 03.17≫)

: 자공이 초하루를 알리는 의식에 쓰는 양을 없애려고 하자, 공자가 말하였다. “사야, 너는 그 양을 아끼고, 나는 그 예를 아낀다.”

① 去(갈 거, qù): 없애다. ② 곡삭告朔: 천자가 매년 다음 해의 책력을 제후에게 나누어주고, 제후들이 책력을 받아 종묘에 소장한다. 후에 매월 초하루가 되면 살아있는 양 한 마리를 잡아 종묘에 제사를 올린다. ③ 희양餼羊: 제사에 쓰는 살아있는 양.

공자는 예의 형식도 보존해야 한다하였다. 형식 또한 내용의 일부이다. “곡삭告朔”은 고대 에 천자가 매년 제후들에게 책력을 나누어주던 의식이다. 제후는 매월 초하루에 종묘에 제사를 올림으로써 군주에게 존중을 표하고 조상에게 알리는 일종의 예이다. 춘추시기에 이르러 예악이 붕괴되었고, 대부분의 제후들은 곡삭의 예를 행하지 않았다. 상황이 이러했음에도 노나라 관원들은 곡삭의 예에 필요한 양을 준비하였다. 그러나 자공은 이처럼 유명무실한 예를 없애고 싶어 했다. 살아있는 양을 사용해서 제사를 드리는 예의 형식은 없앨 수 있다고 여겼다. 자공은 비교적 실용주의적이었다. 그러나 공자는 양이 있다는 것은 예의 상징이 있다는 것이므로 이를 통하여 사람들로 하여금 최소한 곡삭의 예가 있다는 것을 일깨워줄 수 있다고 생각했다. 당시 제후들은 천자에게 귀속과 신복을 표하여야 했다. 그런데 만약 양까지 없으면 곡삭의 예는 완전히 사라지는 것과 다름없으므로 군신의 관계가 어지러워지고, 천하 또한 뒤흔들리고 불안해질 것이다. 이것이 바로 공자가 진정으로 우려하는 것이다.

3. 孔子謂季氏 "八佾舞於庭, 是可忍也, 孰不可忍也?"(≪論語·八佾 03.01≫)

: 공자는 계손씨를 비판하여 말하였다. "대부인 계손씨가 천자의 악무인 팔일무를 자신의 뜰에서 공연했으니 이것을 용인할 수 있다면 다른 것이야 무엇인들 용인하지 못하겠는가?"

① **계씨季氏:** 노나라 정경 계손씨. 계평자를 말한다. ② **팔일八佾:** 8명 8줄 64명. '佾(춤 일, yì)'은 줄. ③ **是(옳을 시, shì):** 이. 이것. ④ **孰(누구 숙, shú):** 무엇.

공자는 계씨가 무례한 행위를 하자 이에 대해 분노를 표하였다. '팔일八佾'은 춤의 이름이다. 한 줄당 8명으로 이루어져 있으므로 8일은 64명이다. 이는 천자만이 행할 수 있는 악무이다. 제후는 6일이고, 대부는 4일이며, 사士는 2일이다. 당시 노나라는 계씨가 집권하고 있었다. 그는 대부의 신분으로 천자의 예를 참월하였고 마치 자신이 천자인 듯 행동하였다. 당시 주나라 천자의 세력은 이미 약해지고 제후들은 각자 독립했던 시기로, 대부들 역시 제멋대로 행동했다. 공자의 이 말은 지방 집권자에 대한 극도의 분개함의 표현이다. "시가인是可忍, 숙부가인孰不可忍"은 '이것을 참는다면 무슨 일인들 못 참겠는가!'의 뜻으로 도저히 참을 수 없는 일임을 시사한 것이다.

4. 子曰, "君子無所爭. 必也射乎! 揖讓而升, 下而飮. 其爭也君子."(≪論語·八佾 03.07≫)

: 공자가 말하였다. "군자는 다투는 것이 없다. 굳이 있다고 한다면

그것은 틀림없이 활쏘기일 것이다. 읍을 하고 겸양의 뜻을 표한 뒤에 당에 오르며, 끝나면 내려와서 술을 마시니 그 다툼은 군자답다."

① **필야必也**: 만약 반드시 있어야 한다면. ② **射(궁술 사, shè)**: 활쏘기. ③ **揖(읍 읍, yī)**: 손을 모아 예를 행하는 것으로, 존경을 나타낸다. ④ **升(되 승, shēng)**: 자리에 오르다.

군자의 다툼에 대한 설명이다. 활쏘기는 육예 중 하나로 고대에 남자들이 반드시 배워야 하는 무예였다. 활쏘기는 자신을 보호하거나 상대방을 제압하기 위해서 사용되었고, 혹은 오락과 시합에서 이용되었다. 고대의 활쏘기 시합은 분명한 예가 있었다. 군자는 다른 사람과 다투지 않는다. 내면으로 자신의 덕행을 닦는 사람이므로 자신과 다툴 뿐 다른 사람과 다툴 필요가 없기 때문이다. 만약에 반드시 경쟁을 해야 한다면 '활쏘기'로써 행한다. "읍양이승揖讓而升, 하이음下而飮"과 같이 '읍을 하고 겸양의 뜻을 표한 뒤에 당에 오르며, 끝나면 내려와서 술을 마시는 것'이 모두 고대의 예이다. 군자의 '쟁爭'은 반드시 예를 따라 행해야 하며, 다른 사람을 이기는 것에 뜻을 두지 않는다. 군자의 다툼은 현대사회로 말하자면 정당한 '룰'에 따라 행하는 스포츠 정신이다.

5. 有子曰, "禮之用, 和爲貴. 先王之道, 斯爲美, 小大由之. 有所不行, 知和而和, 不以禮節之, 亦不可行也."(≪論語·學而 01.12≫)

: 유자가 말하였다. "예의 효용 가운데 조화가 가장 귀중하다. 선왕이 세상을 다스린 원칙은 이것을 훌륭하다고 여겨서 작은 일이나 큰일이나 모두 조화를 이룬다는 이 원칙에 따랐다. 행해지지 않는 바가 있으

면, 조화가 어떤 것인지를 알아서 조화를 이루려고 했을 뿐 예로써 그 것을 조절하지 않았기 때문이니 이렇게 되면 역시 행해질 수 없다."

① **和(화할 화, hé):** 조화. ② **선왕지도先王之道:** 고대 성왕의 치세의 도. ③ **斯(이 사, sī):** 이. 여기에서는 예, 조화를 가리킨다.

유자가 예의 운용이 '화和'에 있다는 것을 강조한 내용이다. '예'와 '악' 중 '예'는 일종의 '나눔'과 '베풂'이고 '악'은 일종의 '조화(和)'와 '합함(合)'이라 할 수 있다. 합함과 조화는 서로 상통한다. '예'는 먼저 존비尊卑와 장유長幼의 개념에서 규범을 제정한다. 이를 통해 군신의 예, 부자의 예와 같은 사회질서가 유지된다. 음악의 기능은 마음의 소통을 추구하는 것이다. 서로의 감정을 통하게 함으로써 조화로운 분위기를 형성하는 것이다. '예'는 본래 구분하고 질서를 형성하기 위한 것이다. "예지용禮之用, 화위귀和爲貴" 즉 '예의 효용 가운데 조화가 가장 귀중하다.'는 말은 결코 모순이 아니다. 예란 결코 구분을 위한 구분이 아니다. 질서가 있고 난 후에 어떻게 다른 사람과 교제해야 하는지를 알게 된다. 그래야 전체 사회가 조화를 이룩할 수 있다. 사회란 먼저 구분이 있고 그 다음에 질서가 있으며, 그 다음으로 조화로움이 있다. 만약 질서가 없다면 온통 아수라장이 되어버릴 것이고, 법이 없기 때문에 조화를 이룰 수 없을 것이다. 이는 매우 중요한 개념이다. 그러므로 큰일이든 작은 일이든 모두 예의규범에 따라야 하고, 예로써 절제해야 한다. 그렇게 해야만 사회는 진정한 조화에 이를 수 있다.

6. 定公問, “君使臣, 臣事君, 如之何?” 孔子對曰, “君使臣以禮, 臣事君以忠.”(≪論語·八佾 03.19≫)

: 정공이 “임금이 신하를 부리는 것과 신하가 임금을 섬기는 것은 어떻게 합니까?”하고 묻자, 공자는 대답하여 말하였다. “임금은 예로써 신하를 부리고, 신하는 충성으로써 임금을 섬긴다.”

① **정공定公:** 노나라 군주. 기원전 509-495년 재위하였다.

공자는 군주와 신하의 예는 “군사신이예君使臣以禮, 신사군이충臣事君以忠” 즉 ‘임금은 예로써 신하를 부리고, 신하는 충성으로써 임금을 섬기는 것.’이라고 하였다. 고대에는 예의와 명분을 매우 중시하였다. 경전에서 일반적으로 윗사람이 아랫사람을 대할 때는 ‘사使’를 썼고, 아랫사람이 윗사람을 대할 때는 ‘사事’를 썼다. ‘使’는 일종의 부리는 것이고, ‘事’는 누군가를 위하여 일을 하는 것이다.

“군사신이예君使臣以禮”는 군주가 신하를 부릴 때에는 개인의 호오好惡에 따라 일을 행해서는 안 되고, 예의규범을 원칙으로 삼아야 함을 말한다. 예절은 상하 쌍방이 서로 존중하는 것이다. 만약 군주가 예의 규범으로 권력을 행사한다면 신하는 충정으로 군주를 받들 것이다. 이것이 “신사군이충臣事君以忠.”이다. 이렇게 해야만 군신관계가 조화롭다. 신하의 무조건적인 충성을 원하는 것이 아니다. 후에 집정자들이 유학을 악용하여 ‘충忠’을 심지어는 “군요신사君要臣死, 신부득불사臣不得不死” 즉 ‘군주가 신하에게 죽어라 하면 신하는 죽지 않을 수 없다.’라고 이해할 때도 있었으나 이는 집정자가 신하와 백성들을 이용하기 위해 채용한 극단적인 주장이다.

7. 子曰, "上好禮, 則民易使也."(≪論語·憲問 14.44≫)
: 공자는 말하였다. "윗사람이 예를 좋아하면 백성은 부리기 쉽다."

① 上(**위 상**, shàng): 군주.

공자는 집정자가 진정으로 예를 실현해야만 사회관계가 조화로울 수 있다고 보았다. 예의와 규범은 사회의 질서를 보장할 수 있고 사회의 안정을 보호할 수 있다. 그렇게 되면 백성들은 즐겁게 명령을 따를 것이다. 사회를 조화롭게 유지시키기 위해서는 사람과 사람사이에 예로써 서로 어울려 지내야 한다.

8. 子曰, "能以禮讓爲國乎? 何有? 不能以禮讓爲國, 如禮何?"(≪論語·里仁 04.13≫)
: 공자가 말하였다. "예와 겸양으로써 나라를 다스릴 수 있는가? 무슨 문제가 있겠는가? 예와 겸양으로써 나라를 다스리지 못한다면 예를 해서 무엇 하랴?"

① **위국爲國:** 나라를 다스리다. ② **하유何有:** 무슨 어려움이 있겠는가.

'예禮'는 인간관계의 구체적인 규범이다. '양讓'은 사람과 사람 사이에 서로 존중하는 태도이다. 통치자가 나라 전체에 예양을 창도하면 전체 사회에 좋은 순환을 불러올 수 있다. 송나라 재상 조진趙晉은 "논어의 반절만으로도 능히 천하를 다스릴 수 있다."[82]라고 말한 바 있다. 이는

82 ≪产宝≫ : "半部論語足以治天下."

논어의 사회적 역할과 중요성을 강조한 말이다. 모든 사람에게 인생의 바른 길을 걸을 수 있도록 하는 것, 이것이 바로 ≪논어≫의 진정한 의의이다.

政治

제13장

정치와 덕

절용애인(節用愛人) : 절약하고 백성을 사랑하다

'절용애인節用愛人'은 '절약하고 백성을 사랑하다'는 뜻이다. 정치란 '덕'으로 하는 것이다. 본 장에서는 ≪논어≫ 중의 '위정爲政'에 대하여 살펴보기로 한다.

제13장

01

중성공지 衆星拱之

: 뭇 별들이 북극성을 에워싸다

政治

'중성공지衆星共之'는 '뭇 별들이 (북극성을) 에워싸다'라는 뜻이다. 만약에 나라 다스리기를 덕으로 하면 뭇별들이 북극성을 에워싸듯이 모여든다는 뜻이다. 본 절에서는 '정치는 덕으로' 해야 한다는 내용에 대하여 살펴보기로 한다.

1. 子曰, "爲政以德, 譬如北辰, 居其所而衆星共之."(≪論語·爲政 02.01≫)
   : **공자가 말하였다. "덕으로 정치를 하는 것은 비유하자면 마치 북극성이 제자리에 가만히 있는데 뭇별들이 그것을 에워싸고 도는 것과 같다."**

   ① **북신北辰:** 북극성. 고대에는 북극성이 중심에 위치하고 움직이지 않고, 뭇별들이 그를 둘러싸고 운행한다고 여겼다. ② **所(바 소,** suǒ)**:** 장소. 위치. ③ **共:** '拱(두 손 맞잡을 공, gǒng)'과 같다. 에워싸다.

덕정이 마치 북극성과 같아 백성들을 끌어들이는 힘이 매우 크다는 공자의 설명이다. 북극성은 뭇별들 가운데에서 움직이지 않기 때문에 일종의 사회적 제도이자 환경이라 할 수 있다. 이것이 바로 '덕치德治'이다.

"중성공지衆星共之"는 '뭇별들이 그것을 에워싼다.'는 뜻으로 '덕치'를 중심으로 한 제도가 실현된 후의 결과이다. 덕치를 하면 천하의 마음이 다 돌아와 일일이 간섭하지 않고 '무위無爲'하여도 백성들이 자연스럽게 모여드는 것이다. ≪논어≫는 이러한 정치를 북극성에 비유한 것이다.

도덕이란 법률이나 예제禮制의 구속력을 전제로 하는 것이 아니라 학문과 수양을 통해 양성된 것이다. 이는 백성의 도덕을 전제하는 정치를 한다는 것으로 이른바 덕치주의德治主義이다. 덕으로 나라를 다스려야 한다는 것은 집정자가 도덕적 본보기가 되어 솔선수범이 함으로써 모든 백성들을 위해 모범적인 모습을 보이는 것이다.

공자는 순임금은 "인위적으로 애쓰지 않고 자연스럽게 다스렸다."[83] 고 하였는데, 이것은 '몸소 행정에 참여하지 않고 다스리지 않으면서 다스리다.'라는 뜻이다. 순임금은 인재를 적재적소에 등용하여 자신들이 맡은 바 직책에 진력하도록 하였고, 자신은 몸가짐을 공손히 하고 그들을 통솔하는 자리만을 지키고 있으면 되었다. 순임금은 "자기 몸을 공손하게 가지고 남면하고 있었을 따름이었다."[84]고 한다. 몸소 하는 일이 없다는 것은 신하에게 위임한 일은 자기가 나서서 하지 않았으므로 하는 일이 없다고 한 것이다.

집정자는 실무에 직접 참여하지 않고, 남을 자신의 몸처럼 사랑하면서 남의 공적을 드러내기에 힘쓰고 남의 잘못은 연민으로 숨겨준다. 그리고 아랫사람은 군주를 자신의 부모처럼 생각하고 나랏일을 자신의 일처럼 처리하기 때문에 집정자가 가만히 있어도 나라가 잘 다스려지는 것이다.

---

83 ≪論語·衛靈公 15.05≫: "無爲而治."

84 ≪論語·衛靈公 15.05≫:"恭己正南面而已矣."

2. 葉公問政. 子曰, "近者說, 遠者來."(≪論語·子路 13.16≫)

: 섭공이 정치에 대하여 묻자, 공자가 말하였다. "가까이 있는 사람은 기쁘게 하고, 멀리 있는 사람은 찾아오게 하는 것입니다."

① **섭공葉公**: 초나라 섭현 현령. ② **說**: '悅(기쁠 열, yuè)'과 같다.

공자는 섭공에게 정치의 도가 민심을 얻음에 있다하였다. 공자는 덕으로써 나라를 다스리면 안으로는 민심을 얻을 수 있고, 밖으로는 천하의 모든 사람이 몰려온다하였다. 국경 내의 백성들이 편안하게 생업에 종사할 수 있으면 자연히 기쁘게 된다. 이것이 바로 민심을 얻는 것이다. 먼 곳의 백성들이 와서 귀속되니 당연히 "천하무적天下無敵" 즉 천하에 적이 없게 된다. 민심의 향배는 국가의 흥망과 깊은 관계가 있다. 당시에 섭공이 다스리던 초나라의 내부는 혼란스러웠다. 그래서 공자의 처방은 "근자열近者說, 원자래遠者來"였다. 다시 말해, '가까이 있는 사람은 기쁘게 하고, 멀리 있는 사람은 찾아오게 한다.'였던 것이다.

3. 子曰, "道千乘之國, 敬事而信, 節用而愛人, 使民以時."(≪論語·學而 01.05≫)

: 공자가 말하였다. "말 네 마리가 끄는 전차 천 대를 가진 큰 나라를 다스리려면 일을 정성껏 처리하고 백성들에게 신용이 있으며, 비용을 절약하고 인재를 아끼며, 백성들에게 일을 시킴에 있어서는 아무 때나 하지 않고 적절한 시기를 골라서 해야 한다."

① **道:** '導(이끌 도, dǎo)'와 같다. 다스리다. ② **천승지국千乘之國:** 천 대의 전차를 가진 국가. 대국. ③ **사민이시使民以時:** 백성들을 부릴 때 경작과 수확 시기를 피하여 시킨다. '시時'는 농번기.

집정자가 스스로 규율을 엄격히 지키며 백성을 근본으로 삼아야 한다. 실질적으로 나라를 다스리는 도는 첫째가 "경사이신敬事而信" 즉 '정성껏 처리하고 백성들에게 신용이 있는 것'이다. 집정자는 크고 작은 일을 처리하면서 반드시 진지하게 책임져야 한다. 조금이라도 대충해서는 안 된다. 백성들의 신용을 중시해야 하며 내뱉은 말은 반드시 행해야 한다.

두 번째는 "절용애인節用愛人" 즉 '비용을 절약하고 인재를 아끼는 것'이다. 재정의 지출은 반드시 합리적이어야 하고, 아낄 때는 쓰지 않고 써야 할 때는 아끼지 않아야 한다. 집정자는 자신을 위한 지출을 줄이고, 백성들의 재물과 물자를 힘껏 보호해야 한다. 백성들의 돈과 힘을 써야 할 때에는 반드시 도리에 맞도록 힘써야 한다.

세 번째는 "사민이시使民以時" 즉 '부역을 시킬 때는 적절한 시기를 골라서 해야 한다.' 시도 때도 없이 백성을 부려먹는 것이 아니라 적절할 때에 합리적인 요구를 해야 하며, 백성들을 괴롭혀 원망을 사지 않아야 한다.

"수신제가치국평천하修身齊家治國平天下"이다. 먼저 자신을 잘 수양하고, 자신의 가족을 잘 다스리고 난 후에야 나라를 다스릴 수 있다. '경사敬事'와 '절용節用'은 자신에 대한 엄격한 요구이다. 이러한 것들을 해내야만 비로소 백성의 신임을 얻을 수 있으며 진정으로 백성을 사랑할 수 있다. 나라를 다스리는 자는 반드시 백성의 행복을 목표로 하여야 하고 전심전력을 다해 백성을 위해 일해야 한다.

4. 子曰, "道之以政, 齊之以刑, 民免而無恥, 道之以德, 齊之以禮, 有恥且格."(≪論語·爲政 02.03≫)

: 공자가 말하였다. "정령으로써 인도하고 형벌로써 다스린다면 백성들이 처벌은 모면할지라도 수치심이 없고, 덕으로써 인도하고 예로써 다스린다면 수치심도 있고 감화도 받게 된다."

① **齊(가지런할 제**, qí): 다스리다. ② **免(면할 면**, miǎn): 범죄를 면하다.
③ **格(바로잡을 격**, gé,gē): 마음으로 따르다.

덕과 예로써 나라를 다스리는 것은 정령과 형벌로 다스리는 것보다 훨씬 효과가 좋다는 공자의 주장이다.

집정자가 만약 정령과 형벌만으로 백성들을 통치하고, 도덕과 예절의 교화를 강조하지 않으면 백성은 법은 어기지 않을지 몰라도 수치심을 갖진 않을 것이다. 정치란 백성을 억제하고 통제하는 것이 아니라 나라에 대한 가치관과 도덕관을 세우는 것이다.

백성들이 질서를 지키고 공동의 삶을 영위하는 것을 법적인 제재制裁로써가 아니라 자연스럽게 기꺼이 상대방을 배려하고 존중하는 예의범절로써 다스린다면, 만약 잘못을 저지르게 되면 부끄러움을 느끼게 될 것이고 사회의 질서는 '바로 잡히게(격格)' 되는 것이다. 다시 말해 정해진 틀에 맞추어 타의에 의하여 억지로 살아가는 것이 아니라 자의에 의해 사랑하고 배려하며, 법질서가 굴레가 아니라 서로 잘 살아가도록 하는 공공의 약속이 되도록 하여야 한다.

정치의 목적은 덕화를 통하여 백성들이 스스로 자각 하고 바른 길을 걸어가게 하는 것이다.

5. 孟氏使陽膚爲士師, 問於曾子. 曾子曰, "上失其道, 民散久矣. 如得其情, 則哀矜而勿喜!"(≪論語·子張 19.19≫)

: 맹손씨가 양부에게 사사를 시키자 양부가 증자에게 어떻게 해야 할지를 물었다. 증자가 "윗사람이 정도를 잃어서 백성들이 흩어진 지 오래되었다. 만약 그들이 죄를 짓게 된 실정을 알게 된다면 슬퍼하고 긍휼히 여길 일이지 기뻐하지 마라"라고 하였다.

① **양부陽膚:** 증삼의 제자. ② **사사士師:** 법을 장관하는 관직. ③ **민산民散:** 민심이 흩어지다. ④ **情(뜻 정, qíng):** 죄의 진상. ⑤ **애긍哀矜:** 동정.

양부는 증자의 제자이다. 맹손씨가 양부를 사사의 관직에 명하려고 하자, 증자가 그에게 노나라의 당시 사회적 상황을 설명하였다. 즉 나라의 정치가 어둡고 예악이 붕괴되었으며 백성들은 이미 법에 대한 믿음을 잃은 상황을 설명한 것이다. 그리하여 죄를 짓게 된 실정을 알고 기뻐할 것이 아니라 죄를 저지른 자들을 불쌍히 여기라고 한 것이다. 사회질서가 어지러운 탓에 백성들이 법을 지키지 않은 것이지 결코 모든 것이 그들의 잘못은 아니다. 집정자는 죄를 저지른 자들을 동정하고 그들이 죄를 씻고 갱생할 수 있는 기회를 주어야 한다. 그러므로 인으로 가르치고 인애의 마음으로 정무를 처리해야 한다.

제13장

02

욕속부달 欲速不達

: 급하면 이루지 못한다

政治

'욕속부달欲速不達'이란 '급하면 이루지 못한다'는 뜻이다. 정치란 성공만을 목적으로 조급하게 덤벼든다면 결국 실패하고 만다는 뜻이다. 공자는 빨리하지 말고 작은 이익을 좇지 말라고 제자들에게 '백성 섬기기'를 가르쳤다.

1. 子適衛, 冉有僕. 子曰, "庶矣哉!" 冉有曰, "旣庶矣, 又何加焉?" 曰, "富之." 曰, "旣富矣, 又何加焉?" 曰, "教之."(≪論語·子路 13.09≫)
   : 공자가 위나라로 갈 때 염유가 마차를 몰았는데 공자가 "위나라 백성이 많기도 하구나!"라고 하였다. 염유가 "백성이 많아지고 나면 또 무슨 일을 추가해야 합니까?"하고 물어보자 "그들을 부유하게 만들어야 한다."라고 하였다. "부유해지고 나면 또 무슨 일을 추가해야 합니까?"라고 하자 "그들을 교육시켜야 한다."라고 말하였다.

   ① 適(갈 적, shì): 가다. ② 僕(종 복, pū,pú): 마차를 몰다. ③ 庶(여러 서, shù): 인구가 많다.

공자는 백성을 먼저 부유하게 한 다음, 그들을 교육시켜야 한다 하였다. 나라에 인구가 많아지게 한 후에는 반드시 백성들을 먹여 살려 그들의 의식주가 풍족하게 해야 한다. 모여지는 것 즉 "중성공지衆星共之"는 덕치를 통해 이루어진다. 백성들이 모여들고 나면 그들의 의식주를 풍부하게 하여야 한다. 백성들의 의식주가 해결된 다음 급선무는 그들을 가르치는 것이다. 백성들의 문화수준과 인문소양을 높이고 고상한 인품을 기르도록 하는 것이다. 그리고 자아 가치를 실현하고 어떻게 다른 사람을 서게 하는지를 알도록 함으로써 정부와 백성들이 힘을 모아 부강하고 조화로운 나라를 만들도록 해야 한다.

2. **哀公問於有若曰, "年饑, 用不足, 如之何?" 有若對曰, "盍徹乎?" 曰, "二, 吾猶不足, 如之何其徹也?" 對曰, "百姓足, 君孰與不足? 百姓不足, 君孰與足?"**(≪論語·顔淵 12.09≫)

: 애공이 유약에게 "농사의 작황이 흉년이어서 나라의 비용이 부족하니 이 일을 어떻게 하오?"하고 묻자 유약이 "왜 십분의 일 제도를 시행하지 않습니까?"라고 했다. 다시 "십분의 이를 징수하는데도 나는 오히려 부족하거늘 어떻게 십분의 일을 징수하는 제도를 시행하겠습니까?"라고 하자, 유약이 대답하기를 "백성이 풍족하면 임금이 누구와 더불어 부족할 것이며, 백성이 부족하면 임금이 누구와 더불어 풍족하겠습니까?"라고 했다.

① **연기年饑:** 흉년으로 기근이 들다. ② **盍(덮을 합, hé):** ;합불何不'의 합음자. ③ **徹(통할 철, chè):** 주나라 때 십분의 일을 세금으로 걷음.

유약이 노나라 애공에게 나라를 부유하게 하는 것은 먼저 반드시 "백성족百姓足" 즉 '백성이 부유하게 하는 것이다.'라고 하였다. ≪춘추≫의 기록에 따르면 노나라는 선공宣公 이후로 10의 2를 걷는 세법을 행하였다. 가뭄이 들었을 때 노나라 애공은 국고가 위태로워지자 어떻게 해야 할지를 몰랐다. 유약은 그에게 세금을 줄이고 주나라에서 썼던 10의 1을 걷는 세법을 회복하라고 권하였다. 유약의 건의는 백성을 근본으로 삼는 유가의 치국사상에 기반한 것이다. 백성이 부유하면 나라도 자연히 부유해진다. 집정자가 나라를 다스리면서 만약 백성들의 고통을 돌보지 않고 자기만족만을 추구한다면 결국에는 백성들의 버림을 받게 될 것이다. "임금은 배이고 백성은 물과 같다."[85] 물은 배를 물에 띄울 수도 있지만 뒤집을 수도 있다. 그러므로 나라를 잘 다스리는 자는 반드시 백성을 부유하게 해야 한다. 백성은 "기한기도심飢寒起盜心"이다. '배고프고 춥기 때문에 도적질하는 마음이 생기는 것이다.' 만약 백성들이 위로는 부모를 모실 수 없고 아래로는 처자식을 먹일 수 없게 되면 양심과 염치를 돌볼 겨를이 없게 된다. 그래서 위 글에서처럼 "백성족百姓足, 군숙여부족君孰與不足? 백성부족百姓不足, 군숙여족君孰與足"이라고 말한 것인데, 이는 '백성이 풍족하면 임금이 누구와 더불어 부족할 것이며, 백성이 부족하면 임금이 누구와 더불어 풍족하겠는가!'의 뜻이다. 백성의 빈부가 곧 나라의 빈부이다.

85 ≪荀子・王制≫ : "君舟民水."

3. 仲弓爲季氏宰, 問政. 子曰, "先有司, 赦小過, 擧賢才." 曰, "焉知賢才而擧之?" 曰, "擧爾所知. 爾所不知, 人其舍諸?"(≪論語·子路 13.02≫) : 중궁이 계씨의 가재가 되어서 정치에 대하여 물어보자 공자는 "유사에 앞서 먼저 본을 보이고 작은 과실을 용서하며, 현명한 인재를 등용하여라."라고 하였다. "현명한 인재를 어떻게 알고 그를 등용합니까?"하자 공자는 "네가 아는 사람을 등용해라. 네가 모르는 사람은 사람들이 어찌 그냥 내버려두겠느냐?"라고 하였다.

① **宰(재상 재, zǎi):** 가신. ② **사소과赦小過:** 작은 잘못을 용서하다. ③ **擧(들 거, jǔ):** 선발하다. ④ **사저舍諸:** 그를 내버려두다.

공자가 중궁에게 '등용'에 대하여 강조한 말이다. 중궁이 계씨의 가신이 되자, 공자는 세 가지 정치원칙을 알려주었다. 첫째, 각 부분의 일을 할 때 반드시 일을 주관하는 관리보다 먼저 일처리를 책임지고 완성하여 유사에게 솔선수범하여야 한다.

'선유사先有司' 구절에 대한 해석은 매우 분분하다. '유사에 앞서 먼저 솔선수범하도록 하다'라는 뜻으로 해석하거나, 혹은 '먼저 실무자인 유사에게 일을 맡겨 하도록 한다.' 등으로 해석하기도 한다. 그 뒤에 이어진 '사소과赦小過, 거현재擧賢才' 구절은 유사를 주체자로 보고, '유사가 작은 과실을 저질러도 용서해주고 유사에게 좋은 인재를 뽑도록 하여야 한다.'라는 의미로 해석하기도 한다. 또한 이 구절은 공자가 중궁에게 가재家宰로 있으면서 정치를 하는 방식을 가르치는 것이기 때문에 행동의 주체자를 중궁으로 보기도 한다. 또한 '선유사先有司' 구절 역시 중궁을 주체자로 보고, '중궁 너 자신이 유사보다 먼저 나서서 일에 솔선수범 하라.'는 뜻으로 이해하기도 한다.

둘째, 부하에게 작은 잘못이 있으면 크게 질책하지 말아야 한다. 그래야 권면과 격려의 작용을 할 수 있다.

셋째, 현명한 인재를 등용하는 것이다. 지도자는 반드시 공평무사의 원칙에 근거하여 자신이 아는 현명한 인재를 추천해야 한다. 그렇게 하면 다른 사람들도 자연히 이를 뒤따라 인재를 추천한다.

'거이소지擧爾所知'는 '잘 아는 사람을 등용하다'는 뜻이다. '잘 아는 사람'이란 자신과 가까운 사람이 아니라 '됨됨이를 잘 아는 사람'을 등용하는 뜻이다. 그 사람을 평상시에 대면하면서 이미 그 사람의 됨됨이를 잘 파악하고 있었던 것이다.

'유사有司'는 각종실무를 담당하는 관리자이다. 이들에게 덮어놓고 일 잘하기를 요구할 것이 아니라 먼저 솔선수범하여 열심히 하면, 실무자인 유사는 자연히 믿고 따르게 될 것이고 더욱 열심히 일하게 될 것이다. 정치는 큰마음을 가지고 사소한 과오는 용서해주면서 똑똑한 사람, 좋은 사람을 알아보고 적재적소에 쓰는 것이다. 그래야만 인재들이 모여드는 것이다. 중궁은 자기가 모르는 사람들 가운데 똑똑한 인물이 있어 그들을 누락시킬까봐 걱정하였다. 그러자 공자는 우선 자기가 아는 똑똑한 사람을 사심 없이 등용하면, 자기가 모르는 인재라 하더라도 주위에서 천거하여 자연히 알게 될 것이므로 인재를 놓치게 될 근심은 없다고 한 것이다.

4. 子夏爲莒父宰, 問政. 子曰, "無欲速, 無見小利. 欲速, 則不達, 見小利, 則大事不成."(≪論語·子路 13.17≫)

: 자하가 거보의 읍장이 되어서 정치에 대하여 물어보자 공자가 말하였다. "빨리 하려고 하지 말고, 작은 이익을 돌보지 마라. 빨리 하려고 들면 목적을 달성하지 못하고, 작은 이익을 돌보게 되면 큰일이 이루어지지 않는다."

① **거보莒父:** 노나라 읍명.

'욕속부달欲速不達', '빨리 하려고 하면 달성하지 못 한다.' 정치란 성공만을 목적으로 조급하게 덤벼든다면 결국 실패하고 만다.

공자는 자하에게 빨리하지 말고 작은 이익을 좇지 말라하였다. 거보의 읍장이 된 자하는 빠른 정치의 효과를 보고자 하였다. 그가 급히 일을 완성시키려 하는 마음을 알고서 공자가 한 말이다. 정치란 반드시 순서에 따라 차근차근 행해야 하며 큰 목표를 두고 해야 한다. 오늘날 사회는 모두 빠른 속도와 높은 효율을 추구한다. 그러나 빠름은 많은 것을 놓칠 수 있다. 일종의 부작용이 생기고 불상사가 생기기 마련이다. 그러므로 일을 하든, 공부를 하든, 평정심을 갖고 성실하게 차분히 해야 하며, 객관적 규율을 따르고 순서대로 나아가야 한다.

집정자가 자신이 집정하는 동안에 어떤 성과를 내기 위해 무리하게 계획을 추진하려 한다면 아마도 좋은 결과를 거둘 수 없을 것이다. 자신의 이익을 위해 함부로 어떤 사업을 추진하게 된다면 단언컨대 결국은 백성의 원망소리만 커지게 될 것이다. 우리는 그동안 슬픈 경험이 너무도 많다.

5. 子路問事君. 子曰, "勿欺也, 而犯之."(≪論語·憲問 14.23≫)

: 자로가 임금을 섬기는 일에 대하여 물어보자 공자가 말하였다. "속이지 말고 바른 말을 하여 임금에게 직언해야 한다."

① **欺(속일 기, qī):** 속이다. 기만하다. ② **범지犯之:** 군주에게 잘못이 있으면 직언해야 한다.

공자가 자로에게 임금을 섬기는 도를 설명한 내용이다. 먼저 '속이지 말아야 한다.' 임금을 모실 때, 겉으로는 받들면서 속으로는 따르지 않아서는 안 되고, 아첨해서도 안 된다. 다음은 충언이다. 잘못된 정치에 대해서는 용감하게 간언할 수 있어야 한다. 군신의 관계는 도의가 기본이다. 임금을 기만하지 말 것이며, 임금으로 하여금 상황의 실제를 이해하도록 함으로써 합리적인 정책을 펴낼 수 있게 충언해야 한다. 충언은 자칫 임금을 불쾌하게 하고 거스를 수 있기 때문에 아첨하는 무리들이 반대편에서 극성을 떠는 것이다. 간언은 강직하고 바른 호연지기의 굳은 절개이다.

"정의를 보고 행동으로 옮기지 않으면 비겁한 행위다."

"見義不爲, 無勇也."(≪論語·爲政≫)

제13장

03

풍행초언 風行草偃

: 바람이 불면 풀잎이 눕다

政治

'풍행초언風行草偃'은 '바람이 불면 풀잎이 눕다'라는 뜻이다. 군자의 덕은 바람이고 소인은 풀과 같기 때문에 풀은 그 위에 바람이 불어 닥치는 대로 쓰러진다는 뜻이다. 군자가 먼저 '솔선수범'해야 소인이 따라 가는 것이다. 집정자가 올바르면 백성은 명령을 내리지 않아도 믿고 따르는 것이다.

1. 子曰, "其身正, 不令而行, 其身不正, 雖令不從."(≪論語·子路 13.06≫)
   : 공자가 말하였다. "집정자 자신이 올바르면 명령을 내리지 않아도 저절로 시행되고, 자신이 올바르지 않으면 비록 명령을 내려도 시행되지 않는다."

   ① **불령不令:** 명령하지 않다.

법을 규정하기만 하고 자신은 지키지 않는 사람들을 비평한 내용이다. 지도자는 합리적인 법을 제정해야 하고, 집정자 자신이 바른 길을 걸으며 바르게 실천해야 한다. 스스로 솔선수범하여 먼저 지켜야 한다. 법을 제정하는 사람이 만약 스스로 지키지 않는다면 이를 지켜본 백성들도 겉으로만 따르고 속으로는 복종하지 않을 것이다. 윗물이 맑아야 아랫물이 맑다. 윗사람이 모범을 보이면 아랫사람은 자연스럽게 따라 간다. 지도자는 모든 사람을 관리해야 하는 자이기에 앞서 먼저 스스로를 잘 관리해야 한다.

> 군자君子가 잘못을 저지르는 것은 일식이나 월식과 같다. 잘못을 저지르면 모두 다 그것을 알고, 잘못을 고치면 모두 다 그를 우러러본다."
> "君子之過也, 如日月之食焉, 過也, 人皆見之, 更也, 人皆仰之." (≪論語·子張≫)

잘못이 있으면 바로 인정하고 바로 잡아 나가면 된다.

2. 季康子問政於孔子. 孔子對曰, "政者, 正也. 子帥以正, 孰敢不正?"(≪論語·顔淵 12.17≫)
: 계강자가 공자에게 정치에 대하여 묻자 공자가 말하였다. "정치란 바로잡는 것입니다. 그대가 바름으로써 본을 보인다면 누가 감히 바르지 않겠습니까?"

① **帥**: '率(거느릴솔, shuài)'과 통하다. 다스리다는 의미.

정치는 '바름'이다. 백성들을 위해 일하고 백성들을 다스리는 것이다. 반드시 '바름'을 정도의 준칙으로 삼아야 한다. 그러므로 정치하는 사람은 반드시 스스로 모범이 되는 '바름'이 있어야 한다. 그러면 백성들은 자연히 감화를 받고 '바름'을 향하게 될 것이다. 그래서 공자는 정치는 '정正'이라 하였다.

본 구절은 정치적 배경과 관련지어 해석할 수 있다. 당시 노나라는 춘추시기 중엽 이후로부터 삼환(맹손씨, 숙손씨, 계손씨)에 의해 나라가 다스려졌다. 이들은 자주 예법을 어겼는데, 계손씨(계강자)가 그 중 하나이다. 대부의 가신들도 그들의 나쁜 짓을 본받았다. 관리하는 영지를 점거하여 모반을 일으키기도 했다. 대부와 가신들의 행실은 '바름'과 반대되는 행위이다. 그래서 "정자政者, 정야正也" 즉 '정치란 바로잡는 것'이라고 계강자에게 충고한 것이다. 그가 근본부터 바로잡고 스스로 정도를 지키는 것부터 시작하기를 바랐던 것이다.

3. 季康子問政於孔子曰, "如殺無道, 以就有道, 何如?" 孔子對曰, "子爲政, 焉用殺? 子欲善而民善矣. 君子之德風, 小人之德草. 草上之風, 必偃."(≪論語·顏淵 12.19≫)

: 계강자가 공자에게 정치에 대하여 묻기를 "만약 무도한 자를 죽임으로써 도가 있는 사회를 이룬다면 어떻겠습니까?"라고 하자 공자가 말하였다. "그대가 정치를 하는데 사람은 죽여서 어디에 씁니까? 그대가 스스로 선량해지려고 노력하면 백성들은 곧 선량해질 것입니다. 군자의 덕은 바람이요 소인의 덕은 풀인 바, 풀은 그 위에 바람이 불어 닥치면 바람을 따라 쓰러지는 법입니다."

① **就(이룰 취, jiù):** 가까이가다. ② **언용살焉用殺:** 어찌 사형을 사용하는가. ③ **초상지풍草上之風:** 풀 위에 바람이 불다. ④ **偃(쓰러질 언, yǎn):** 눕다. 쓰러지다.

공자가 계강자에게 덕정을 펼칠 것을 강조한 내용이다. 계강자는 노나라의 집정대신이었고 지위와 권위가 막강하였다. 그의 말과 행동은 각급 관원과 백성들에게 상당히 큰 영향을 미쳤다. 공자는 그에게 "자욕선이민선의子欲善而民善矣"라고 하였는데, 이는 '그대가 스스로 선량해지려고 노력하면 백성들은 곧 선량해질 것이다.'의 뜻이다. 정치란 엄격한 형벌에 있는 것이 아니라 인의 마음과 도덕예법으로 백성들을 선도함에 있음을 말하고 있는 것이다.

"군자지덕풍君子之德風, 소인지덕초小人之德草. 초상지풍草上之風, 필언必偃"의 구절은 '군자의 덕은 바람이요 소인의 덕은 풀인 바, 풀은 그 위에 바람이 불면 바람을 따라 쓰러지는 법이다.'의 뜻이다. 백성들은 지도자가 솔선수범할 때 그것을 잘 따르는 풀과 같다.

이와 같은 맥락의 내용은 ≪맹자≫에서도 찾아볼 수 있다.

> "윗사람이 좋아하는 것이 있으면 아랫사람들은 반드시 그보다 더 좋아하게 된다."
>
> "上有好者, 下必有甚焉者矣."(≪孟子·滕文公≫)

백성과 지도자는 바람과 풀과 같아 풀은 바람의 의지에 따라 눕는다고 하였다.

4. 子路問政. 子曰, "先之勞之." 請益. 曰, "無倦."(≪論語·子路 13.01≫)
: 자로가 정치에 대하여 물어보자 공자는 "백성들에게 시키기 전에 자신이 먼저 하고 나서 그들에게 일을 시켜라."라고 하였다. 보충 설명을 청하자 공자는 "게으름피우지 마라."라고 하셨다.

① **선지先之**: 먼저 행하다 ② **勞(일할 로, láo)**: 수고롭게 하다.

공자는 자로에게 '솔선수범하고 게으름피우지 않는 것'이 정치라 하였다. 정치는 가장 먼저 즉 '선지先之'에 있다. 가장 먼저 자신을 다스리고, 그 다음에 백성을 교화시켜야 한다. 백성들에게 원하는 것이 있으면, 스스로가 먼저 행하여 백성들에게 본보기가 되어야 한다. 다음은 수고로울 것을 두려워 말고 최선을 다해야 한다. 만약 시종일관 이렇게 할 수 있다면 훌륭한 지도자가 될 것이다.

5. 哀公問曰, "何爲則民服?" 孔子對曰, "擧直錯諸枉, 則民服, 擧枉錯諸直, 則民不服."(≪論語·爲政 02.19≫)
: 애공이 "어떻게 하면 백성들이 잘 따르겠습니까?"하고 묻자 공자가 말하였다. "곧은 것을 들어서 굽은 것 위에 놓으면 백성들이 잘 따를 것이고, 굽은 것을 들어서 곧은 것 위에 놓으면 백성들이 따르지 않을 것입니다."

① **애공哀公**: 노나라 군주. ② **거직조저왕擧直錯諸枉**: 정직한 인사를 등용하여 행동이 바르지 않은 사람 위에 두다. '錯'은 '措(둘 조, cuò)'와 같다. ③ **枉(굽을 왕, wǎng)**: 정직하지 못한 자.

공자가 '현명한 인재를 등용하는 것'에 대해 충고한 구절이다.

"거직조왕擧直錯枉"은 '정직으로 잘못됨을 바로 잡는 것'이다. '정직한 일을 표준으로 삼아 잘못된 일을 바로 잡다.'는 뜻이다. 이와 반대되는 행위가 '거왕저직擧枉錯直'인데, 이는 '바르지 않음으로 정직한 사람을 바로 잡는 것이다.' 거짓으로 정직을 바로 잡는다는 것은 실현 불가능한 일이다.

적절한 사람을 임용하는 것은 지도자로써 매우 중용한 일이다. 정치란 인재를 등용하여 적합한 위치에 두어 각자의 책임을 다하도록 하는 것이 급선무이다.

임용하는 사람이 적합한지 여부를 판단하는 중요한 준칙 중 하나는 바로 백성들이 그를 믿고 따르는 것이다. 정직한 사람을 추천하여 행동이 바르지 않은 자를 다스리도록 해야 한다. 즉 정직한 사람을 바르지 않은 사람 위에 둠으로써 행동이 바르지 못한 자를 개선시키는 것이다. 이렇게 하면 백성들이 자연히 믿고 따르며 선을 향할 것이다. 정치란 현명한 인재를 등용하는 것이고, 현명한 인재의 등용 사실여부는 사실상 민심을 따르는 것이다.

제13장

04

명정언순 名正言順

: 명분이 바라야 말이 매끄럽다

政治

'명정언순名正言順'은 '명분이 바라야 말이 매끄럽다'는 뜻이다. '명분 바로 세우기'다. 자로가 스승 공자에게 물었다. 위衛 나라 군주가 스승님께 정치를 하라 하시면, 어떤 일부터 하시겠습니다. "필야정명소必也正名乎!"(≪論語·子路≫), '반드시 이름을 바로잡을 게다.'라고 하였다. 이름을 바로 잡는 것은 '대의명분大義名分'을 바로 세우는 것이다. 공자는 이어서 "명부정名不正, 즉언불순則言不順, 언불순言不順, 즉사불성則事不成"이라 하였는데, 이는 '명분이 바로 서지 않으면 말이 맞지 않고, 말이 맞지 않으면 일이 제대로 되어지지 않는다.'의 뜻이다. "명정언순名正言順"처럼 '명분이 바라야 말이 맞는 것이다.'

1. 子夏曰, "君子信而後勞其民, 未信, 則以爲厲己也. 信而後諫, 未信, 則以爲謗己也."(≪論語·子張 19.10≫)
   : 자하가 말했다. "군자는 신뢰를 얻은 다음에 자기 백성에게 수고를 끼치나니, 미처 신뢰를 얻지 못한 상태에서 일을 시키면 백성들이 자기를 학대한다고 여긴다. 신뢰를 얻은 다음에 윗사람의 잘못을 간하나니, 신뢰를 얻지 못한 상태에서 간하면 윗사람이 자기를 비방한다고 여긴다."

① **厲(갈 려, lì):** 하대하다. ② **諫(간할 간, jiàn):** 간언하다. ③ **謗(헐뜯을 방, bàng):** 비방하다.

자하는 정치란 백성들에게나 윗사람에게 '믿음을 얻는 것'이라 하였다. 정치는 믿음이 가장 중요하며, 신임을 얻는 것이 그 첫째이다. 정치뿐만 아니라 모든 사회적 사실은 믿음이 가장 중요하다. 정치는 반드시 민중의 협조와 지지를 얻어야 한다. 그래야만이 효과적으로 목표를 이룰 수 있고, 백성들을 부유하게 할 수 있으며 조화로운 사회를 건설할 수 있다. 정책이 백성들과 생각을 같이 하고 상호 간 신뢰를 바탕으로 한다면 정치는 자연히 민중의 지지를 얻게 될 것이며 행복한 사회를 만들 수 있게 될 것이다.

부하와 상급자 역시 신뢰와 신임이 가장 중요하다. 만약 간언이 신뢰를 바탕으로 이루어진다면 자연스럽고 기쁘게 받아들일 수 있을 것이다. 그러나 그렇지 않다면 자신을 공격하고 헐뜯는다고 여길 것이다.

2. 子貢問政. 子曰, "足食, 足兵, 民信之矣." 子貢曰, "必不得已而去, 於斯三者何先?" 曰, "去兵." 子貢曰, "必不得已而去, 於斯二者何先?" 曰, "去食. 自古皆有死, 民無信不立."(≪論語·顔淵 12.07≫)

: 자공이 정치에 대하여 물어보자 공자는 "식량을 풍족하게 하고, 군비를 풍족하게 하고, 백성들로 하여금 믿게 하는 것이다"라고 하였다. 자공이 "부득이하여 한 가지를 버려야 한다면 이 세 가지 중에서 어느 것을 먼저 버립니까?"라고 하자, 공자는 "군비를 버린다."라고 하였다. 자공이 "부득이하여 한 가지를 버린다면 이 두 가지 중에서

어느 것을 먼저 버립니까?"라고 하자 공자는 "식량을 버린다. 옛날부터 누구에게나 다 죽음은 있었지만 백성들이 믿지 않으면 국가가 존립할 수 없다"라고 하였다.

① **족병足兵**: 군비를 갖추다. ② **去(갈 거, qù)**: 버리다.

공자가 자공에게 정치란 '식食'·'병兵'·'신信' 중에서 '믿음(信)'이 가장 근본이 되어야 한다고 하였다. 공자는 정치란 충분한 식량, 완정한 군비, 백성의 신임을 얻는 것이 정치의 3대 중요 조건이라고 보았다. 식량이 풍족하여 배불리 먹는 것, 군비를 갖추어 백성들이 평안하게 사는 것, 이 두 가지만 있으면 사실상 물리적 조건은 만족된다. 그러나 이보다 더 중요한 것은 정신적 편안함이다. 서로가 믿고 사는 신뢰이다. 만약 믿음을 바탕으로 하지 않는다면 '식족食足'과 '병족兵足'은 곧 없어지고 말 것이다. 정부를 향한 믿음이 있어야만 그 나라가 무너지지 않는 것이다. 결코 백성들의 믿음 없이 나라는 설 수 없다. "무신불립無信不立"은 '사람에게 믿음이 없으면 설 수 없다는 것'이다. 국가이든 개인이든 모두 신용이 중요하다. 백성이 믿지 않으면 나라는 서지 않으며 다른 사람의 믿음이 없이 내가 설 수 없다.

3. 齊景公問政於孔子. 孔子對曰, "君君, 臣臣, 父父, 子子." 公曰, "善哉! 信如君不君, 臣不臣, 父不父, 子不子, 雖有粟, 吾得而食諸?"(≪論語·顏淵 12.11≫)
: 제나라 경공이 공자에게 정치에 대하여 묻자 공자가 대답하기를 "임금은 임금답고, 신하는 신하답고, 아버지는 아버지답고, 아들은

아들다운 것입니다."라고 하였다. 이에 경공이 말했다. "좋은 말씀입니다. 진실로 임금이 임금답지 않고, 신하가 신하답지 않고, 아버지가 아버지답지 않고, 아들이 아들답지 않다면 비록 곡식이 있다고 한들 내가 그것을 먹을 수가 있겠습니까?"

① **제경공齊景公**: 제나라 군주. ② **군군君君, 신신臣臣, 부부父父, 자자子子**: 각자의 역할에서 그 도리를 다하다. 군주가 된 자는 군주의 도리를 다하고, 신하된 자는 신하의 도리를 다하고, 아버지 된 자는 아버지의 도리를 다하고, 아들 된 자는 아들의 도리를 다하다. ③ **신여信如**: 만약. ④ **粟(조 속, sù)**: 좁쌀. 곡식. 봉록.

"군군, 신신, 부부, 자자"는 정명이다. 군주는 자신의 신분과 지위에 따라 마땅히 해야 하는 도덕과 재능을 갖추어야 한다. 신하된 자도 마찬가지로 신하다워야 한다. 군주에게 군주의 모습이 있고 신하에게 신하의 모습이 있는 것이다. 군신 각자가 자신의 역할을 다해야 정치가 맑고 국가관리가 바른 길로 간다. 부자관계도 마찬가지다. 아버지와 아들은 가정에서 각각의 역할이 있다. 각자의 위치가 분명하고 서로 적절하게 행동할 수 있어야만 건강한 인륜관계를 유지할 수 있다.

당시 제나라 경공은 정사에 태만하였다. 세자를 세우지 않았고 대부 진씨陳氏를 총애하여 진씨가 전제권력을 휘두르게 하였다. 군신, 부자지간에 마땅히 해야 할 본분을 잃어버리면 나라의 정치는 나날이 혼란스러워진다. 안타깝게도 제나라 경공은 공자의 정치책략을 따르지 않았고, 몇 세대 후에는 진 씨가 제나라 정권을 차지하게 말았다.

스승은 스승다워야 하고 학생은 학생다워야 한다. 어떠한 역할도 자신의 본분을 지켜야 한다.

4. 子路曰: "衛君待子而爲政, 子將奚先?" 子曰: "必也正名乎!" 子路曰: "有是哉, 子之迂也! 奚其正?" 子曰, "野哉, 由也! 君子於其所不知, 蓋闕如也. 名不正, 則言不順, 言不順, 則事不成, 事不成, 則禮樂不興, 禮樂不興, 則刑罰不中, 刑罰不中, 則民無所錯手足. 故君子名之必可言也, 言之必可行也. 君子於其言, 無所苟而已矣."(≪論語·子路 13.03≫)

: 자로가 "위나라 임금이 스승님에 의지하여 정치를 하려고 한다면 스승님께서는 무엇을 먼저 하시겠습니까?"라고 하자 공자는 "반드시 명분을 바로잡으리라!"고 하였다. 자로가 "이 정도로군요 스승님의 우원하심이! 무엇하러 명분을 바로잡습니까?"라고 하자 공자가 말하였다. "거칠구나! 유는. 군자는 자기가 모르는 것에 대해서는 대체로 말을 하지 않고 가만히 있는 법이다. 명분이 올바르지 않으면 말이 순리롭지 않고, 말이 순리롭지 않으면 일이 이루어지지 않고, 일이 이루어지지 않으면 예악이 흥성하지 않고, 예악이 흥성하지 않으면 형벌이 합당하지 않고, 형벌이 합당하지 않으면 백성들이 손발을 둘 데가 없다. 그러므로 군자는 명분을 세우면 반드시 말할 수 있어야 하고, 말을 하면 반드시 실행할 수 있어야 한다. 군자는 말에 있어서 어물어물 넘어가는 것이 없다."

① **위공衛君:** 위나라 출공出公을 가리킨다. 이름은 輒(문득 첩, zhé)이다. ② **정명正名:** 명분을 바르게 하다. 명실상부하다. ③ **迂(멀 우, yū):** 에돌다. 사실과 멀다. 사실과 부합하지 않다. ④ **野(들 야, yě):** 거칠다. ⑤ **궐여闕如:** 말하지 않다. '闕(대궐 궐, quē,què)'은 '缺(이지러질 결, quē)'의 의미와 같다. ⑥ **中(가운데 중, zhōng,zhòng):** 사리에 맞다. ⑦ **錯:** '措(둘 조, cuò)'와 같다. 놓다. ⑧ **무소구無所苟:** 경솔하고 건성건성 하다.

공자는 자로에게 정치에서 가장 먼저 '정명'해야 한다하였다. "필야정명必也正名"은 '반드시 이름을 바로 잡다.'는 뜻으로, '명분을 분명히 하다.' 또는 '명실상부하다.'의 뜻으로 쓰인다.

노나라 애공 6년에 공자는 초나라로부터 위衛나라로 향했다. 당시 위나라 영공靈公은 이미 세상을 떠났고, 그 손자 위 출공出公이 자리에 올랐다. 그의 아버지 괴외蒯聵는 위나라 영공의 부인이었던 남자南子에게 밉보였기 때문에 외국을 떠돌았다. 괴외는 위령공이 이미 세상을 떠났다는 소식을 듣고, 진晉나라에 자신의 귀국을 도와달라고 요청하였다. 그러나 괴외의 아들 출공은 할아버지의 명이라는 핑계로 아버지의 귀국을 거절하였다. 부자 사이에 군주의 자리를 다투다가 결국 전쟁이 일어나게 되었다. 더 이상 아버지가 아버지가 아니고, 아들이 아들이 아니게 된 것이다. 위나라 출공이 당시 공자를 임용하려하자 공자는 자로에게 정명의 중요성을 알려주었던 것이다.

공자는 "명부정名不正, 즉언불순則言不順" 즉 '명분이 올바르지 않으면 말이 순리롭지 않고', "언불순言不順, 즉사불성則事不成" 즉 '말이 순리롭지 않으면 일이 이루어지지 않는다.'라고 하였다. 명분이 바르지 않으면 말도 되지 않기 때문에 결과적으로는 백성들의 생활이 안정되지 못하게 된다. 이 때문에 공자는 그 명분은 반드시 말로 그 정당함을 설명할 수 있어야 하고, 말을 했으면 반드시 실천되어져야 한다고 한 것이다. 그러므로 군자는 말을 할 때 신중해야 한다.

자로는 스승에게 대드는 용감한 제자였다. "자지우야子之迂也!"와 같은 말을 통해, '스승님의 우원하심이여'라며 스승이 실제에 부합하지 않는다면서 비판하였다. 이를 들은 공자는 참지 못하고 그의 경솔함을 다음과 같이 지적하였다. "야재野哉, 유야由也", '거칠구나! 유는.' 뒤에 이어진 구절의 '군자는 자기가 모르는 것에 관해서는 보류하여 두는 법이다.'는 자로가 알지도 못하고 도리어 비난하는 말을 한 것을 책망하는 말이다. 공자와 자로의 솔직한 대화가 생생하다.

5. 子曰, "不在其位, 不謀其政."(≪論語·泰伯 08.14≫)

: 공자가 말하였다. "그 자리에 있지 않으면 주제넘게 그 정사를 도모하지 않는다."

공자는 정치란 월권을 해서는 안 된다하였다. 자신의 지위와 권력을 넘지 않고, 맡은 바 각자의 책임을 다해야 한다하였다. 그래야 명분이 바르게 되고, 말이 순조로우며 정치가 통하고, 사람 사이가 조화로워진다. 모든 사람은 자신의 명분이 있다. 명분 내에서 각자의 일을 잘 하는 것이 정명正名이다. 모든 사람이 자신의 정해진 위치에서 책임을 다할 때, 상호 간 조화를 이룰 수 있다. 권력과 지위를 넘는다는 것은 다른 사람의 일을 침범하거나 간섭하는 것이다. 침범과 간섭은 엄중한 위법행위이다. 나라와 나라사이도 간섭이 있기 때문에 전쟁이 있는 것이다.

제13장

05 오미사악 五美四惡

: 다섯 가지 미덕, 네 가지 악덕

政治

'오미사악'은 '다섯 가지 취할 것과 네 가지 버릴 것'이란 뜻이다. 정치를 하는 데 있어 다섯 가지 취해야 할 것과 버려야 할 것을 '존오미尊五美, 병사악屛四惡'이라 한다. '종정'이란 사회의 정도를 바로 세우기 위해서는 다섯 가지 존중해야 할 것과 버려야 할 네 가지 병폐가 있다 하였다.

1. 子張問於孔子曰, "何如斯可以從政矣?" 子曰, "尊五美, 屛四惡, 斯可以從政矣." 子張曰, "何謂五美?" 子曰, "君子惠而不費, 勞而不怨, 欲而不貪, 泰而不驕, 威而不猛." 子張曰, "何謂惠而不費?" 子曰, "因民之所利而利之, 斯不亦惠而不費乎? 擇可勞而勞之, 又誰怨? 欲仁而得仁, 又焉貪? 君子無衆寡, 無小大, 無敢慢, 斯不亦泰而不驕乎? 君子正其衣冠, 尊其瞻視, 儼然人望而畏之, 斯不亦威而不猛乎?" 子張曰, "何謂四惡?" 子曰, "不敎而殺謂之虐, 不戒視成謂之暴, 慢令致期謂之賊, 猶之與人也, 出納之吝謂之有司."(≪論語·堯曰 20.02≫)
: 자장이 공자에게 "어떻게 해야 정치에 종사할 수 있습니까?"하고 물어보자 공자는 "다섯 가지의 미덕을 존중하고 네 가지의 악덕을 물리치면 정치에 종사할 수 있다"라고 하였다. 자장이 "무엇을 다섯

가지 미덕이라고 합니까?"라고 하자 공자는 "군자는 백성들에게 은혜로우면서도 낭비하지 않고, 백성들에게 노동을 시키면서도 원망을 사지 않고, 원하면서도 탐내지 않고, 태연하면서도 교만하지 않고, 위엄이 있으면서도 무섭지 않은 법이니, 이것이 다섯 가지 미덕이다."라고 말하였다. 자장이 "무엇을 백성들에게 은혜로우면서도 낭비하지 않는 것이라고 합니까?"라고 하자 공자가 말하였다. "백성들이 스스로 이롭다고 여기는 바대로 해줌으로써 그들을 이롭게 한다면 이것이 백성들에게 은혜로우면서도 낭비하지 않는 것이 아니겠느냐? 노동을 시킬 만한 조건을 골라서 노동을 시킨다면 또 누가 원망하겠느냐? 인을 원해서 인을 얻는다면 또 무엇을 탐내겠느냐? 군자는 사람이 많거나 적거나 할 것 없이 또 권세가 크거나 작거나 할 것 없이 감히 업신여기지 않으니 이것 역시 태연하면서도 교만하지 않은 것이 아니겠느냐? 군자는 자신의 의관을 바로하고, 사물을 바라보는 자신의 태도를 존엄하게 하여, 사람들이 쳐다보기만 해도 두려워할 만큼 근엄하니 이 또한 위엄이 있으면서도 무섭지 않은 것이 아니겠느냐?"라고 하였다. 자장이 "무엇을 네 가지 악덕이라고 합니까?"라고 하자 공자는 "그것을 하지 말라고 미리 가르쳐주지 않고 있다가 그것을 했다고 죽이는 것을 잔학한 짓이라고 하고, 미리 계고하지 않고 일의 성과를 보는 것을 난폭한 짓이라고 하고, 명령은 느슨하게 해놓고 기한을 정하여 독촉하는 것을 일을 그르치는 짓이라고 하며, 어차피 사람들에게 나누어 주면서 지출을 인색하게 하는 것을 유사와 같은 쩨쩨한 짓이라고 하는데, 이것이 네 가지 악덕이다."라고 하였다.

① **尊(높을 존, zūn):** '遵(좇을 준, zūn)'의 의미와 같다. 좇다. 따르다. ② **屛:** '摒(제거할 병, pìng)'과 같다. 버리다. ③ **泰(클 태, tài):** 태연하다. ④ **驕(교만할 교, jiāo):** 교만하다. ⑤ **군자무중과君子無衆寡, 무소대無小大, 무감만無敢慢:** 군자는 사람이 적든 많든 일이 크든 작든 모두 함부로 하거나 태만하지 않다. ⑥ **존기첨시尊其瞻視:** 태도를 단정히 하다.

공자는 자장에게 '종정'이란 사회의 정도를 바로 세우기 위해서는 다섯 가지 존중해야 할 '오미五美'와 버려야 할 네 가지 병폐 '사악四惡'이 있다고 하였다.

'오미五美'는 "혜이불비惠而不費", "노이불원勞而不怨", "욕이불탐欲而不貪", "태이불교泰而不驕", "위이불맹威而不猛"이다.

첫째는 백성에게 은혜를 베풀어 주면서도 낭비하지 않는 것이고, 둘째는 백성에게 힘든 일을 시키면서도 백성으로부터 원망을 듣지 않는 것이며, 셋째는 원하면서도 과욕을 부리지 않는 것이고, 넷째는 태연하면서도 교만하지 않는 것이며, 다섯째는 위엄이 있으면서도 사납게 대하지 않는 것이다.

백성들의 이득을 위하여 나라의 재산을 쓰기 때문에 '혜이불비'이고, '노동을 시킬 만한 조건을 골라서 노동을 시키기 때문에 '노이불원'이며, '욕인욕의欲仁欲義' 즉 인과 의를 통해서 인한 일과 의한 일에 욕심을 부리기 때문에 '욕이불탐'이고, 가진 것과 상관없이 업신여기지 않으니 '태이불교'하는 것이며, 자신을 바르게 하고 태도를 존엄하게 하여 쳐다보기만 해도 두려워할 만큼 근엄하니 '위이불맹'한 것이다.

'사악四惡'은 "불교이살不敎而殺"의 '학虐', "불계시성不戒視成"의 '폭暴', "만령치기慢令致期"의 '적賊'과 "출납出納"의 '인吝'이다.

첫째는 가르치지 않고서 죽이는 '잔학殘虐'이다. 둘째는 미리 경계시키지 않고서 일의 완성을 재촉하는 '난폭'이다. 셋째는 소홀하게 명령해 놓고 반드시 시기를 맞추도록 기대하여 괴롭히는 '도적과 같은 짓'이다. 넷째는 고루 사람들에게 나누어주는 데 있어 내고 들이는 것을 '인색'하게 하는 것이다.

"불교이살"은 백성을 덕으로써 지도해야 하는데, 백성을 교화하지도 않고 백성이 법률을 어겼다고 하여 형벌을 가해 죽이는 것, 이것이 바로 백성을 학대하는 것이다. "불계시성"은 백성과 신하에게 어떻게 해야 하는지 알려주지 않고서, 때가 되었다고 그들에게 성과를 요구하는 '흉포한 태도'이다. "만령치기"는 일이란 기한이 따라 완성해야 하는데, 짧은 기간 내에 완성하라고 종용하고 따르지 않으면 벌을 주는 것으로, 이는 백성들을 해치는 도적과 같은 짓이다. "출납지린"은 재물의 출납을 주관하는 관리가 재물을 거두어들이거나 지출하는데 있어 정확하게 계산하고, 백성들에게 베풀 때에는 대범하게 베풀어야 하는데 '인색'하게 베푸는 것이다.

다섯 가지 미덕을 따르고 네 악행을 버리는 것, 이것이 모든 정치가들이 실천해야 할 덕목이다.

音樂

제14장

시와 음악

각득기소(各得其所) : 있어야 할 곳에 있게 하다

'각득기소各得其所'이란 '있어야 할 곳에 있게 하다'라는 뜻이다. 공자가 노나라에 돌아와 ≪시경≫의 악장과 음악이 제대로 정리 되었다는 뜻이다.

≪시경≫ 305편은 '풍風'·'아雅'·'송頌' 세 부분으로 나누어지는데, '풍' 즉 '국풍國風'은 여러 제후국에서 채집된 민요로, 사랑시가 대부분이며 남녀 간의 애틋한 정과 이별의 아픔 등이 아주 원초적인 목청으로 소박하게 그려져 있다. '아雅'는 대아大雅와 소아小雅로 나뉘는데 궁궐에서 연주되는 곡조에 가사를 붙인 것이다. '송頌'은 종묘의 제사에 쓰이던 악가樂歌로 주송周頌·노송魯頌·상송商頌이 있다.

풍·아·송에 '부賦'·'비比'·'흥興'을 합친 것을 육의六義라 하는데, 풍아송風雅頌은 내용·체재의 구분이고 후자는 문장 수사상의 분류이다. 고대 제왕들은 먼 지방까지 채시관采詩官을 파견하여 민요를 채집하고 민심의 동향을 파악하여 정치를 하는데 참고하였다. 그러나 안타깝게도 ≪시경≫의 악보가 전해지지 않아 시의 곡조는 알 수 없다.

≪논어≫에서 공자의 ≪시경≫교육은 매우 중요하다. 공자는 아들 백어에게도 ≪시경≫을 공부하지 못하면 말을 조리 있게 할 수 없다 하였다. 공자는 '과정지교過庭之敎'에서 "不學詩, 無以言" 즉 '시를 배우지 않으면 말을 할 길이 없느니라.'라고 하였는데, 백어는 그 자리에서 물러난 즉시 ≪시경≫을 공부하였다.

'악樂'은 성정性情을 화평케 해주고 사악하고 더러운 마음을 씻어주므로 음악으로 고상한 인품을 이룩하게 된다. 그래서 공자는 "흥어시興

於詩, 입어례立於禮, 성어악成於樂" 즉 '시로써 감흥을 갖고, 예로써 자립하고, 음악으로 완성한다.'라고 하였다. 시는 그것을 읊조리는 동안에 억양과 반복이 있음으로 해서 사람을 감동케 하여 수월히 그 세계로 이끌어 들이고 선을 좋아하고 악을 미워하는 마음을 일으켜준다. 예는 행위의 절도이므로 그것에 의하여 행동하면 사물에 동요됨이 없이 자립할 수 있게 된다. 음악은 종결이자 완성이다. 공자는 음악에 뛰어났고, 노래 부르기를 좋아했으며, "자여인가이선子與人歌而善, 필사반지必使反之, 이후화지而後和之"(≪論語·述而≫) 즉 '남과 함께 노래를 부르시는데, 그 사람이 잘 부르면 반드시 다시 한 번 부르게 하시고 나서 같이 불렀다.'라 하였다. 음악의 '화和'이다.

제14장

01 장면이립 牆面而立

: 담장을 마주 보고 서다

音樂

'장면이립牆面而立'은 '담장을 마주 보고 서다'는 뜻이다. 시를 배우지 않으면 말을 할 수 없다는 뜻이다. ≪시경≫을 배우지 않으면 입신처세할 수 없으며 벽과 마주하고 서 있는 것과 같이 한 발도 움직일 수 없고 어떤 일도 이룰 수 없다는 것이다. 본 절에서 ≪시≫의 효용에 대하여 살펴보기로 한다.

1. 子曰, "詩三百, 一言以蔽之, 曰, '思無邪'."(≪論語·爲政 02.02≫)
   : 공자가 말하였다. "≪시경≫의 시 삼백 편을 한마디로 개괄한다면 생각에 사악함이 없다고 하겠다."

   ① **시삼백詩三百:** 시경은 305편으로 이루어져 있다. 300은 대체적인 숫자를 말한 것이다. ② **蔽(덮을 폐, bì):** 개괄하다. ③ **사무사思無邪:** 거짓됨이 없이 진실한 감정을 표출하다.

'일언이폐지一言以蔽之'는 "일언이폐一言以蔽"로 줄여서 말하기도 한다. '일언이폐지'의 '지之'는 ≪시경詩經≫을 가리킨다. 시경을 '한 마디로 개괄하다'의 뜻이다.

지금 전해지는 ≪시경≫은 305편인데 공자시대에는 이보다 많았을 것이다. 공자는 ≪시경≫을 한 마디로 "사무사思毋邪", '사악한 생각이 들어있지 않은 것'이라 하였는데, 이는 ≪시경≫의 내용이 가식 없이 민간의 진실 된 음성을 담고 있음을 말하는 것이다. '사무사'라는 구절은 ≪시경≫의 〈노송魯頌 · 경駉〉에 보인다. 〈경駉(목장 경, jiōng)〉은 명마名馬가 귀인을 태우고 수레를 끄는 모습을 노래한 것이다. 〈경〉에서 '사思'자는 의미 없는 조사로 쓰인다. 그러나 ≪논어≫의 '사무사'는 공자가 ≪시경≫구절을 단장취의斷章取義하여 ≪시경≫의 내용을 한마디로 요약하고자 한 것이기 때문에 실사의 용법으로 쓰였다. ≪시경≫을 한마디로 개괄하자면, "사무사思無邪" 즉 '거짓됨이 없이 진실한 감정을 표출한 것이다.'라는 뜻이다.

공자는 노년에 제자들을 가르치는 데 있어 육경六經 중 ≪시경≫을 첫 번째로 삼았다. 시는 인간의 가장 순수한 감정에서 우러난 것이므로 정서를 순화하고 다양한 사물을 인식하는 데는 그 만한 것이 없다고 생각하였기 때문이다.

공자는 아들 백어에게 "≪시경≫의 〈주남周南〉과 〈소남召南〉을 공부하지 않으면 마치 담벼락을 마주하고 서 있는 것과 같다"라고 하였다.

子謂伯魚曰: "女爲周南? 召南矣乎? 人而不爲周南? 召南, 其猶正牆面而立也與?"(≪論語·陽貨≫)

공자는 "시詩, 가이흥可以興"(≪論語·陽貨≫)의 구절을 통해 '≪시경≫은 그것으로 감흥을 일으킬 수 있음'을 힘주어 말하였는데, 이는 ≪시경≫을 읽으면 진실한 마음을 일으킬 수 있음을 시사한 것이다.

2. 子曰, "小子何莫學夫詩? 詩, 可以興, 可以觀, 可以羣, 可以怨. 邇之事父, 遠之事君, 多識於鳥獸草木之名."(≪論語·陽貨 17.09≫)

: 공자가 말하였다. "너희들은 왜 ≪시경≫을 배우지 않느냐? ≪시경≫은 그것으로 감흥을 일으킬 수도 있고, 인정과 풍속을 살필 수도 있고, 여러 사람이 한데 모일 수도 있고, 집정자에 대하여 원망을 할 수도 있다. 가까이로는 그것을 본받아 어버이를 섬기고, 멀리로는 그것을 본받아 임금을 섬기며, 조수와 초목의 이름을 많이 알게 된다."

① **興(일 흥**, xīng,xìng): 일으키다. ② **觀(볼 관**, guān,guàn): 살펴보다. ③ **羣(무리 군**, quán): 무리를 이루다. ④ **怨(원망할 원**, yuàn): 원한을 표현하다. ⑤ **邇(가까울 이**, ěr): 가깝다.

시경을 배우면 많은 장점이 있다. 시경은 문학의 시작이다. 표현기법이 다양하며, 그 음악성과 문학성을 통해 독자의 감정을 쉽게 끌어내며 진실한 감정을 불러일으키고 생각을 일깨운다. 이것이 바로 "가이흥可以興"이다. ≪시경≫은 각국에서 채집한 시이기 때문에 각지의 민속과 감정을 반영하고 있다. 따라서 독자는 이를 통해 각국의 민족정신과 사상세계를 이해할 수 있다. 이것이 "가이관可以觀"이다. 그리고 ≪시경≫은 많은 인간의 실질적인 삶을 반영하고 있다. 이는 모두가 공유했던 경험이다. 그래서 이것을 읽고 나면 누구에게나 공명을 일으킬 수 있다. 그래서 "가이군可以群"이라 했다. 인생은 희노애락이다. 혹은 시경을 읽으면 다른 사람의 희노애락 경험과 감정을 이해할 수 있어 간접적인 경험을 통해 자신의 원망을 삭일 수 있다. 이것이 "가이원可以怨"이다.

공자는 또한 ≪시경≫의 학습필요성에 대하여 "이지사부邇之事父, 원지사군遠之事君" 즉 '가까이는 그것을 본받아 어버이를 섬기고, 멀리는 그것을 본받아 임금을 섬긴다.'라고 하였다. 공자의 논리에 의하면 ≪시경≫을 배우면 효도를 이해하게 되고, 수신제가치국修身齊家治國의 도리를 알게 된다. 집에서는 부모를 섬길 수 있고, 조정에서는 다스릴 수 있게 되는 것이다.

공자는 ≪시경≫의 유용론을 "다식어조수초목지명多識於鳥獸草木之名"으로 요약하고 있다. ≪시경≫을 통해 '조수와 초목의 이름을 많이 알게 되는 것'이다. 전문가의 통계에 따르면 ≪시경≫에는 113종의 풀, 75종의 나무, 39종의 새, 20종의 물고기가 출현한다고 한다. 이러한 동식물의 명칭을 알면 당연히 자연과학 지식이 풍부해진다.

≪시경≫의 '흥興'·'관觀'·'군群'·'원怨"의 효용론은 이로부터 중국 전통 문예비평의 대원칙이 되었다.

3. **子謂伯魚曰, "女爲周南召南矣乎? 人而不爲周南召南, 其猶正牆面而立也與?"(≪論語·陽貨 17.10≫)**
: **공자가 백어에게 말하였다. "너는 〈주남〉과 〈소남〉을 공부하였느냐? 사람이 〈주남〉과 〈소남〉을 공부하지 않으면 아마 담벼락을 마주보고 서 있는 것과 같으리라!"**

① **女**: '汝(너 여, rǔ)와 같다. ② **주남소남周南召南**: 시경의 국풍의 첫 두 편.

공자는 아들 공리(자 백어伯魚)에게 "不學詩, 無以言" 즉 시를 배우지 않으면 말을 할 수 없다'라 하였고, "불학례不學禮, 무이립無以立" 즉 '예를 배우지 않으면 남 앞에 나설 수 없다'라 하였다. 〈주남〉과 〈소남〉은 시경을 대표하고 있다. 특히 이 두 부분은 부부의 도리를 언급한 내용이 많다. 이를 통해 어떻게 집안사람과 잘 지낼 수 있는지 생각해 볼 수 있고, 수신제가의 기회로 삼을 수 있다. 가정은 인생의 출발점이다. 가족과 잘 지내지 않으면서 어떻게 입신처세를 이야기할 수 있겠는가. 입신처세 할 수 없으면 벽과 마주하고 서 있는 것과 같이 한 발도 움직일 수 없고 어떤 일도 이룰 수 없다.

4. 子曰, "誦詩三百, 授之以政, 不達, 使於四方, 不能專對, 雖多, 亦奚以爲?"(≪論語·子路 13.05≫)
: **공자가 말하였다. "≪시경≫에 수록된 시 삼백 편을 암송하면서도 그에게 정무를 맡겼을 때 달성하지 못하고 사신이 되어 사방으로 나가서 상대방과 단독으로 응대하지 못한다면 비록 시를 많이 외웠다고 한들 무슨 소용이 있겠느냐?"**

① **達(통달할 달**, dà,tá): 도달하다. 달성하다. ② **사어사방使於四方:** 각국으로 사자로 가다. ③ **전대專對:** 스스로 응대하다.

공자는 ≪시경≫을 배우는 목적이 치용에 있다고 하였다. ≪시경≫의 실용론이다. 춘추시기에 ≪시경≫은 심미적 문예작품이 아니었다. ≪시경≫은 다른 경전과 마찬가지로 인술교육의 지침서였다. ≪시경≫은 그중에서도 특히 외교적 발언에 자주 인용되어 외교언어의 규범이 되었다. 당시 각국 사절의 교제는 예의를 매우 중시하였다. 언어표현은 특히 완곡하고도 적절함이 요구되었는데, 종종 많은 말로 설명하기 불편한 상황에서 시를 읊어 비유적으로 자신의 입장을 전달하곤 하였다.

당시 외교관은 "수명불수사受命不受辭"가 원칙이었다. 즉 '명을 받을 뿐 말씀은 받지 않는다.'의 뜻으로, 당시 외교사명을 완성시키기 위해 어떠한 적절한 언어로써 나라의 큰 임무를 완성시킬까는 스스로 생각해야 했다. 그리하여 ≪시경≫에서 자신의 뜻을 적절하게 표현할 수 있는 시 구절을 인용하여 외교언어로 사용하곤 했다.

≪좌전≫에 이러한 외교기록이 있다.

노나라 양공襄公 8년 진晉나라 범선자范宣子가 노나라를 방문하였다. 진나라가 정鄭 나라를 치려는 뜻을 노나라에게 전했다. 노나라 양공은 범선자를 잔치에 초청하였고, 범선자는 그 자리에서 〈소남召南·표유매摽有梅〉를 읊었다. 이를 통해 진나라가 노나라와 함께 출병했으면 한다는 것을 알아챘다. 노나라에서는 계문자季武子가 나서서 〈소아·동궁彤弓〉을 읊었다. 범선자는 노나라가 진나라와 형제처럼 지내기를 바란다는 것을 이 시를 듣고 알게 되었다. 이와 같이 범선자와 계무자는 모두 "문현가이지아의聞弦歌而知雅意" 즉 '노래를 듣고 상대방의 좋은 뜻을 이해할 수 있는' 사람들이었다. 이들은 단독으로 외교적 응대를 하였던 성공적인 사례이다.

이와 반대의 경우도 있다. 노나라 상공 27년에 제나라의 경봉慶封이 노나라에 갔다. 노나라 숙손표叔孫豹가 시경의 〈용풍鄘風·상서相鼠〉편을 읊었다. 경봉은 숙손표가 그를 풍간하고 있음을 알아차리지 못했다. 이는 외교역사에 있어 우스운 사건이 되었다. 이것이 바로 "사어사방使於四方, 불능전대不能專對" 즉 '사신이 되어 사방으로 나가서 상대방과 단독으로 응대하지 못한' 예에 해당한다.

5. 子貢曰, "貧而無諂, 富而無驕, 何如?" 子曰, "可也, 未若貧而樂, 富而好禮者也." 子貢曰, "詩云, '如切如磋, 如琢如磨', 其斯之謂與?" 子曰, "賜也, 始可與言詩已矣, 告諸往而知來者."(≪論語·學而 01.15≫)
: 자공이 말했다. "가난하면서도 아첨하지 않고 부유하면서도 교만하지 않으면 어떻습니까?" 공자가 말하였다. "괜찮다. 그러나 아직 가난하면서도 즐거워하고 부유하면서도 예를 좋아하는 사람만은 못하다." 자공이 말했다. "≪시경≫에 '자른 것 같고, 간 것 같고, 쫀 것 같고, 닦은 것 같다'라고 한 것은 아마 바로 이런 것을 두고 말하는 것이겠군요!" 공자가 말하였다. "사는 이제 함께 ≪시경≫을 이야기할 수 있게 되었다. 그에게 지나간 일을 일러주었더니 앞으로 닥쳐올 일을 아는구나."

① **諂(아첨할 첨**, chǎn): 아첨하다. ② **諸(모든 저**, zhū): '之'와 같다.

공자는 자공에게 빈부를 대하는 태도에 대해 알려주자 자공이 시구로 화답하였는데, 공자가 이를 칭찬한 내용이다. ≪논어≫에서 "言語, 宰我子貢(≪論語·先進≫), '언어로 뛰어났던 제자들은 재아와 자공이다.'라고 하였듯이 역시 말솜씨가 뛰어나다.

자공은 "빈이무첨貧而無諂, 부이무교富而無驕", '가난하나 아첨하지 않고, 부귀하나 교만하지 않으면' 어떤가를 물었다. 가난하면서도 아첨하지 않고 부유하면서도 교만하지 않는 것은 좋지 않은 일을 하지 않음을 말한다. 그러나 이처럼 나쁜 일을 하지 않는 것은 소극적이고 정적이이다. 진취적이지 못하다. 그래서 공자는 "빈이낙도貧而樂道, 부이호례富而好禮", '안빈낙도하고 부귀하면서 예를 좋아해야 한다.'라고 한 것이다. 진취적이고 적극적인 행위로 한 단계 더 업그레이드 하라는 것이다.

자공은 여기에서 한 걸음 더 나아가 특별히 ≪시경詩經·위풍衛風·기오淇澳≫의 "절차탁마切磋琢磨" 즉 '자른 것 같고 간 것 같고 쫀 것 같고 닦은 것 같다.'라는 구절을 빌려와 비유함으로써 스승의 가르침에 대답하였다. 자공은 스승이 제자가 더욱 훌륭해지기를 바란다는 것을 알았기 때문이다. 자공이 '거인반삼擧一反三'하였기 때문에 자공과 함께 시경을 논할 수 있다고 아낌없이 칭찬한 것이다.

공자는 "불학시不學詩, 무이언無以言", 즉 '시를 배우지 않으면 말을 조리 있게 하지 못한다.'라고 말했다. 시경을 배우지 않으면 말할 근거가 없다는 것이다. 말은 본래 간단한 것이지만 말한다는 것은 쉽지 않다. 말에는 함의가 있어야 하고 문아해야만 오래 전해진다.

제14장

02

진미진선 盡美盡善

: 모두 아름답고 훌륭하다

音樂

'진미진선盡美盡善'는 '모두 아름답고 훌륭하다'는 뜻이다. '순임금을 칭송하는 음악'의 아름다움을 표현한 말이다. 순임금은 선양禪讓으로 천하를 얻었기 때문에 당연히 지극히 선하고 지극히 아름다운 음악이다. 본 절에서는 '시의 아름다움'에 대하여 살펴보기로 한다.

1. **子謂韶, "盡美矣, 又盡善也." 謂武, "盡美矣, 未盡善也."(≪論語·八佾 03.25≫)**

   : 공자는 〈소〉를 평하기를 "아름다움을 다하고 또한 훌륭함을 다했도다!"라고 하고, 〈무〉를 평하기를 "아름다움은 다했으나 훌륭함을 다하지는 않았도다!"라고 하였다.

   ① **韶(풍류 이름 소, sháo)**: 순임금을 칭송하는 음악. ② **武(굳셀 무, wǔ)**: 주나라 무왕을 칭송하는 음악.

공자는 〈소〉·〈무〉 두 음악의 다름을 설명하였다.

〈소〉는 순임금 시기의 음악으로, 고대시기에 가장 높은 수준을 갖춘 악무작품이다. 〈소〉는 주나라까지 전해졌으며 6대 악무 중 하나로 꼽힌다. 사방 천하에 제사를 드릴 때 사용되었다.

〈무〉는 서주西周의 유명한 악곡으로 무왕이 상나라를 멸하고 주나라를 세운 공훈을 칭송한 곡이다. 이는 6대 음악 중 하나로 꼽히며, 조상에게 제사 드릴 때 사용되었다.

공자는 〈소〉음악을 매우 높이 평가했다. 순임금은 선양으로 천하를 얻었기 때문에 당연히 지극히 선하고 지극히 아름다운 음악이다. 무왕은 전쟁으로 천하를 얻었다. 때문에 '선善'이 부족하다. 〈소〉음악은 형식미의 요구에 부합할 뿐 아니라 도덕적 요구에도 부합한다. 그러나 〈무〉음악은 도덕적 요구가 부족하다. 공자가 볼 때 가장 좋은 예술은 형식미의 요구에 부합함과 동시에 도덕적 요구에도 부합해야 하는 것이다.

2. **子在齊聞韶, 三月不知肉味, 曰, "不圖爲樂之至於斯也."(≪論語·述而 07.14≫)**

: 공자는 제나라에서 〈소〉를 들으신 뒤 석 달 동안 고기 맛을 모르는 채 식사를 하시고는 말하였다. "음악의 창작이 이런 경지에 이를 수 있으리라고는 생각지 못했구나!"

① **부도不圖:** 예측하지 못하다.

공자는 〈소〉음악을 듣고 3개월 동안 고기 맛을 몰랐다하였다. 공자는 음악을 매우 중시했다. 공자는 〈소〉 음악을 "진미진선盡美盡善"이라 칭송하였다. 〈소〉음악은 순임금의 정신을 대표하며 선양의 조화미가 표현되어져 있다. 공자는 〈소〉음악이 가져다주는 자타합일自他合一의 조화로운 분위기 속에 심취하여 몇 개월 동안 고기 맛을 느끼지 못하였다. "삼월부지육미三月不知肉味", '삼 개월 동안 고기 맛을 몰랐다'는 과장수법을 사용하여 공자가 예술에 깊이 빠져 느끼는 심리상태를 생동감 있게 표현하고 있다.

3. 子曰, "吾自衛反魯, 然後樂正, 雅頌各得其所."(≪論語·子罕 09.15≫)
 : 공자가 말하였다. "내가 위나라로부터 노나라로 돌아온 뒤에 음악이 바로잡히고 〈아〉와 〈송〉이 각각 제자리를 잡았다."

① **자위반노自衛反魯:** 위나라로부터 노나라로 돌아오다. 反은 '返(돌아올 반, fǎn)'과 같다. ② **악정樂正:** 음악 편장을 바로잡다.

공자는 ≪시경≫, ≪상서≫를 정리하였고 '예'와 '악'을 수정하여 후대에 중대한 영향을 끼쳤다. "자위반노自衛反魯"한 시기는 기원전 484년(노나라 애공 11년) 겨울로 공자 나이 68세였다. 위나라로부터 노나라로 돌아옴으로써 14년 동안의 주유생활을 끝마쳤다. 고대에 시를 읽을 때는 음악을 함께 연주하였다. 음악과 시는 분리될 수 없었다. 후에 시는 문자로 표현한 문학작품이 되었고 음악은 연주에만 사용되었다. ≪시경≫작품은 〈풍風〉·〈아雅〉·〈송頌〉 세 종류이다. 풍은 〈국풍〉으로 각지의 민가를 가리키고, 〈아〉는 〈대아大雅〉와 〈소아小雅〉로 나뉘며 향연이나 조회朝會에 쓰이는 음악이 주를 이룬다. 하지만 〈소아〉의 가사歌詞는 〈국풍〉에 가까운 작품들이 일부 포함되어 있다. 이로 보아 가사는 〈풍〉과 유사하지만 악조가 달랐기 때문에 〈소아〉에 포함되었을 것이다. 〈송〉은 종묘에서 제사를 드릴 때 사용되었던 악곡과 가사이다. 내용은 대부분 선조의 업을 기리는 것들이다.

공자는 음악교육이 사람의 성정을 바르게 할 수 있다고 여겼다. 결코 음악이 순수한 오락이라고 생각하지 않았다. 당시 사회는 예악이 붕괴된 지 오래였다. 공자는 ≪시경≫의 악장과 음악을 정리하는 작업을 함으로써 이를 통하여 음악교육을 하고자 하였다.

4. **子語魯大師樂, 曰, "樂其可知也, 始作, 翕如也, 從之, 純如也, 皦如也, 繹如也, 以成."(≪論語·八佾 03.23≫)**

   : 공자가 노나라 태사에게 음악에 관하여 이야기했다. "음악이란 알 만한 것이지요. 막 시작했을 때는 여러 가지 소리가 혼연일체를 이루다가 이어서 한 가지 소리가 순수하고 명석하게 울리고 이 상태가 연면하게 지속되다가 끝나지요."

   ① **語(말씀 어**, yǔ,yù): 말하다. ② **대사大師**: 악관의 이름. ③ **翕(합할 흡**, xī): 합하다. 조화하다. ④ **皦(옥석 흴 교**, jiǎo): 음절이 분명하다. ⑤ **繹(풀어낼 역**, yì): 끊임없이 이어지다.

공자는 노나라 대악관에게 음악의 원리에 대해 설명하였다. 음악의 연주에는 규칙이 있다. 시작할 때, 주요 선율을 연주할 때, 각각 음률에 일정한 중점이 있다. 보통사람은 음악이 귀를 즐겁게 한다는 것만 알 뿐 그 원리를 알지 못한다. 만약 이러한 음악연주의 원리를 이해한다면 감상할 때 더욱 깊이 있게 이해할 수 있을 것이다. 이 구절을 통해 공자의 음악적 내공을 알 수 있다. "흡여翕如"·"순여純如"·"교여皦如"·"역여繹如"는 모두 네 가지의 음률의 비유이다. 이는 일종의 음악 감상 과정의 기승전결이며, 공자의 구체적인 음악 감상 지식이기도 하다.

작품설명 **중화**

中龢

: 덕성이 중용을 잃지 않다.

篆文曰中和也. "喜怒哀樂之未發謂之中, 發而皆中節謂之和. 中也者天下之大本也. 和也者天下之達道也. 致中和天地位焉萬物育焉." 語見中庸句. 時維己亥元旦於木陽書屋晴囱(窓)下, 泉谷閔庚富.

: 전문은 '중화'이다. "희로애락이 아직 발하지 않은 상태를 중이라 하고, 발하여 절도에 맞는 것을 화라 한다. 중은 천하의 근본이고, 화는 천하의 통용되는 도이다. 중과 화에 이르게 되면, 하늘과 땅이 제자리에 있게 되고 만물이 자라게 된다." 중용구절 중에서. 기해 새해, 목양서옥 맑은 날 창가에서. 천곡 민경

부록 1

사기 史記 공자세가 孔子世家

≪부록 1≫

사기 史記 · 공자세가 孔子世家[86]

공자의 출생과 청년 시절

공자는 노나라 창평향 추읍에서 태어났다. 그의 선조는 송나라 사람 공방숙이다. 방숙은 백하를, 백하는 숙량흘을 낳았다. 숙량흘은 안 씨의 딸과 야합하여 공자를 낳았는데, 니구에서 기도를 드리고 공자를 얻었다. 이로써 노 양공 22년(기원전 551년)에 공자가 태어났다. 공자는 태어났을 때 머리꼭대기 가운데가 움푹 꺼져 있었기 때문에 이름을 '구'라 했다고 한다. 자는 중니, 성은 공 씨이다.

孔子生魯昌平鄉陬邑. 其先宋人也, 曰孔防叔. 防叔生伯夏, 伯夏生叔梁紇. 紇與顏氏女野合而生孔子, 禱於尼丘得孔子. 魯襄公二十二年而孔子生. 生而首上圩頂, 故因名曰丘云. 字仲尼, 姓孔氏.

공자가 태어나고 얼마 뒤 숙량흘은 세상을 떠났고, 그의 유체를 방산에 모셨다. 방산은 노나라 동쪽에 위치하였는데, 공자는 이를 계기로 부친의 무덤이 어디에 있는지 알고 싶어 하였다. 하지만 그의 모친은 그것을 숨기려 하였다. 공자는 어린 시절 놀이를 할 때면 늘 제기를 늘어놓

86 丁範鎭 외 옮김 ≪사마천사기세기≫ 까치출판사. 朴一峰 편역, ≪史記列傳 I ≫, 옥문사. [네이버 지식백과]의 '한글 번역문 사기: 세가, 열전번역문, 사마천, 김영수'를 참고하기로 한다.

고 제를 올리는 예절과 행동을 갖추곤 하였다. 공자의 모친이 세상을 떠나자, 오보구에 임시로 매장을 해놓고 신중을 기했다. 추읍 사람 만보의 어버니가 부친의 무덤을 가르쳐 준 다음에야 방산에 합장 하였다.

丘生而叔梁紇死, 葬於防山. 防山在魯東, 由是孔子疑其父墓處, 母諱之也. 孔子為兒嬉戲, 常陳俎豆, 設禮容. 孔子母死, 乃殯五父之衢, 蓋其愼也. 郰人輓父之母誨孔子父墓, 然後往合葬於防焉.

공자가 상중이라 허리에 흰 띠를 두르고 있는데, 계씨가 선비들에게 식사를 대접했다. 공자도 함께 갔지만 양호가 막아서며 "계씨께서는 선비들을 초대한 것이지 그대를 초대한 것이 아니다."라고 하였다. 이에 공자는 물러나왔다.

孔子要絰, 季氏饗士, 孔子與往. 陽虎絀曰: "季氏饗士, 非敢饗子也." 孔子由是退.

공자가 17세가 되던 해에 대부 맹희자가 병에 걸려 죽음을 목전에 두고 있었다. 맹희자는 자신의 후계자인 의자에게 간곡하게 훈계하며 말하기를, "공구는 성인의 후손인데 그 선조가 송나라에서 해를 당하였다. 당초 그 선조인 불보하가 송나라를 소유할 수 있었지만 여공에게 양위하였다. 정고보 때에 이르러 대공, 무공, 선공을 섬기면서 세 번이나 임명을 받았지만 더욱 공손하였다. 이로써 세발솥의 명문에 '첫 번째 임명에 머리를 숙이고, 두 번째 임명에 허리를 굽히고, 세 번째 임명에 몸을 숙이고서 담장을 따라 걸으니, 누구도 나를 업신여기지 않았다. 이에 이 솥에 죽을 끓여 먹노라.'라고 하였을 정도로 자신을 삼가고 공손하였다. 내가 듣기에 성인의 후손은 세상을 다스리는 천자는 되지 못하더라도 틀림없이 통달한 자라고 하였다. 지금 공구는 나이는 어리지만 예를 잘 아니 그야말로 통달한 자가 아니겠는가? 내가 죽거든 반드시 그를 스승으로 모시도록 해라."

희자가 죽자 의자는 노나라 사람 남궁경숙과 함께 공자에게 가서 예를 배웠다. 이 해(기원전 535년)에 계무자가 죽고 계평자가 뒤를 이었다.

孔子年十七, 魯大夫孟釐子病且死, 誡其嗣懿子曰: "孔丘, 聖人之後, 滅於宋. 其祖弗父何始有宋而嗣讓厲公. 及正考父佐戴·武·宣公, 三命茲益恭, 故鼎銘云: 一命而僂, 再命而傴, 三命而俯, 循牆而走, 亦莫敢余侮. 饘於是, 粥於是, 以餬余口. 其恭如是. 吾聞聖人之後, 雖不當世, 必有達者. 今孔丘年少好禮, 其達者歟？吾即沒, 若必師之." 及釐子卒, 懿子與魯人南宮敬叔往學禮焉. 是歲, 季武子卒, 平子代立.

공자는 가난하고 미천하였다. 장성한 뒤 계씨의 창고를 관리하는 하급관료를 지낸 적이 있는데, 창고 곡물의 출납이 명확하였다. 그리고 그가 가축을 관리하는 관리로 있을 때는 가축들이 번성하였다. 공자는 이 일을 계기로 사공이 되었다. 얼마 후 공자는 노나라를 떠났다. 그는 제나라에서 배척을 당하고, 송과 위나라에서 쫓겨났으며, 진과 채나라에서 곤욕을 치렀다. 이에 다시 노나라로 되돌아왔다.

공자는 키가 아홉 자 여섯 치였는데, 사람들은 그를 '꺽다리'라 부르며 이상하게 여겼다. 훗날 노나라 사람들이 다시금 공자에게 호의적인 태도를 보였고, 이로 말미암아 공자는 노나라로 되돌아왔다.

孔子貧且賤. 及長, 嘗為季氏史, 料量平; 嘗為司職吏而畜蕃息. 由是為司空. 已而去魯, 斥乎齊, 逐乎宋·衛, 困於陳蔡之間, 於是反魯. 孔子長九尺有六寸, 人皆謂之"長人"而異之. 魯復善待, 由是反魯.

남궁경숙이 노소공에게 "공자와 함께 주나라에 가기를 청하옵니다." 라고 하였다. 노소공은 수레 한 대와 말 두 마리를 주고 시종 하나를 동행케 하였다. 이에 주나라에 가서 예를 물었는데, 이때에 노자를 만났다고 한다. 인사를 하고 떠나려하자 노자가 "듣자하니 부유하고 귀한 자는 재물로 전별을 하고, 어진 자는 말로써 전별을 한다고 합디다. 나는 부유하지도 귀하지도 못하니, 삼가 어진자라는 이름을 빌어 이와 같은 말로 그대를 떠나보낼까 하오. '총명하고 깊이 살피는 사람이 쉬이 죽음의 위협을 받는 까닭은 남 말하기를 좋아하기 때문이다. 또한 아는 것이 많고 말재주가 좋은 사람에게 쉬이 위험이 닥치는 까닭은 남의 나쁜 점을 들추어내기 때문이다. 그러므로 자식 된 자는 사심이 있어서는 안 되고, 신하된 자는 군주 앞에서 사심이 있어서는 안 된다.'"라고 말하였다. 공자가 주나라에서 노나라로 돌아온 이후, 그를 따르는 제자들이 날이 갈수록 늘었다.

魯南宮敬叔言魯君曰: "請與孔子適周." 魯君與之一乘車, 兩馬, 一豎子俱, 適周問禮, 蓋見老子云. 辭去, 而老子送之曰: "吾聞富貴者送人以財, 仁人者送人以言. 吾不能富貴, 竊仁人之號, 送子以言, 曰: "聰明深察而近於死者, 好議人者也. 博辯廣大危其身者, 發人之惡者也. 為人子者毋以有己, 為人臣者毋以有己." 孔子自周反于魯, 弟子稍益進焉.

이 무렵 진 평공이 정치를 어지럽혀 육경六卿이 권력을 잡고 동쪽의 제후국을 공격했다. 초 영왕은 강력한 군사로 중원을 침략하였고, 제나라는 대국인데다 노나라에 근접해 있었다. 노나라는 약소국이었던 탓에 초나라에 붙으면 진나라가 노하고, 진나라에 붙으면 초나라가 공격해왔으며, 제나라를 소홀히 하면 제나라의 군대가 노나라를 침략했다.

是時也, 晉平公淫, 六卿擅權, 東伐諸侯; 楚靈王兵彊, 陵轢中國; 齊大而近於魯. 魯小弱, 附於楚則晉怒; 附於晉則楚來伐; 不備於齊, 齊師侵魯.

공자의 장년기

소공 20년(기원전 522년), 이때 공자의 나이는 서른이었다. 제 경공景公이 안영晏嬰과 함께 노나라에 왔다. 제 경공이 공자에게 "옛날 진 목공은 나라도 작고 궁벽 진 곳에 있었는데, 그를 패왕이라 칭하는 것은 무엇 때문인가?"라고 물었다. 이에 공자가 "진은 나라는 작지만 뜻이 컸고, 궁벽 진 곳에 있었지만 행하는 것이 중도中道와 정도正道에 합당하였습니다. 오고五羖(백리혜百里傒를 가리킴)를 직접 발탁하여 오랏줄을 풀어주고 대부로 삼아 사흘을 이야기한 끝에 정사를 맡겼습니다. 이것을 본받는다면 왕 노릇도 할 수 있으니 패왕은 사소한 것입니다."라고 답하자, 경공이 기뻐하였다.

魯昭公之二十年, 而孔子蓋年三十矣. 齊景公與晏嬰來適魯, 景公問孔子曰: "昔秦穆公國小處辟, 其霸何也?" 對曰: "秦, 國雖小, 其志大; 處雖辟, 行中正. 身舉五羖, 爵之大夫, 起纍紲之中, 與語三日, 授之以政. 以此取之, 雖王可也, 其霸小矣." 景公說.

공자 나이 서른다섯(기원전 517년)이 되던 해에 계평자가 후소백과의 닭싸움 때문에 노 소공에게 미움을 사게 되었는데, 노 소공이 군대를 이끌고 계평자를 공격하였다. 이에 계평자는 맹씨, 숙손씨와 함께 삼가三家가 힘을 합쳐 소공을 공격하였고, 노소공이 패하여 제나라로 달아났다. 이에 제나라는 노소공을 간후에 머물게 하였다.

그 뒤로 얼마 후에 노나라에 변란이 일어났다. 공자는 제나라로 가서 고소자의 가신이 되어 그를 통해 경공을 만나고자 하였다. 공자는 제나라의 태사와 음악을 논하고, '소韶' 음악을 들으며 그것을 배웠는데, 석 달 동안 고기 맛을 잊을 정도로 몰두하였다. 그리하여 제나라 사람들이 공자를 칭찬하였다.

孔子年三十五, 而季平子與郈昭伯以鬭雞故得罪魯昭公, 昭公率師擊平子, 平子與孟氏·叔孫氏三家共攻昭公, 昭公師敗, 奔於齊, 齊處昭公乾侯. 其後頃之, 魯亂. 孔子適齊, 為高昭子家臣, 欲以通乎景公. 與齊太師語樂, 聞韶音, 學之, 三月不知肉味, 齊人稱之.

제경공이 공자에게 정치에 대해 묻자, 공자는 "군주는 군주답고, 신하는 신하다우며, 아버지는 아버지답고, 자식은 자식다운 것입니다."라고 하였다. 경공은 "훌륭한 말씀이오! 군주가 군주답지 못하고, 신하가 신하답지 못하고, 아비가 아비답지 못하고, 자식이 자식답지 못하다면 아무리 많은 양식이 있다 해도 내 어찌 먹을 수 있겠소?"라고 하였다. 다른 날 제경공이 또 다시 공자에게 정치에 대해 물었다. 공자는 "정치는 재화를 절약하는데 달려있습니다."라고 하였다. 이에 제경공이 기뻐하며 니계의 땅에 공자를 봉하고자 하였다. 그러자 안영이 나서서 이렇게 말했다.

"대개 유자들은 말을 잘 꾸미기 때문에 법의 틀 안에 넣을 수 없고, 오만하고 자기 멋대로 이기 때문에 아랫사람으로 부릴 수 없습니다. 장례를 숭상하여 슬픔을 절제할 줄 모르고, 가산을 탕진해가며 장례를 후하게 치르니 풍속으로 삼을 수 없습니다. 유세를 다니며 봉록과 관직을 구하니 나라를 맡길 수 없습니다. 대 성현들이 떠난 뒤로 주나라 왕실은 이미 쇠퇴하고 예악이 흩어진 지 오래입니다. 지금 공자는 용모를 거창하게 꾸미고, 오르고 내리고, 종종 걸음으로 빠르게 나아갔다가 되돌아오고 하는 번거로운 예절을 내세우니, 이런 것들은 몇 대를 배워도 다 배울 수 없고 평생을 다 바쳐도 추구할 수 없습니다. 왕께서 그를 기용하여 제나라의 풍속을 바꾸려고 하시는 것은 백성들을 이끄는 방법이 아닙니다."

그 뒤로 제경공은 공자를 공경스럽게 대했으나 예를 묻지는 않았다. 어느 날 제경공이 공자를 만류하면서 "나는 계씨가 그대를 대우했던 것처럼은 할 수 없소."라 하고는 계씨와 맹씨의 중간으로 대우하였다.

제나라의 대부들이 공자를 해치려 하였고, 공자가 그 일을 듣게 되었다. 제경공은 "내가 늙어서 그대를 기용할 수 없소이다."라고 하였다. 공자는 결국 제나라를 떠나 노나라로 돌아왔다.

景公問政孔子, 孔子曰: "君君, 臣臣, 父父, 子子." 景公曰: "善哉! 信如君不君, 臣不臣, 父不父, 子不子, 雖有粟, 吾豈得而食諸!" 他日又復問政於孔子, 孔子曰: "政在節財." 景公說, 將欲以尼谿田封孔子. 晏嬰進曰: "夫儒者滑稽而不可軌法; 倨傲自順, 不可以為下; 崇喪遂哀, 破產厚葬, 不可以為俗; 游說乞貸, 不可以為國. 自大賢之息, 周室既衰, 禮樂缺有閒. 今孔子盛容飾, 繁登降之禮, 趨詳之節, 累世不能殫其學, 當年不能究其禮. 君欲用之以移齊俗, 非所以先細民也." 後景公敬見孔子, 不問其禮. 異日, 景公止孔子曰: "奉子以季氏, 吾不能." 以季孟之閒待之. 齊大夫欲害孔子, 孔子聞之. 景公曰: "吾老矣, 弗能用也." 孔子遂行, 反乎魯.

공자의 나이 42세(기원전 510년) 되던 해에, 노 소공이 간후에서 죽고 정공이 즉위하였다.

정공 5년 여름, 계평자가 죽고 계환자가 자리를 이었다. 계환자가 우물을 파다가 흙으로 만든 그릇을 얻었는데, 그 안에 양과 같은 것이 있었다. 계환자는 공자에게 "개를 얻었다."고 말했다. 그리자 공자는 "제가 들은 바로는 양입니다. 제가 알기로 산속에는 기夔와 망량罔閬이라는 괴물이 있고, 물에는 용과 망상罔象이라는 괴물이 있으며, 흙에는 분양이라는 괴물이 있다 하였습니다."라고 하였다.

孔子年四十二, 魯昭公卒於乾侯, 定公立. 定公立五年, 夏, 季平子卒, 桓子嗣立. 季桓子穿井得土缶, 中若羊, 問仲尼云"得狗". 仲尼曰: "以丘所聞, 羊也. 丘聞之, 木石之怪夔·罔閬, 水之怪龍·罔象, 土之怪墳羊."

오나라가 월나라를 공격하여 도성인 회계를 무너뜨리면서 얻은 뼈마디가 수레에 꽉 찰 정도로 컸다. 오나라 왕이 사신을 보내 공자에게 "누구의 뼈가 가장 컸습니까?"라고 물었다. 공자는 "우임금이 회계산에 신들을 불러 모았을 때, 방풍씨가 늦게 도착하였는데 우임금이 그를 죽이고 조리를 돌렸습니다. 그때의 뼈마디가 수레에 꽉 찼다고 하였으니 그것이 가장 큰 것이었습니다."라고 하였다. 오나라의 사신이 "누구를 신이라 합니까?"라고 묻자, 공자는 "산천의 신은 천하를 주재하고, 산천에 올리는 제사를 주관하는 자를 신이라 합니다. 사직의 제사를 주관하는 자를 공公·후侯라 하는데, 이들은 모두 왕에 예속됩니다."라고 하였다.

오나라의 사신이 "방풍씨는 어떤 제사를 주관하였습니까?"라고 묻자, 공자는 "왕망 씨의 군주는 봉산과 우산 일대의 제사를 주관하였는데, 성姓이 '희釐'였습니다. 우, 하, 상 왕조 때에는 왕망이라 하였고, 주왕조 때에는 장적이라 하였으며 지금은 '대인'이라 합니다."라고 했다. 오나라의 사신이 "그들은 키가 얼마나 컸습니까?"라고 하자 공자는 "초요

씨가 3척으로 가장 작았습니다. 키가 큰 사람도 그 열 배를 넘지 않았는데, 그것이 가장 큰 키였습니다."라고 하였다. 이에 오나라의 사신이 "훌륭하십니다, 성인이시여!"라고 하였다.

吳伐越, 墮會稽, 得骨節專車. 吳使使問仲尼: "骨何者最大?" 仲尼曰: "禹致羣神於會稽山, 防風氏後至, 禹殺而戮之, 其節專車, 此為大矣." 吳客曰: "誰為神?" 仲尼曰: "山川之神足以綱紀天下, 其守為神, 社稷為公侯, 皆屬於王者." 客曰: "防風何守?" 仲尼曰: "汪罔氏之君守封·禺之山, 為釐姓. 在虞·夏·商為汪罔, 於周為長翟, 今謂之大人." 客曰: "人長幾何?" 仲尼曰: "僬僥氏三尺, 短之至也. 長者不過十之, 數之極也." 於是吳客曰: "善哉聖人!"

계환자가 종애하던 신하인 중양회는 양호와 사이가 좋지 않았다. 양호가 중양회를 내쫓으려 하였으나 공산불뉴가 만류하였다. 그해 가을, 중양회가 더욱 교만해지자 양호는 그를 붙잡았다. 계환자가 이 일로 노하자 양호는 곧바로 계환자를 가두고 맹약을 하고난 뒤에야 놓아주었다. 양호는 이를 계기로 계씨를 더욱 깔보았다. 계씨 또한 노나라 왕실을 참람하여 배신陪臣으로 국정을 움켜쥐었으니, 노나라는 대부 이하 모두가 정도를 벗어났다. 이 때문에 공자는 벼슬을 하지 않고 물러나 ≪시≫, ≪서≫, ≪예≫, ≪악≫을 정리하였다. 제자들이 더욱 많아졌는데 먼 곳에서도 찾아와 가르침을 받았다.

桓子嬖臣曰仲梁懷, 與陽虎有隙. 陽虎欲逐懷, 公山不狃止之. 其秋, 懷益驕, 陽虎執懷. 桓子怒, 陽虎因囚桓子, 與盟而醳之. 陽虎由此益輕季氏. 季氏亦僭於公室, 陪臣執國政, 是以魯自大夫以下皆僭離於正道. 故孔子不仕, 退而脩詩書禮樂, 弟子彌衆, 至自遠方, 莫不受業焉.

정공 8년(기원전 502년), 공산불뉴가 계씨에게서 뜻을 이루지 못하게 되자 양호의 힘을 빌려 난을 일으켜 삼환三桓의 적자들을 폐하고, 평소 양호와 사이가 좋았던 서자를 왕위에 올리기 위해 계환자를 붙잡았으나, 계환자는 그를 속이고 달아났다.

정공 9년에 양호가 난에 실패하고 제나라로 달아났다. 이때 공자 나이는 50이었다.

定公八年, 公山不狃不得意於季氏, 因陽虎為亂, 欲廢三桓之適, 更立其庶孽陽虎素所善者, 遂執季桓子. 桓子詐之, 得脫. 定公九年, 陽虎不勝, 奔于齊. 是時孔子年五十.

공산불뉴는 비費읍을 빌미삼아 계씨에게 반발하며 사람을 보내 공자를 불러들였다. 공자는 선왕의 도를 지켜온 것이 매우 오래되었지만 줄곧 이를 펼치지 못하였고, 또 자신을 기용하는 사람도 없던 터라 "당초 주나라의 문왕과 무왕도 풍 땅과 호 땅에서 일어나 왕업을 이룩했다. 지금 비읍이 작긴 하지만 그와 비슷하지 않겠는가?"라고 하며 공산불뉴에게 가려고 하였다. 자로가 언짢아하면서 공자를 만류하였다. 공자는 "어찌 나를 괜히 불렀겠는가? 나를 기용한다면 그곳이 동방의 주나라가 될 것이다!"라고 하였으나 끝내는 가지 않았다.

公山不狃以費畔季氏, 使人召孔子. 孔子循道彌久, 溫溫無所試, 莫能己用, 曰: "蓋周文武起豐鎬而王, 今費雖小, 儻庶幾乎!" 欲往. 子路不說, 止孔子. 孔子曰: "夫召我者豈徒哉 ? 如用我, 其為東周乎!" 然亦卒不行.

그 후 노 정공이 공자를 중도中都의 읍재邑宰로 삼았는데, 1년 만에 천하 사방이 모두 공자를 본받았다. 중도의 읍재에서 사공司空이 되었고, 사공에서 대사구大司寇가 되었다.

其後定公以孔子為中都宰, 一年, 四方皆則之. 由中都宰為司空, 由司空為大司寇.

정공 10년(기원전 500년), 봄에 제나라와 화친하였다. 그해 여름, 제나라의 대부 여서黎鉏가 경공에게 "노나라가 공자를 기용하였으니 그 기세가 제나라를 위협할 것입니다."라고 하였다. 이에 곧바로 노나라에 사신을 보내 우호회담을 갖자고 하여, 협곡에서 만나기로 하였다. 노 정공이 수레를 타고 곧장 출발하려고 하였다. 공자는 재상의 일을 대행하고 있었는데, "신이 듣기에 문文과 관련된 일에는 반드시 무武가 뒷받침되어야 한다고 하였습니다. 옛날에는 제후가 국경을 나서면 반드시 문무의 관원들을 모두 갖추어 따르게 하였습니다. 좌우 사마를 데리고 가십시오."라고 하였다. 정공이 "그렇게 하시오."라 하고는 좌우 사마를 데려갔다. 협곡에서 제 경공을 만나게 되었는데 단과 세 층의 흙 계단이 마련되어 있었다. 만남의 예로 서로를 마주보고, 예를 다하여 시양하면서 단 위로 올랐다. 서로에게 술을 권하는 예가 끝나자 제나라의 관리가 빠른 걸음으로 나와 "사방 각국의 음악을 연주하길 청하옵니다."라고 하자 경공이 "좋다."고 하였다. 그러자 깃발, 활, 창, 검, 방패 따위를 든 무리가 북을 치고 고함을 지르며 달려 나왔다. 공자가 잰 걸음으로 다가가 한 계단씩 올라 마지막 계단은 오르지 않은 채 소매를 들어 올리며 말하기를, "양국 군주의 우호적인 만남이 있는 자리에 오랑캐 음악이 연주된단 말입니까! 관리에게 명을 내리십시오."라고 하였다. 이에 관리가 그들을 물러가게 하였으나 물러가지 않자 좌우로 안자와 경공을 훑어보았다. 경공은 부끄러운 마음이 들어 손을 저어 물러가게 하였다.

잠시 후 제나라의 관리가 빠른 걸음으로 다가와 "궁중의 음악을 연주하길 청하옵니다."라고 하였다. 경공이 "좋다."라고 하자 광대와 난쟁이들이 재주를 부리며 앞으로 나왔다. 공자가 잰걸음으로 다가가 한 계단씩 올라 마지막 계단은 오르지 않은 채 "소인들로 제후를 현혹하는 자는 그 죄가 죽음뿐입니다. 관리에게 명하십시오!"라고 하였다. 이에 담당관리가 법에 따라 허리를 잘랐다. 경공은 한편으로는 두려우면서도 다른 한 편으로는 감탄하였다. 경공은 자신의 도리가 부족함을 알고 제나라로 돌아와서는 크게 두려워하며 신하들에게, "노나라는 군자의 도리로 군주를 보좌하는데, 그대들은 오로지 오랑캐의 도리로 과인을 가르치려 들다가 과인으로 하여금 노나라의 군주에게 죄를 짓게 하였으니 이를 어쩔 것인가?"라고 하였다. 관리가 나아가 "군자는 잘못을 하면 실질적으로 사죄하고, 소인은 잘못을 하면 말로만 사죄합니다. 왕께서 마음이 편치 않으시면 실질적으로 사죄하면 됩니다."라고 하였다. 이에 경공은 침범했던 노나라의 운鄆, 민양汶陽, 구음龜陰의 땅을 돌려주는 것으로 잘못을 사죄하였다.

定公十年春, 及齊平. 夏, 齊大夫黎鉏言於景公曰: "魯用孔丘, 其勢危齊." 乃使使告魯為好會, 會於夾谷. 魯定公且以乘車好往. 孔子攝相事, 曰: "臣聞有文事者必有武備, 有武事者必有文備. 古者諸侯出疆, 必具官以從. 請具左右司馬." 定公曰: "諾." 具左右司馬. 會齊侯夾谷, 為壇位, 土階三等, 以會遇之禮相見, 揖讓而登. 獻酬之禮畢, 齊有司趨而進曰: "請奏四方之樂." 景公曰: "諾." 於是旍旄羽袚矛戟劍撥鼓噪而至. 孔子趨而進, 歷階而登, 不盡一等, 舉袂而言曰: "吾兩君為好會, 夷狄之樂何為於此! 請命有司!" 有司卻之, 不去, 則左右視晏子與景公. 景公心怍, 麾而去之. 有頃, 齊有司趨而進曰: "請奏宮中之樂." 景公曰: "諾." 優倡侏儒為戲而前.

孔子趨而進, 歷階而登, 不盡一等, 曰: "匹夫而營惑諸侯者罪當誅! 請命有司!" 有司加法焉, 手足異處. 景公懼而動, 知義不若, 歸而大恐, 告其羣臣曰: "魯以君子之道輔其君, 而子獨以夷狄之道教寡人, 使得罪於魯君, 為之奈何?" 有司進對曰: "君子有過則謝以質, 小人有過則謝以文. 君若悼之, 則謝以質." 於是齊侯乃歸所侵魯之鄆·汶陽·龜陰之田以謝過.

정공 13년 여름, 공자가 정공에게 "가신은 사사로이 무기를 가져서는 안 되고, 대부의 성벽은 100장 높이를 넘어서는 안 됩니다."라고 하자 중유를 계씨의 가신으로 삼아 (계손, 맹손, 숙손의 성벽인) 삼도를 허물려고 하였다. 이에 숙손 씨가 먼저 후읍의 성벽을 허물었다. 계씨가 비읍의 성벽을 허물려고 하자 공산불뉴와 숙손첩이 비읍 사람들을 이끌고 가서 노나라를 기습했다. 정공은 계손, 맹손, 숙손 세 사람과 함께 계 씨의 궁으로 들어가 계무자의 누대로 올라갔다. 비읍 사람들이 그곳을 공격하여 함락시키지는 못했지만 정공 바로 옆까지 쳐들어왔다.

공자가 신구수申句須, 악기樂頎에게 이들을 치게 하였는데, 비읍 사람들이 패배하였다. 노나라 사람들이 이들을 뒤쫓아 고멸姑蔑에서 격파하였다. 공산불뉴와 숙손첩은 제나라로 달아났고 마침내 비읍을 허물었다. 뒤이어 성成읍의 성벽을 허물려는데 공렴처보가 맹손씨에게 "성벽을 허물면 분명 제나라 사람들이 북문에까지 쳐들어올 것이고, 더욱이 성읍은 맹씨의 울타리가 되어주고 있습니다. 그러므로 성읍이 없으면 맹씨도 없습니다. 우리는 성벽을 허물 수 없습니다."라고 하였다. 12월, 정공이 성읍을 포위하였으나 이기지 못했다.

定公十三年夏, 孔子言於定公曰: "臣無藏甲, 大夫毋百雉之城." 使仲由為季氏宰, 將墮三都. 於是叔孫氏先墮郈. 季氏將墮費, 公山不狃·叔孫輒率費人襲魯. 公與三子入于季氏之宮, 登武子之臺. 費人攻之, 弗克, 入及公側. 孔子命申句須·樂頎下伐之, 費人北. 國人追之, 敗諸姑蔑. 二子奔齊, 遂墮費. 將墮成, 公歛處父謂孟孫曰: "墮成, 齊人必至于北門. 且成, 孟氏之保鄣, 無成是無孟氏也. 我將弗墮." 十二月, 公圍成, 弗克.

정공 14년, 공자 나이 56세 되던 해이다. 대사구大司寇로서 재상의 일을 대행하게 되자 기색을 띠었다. 그의 문인이 "군자는 화가 닥쳐도 두려워하지 않고, 복이 와도 기뻐하지 않는다고 들었습니다."라고 하자 공자는 이렇게 말했다.

"그런 말도 있지만, '귀한 신분으로 사람들에게 몸을 낮추는 것을 즐긴다.'는 말도 있지 않더냐?"

그리고 노나라의 대부로서 정치를 어지럽히는 소정묘少正卯를 죽였다. 국정에 참여한 지 석 달 만에 양과 돼지를 파는 사람들이 값을 속이지 않았고, 남녀가 길을 구별하여 걸었으며, 길에 떨어진 물건을 줍지 않았고, 읍을 찾는 사방의 손님들은 담당 관리에게 부탁을 하지 않아도 되었으니, 모두 제 집에 돌아가는 것처럼 만족하였다.

定公十四年, 孔子年五十六, 由大司寇行攝相事, 有喜色. 門人曰: "聞君子禍至不懼, 福至不喜." 孔子曰: "有是言也. 不曰'樂其以貴下人'乎?" 於是誅魯大夫亂政者少正卯. 與聞國政三月, 粥羔豚者弗飾賈; 男女行者別於塗; 塗不拾遺; 四方之客至乎邑者不求有司, 皆予之以歸.

제 경공이 이를 듣고 두려워하며 "공자가 정치를 맡으면 틀림없이 패왕이 될 것이고, 패왕이 되면 지리적으로 가까운 우리가 가장 먼저 병합당할 것이다. 그렇게 되면 어찌 땅을 떼어주지 않는가?"라고 하였다.

여서黎鉏가 "먼저 노나라의 군신 관계를 갈라놓아 보도록 하십시오. 그리해도 안 되면 그 때 땅을 떼어주어도 늦지 않습니다."라고 하였다.

이에 제나라의 미녀 80명을 선발하여 모두 화려한 옷을 입히고 '강악康樂'이란 춤을 가르친 다음, 장식한 말 120필과 함께 노나라에 보냈다. 여악女樂과 장식한 말들이 노나라의 성 남쪽 고문 밖에 배치해 두었다. 계환자는 평상복 차림으로 가서 몇 차례 참관하고는 그것을 받아들이고자 하였다. 그는 노정공에게 노나라의 여러 곳을 순시한다는 명목으로서 고하고, 그곳으로 가서 하루 종일 참관하면서 정사를 게을리 하였다.

자로가 "스승님께서 떠나실 때가 된 것 같습니다."라고 하자 공자는 "노나라에 곧 교제사가 있을 것이다. 만약 대부들에게 제사고기를 나누어준다면 나는 이곳에 그대로 머물러 있을 것이다."라고 하였다. 그러나 계 환자는 끝내 제나라의 여악을 받아들이고 사흘 동안 국정을 돌보지 않았다. 또 교 제사를 지낸 다음에도 대부들에게 제사고기를 나누어 주지 않았다. 공자가 마침내 노나라를 떠나 둔屯에서 묵었다. 악사 기 己가 전송하며 "선생에게는 잘못이 없습니다."라고 하자, 공자는 "내가 노래를 해도 되겠소?"라 하고는 노래를 불렀다.

> 저 여인네의 입 때문에 떠나가는구나!
> 저 여인네의 말 때문에
> 사람은 죽고 나라는 패망하는구나!
> 유유자적 떠돌며 한 세상 마치리라.

악사 기가 돌아오자 계환자가 "공자는 뭐라고 하던가?"라고 물었고, 악사 기는 사실대로 말했다. 계환자가 탄식하며 "선생이 여자들을 받아들인 것으로 나를 나무라는구나!"라고 하였다.

齊人聞而懼, 曰: "孔子為政必霸, 霸則吾地近焉, 我之為先并矣. 盍致地焉?" 黎鉏曰: "請先嘗沮之; 沮之而不可則致地, 庸遲乎!" 於是選齊國中女子好者八十人, 皆衣文衣而舞康樂, 文馬三十駟, 遺魯君. 陳女樂文馬於魯城南高門外, 季桓子微服往觀再三, 將受, 乃語魯君為周道游, 往觀終日, 怠於政事. 子路曰: "夫子可以行矣." 孔子曰: "魯今且郊, 如致膰乎大夫, 則吾猶可以止." 桓子卒受齊女樂, 三日不聽政; 郊, 又不致膰俎於大夫. 孔子遂行, 宿乎屯. 而師己送, 曰: "夫子則非罪." 孔子曰: "吾歌可夫?" 歌曰: "彼婦之口, 可以出走; 彼婦之謁, 可以死敗. 蓋優哉游哉, 維以卒歲!" 師己反, 桓子曰: "孔子亦何言?" 師己以實告. 桓子喟然嘆曰: "夫子罪我以羣婢故也夫!"

공자의 천하 주유

공자가 마침내 위나라에 이르러 자로의 처형인 안탁추顏濁鄒의 집에 머물렀다. 위령공衛靈公이 공자에게 "노나라에 있을 때는 녹봉이 얼마나 되었습니까?"라고 물으니, "곡식 6만 되를 받았습니다."라고 대답하였다. 위나라 역시 곡식 6만 되를 주었다. 위나라에 머문 지 얼마 되지 않아 누군가 위령공에게 가서 공자를 헐뜯었다. 위령공이 공손여가에게 공자가 있는 곳에 드나들게 했다. 공자는 죄를 얻을까 두려워 열 달 만에 위나라를 떠났다.

孔子遂適衛, 主於子路妻兄顏濁鄒家. 衛靈公問孔子: "居魯得祿幾何?"

對曰: "奉粟六萬." 衛人亦致粟六萬. 居頃之, 或譖孔子於衛靈公. 靈公使公孫余假一出一入. 孔子恐獲罪焉, 居十月, 去衛.

공자가 진나라로 가는 길에 광 땅을 지나게 되었다. 안각顔刻이 수레를 몰고 있었는데 채찍으로 한 곳을 가리키며 "전에 제가 이곳에 왔을 때는 저 구멍으로 들어왔습니다."라고 하였다. 광 땅 사람들이 이 말을 듣고 노나라의 양호가 온 것이라고 여겼다. 양호는 광 땅 사람들에게 포악을 부렸던 자이기 때문에 광 땅 사람들이 공자를 막아선 것이다. 공자의 모습이 양호와 닮았던 탓에 결국 닷새 동안이나 구류 당했다. 안연이 뒤늦게 광 땅으로 왔는데, 공자가 "나는 네가 죽은 줄 알았다." 라고 하자, 안연이 "스승님이 계시는데 제가 어찌 감히 죽을 수 있겠습니까?"라고 하였다.

광 땅 사람들이 공자에 대해 더욱 심하게 압박하자 제자들이 두려워했다. 공자는 "문왕께서 돌아가셨지만 그 정신은 아직 여기 있지 않느냐? 하늘이 이 정신을 죽이려 했다면 이 정신을 우리가 가질 수 없었을 것이다. 하늘이 이 정신을 없애려 하지 않는다면 광 땅 사람들이 나를 어찌 하겠느냐?"라고 하였다. 공자가 따르던 사람을 영무자에게 보내 위나라에서 신하 노릇을 하게 한 다음에야 광 땅을 벗어날 수 있었다.

將適陳, 過匡, 顏刻為僕, 以其策指之曰: "昔吾入此, 由彼缺也." 匡人聞之, 以為魯之陽虎. 陽虎嘗暴匡人, 匡人於是遂止孔子. 孔子狀類陽虎, 拘焉五日, 顏淵後, 子曰: "吾以汝為死矣." 顏淵曰: "子在, 回何敢死!" 匡人拘孔子益急, 弟子懼. 孔子曰: "文王既沒, 文不在茲乎? 天之將喪斯文也, 後死者不得與于斯文也. 天之未喪斯文也, 匡人其如予何!" 孔子使從者為甯武子臣於衛, 然後得去.

광 땅을 떠나 곧 포蒲 땅에 이르렀다. 한 달 남짓이 지나고 다시 위나라로 돌아와 거백옥의 집에 머물렀다.

위령공에게는 남자南子라는 부인이 있었는데, 사람을 시켜 공자에게 "사방의 군자들은 우리 군주와 형제처럼 지내고 싶어 하여, 저(小君, 남자)를 만나는 것을 부끄럽게 여기지 않습니다."라고 하였다. 공자는 사양하다가 하는 수 없이 그녀를 만났다. 부인은 휘장 안에 있었다. 공자는 문안에 들어서서 북쪽을 향해 절을 했다. 부인은 휘장 안에서 답례를 했는데 허리에 찬 패물과 옥구슬이 소리를 냈다. 공자가 "나는 처음에는 만나려고 하지 않았다. 그저 답례로 만났을 뿐이다."라고 하였다. 자로는 그것을 언짢아하였다. 공자는 "내 말이 진심이 아니라면 하늘이 나를 버릴 것이다! 하늘이 나를 버릴 것이다!"라고 맹세하였다.

위나라에서 한 달 남짓 머무르고 있을 때, 영공이 부인과 함께 수레를 타고 환관 옹거를 옆에 시위로 태우고 외출하였는데, 공자를 뒤 수레에 태우고 손을 흔들고 뽐을 내며 저잣거리를 지나갔다. 공자가 "나는 덕을 좋아하기를 여색을 좋아하는 것처럼 하는 자를 보지 못했다."라고 하였다. 이에 실망을 느끼고 위나라를 떠나 조나라로 갔다. 이 해에 노 정공이 죽었다.

去即過蒲. 月餘, 反乎衞, 主蘧伯玉家. 靈公夫人有南子者, 使人謂孔子曰: "四方之君子不辱欲與寡君為兄弟者, 必見寡小君. 寡小君願見." 孔子辭謝, 不得已而見之. 夫人在絺帷中. 孔子入門, 北面稽首. 夫人自帷中再拜, 環珮玉聲璆然. 孔子曰: "吾鄉為弗見, 見之禮答焉." 子路不說. 孔子矢之曰: "予所不者, 天厭之! 天厭之!" 居衞月餘, 靈公與夫人同車, 宦者雍渠參乘, 出, 使孔子為次乘, 招搖市過之. 孔子曰: "吾未見好德如好色者也." 於是醜之, 去衞, 過曹. 是歲, 魯定公卒.

공자가 조나라를 떠나 송나라로 가서 제자들과 함께 큰 나무 아래에서 예를 익혔다. 송의 사마환퇴가 공자를 죽이기 위해 그 나무를 뽑아 버렸다. 공자는 송나라를 떠났다. 제자들이 "서둘러 가는 것이 좋겠습니다."라고 하자 공자는 "하늘이 이미 내게 덕을 부여하셨는데 환퇴가 나를 어찌 하겠는가!"라고 하였다.

孔子去曹適宋, 與弟子習禮大樹下. 宋司馬桓魋欲殺孔子, 拔其樹. 孔子去. 弟子曰: "可以速矣." 孔子曰: "天生德於予, 桓魋其如予何!"

공자는 정나라에 가서 제자들과 서로 흩어지고 혼자 성의 동문에 서 있었다. 이때 정나라 사람 누군가가 자공에게 "동문에 사람이 한 명 서 있는데, 이마는 요임금과 비슷하고, 목은 고요와 닮았고, 어깨는 자산과 비슷하더이다. 그리고 허리 아래는 우보다 세 치 정도 짧았는데, 고개를 숙이고 풀이 죽은 모습이 마치 집 나간 개 같더이다."라고 하였다.

자공이 공자에게 이 일을 사실대로 일러주었다. 공자는 기분 좋게 웃으며 "그 모습이 꼭 닮은 것은 아니지만, 집 나간 개와 같다는 말은 정말 그렇다, 그렇다!"라고 하였다.

孔子適鄭, 與弟子相失, 孔子獨立郭東門. 鄭人或謂子貢曰: "東門有人, 其顙似堯, 其項類皋陶, 其肩類子產, 然自要以下不及禹三寸. 纍纍若喪家之狗." 子貢以實告孔子. 孔子欣然笑曰: "形狀, 末也. 而謂似喪家之狗, 然哉! 然哉!"

공자는 마침내 진나라에 이르러 사성정자의 집에 머물렀다. 1년여의 시간이 지났을 즈음 오나라 왕 부차가 진나라를 토벌하여 세 개의 읍을 빼앗아 갔다. 조앙趙鞅은 조가朝歌를 토벌하였다. 초나라가 채나라를 포위하자 채나라는 오나라로 옮겨갔다. 오나라는 월나라 왕 구천을 회계에서 무너뜨렸다.

孔子遂至陳, 主於司城貞子家. 歲餘, 吳王夫差伐陳, 取三邑而去. 趙鞅伐朝歌. 楚圍蔡, 蔡遷于吳. 吳敗越王句踐會稽.

매 한 마리가 진나라의 궁궐 마당에 떨어져 죽은 일이 있었다. 싸리나무로 만든 화살이 몸을 관통하였는데, 화살촉은 돌로 만들어졌고 화살의 길이가 한 척 여덟 치였다. 진 민공이 사람을 보내 공자에게 이 일에 대해 물었다. 공자는 "매는 멀리서 날아온 것입니다. 그리고 이것은 숙신의 화살입니다. 옛날에 무왕이 상나라를 토벌하고, 사방의 이민족들과 통하는 길을 열어 그들로 하여금 조공을 바치도록 하여 각자 해야 할 일을 잊지 않도록 하였습니다. 숙신은 싸리나무로 만든 화살과 돌로 만든 화살촉을 바쳤는데 길이가 한 척 여덟 치였습니다. 주무왕은 자신의 훌륭한 공덕을 드러내기 위해 숙신부족의 화살을 자신의 장녀인 태희에게 나누어 주고, 태희를 우호공에게 시집보내 우소공을 진나라에 제후로 책봉하였습니다. 당초에 주나라 왕실은 진귀한 보물을 동성의 제후들에게 나누어 주었는데, 이것은 친족에 대한 중시를 나타내는 것이었습니다. 먼 곳으로부터 옮겨온 공물은 성이 다른 제후들에게 나누어 주었는데 이것은 그들이 주나라 왕실에 심복할 것을 잊지 않도록 하기 위함이었습니다. 그러므로 숙신 부족의 화살을 진나라에 준 것입니다."라고 하였다. 진 민공이 옛 창고를 찾아보게 하였더니 과연 그 화살이 있었다.

有隼集于陳廷而死, 楛矢貫之, 石砮, 矢長尺有咫. 陳湣公使使問仲尼. 仲尼曰: "隼來遠矣, 此肅愼之矢也. 昔武王克商, 通道九夷百蠻, 使各以其方賄來貢, 使無忘職業. 於是肅愼貢楛矢石砮, 長尺有咫. 先王欲昭其令德, 以肅愼矢分大姬, 配虞胡公而封諸陳. 分同姓以珍玉, 展親; 分異姓以遠職, 使無忘服. 故分陳以肅愼矢." 試求之故府, 果得之.

공자는 진나라에서 3년을 머물렀다. 진나라와 초나라가 서로 다투는 통에 돌아가며 진나라을 공격했고, 오나라가 진나라를 침범하기까지 진나라는 늘 공격을 당했다.

공자는 "돌아가자, 돌아가자! 내 고향의 젊은이들은 뜻만 원대하고 정밀하지 못하지만 나아가고 물러남에 있어 한결 같아 처음 뜻을 잊지 않는다."라고 하였다. 공자가 마침내 진나라를 떠났다.

孔子居陳三歲, 會晉楚爭彊, 更伐陳, 及吳侵陳, 陳常被寇. 孔子曰: "歸與歸與! 吾黨之小子狂簡, 進取不忘其初." 於是孔子去陳.

포 땅을 지날 때, 마침 공숙씨가 포 땅을 끼고 반란을 일으키는 바람에 포 땅 사람들이 공자를 막았다. 공양유라는 제자가 수레 다섯 대로 공자를 따르고 있었다. 그는 몸집이 건장하고 재주를 지니고 있었으며 용기와 힘을 갖추고 있었다. "제가 전에 스승님을 따르다가 광 땅에서 곤란한 일을 당했는데 지금 또 여기서 어려움을 당하게 되었으니 운명인가 봅니다. 제가 스승님과 또다시 난을 당하느니 차라리 싸우다 죽겠습니다."라고 하고는 아주 사납게 싸웠다. 포 땅 사람들이 두려워하며 공자에게 "위나라로 가지만 않는다면 당신을 보내주겠소."라고 하였다.

공자가 맹약하자 공자를 동문으로 내보내 주었다. 그러나 공자는 기어이 위나라로 갔다. 자공이 "맹약을 저버려도 됩니까?"라고 하자 공자는 "강요된 맹약은 신도 들어주지 않는다."라고 하였다.

過蒲, 會公叔氏以蒲畔, 蒲人止孔子. 弟子有公良孺者, 以私車五乘從孔子. 其為人長賢, 有勇力, 謂曰: "吾昔從夫子遇難於匡, 今又遇難於此, 命也已. 吾與夫子再罹難, 寧鬭而死." 鬭甚疾. 蒲人懼, 謂孔子曰: "苟毋適衞, 吾出子." 與之盟, 出孔子東門. 孔子遂適衞. 子貢曰: "盟可負耶?" 孔子曰: "要盟也, 神不聽."

위령공은 공자가 온다는 말을 듣고, 매우 기뻐하며 교외까지 나가 맞이하였다. 위령공이 공자에게 "포 땅을 토벌할 수 있습니까?"라고 묻자, 공자는 "할 수 있습니다."라고 대답했다. 위령공이 "우리 대부들은 안 된다고 생각하고 있습니다. 지금 포 땅은 우리 위나라가 진나라, 초나라를 상대하기 위한 울타리가 될 터인데 우리 위나라가 그런 곳을 쳐서는 것은 안 되는 것 아닙니까?"라고 하였다.

공자는 "그곳의 남자들은 죽을 각오가 되어 있고, 여인들은 서하를 지키려는 의지가 있습니다. 우리가 토벌하려는 것은 네다섯 명에 지나지 않습니다."라고 하였다. 위령공이 "옳습니다."라고 하였지만 포 땅을 토벌하지는 않았다.

衞靈公聞孔子來, 喜, 郊迎. 問曰: "蒲可伐乎?" 對曰: "可." 靈公曰: "吾大夫以為不可. 今蒲, 衞之所以待晉楚也, 以衞伐之, 無乃不可乎?" 孔子曰: "其男子有死之志, 婦人有保西河之志. 吾所伐者不過四五人." 靈公曰: "善." 然不伐蒲.

위령공은 연로하고 정무에도 게을러서 공자를 기용하지 않았다. 공자는 긴 한숨과 함께 탄식하며 "정말이지 나를 기용하는 사람은 1년이면 자리를 잡고, 3년이면 성과를 이룩할 수 있을 터인데!"라고 하였다. 공자가 위나라를 떠났다.

靈公老, 怠於政, 不用孔子. 孔子喟然歎曰: "苟有用我者, 朞月而已, 三年有成." 孔子行.

필힐佛肸은 중모의 지방관이었다. 조간자가 범씨, 중항씨를 공격하고 중모를 공격하였다. 필힐이 반란을 일으키고 사람을 보내 공자를 부르자, 공자가 가려고 했다. 자로는 "제가 스승님께 들은 바로는 '몸소 좋지 않은 일을 행하는 자에게 군자는 가지 않는다.'고 하셨습니다. 그런데 지금 필힐은 몸소 중모를 끼고 반란을 일으켰는데 선생님께서 그에게 가려하시니 어찌 된 일입니까?"라고 하였다. 공자가 "그런 말을 한 적이 있다. 그러나 정말 단단한 것은 아무리 갈아도 갈리지 않고, 정말 하얀 것은 물들여도 물들지 않는다는 말도 하지 않았더냐? 내가 어찌 매달려 있기만 하고 먹지도 못하는 표주박이겠느냐!"라고 하였다.

佛肸為中牟宰. 趙簡子攻范·中行, 伐中牟. 佛肸畔, 使人召孔子. 孔子欲往. 子路曰: "由聞諸夫子, '其身親為不善者, 君子不入也". 今佛肸親以中牟畔, 子欲往, 如之何?" 孔子曰: "有是言也. 不曰堅乎, 磨而不磷; 不曰白乎, 涅而不淄. 我豈匏瓜也哉, 焉能繫而不食?"

공자가 경磬을 치고 있었다. 그때 광주리를 짊어 메고 문 앞을 지나던 자가 "생각이 많구나, 경을 치는 소리가 쟁강쟁강 급하게 울리는구나! 자기를 몰라주면 그걸로 그만이면 될 것을!"이라고 하였다.

孔子擊磬. 有荷蕢而過門者, 曰: "有心哉, 擊磬乎! 硜硜乎, 莫己知也夫而已矣!"

공자가 사양자로에게 거문고 연주를 배웠는데 열흘이 지나도록 다음 단계로 넘어가지 않았다. 사양자가 "다음으로 넘어가도 되겠습니다." 라고 하자, 공자는 "나는 곡조는 익혔으나 기법을 모릅니다."라고 하였다. 얼마 후 사양자가 "기법을 익혔으니 다음으로 넘어가도 되겠습니다."라고 하자 공자는 "나는 그 뜻을 모릅니다."라고 하였다. 얼마 후 "그 뜻을 익혔으니 더 나가도 될 것 같습니다."라고 하자 공자는 "나는 그 사람을 깨닫지 못했습니다."라고 하였다.

그로부터 얼마 뒤, 공자는 경건하게 깊은 사색에 빠져 있다가 편안하고 기쁜 얼굴로 높은 곳을 바라보며 원대한 뜻을 얻은 듯한 모습이었다. 그리고는 "내가 그 사람을 알게 되었습니다. 검은 얼굴에 큰 키, 먼 곳을 바라보는 빛나는 눈이 천하의 왕과 같으니, 문왕이 아니고서야 누가 이런 경지에 오를 수 있겠습니까?"라고 하였다. 사양자가 자리에서 일어나 재배하며 "스승께서 '문왕조文王操'라고 하셨습니다."라고 하였다.

孔子學鼓琴師襄子, 十日不進. 師襄子曰: "可以益矣." 孔子曰: "丘已習其曲矣, 未得其數也." 有間, 曰: "已習其數, 可以益矣." 孔子曰: "丘未得其志也." 有間, 曰: "已習其志, 可以益矣." 孔子曰: "丘未得其為人也." 有間, 有所穆然深思焉, 有所怡然高望而遠志焉. 曰: "丘得其為人, 黯然而黑, 幾然而長, 眼如望羊, 如王四國, 非文王其誰能為此也!" 師襄子辟席再拜, 曰: "師蓋云文王操也."

공자는 위나라에서 등용되지 못하자 서쪽으로 가서 조간자를 만나려 했다. 황하에 이르러서 두명독과 순화가 죽었다는 소식을 전해 듣고, "아름다운 황하여, 넘실대며 흐르는구나! 내가 이곳을 건너지 못하는 것은 운명이로다!"라고 탄식하였다. 자공이 성큼 나서며 "무슨 말씀인지 감히 여쭙고 싶습니다."라고 하였다. 공자는 "두명독과 순화는 진나라의 훌륭한 대부였다. 조간자가 아직 자신의 뜻을 이루지 못하고 있었을 때, 이 두 사람을 얻음으로써 정권을 장악하게 된 것이다. 그러나 조간자는 자신의 뜻을 이루고 나자 그들을 죽여 버렸다.

배를 갈라 뱃속의 새끼까지 죽이면 기린이 교외에 이르지 않고, 연못을 말려 물고기를 잡으면 교룡이 음양의 조화를 부리지 않으며, 둥지를 엎어 알을 깨면 봉황이 날지 않는다고 하였다. 왜 그렇겠느냐? 군자는 같은 부류를 상하게 하는 일을 꺼린다. 새나 짐승조차도 의롭지 못한 일을 피할 줄 아는데 하물며 나야 오죽하겠느냐?"라고 하였다. 이에 추향에 물러나 '추조'곡을 지어 두명독과 순화를 애도했다. 얼마 뒤 위나라로 돌아와 거백옥의 집에 머물렀다.

孔子既不得用於衞, 將西見趙簡子. 至於河而聞竇鳴犢·舜華之死也, 臨河而嘆曰: "美哉水, 洋洋乎! 丘之不濟此, 命也夫!" 子貢趨而進曰: "敢問何謂也?" 孔子曰: "竇鳴犢, 舜華, 晉國之賢大夫也. 趙簡子未得志之時, 須此兩人而後從政; 及其已得志, 殺之乃從政. 丘聞之也, 刳胎殺夭則麒麟不至郊, 竭澤涸漁則蛟龍不合陰陽, 覆巢毀卵則鳳皇不翔. 何則? 君子諱傷其類也. 夫鳥獸之於不義也尚知辟之, 而況乎丘哉!" 乃還息乎陬鄉, 作為陬操以哀之. 而反乎衞, 入主蘧伯玉家.

어느 날 위령공이 군대의 진법에 대하여 물었다. 공자는 "제사에 관한 일은 들어본 적이 있습니다만, 군대에 관한 일은 배우지 못했습니다."라고 하였다. 이튿날 위령공은 공자와 이야기를 나누다가 날아가는 기러기를 올려다보면서 공자를 쳐다보지 않았다. 공자가 마침내 위나라를 떠나 다시 진나라로 갔다.

他日, 靈公問兵陳. 孔子曰: "俎豆之事則嘗聞之, 軍旅之事未之學也."

明日, 與孔子語, 見蜚鴈, 仰視之, 色不在孔子. 孔子遂行, 復如陳.

여름에 위령공이 죽고 손자 첩이 즉위하였으니, 이가 위출공이다. 6월, 조앙이 태자 괴외를 척戚 땅으로 맞아들였다. 양호가 태자에게 상복을 입히고, 여덟 명에게 상복을 입혀 위나라에서 태자를 맞이하러 온 사람들로 위장하여 곡을 하면서 들어와서는 마침내 머물게 되었다. 겨울, 채蔡나라가 주래로 옮겼다. 이 해(기원전 492년)는 노애공 3년, 공자 나이 60이었다.

제나라가 위나라를 도와 척 땅을 포위하였는데, 위나라 태자 괴외가 그곳에 있었기 때문이다.

夏, 衛靈公卒, 立孫輒, 是為衛出公. 六月, 趙鞅內太子蒯聵于戚. 陽虎使太子絻, 八人衰絰, 偽自衛迎者, 哭而入, 遂居焉. 冬, 蔡遷于州來. 是歲魯哀公三年, 而孔子年六十矣. 齊助衛圍戚, 以衛太子蒯聵在故也.

그해 여름, 노환공과 희공의 사당에 불이 났다. 남궁경숙이 불을 껐다. 공자가 진나라에 있다가 이 소식을 전해 듣고는 "불이 난 것은 분명 환공과 희공의 사당일 것이다."라고 하였다. 나중에 보니 과연 그러했다.

夏, 魯桓釐廟燔, 南宮敬叔救火. 孔子在陳, 聞之, 曰: "災必於桓釐廟乎?" 已而果然.

그해 가을, 계환자가 병에 걸렸다. 가마를 타고 노나라의 도성을 둘러보고는 한숨을 내쉬며 말하기를, "옛날에 이 나라가 크게 일어설 뻔했는데, 내가 공자에게 죄를 지어 일어서지 못한 것이다."라고 하였다. 그는 계강자를 돌아보며 "내가 죽으면 네가 노나라의 재상이 될 것이 분명하다. 재상이 되면 꼭 공자를 불러라."라고 하였다.

며칠 뒤, 계환자가 죽고 계강자가 그 뒤를 이었다. 장례가 끝나고 공자를 부르려고 하자 공지어가 "과거 우리 선군께서 그를 기용하려다 못하는 바람에 끝내 제후의 비웃음을 샀습니다. 지금 다시 그를 기용하려 하시는데 그러다 안 되면 또 제후의 웃음거리가 될 것입니다."라고 하였다. 계강자가 "그럼 누구를 부르면 되겠소?"라고 하자 "염구를 부르시면 될 것입니다."라 고 하였다. 이에 사람을 보내 염구를 불렀다.

염구가 가려고 하자 공자가 "노나라 사람들이 자네를 부르는 것을 보니 작게 쓰려는 것이 아니라 크게 쓸 모양이다."라고 하였다. 이 날 공자는 "돌아가자, 돌아가자! 내 마을 젊은이들이 뜻이 크고 단순하지만 문장은 빛난다. 내가 그들을 어떻게 이끌어야 할지 모를 뿐이다."라고 하였다. 자공은 공자가 돌아갈 생각이라는 것을 알고는 염구를 보내면서 "기용되면 공자를 모시도록 하오."라고 당부했다고 한다.

秋, 季桓子病, 輦而見魯城, 喟然嘆曰: "昔此國幾興矣, 以吾獲罪於孔子, 故不興也." 顧謂其嗣康子曰: "我即死, 若必相魯; 相魯, 必召仲尼." 後數日, 桓子卒, 康子代立. 已葬, 欲召仲尼. 公之魚曰: "昔吾先君用之不終, 終為諸侯笑. 今又用之, 不能終, 是再為諸侯笑." 康子曰: "則誰召而可?" 曰: "必召冉求." 於是使使召冉求. 冉求將行, 孔子曰: "魯人召求, 非小用之, 將大用之也." 是日, 孔子曰: "歸乎歸乎! 吾黨之小子狂簡, 斐然成章, 吾不知所以裁之." 子貢知孔子思歸, 送冉求, 因誡曰"即用, 以孔子為招"云.

염구가 떠나고 이듬해 공자는 진나라에서 채나라로 옮겼다. 채 소공이 오나라로 가려고 하였는데, 그것은 오나라가 그를 불렀기 때문이다. 전에 소공이 그 신하들을 속여 주래로 도읍을 옮긴 일이 있었다. 그 뒤 다시 가려고 하자 대부들이 다시 도읍을 옮길까 겁을 냈다. 이에 공손편이 소공을 쏘아 죽였다. 초나라가 채나라를 공격했다. 가을에 제 경공이 죽었다(기원전 490년).

冉求既去, 明年, 孔子自陳遷于蔡. 蔡昭公將如吳, 吳召之也. 前昭公欺其臣遷州來, 後將往, 大夫懼復遷, 公孫翩射殺昭公. 楚侵蔡. 秋, 齊景公卒.

이듬해 공자는 채나라에서 섭 땅으로 갔다. 섭공이 정치에 대해 묻자 공자는 "먼 곳에 있는 사람을 오게 하고, 가까이 있는 사람을 기대게 하는데 있습니다."라고 하였다. 다른 날 섭공이 자로에게 공자에 대해 물었으나 자로는 대답하지 않았다. 공자가 이것을 전해 듣고 "유야 너는 어째서 '그 사람은 배움에 나태하지지 않고, 남을 가르침에 싫증을 내지 않으며, 분발하면 먹는 것도 잊고 즐거움으로 걱정을 잊어 늙어가는 것도 모르는 사람'이라고 하지 않았느냐?"라고 하였다.

明年, 孔子自蔡如葉. 葉公問政, 孔子曰: "政在來遠附邇." 他日, 葉公問孔子於子路, 子路不對. 孔子聞之, 曰: "由, 爾何不對曰'其為人也, 學道不倦, 誨人不厭, 發憤忘食, 樂以忘憂, 不知老之將至'云爾."

섭 땅을 떠나 채나라로 돌아오다가 장저와 걸익이 밭을 가는 것을 보고, 공자는 은자들이라고 여겨서 자로를 시켜 나루터를 묻게 했다. 장저가 "고삐를 잡고 있는 저 사람은 누구인가?"라고 묻자, 자로는 "공구라고 합니다."라고 하였다. "노나라의 공자 말인가?" "그렇습니다." "나루터를 알 터인데."

걸익이 자로에게 "그대는 누구인가?"라고 하였다. "자로라고 합니다." "그대는 공자의 무리인가?" "그렇습니다." 그러자 걸익은 "천하가 온통 혼란한데 누가 이것을 바꾸겠는가? 그대는 사람을 피해 숨어 다니는 자를 따르느니 세상을 피해 숨어 있는 사람을 따르는 것이 낫지 않겠는가?"라 하고는 씨 뿌리는 일을 계속했다. 자로가 이 일을 공자에게 알리자 공자는 상심해하여 "새와 짐승은 같은 무리로 어울릴 수 없구나. 천하에 도가 있다면 나도 바꾸려들지 않을 것이다."라고 하였다.

去葉, 反于蔡. 長沮·桀溺耦而耕, 孔子以為隱者, 使子路問津焉. 長沮曰: "彼執輿者為誰?" 子路曰: "為孔丘." 曰: "是魯孔丘與?" 曰: "然." 曰: "是知津矣." 桀溺謂子路曰: "子為誰?" 曰: "為仲由." 曰: "子, 孔丘之徒與?" 曰: "然." 桀溺曰: "悠悠者天下皆是也, 而誰以易之? 且與其從辟人之士, 豈若從辟世之士哉!" 耰而不輟. 子路以告孔子, 孔子憮然曰: "鳥獸不可與同羣. 天下有道, 丘不與易也."

어느 날 자로가 길을 가다가 망태기를 짊어 진 노인을 만나, "제 선생님을 보지 못하셨습니까?"라고 하자 노인은 "사지를 부지런히 놀리지 않고, 오곡도 분간 못하는 자가 무슨 선생이란 말인가?"라고 말하더니 지팡이를 세워놓고 풀을 뽑았다. 자로가 이 일을 알리자 공자는 "은자로구나."라고 하고는 다시 가보았으나 없었다.

他日, 子路行, 遇荷蓧丈人, 曰: "子見夫子乎?" 丈人曰: "四體不勤, 五穀不分, 孰為夫子!" 植其杖而芸. 子路以告, 孔子曰: "隱者也." 復往, 則亡.

공자가 채나라로 옮긴 지 3년 되던 해에 오나라가 진나라를 쳤다. 초나라가 진나라를 구하러 나가서 성보에 군대를 주둔시켰다. 공자가 진나라와 채나라 사이에 있다는 이야기를 듣고 초나라에서 사람을 보내 공자를 초빙했다. 공자가 가려하자 진과 채나라의 대부들이 "공자는 현자로서 그의 비평은 모든 제후들의 잘못을 지적하고 있다. 하지만 지금 진과 채나라 사이에 오랫동안 머물렀지만 대부들의 언행은 공자의 뜻에 하나도 맞지 않았다.

이제 대국인 초나라가 공자를 초빙하려 한다. 만일 공자가 초나라에 기용되면 진과 채나라의 힘을 가진 대부들이 위험해질 것이다."라고 논의하였다. 이로써 서로 한통속이 되어 무리를 이끌고 야외에서 공자를 포위하니 꼼짝 하지도 못하고 양식까지 떨어졌다. 공자를 따르는 사람들은 병이 나서 제대로 일어서지도 못했다. 그러나 공자는 강의를 하고 책을 읽고 거문고를 타면서 계속 노래를 불렀다. 자로가 성난 얼굴로 "군자도 곤궁할 때가 있습니까?"라고 물었다. 공자는 "군자는 궁해도 지조를 지키지만 소인은 궁해지면 펄쩍펄쩍 뛰느니라."라고 하였다.

孔子遷于蔡三歲, 吳伐陳. 楚救陳, 軍于城父. 聞孔子在陳蔡之間, 楚使人聘孔子. 孔子將往拜禮, 陳蔡大夫謀曰: "孔子賢者, 所刺譏皆中諸侯之疾. 今者久留陳蔡之間, 諸大夫所設行皆非仲尼之意. 今楚, 大國也, 來聘孔子. 孔子用於楚, 則陳蔡用事大夫危矣." 於是乃相與發徒役圍孔子於野. 不得行, 絕糧. 從者病, 莫能興. 孔子講誦弦歌不衰. 子路慍見曰: "君子亦有窮乎?" 孔子曰: "君子固窮, 小人窮斯濫矣."

자공의 표정이 바뀌자 공자는 "자공아, 너는 내가 많이 배워서 그것을 다 알고 있는 사람이라고 생각하느냐?"라고 물었다. 자공이 "그렇습니다."라고 답하자 공자는 "그렇지 않다. 나는 하나의 핵심을 가지고 모든 것을 관통할 뿐이다."라고 했다.

子貢色作. 孔子曰: "賜, 爾以予為多學而識之者與?" 曰: "然. 非與?" 孔子曰: "非也. 予一以貫之."

공자는 제자들이 화가 나 있음을 알고, 곧바로 자로를 불러 "≪시≫에 '들소도 호랑이도 아닌 것이 광야를 헤매는구나.'라는 구절이 있다. 나의 도가 잘못되었더란 말이냐? 우리가 어찌하여 여기에 있단 말이냐?"라고 물었다. 자로가 "우리가 아직 인을 제대로 실천하지 못해서가 아닌지요? 그래서 사람들이 우리를 믿지 못하는 가 봅니다. 아니면 우리가 지혜롭지 못해서가 아닌지요? 그래서 사람들이 우리와 함께 하지 않는 가 봅니다."라고 하였다.

공자는 "그럴 리가! 자로야, 인을 실천하는 사람이 반드시 믿음을 얻는다고 한다면 어째서 백이, 숙제와 같은 사람이 나왔겠느냐? 지혜로운 사람이 반드시 통한다면 어째서 왕자 비간과 같은 사람이 있었겠느냐?"

孔子知弟子有慍心, 乃召子路而問曰: "≪詩≫云 '匪兕匪虎, 率彼曠野'. 吾道非邪 ? 吾何為於此?" 子路曰: "意者吾未仁邪 ? 人之不我信也. 意者吾未知邪 ? 人之不我行也." 孔子曰: "有是乎! 由, 譬使仁者而必信, 安有伯夷·叔齊 ? 使知者而必行, 安有王子比干?"

자로가 나가자 자공이 들어왔다. 공자가 "자공아, ≪시≫에 '들소도 호랑이도 아닌 것이 광야에서 헤매는구나'라고 하였다. 나의 도가 잘못되었더란 말이냐? 우리가 어째서 여기에 있단 말이냐?"라고 물었다. 자공은 "선생님의 도가 지극히 크기 때문에 천하가 선생님을 받아들이지 못하는 것입니다. 선생님께서는 어째서 조금 낮추시지 않는 것입니까?"라고 하였다.

공자는 "자공아, 좋은 농부가 농사를 잘 짓는다고 해서 좋은 수확을 얻는 것은 아니다. 또 솜씨 좋은 장인이 뛰어난 솜씨를 가졌다 하더라도 다른 사람의 마음에 꼭 들게 만드는 것은 아니다. 군자가 자신의 도를 잘 닦아서 기본적인 강령을 잘 갖추고, 다시 일목요연하고 조리 있게 잘 갖추어 놓았다고 해서, 꼭 모두에게 받아들여지는 것은 아니다. 지금 너는 너의 도를 닦지 않고 받아들여지기만을 원하는구나. 자공아, 네 뜻하는 바가 그렇게 원대하지 못해서야!"라고 하였다.

子路出, 子貢入見. 孔子曰: "賜, ≪詩≫云 '匪兕匪虎, 率彼曠野'. 吾道非邪? 吾何為於此?" 子貢曰: "夫子之道至大也, 故天下莫能容夫子. 夫子蓋少貶焉?" 孔子曰: "賜, 良農能稼而不能為穡, 良工能巧而不能為順. 君子能脩其道, 綱而紀之, 統而理之, 而不能為容. 今爾不脩爾道而求為容. 賜, 而志不遠矣!"

자공이 나가고 안회가 들어왔다. 공자가 "회야, ≪시≫에 '들소도 호랑이도 아닌 것이 광야에서 헤매는구나'라고 하였다. 나의 도가 잘못되었더란 말이냐? 우리가 어째서 여기에 있단 말이냐?"라고 물었다. 안회는 "선생님의 도가 지극히 크기 때문에 천하가 선생님을 받아들이지 못하는 것입니다. 그렇지만 선생님께서 그것을 계속 밀고 나가 실행하신다면 받아들여지지 못하는 것이 무슨 걱정입니까? 받아들여지지 못한 다음에야 비로소 군자임이 드러나는 것입니다.

무릇 도를 닦지 않은 것은 나의 부끄러움이지만, 도를 크게 닦아 놓았는데도 쓰이지 못하는 것은 나라의 부끄러움입니다. 받아들여지지 못하는 것이 무슨 걱정입니까? 받아들여지지 못한 다음에야 비로소 군자임이 드러나는 것입니다."라고 답했다. 공자는 마음으로 받아들이고 웃으면서 "정말이지 네가 있었구나, 안씨 집안의 아들이여! 네게 재산이 많다면 내가 너를 위해 일하리라!"라고 말했다.

子貢出, 顏回入見. 孔子曰: "回, ≪詩≫云 '匪兕匪虎, 率彼曠野'. 吾道非邪？吾何為於此?" 顔回曰: "夫子之道至大, 故天下莫能容. 雖然, 夫子推而行之, 不容何病, 不容然後見君子! 夫道之不脩也, 是吾醜也. 夫道既已大脩而不用, 是有國者之醜也. 不容何病, 不容然後見君子!" 孔子欣然而笑曰: "有是哉顔氏之子! 使爾多財, 吾為爾宰."

그리고는 자공을 초나라에 보냈다. 초소왕이 병사들을 동원하여 공자를 맞이하고서야 그곳에서 벗어날 수 있었다.

於是使子貢至楚. 楚昭王興師迎孔子, 然後得免.

소왕이 7백 리 땅에 공자를 봉하려 하였다. 초나라의 영윤 자서가 "왕의 사신으로 제후에게 보낼 사람으로 자공만한 사람이 있습니까?" 라고 하자 왕은 "없지."라고 했다. "왕을 보필할 사람으로 안회만한 자가 있습니까?"라고 하자 "없지."라고 했다. "왕의 군대를 이끌만한 사람으로 자로만한 자가 있습니까?"라고 하자 "없지."라고 했다. "왕의 관리로 재여만한 자가 있습니까?"라고 하자 "없지."라고 했다.

자서는 "그리고 초나라의 선조께서 주나라에게 봉해질 때도 자작으로서 남작과 같은 등급의 50리 땅을 받았을 뿐입니다. 그런데 지금 공자가 삼왕의 법을 말하고 주공, 소공의 업적을 밝힌다 하여 왕께서 그를 기용한다면 초나라가 어찌 대대손손 수 천 리 땅을 누릴 수 있겠습니까? 문왕은 풍 땅에서, 무왕은 호 땅에서 일어났는데, 불과 백 리 땅의 군주로서 끝내 천하의 왕이 되었습니다. 지금 공자가 땅을 차지하고 유능한 제자들이 돕는다면, 이것은 초나라의 길운이 아닙니다."라고 하자 소왕이 바로 그만 두었다.

그해 가을, 초 소왕이 성보에서 죽었다.

昭王將以書社地七百里封孔子. 楚令尹子西曰: “王之使使諸侯有如子貢者乎?" 曰: “無有.” “王之輔相有如顏回者乎?” 曰: “無有.” “王之將率有如子路者乎?” 曰: “無有.” “王之官尹有如宰予者乎?” 曰: “無有.” “且楚之祖封於周, 號為子男五十里. 今孔丘述三五之法, 明周召之業, 王若用之, 則楚安得世世堂堂方數千里乎? 夫文王在豐, 武王在鎬, 百里之君卒王天下. 今孔丘得據土壤, 賢弟子為佐, 非楚之福也.” 昭王乃止. 其秋, 楚昭王卒于城父.

초의 광인 접여가 노래를 부르며 공자 곁을 지나가며 이렇게 노래했다.

> 봉황새야, 봉황새야!
> 덕이 어찌 이리도 쇠하였는가!
> 지난날이야 뭐라 할 수 없겠지만,
> 앞으로의 일이야 잡을 수 있지 않겠느냐?
> 됐다, 됐어!
> 지금 정치하는 자들은 달리 방도가 없구나!

공자가 마차에서 내려 그와 이야기를 나누려고 했지만, 그가 서둘러 그 자리를 떠나버리는 바람에 그와 말을 할 수 없었다.

楚狂接輿歌而過孔子, 曰: “鳳兮鳳兮, 何德之衰! 往者不可諫兮, 來者猶可追也! 已而已而, 今之從政者殆而!” 孔子下, 欲與之言. 趨而去, 弗得與之言.

이에 공자는 초나라에서 위나라로 돌아왔다.

이 해(기원전 489년)는 공자의 나이가 63세 되던 해이고, 노애공 6년이었다.

於是孔子自楚反乎衛. 是歲也, 孔子年六十三, 而魯哀公六年也.

그 이듬해 오나라가 노나라와

증 땅에서 회맹하여 백뢰를 요구했다. 오나라 태재太宰 백비가 계강자를 불렀다. 강자가 자공을 보내고서야 일이 마무리되었다.

其明年, 吳與魯會繒, 徵百牢. 太宰嚭召季康子. 康子使子貢往, 然後得已.

공자가 "노나라와 위나라의 정치는 형제와 같다."고 하였다. 이때 위나라 왕인 출공 첩의 아버지가 왕의 자리에 오르지 못하고 바깥에 있던 상황이라, 제후들은 이 일에 대해 여러 차례 위나라를 견책하였다. 공자의 제자들 중 상당수가 위나라에서 벼슬을 하고 있었기 때문에, 출공 첩은 공자를 정치에 참여시키고 싶어 했다. 자로가 "위나라의 왕이 선생님을 모셔 정치를 맡긴다면 스승님께서는 무엇부터 먼저 하시겠습니까?"라고 물었다. 공자는 "반드시 명분을 바로 세우는 일부터 할 것이다."라고 답했다. 자로가 "그렇습니까. 스승님께서는 지나치게 사리에 어두우십니다. 어찌하여 명분을 먼저 바로잡는다는 말씀입니까?"라고 하였다.

공자가 "말이 경솔하구나, 자로야! 명분이 바로 서지 않으면 말이 순하지 못하고, 말이 순하지 못하면 일이 성사되지 않는다. 일이 성사되지 않으면 예악을 일으킬 수 없고, 예악이 일어나지 않으면 형벌이 적당하지 못하게 된다. 형벌이 적절하지 못하면 백성들이 어찌 할 바를 모르게 된다. 무릇 군자는 무엇인가를 하면 반드시 명분이 있어야 하고, 무엇인가를 말하면 반드시 실행해야 한다. 따라서 군자는 자신의 말에 조금이라도 구차함이 있어서는 안 되는 것이다."

孔子曰: "魯衛之政, 兄弟也." 是時, 衛君輒父不得立, 在外, 諸侯數以為讓. 而孔子弟子多仕於衛, 衛君欲得孔子為政. 子路曰: "衛君待子而為政, 子將奚先?" 孔子曰: "必也正名乎!" 子路曰: "有是哉, 子之迂也! 何其正也?" 孔子曰: "野哉由也! 夫名不正則言不順, 言不順則事不成, 事不成則禮樂不興, 禮樂不興則刑罰不中, 刑罰不中則民無所錯手足矣. 夫君子為之必可名, 言之必可行. 君子於其言, 無所苟而已矣."

그 이듬해 염유冉有가 계씨季氏의 장수가 되어 낭郎 땅에서 제나라와 싸워 물리쳤다. 계강자가 "그대는 병법을 배운 것이오, 아니면 타고난 것이오?"라고 물었다. 염유는 "공자께 배웠습니다."라고 하였다. 계강자가 "공자는 어떤 사람이오?"라고 묻자, 염유는 "그 분을 기용하면 명분이 서고, 백성에게 알리고 귀신들에게 물어도 불만이 없을 것입니다. 그 분께 이렇게 하길 바라고 2천 5백 가구의 땅으로 모셔온다 해도 스승님께서는 좋은 일이라 여기지 않으실 것입니다."라고 답하였다.

강자가 "내가 그 분을 모시고 싶은데 가능하겠소?"라고 하자 "부르고자 하신다면 소인배들이 그 분을 막지 않게 하면 될 것입니다."라고 답했다. 한편 위나라의 공문자가 태숙을 공격하기 위한 계책을 공자에게 물었다. 공자는 모른다며 사양하고 물러나와 수레를 준비시켜 위나라를 떠나면서 "새가 나무를 고를 수는 있지만 나무가 어찌 새를 고를 수 있겠는가?"라고 하였다. 공문자가 한사코 붙잡았으나 마침 계강자가 공화, 공빈, 공림을 시켜 예물을 갖추어 공자를 맞이하러 와서, 공자는 노나라로 돌아왔다.

其明年, 冉有為季氏將師, 與齊戰於郎, 克之. 季康子曰: "子之於軍旅,學之乎？性之乎?" 冉有曰: "學之於孔子." 季康子曰: "孔子何如人哉?" 對曰: "用之有名; 播之百姓, 質諸鬼神而無憾. 求之至於此道, 雖累千社, 夫子不利也." 康子曰: "我欲召之, 可乎?" 對曰: "欲召之, 則毋以小人固之, 則可矣." 而衞孔文子將攻太叔, 問策於仲尼. 仲尼辭不知, 退而命載而行, 曰: "鳥能擇木, 木豈能擇鳥乎!" 文子固止. 會季康子逐公華·公賓·公林, 以幣迎孔子, 孔子歸魯.

공자의 귀향 그리고 경전 정리

공자가 노나라를 떠난 지 14년 만에 노나라로 돌아왔다.

孔子之去魯凡十四歲而反乎魯.

노 애공이 정치에 대하여 묻자 "정치는 신하를 선발하는데 있습니다."라고 대답했다. 계강자가 정치에 대해 묻자 "올곧은 사람을 천거하여 굽은 사람들과 섞이게 하면 굽은 사람들도 올곧아집니다."라고 하였다. 계강자가 나라에 도둑이 있는 것을 걱정하자 공자는 "그대가 욕심을 부리지 않으면 상을 주면서 훔치라고 해도 훔치지 않을 것이오."라고 하였다. 하지만 노나라는 끝내 공자를 기용하지 못했고, 공자 역시 벼슬을 구걸하지 않았다.

魯哀公問政, 對曰: "政在選臣." 季康子問政, 曰: "擧直錯諸枉, 則枉者直." 康子患盜, 孔子曰: "苟子之不欲, 雖賞之不竊." 然魯終不能用孔子, 孔子亦不求仕.

공자 때에 주 왕실은 쇠약해졌다. 예악이 무너지고 ≪시≫와 ≪서≫가

온전치 못했다. 공자는 3대의 예를 추적하여 ≪상서≫의 남은 기록을 정리하여 위로는 요, 순으로부터 아래로는 진 목공까지의 일들을 순서대로 배열하고, "하나라의 예는 내가 말할 수 있지만 기杞나라의 것은 증명하기에 부족하다. 은나라의 예는 내가 말할 수 있지만 송나라의 것은 증명하기에 부족하다. 충분하다면 내가 증명할 수 있다."라고 하였다.

또 은나라와 하나라의 득실을 살피고는 "백 세가 지난다 해도 (그 예의제도를) 알 수 있는 바, 늘 꾸밈과 질박함이 교체되었다."라고 하였다. 또 "주나라는 위의 두 왕조를 거울삼아 그 문화가 풍부하고 다채로웠다. 나는 주나라를 따르겠다."라고 하였다. 이렇게 해서 ≪서전≫과 ≪예기≫가 공자로부터 나왔다.

孔子之時, 周室微而禮樂廢, 詩書缺. 追迹三代之禮, 序書傳, 上紀唐虞之際, 下至秦繆, 編次其事. 曰: "夏禮吾能言之, 杞不足徵也. 殷禮吾能言之, 宋不足徵也. 足, 則吾能徵之矣." 觀殷夏所損益, 曰: "後雖百世可知也, 以一文一質. 周監二代, 郁郁乎文哉. 吾從周." 故≪書傳≫·≪禮記≫自孔氏.

공자가 노나라의 태사에게 "음악을 알 수는 있다. 여러 음이 조화를 이루는 것으로 시작하여 부드럽고 맑은 소리가 끊임없이 이어져 마무리되는 것이다."라고 하였고, 또 "내가 위나라에서 노나라로 돌아온 후 음악을 바로잡아 "아"와 "송"이 각기 제자리를 찾았다."라고도 했다.

孔子語魯大師: "樂其可知也. 始作翕如, 縱之純如, 皦如, 繹如也, 以成." "吾自衛反魯, 然後樂正, 雅頌各得其所."

옛날에는 ≪시≫가 3천여 편이었다. 공자 때에 이르러 중복된 것을 없애고 예의에 합당한 것만을 취하였다. 위로는 설과 후직에 관한 것을 채

록하고, 중간에 은·주나라의 번성을 기술하였으며 유왕, 여왕 때의 쇠망까지 기록하였다. 부부의 삶과 감정을 노래한 시편으로부터 시작하였기 때문에, "관저"는 "풍"의 첫 편이고, "녹명"은 "소아"의 시작이며, "문왕"은 "대아"의 시작이고, "청묘"는 "송"의 시작이다."라고 한 것이다.

305편의 시는 모두 공자가 연주하고 노래한 곡으로서, "소", "무", "아", "송"의 음악에 합치된 것이다. 이로부터 선왕의 예악제도가 기록되어 왕도가 갖추어지고 육예의 하나로 자리 잡게 되었다.

古者詩三千餘篇, 及至孔子, 去其重, 取可施於禮義, 上采契后稷, 中述殷周之盛, 至幽厲之缺, 始於衽席, 故曰"關雎之亂以為風始, 鹿鳴為小雅始, 文王為大雅始, 清廟為頌始". 三百五篇孔子皆弦歌之, 以求合韶武雅頌之音. 禮樂自此可得而述, 以備王道, 成六藝.

노년의 공자는 ≪역≫을 좋아하여 "단", "계", "상", "설괘", "문언" 등을 상세하게 해설하였다. ≪역≫을 읽는 동안 죽간을 묶은 가죽 끈이 세 번이나 끊어질 정도였다. 그리고 "만약 나에게 몇 년 만 시간이 더 주어진다면, ≪역≫에 대해서 제대로 통달할 수 있을 텐데."라고 하였다.

孔子晚而喜易, 序彖·繫·象·說卦·文言. 讀易, 韋編三絕. 曰: "假我數年, 若是, 我於易則彬彬矣."

공자의 학문과 교육관

공자는 ≪시≫, ≪서≫, ≪예≫, ≪악≫을 가르쳤는데, 제자가 약 3천명이 되었다. 그 가운데 육예六藝에 통달한 자가 72명이나 되었다. 또 안탁추와 같이 가르침만 받았던 이들은 그 숫자가 더 많았다.

孔子以詩書禮樂敎, 弟子蓋三千焉, 身通六藝者七十有二人. 如顏濁鄒之徒, 頗受業者甚衆.

공자는 학문(文), 언행(行), 충서(忠), 신의(信)등 네 가지를 가르쳤고, '함부로 억측하지 말 것' '맹목적으로 긍정하지 말 것' '자기주관을 고집하지 말 것' '사사로운 마음을 가지지 말 것'과 같이 네 가지 금령을 말했다. 또한 재계, 전쟁, 질병에 대해서는 더욱 신중을 기할 것을 당부했다. 공자는 이익, 천명, 인仁에 대해서 말하는 경우가 드물었다. 제자들이 분발하며 노력하지 않으면 깨우침을 주지 않았고, 한 귀퉁이를 들어주었는데 나머지 세 귀퉁이를 짐작하지 못하면 다시는 반복하지 않았다.

孔子以四教: 文, 行, 忠, 信. 絕四: 毋意, 毋必, 毋固, 毋我. 所慎: 齊, 戰, 疾. 子罕言利與命與仁. 不憤不啟, 舉一隅不以三隅反, 則弗復也.

향당에서는 온화하고 공손한 것이 말을 못하는 사람 같았다. 그러나 종묘나 조정에서는 말이 정확하고 조리가 있으면서도 매우 신중했다. 조정에서 상대부들과 이야기를 나눌 때는 강직하였고 하대부들과 이야기할 때는 친근하고 유쾌하였다.

其於鄉黨, 恂恂似不能言者. 其於宗廟朝廷, 辯辯言, 唯謹爾. 朝, 與上大夫言, 誾誾如也; 與下大夫言, 侃侃如也.

조정의 문을 들어설 때에는 머리를 숙이고 몸을 낮추었고, 잰걸음으로 갈 때는 조심스러웠다. 왕의 부름을 받아 빈객을 대접할 때에는 돌연 안색을 바꿀 줄 알았고, 왕의 부름이 있으면 마차를 기다리지 않고 먼저 걸어서 출발했다.

入公門, 鞠躬如也; 趨進, 翼如也. 君召使儐, 色勃如也. 君命召, 不俟駕行矣.

생선이나 고기가 상하거나, 반듯하게 잘라 놓지 않으면 먹지 않았다. 자리가 반듯하지 않으면 앉지 않았다. 상을 당한 사람 옆에서 음식을 먹을 때는 배불리 먹은 적이 없었다.

魚餒, 肉敗, 割不正, 不食. 席不正, 不坐. 食於有喪者之側, 未嘗飽也.

곡을 한 날은 노래를 부르지 않았다. 상복을 입었거나 앞을 못 보는 사람을 만나면 어린 아이라도 낯빛을 바꾸었다.

是日哭, 則不歌. 見齊衰·瞽者, 雖童子必變.

"세 사람이 가면 틀림없이 본받을 만한 사람이 있다."

"덕을 닦지 않고, 공부를 제대로 하지 않으며, 의로움을 보고도 따르지 않고, 좋지 않은 것을 제대로 고치지 않는 것을 나는 걱정한다."

누군가 노래를 시켜 잘 하면 다시 부르게 하고, 그 뒤에 함께 불렀다.

"三人行, 必得我師." "德之不脩, 學之不講, 聞義不能徙, 不善不能改, 是吾憂也." 使人歌, 善, 則使復之, 然後和之.

공자는 괴이함, 폭력, 반란, 귀신에 관한 일을 말하지 않았다.

子不語: 怪, 力, 亂, 神.

자공이 "스승님의 문장에 관한 말씀은 들은 적이 있지만, 스승님께서 천도天道나 성명을 말씀하신 것은 들어보지 못했다."라고 하였다.

안연은 크게 탄식하며 말했다. "올려다보면 더욱 높은 곳에 계시고 꿰뚫어 보려 하면 더욱 견고하시다. 바로 앞에 계신 것을 보았는데 별안간 뒤에 계시는 분이시다. 스승님께서는 순서에 따라 점차적으로 인도하여 주시고, 전적을 통해 우리의 지식을 풍요롭게 하여 주신다. 그리고 예의를 통해 우리 언행의 규범이 되어 주시니, 이로써 나는 배우기를 그만두고자 하나 그럴 수가 없었다. 이미 나의 재능을 다하였는데, 아직도 내 앞에 큰 나무가 우뚝 서 있는 것 같다. 내가 좇으려 하였으나 좇을 수가 없다."

달항이란 마을의 어떤 사람이 "위대하구나, 공자여, 박학다식하지만 명성을 이룬 바가 없구나!"라고 하였다. 공자가 이를 듣고는 "내가 무엇으로 명성을 세울까? 마부가 될까? 궁수가 될까? 나는 마부가 되련다."라고 하였다.

자뢰는 "선생님께서는 '내가 기용되지 못한 탓에 이런저런 기예를 배울 수 있었다'고 하셨다."라고 하였다.

子貢曰: "夫子之文章, 可得聞也. 夫子言天道與性命, 弗可得聞也已."顏淵喟然嘆曰: "仰之彌高, 鑽之彌堅. 瞻之在前, 忽焉在後. 夫子循循然善誘人, 博我以文, 約我以禮, 欲罷不能. 既竭我才, 如有所立, 卓爾. 雖欲從之, 蔑由也已." 達巷黨人童子曰: "大哉孔子, 博學而無所成名." 子聞之曰: "我何執? 執御乎? 執射乎? 我執御矣." 牢曰: "子云: 不試, 故藝."

춘추와 공자의 죽음

노 애공 14년(기원전 481년) 봄, 대야에서 사냥을 했다. 숙손씨의 마부 서상이 짐승을 잡았는데 상서롭지 못한 짐승이라고 여겼다. 하지만 공자가 그것을 듣고 "기린이다."라고 하자 그 짐승을 가져갔다.

공자가 "황하에서 괘도가 나오지 않고, 낙수에서 서판이 나오지 않는 걸 보니 나는 이제 끝났나보다!"라고 하였다.

안연이 죽자 공자는 "하늘이 정말 나의 명을 원하는구나!"라고 했다. 서쪽으로 나간 사냥에서 잡아온 기린을 보고는 "나의 길도 이제 다 했구나!"라고 말하고는 "나를 알아주지 않는구나!"라며 탄식했다. 자공이 "어째서 선생님을 몰라준다고 하십니까?"라고 묻자 "하늘을 원망하지 않고 사람도 원망하지 않으면서 아래로부터 배워서 위로 통달했으니 나를 알아주는 것은 하늘뿐이리라."라고 하였다.

魯哀公十四年春, 狩大野. 叔孫氏車子鉏商獲獸, 以為不祥. 仲尼視之, 日: "麟也." 取之. 日: "河不出圖, 雒不出書, 吾已矣夫!" 顏淵死, 孔子日: "天喪予!" 及西狩見麟, 日: "吾道窮矣!" 喟然嘆日: "莫知我夫!" 子貢日: "何為莫知子?" 子日: "不怨天, 不尤人, 下學而上達, 知我者其天乎!"

"자신의 뜻을 낮추지 않고, 자신의 몸을 욕되게 하지 않았으니 백이와 숙제가 아니겠는가!"

"유하혜와 소련은 뜻을 낮추고 몸을 욕되게 했다."

"우중과 이일은 숨어 지내면서도 거리낌 없이 말하고 행동은 깨끗했으니 나아가지 않는 것이 적절했다."

"나는 그들과 달라 절대적으로 되는 것도 또 절대적으로 안 되는 것도 없다."

"不降其志, 不辱其身, 伯夷·叔齊乎!" 謂"柳下惠·少連降志辱身矣." 謂"虞仲·夷逸隱居放言, 行中清, 廢中權". "我則異於是, 無可無不可."

공자가 "아니다, 아니다! 군자는 세상에서 사라진 뒤 이름이 거론되지 않는 것을 걱정한다. 나의 길이 행해지지 못했으니 내가 무엇으로 후세에 나를 보여줄 것인가?" 그리고는 역사의 기록에 근거해서 ≪춘추≫를 지었다. 위로는 은공으로부터 아래로 애공 14년에 이르기까지 열두 명의 군주를 포함하고 있다. 이로써 노나라의 역사를 근거로 삼고 주나라를 칭송하고, 은나라를 귀감으로 삼아 삼대를 관통하였다. 문장은 간결하지만 가리키고자 하는 것은 넓었다.

오나라와 초나라의 군주가 스스로 '왕'이라 호칭하였는데, ≪춘추≫에서는 그것을 '자子'로 강등시켰다. 천토의 회맹은 실제로는 주 천자를 부른 것이지만, ≪춘추≫는 그것을 피해 "천자가 하양에 사냥을 나갔다."라고 하는 등 이와 같은 기준으로 해당 시대의 시시비비를 판단하였다. 이와 같은 칭송과 비판의 대의는 후대의 왕들이 이것을 취하여 깨달음을 얻도록 하려는 것이다. ≪춘추≫의 대의가 시행되면 곧 천하의 난신적자亂臣賊子들은 겁을 낼 것이다.

子曰: "弗乎弗乎, 君子病沒世而名不稱焉. 吾道不行矣, 吾何以自見於後世哉?" 乃因史記作春秋, 上至隱公, 下訖哀公十四年, 十二公. 據魯, 親周, 故殷, 運之三代. 約其文辭而指博. 故吳楚之君自稱王, 而春秋貶之曰"子"; 踐土之會實召周天子, 而春秋諱之曰"天王狩於河陽": 推此類以繩當世. 貶損之義, 後有王者舉而開之. 春秋之義行, 則天下亂臣賊子懼焉.

공자는 사구로 재위하는 동안, 소송을 처리할 때 문서도 다른 사람과 함께 상의했지 독단적으로 결정하지 않았다. 그러나 ≪춘추≫에서는 응당 기록해야 할 것을 기록하고 삭제해야 할 것은 삭제했기 때문에 자하와 같은 제자들조차 한마디도 끼어 들 수 없었다.

제자들이 ≪춘추≫를 배울 때, 공자는 "훗날 나를 알아준다면 그것은 ≪춘추≫ 때문일 것이고, 나를 비난한다면 그것도 ≪춘추≫ 때문일 것이다."라고 하였다.

孔子在位聽訟, 文辭有可與人共者, 弗獨有也. 至於為春秋, 筆則筆, 削則削, 子夏之徒不能贊一辭. 弟子受春秋, 孔子曰: "後世知丘者以春秋, 而罪丘者亦以春秋."

이듬 해(기원전 480년), 자로가 위나라에서 죽었다. 공자가 병이 나자 자공이 뵙기를 청했다. 공자가 마침 지팡이를 짚고 문 앞을 거닐고 있다가 "자공아, 너는 왜 이렇게 늦었느냐?"라고 탄식하며 다음과 같이 읊었다.

> 태산이 무너진다!
> 기둥이 부러진다!
> 철인이 시들어간다!

그러고는 눈물을 흘리면서 자공에게 "천하에 도가 없어진 지 오래되었으니 아무도 나를 존중하지 않는구나! 하나라 사람들은 동쪽 계단에다 관을 모셨고, 주나라 사람들은 서쪽 계단에다 모셨으며, 은나라는 두 기둥 사이에 모셨다. 나는 어제 밤 꿈에 두 기둥 사이에 앉아 제사를 받고 있었다. 내 선조는 은나라 사람이니라."라고 하였다. 그리고 7일 뒤 세상을 떠났다.

공자 향년 73세, 노 애공 16년 4월 기축일 이었다.(기원전 479년)

明歲, 子路死於衞. 孔子病, 子貢請見. 孔子方負杖逍遙於門, 曰: "賜, 汝來何其晚也?" 孔子因歎, 歌曰: "太山壞乎! 梁柱摧乎! 哲人萎乎!" 因以涕下. 謂子貢曰: "天下無道久矣, 莫能宗予. 夏人殯於東階, 周人於西階, 殷人兩柱間. 昨暮予夢坐奠兩柱之間, 予始殷人也." 後七日卒.

孔子年七十三, 以魯哀公十六年四月己丑卒.

애공이 공자를 애도하며 "하늘이 나를 가련하게 여기지 않으시어 이 노인마저 남기지 않고 데려가시니 나만 홀로 여기에 버려두고 고통을 주시는구나! 아아, 슬프도다! 공자여, 이제 나는 본받을 이가 없구나!"라고 하였다.

자공이 "애공은 노나라에서 선종善終하기 어렵겠구나. 스승께서 말씀하시길 '예를 잃으면 어리석어지고, 명분을 잃으면 잘못을 범한다. 그 뜻을 잃는 것을 어리석음이라 하고 제 자리를 잃는 것을 잘못이라 하는 것이다.'라고 하셨다. 애공은 살아있을 때 기용하지 못하였고 죽은 다음에 애도하니 그것은 예가 아니며, '나만 홀로'라고 한 것은 명분이 없는 말이다."라고 하였다.

哀公誄之曰: "旻天不弔, 不憖遺一老, 俾屛余一人以在位, 煢煢余在疚. 嗚呼哀哉! 尼父, 毋自律!" 子貢曰: "君其不沒於魯乎! 夫子之言曰: 禮失則昏, 名失則愆. 失志爲昏, 失所為愆. 生不能用, 死而誄之, 非禮也. 稱余一人, 非名也."

공자는 노나라의 북쪽 사수에 묻혔다. 제자들이 모두 3년 복을 입었다. 3년 동안 애도와 상을 마치고 떠나면서 통곡을 하고 개개인이 애도의 마음을 표하였다. 다시 그 자리에 남은 제자들도 있었다. 그러나 자공은 무덤 옆에 여막을 짓고 6년을 지킨 후에 떠났다. 제자들과 노나라 사람들 가운데 무덤 근처로 옮겨와 집을 짓고 산 사람이 100집이 넘었다. 그리하여 그곳을 공자 마을이라 불렀다.

노나라는 대대손손 매년 일정한 날에 공자묘에 제사를 드렸다. 유자들은 이즈음 공자의 집에 와서 예를 토론하고 향음과 향사를 행했다. 공자의 묘는 그 크기가 1경이나 되었다. 공자가 살던 집과 제자들이 거처하던 곳은 후세에 사당으로 개조되어 공자의 의관, 악기, 수레, 책을 소장했는데 한나라 때 이르기까지 200년 넘게 유지되었다. 고황제(유방)는 노나라를 지날 때에 태뢰를 모두 갖추어 제사를 지냈다. 제후, 경대부, 재상은 새로 부임하면 항상 먼저 이곳에 와서 참배한 다음 정무에 임했다.

孔子葬魯城北泗上, 弟子皆服三年. 三年心喪畢, 相訣而去, 則哭, 各復盡哀; 或復留. 唯子貢廬於冢上, 凡六年, 然後去. 弟子及魯人往從冢而家者百有餘室, 因命曰孔里. 魯世世相傳以歲時奉祠孔子冢, 而諸儒亦講禮鄉飮大射於孔子冢. 孔子冢大一頃. 故所居堂弟子內, 後世因廟藏孔子衣冠琴車書, 至于漢二百餘年不絕. 高皇帝過魯, 以太牢祠焉. 諸侯卿相至, 常先謁然後從政.

공자의 후손

공자는 '리'를 낳았는데, 자를 백어라 하였다. 백어는 나이 50에 공자보다 먼저 세상을 떠났다.

孔子生鯉, 字伯魚. 伯魚年五十, 先孔子死.

백어는 급을 낳았다. 자를 자사라 하였다. 62세까지 살았다. 일찍이 송나라에서 곤경에 처한 적이 있다. 자사는 ≪중용≫을 지었다.

伯魚生伋, 字子思, 年六十二. 嘗困於宋. 子思作中庸.

자사는 백을 낳았는데, 자를 자상이라 하였고 47년을 살았다. 자상은 구를 낳았는데, 자를 자가라 하였고 45세까지 살았다. 자가는 기를 낳았다. 자를 자경이라 하였고, 46세까지 살았다. 자경은 천을 낳았다. 자를 자고라 하였고, 51세까지 살았다. 자고는 자신을 낳았다. 57세까지 살았으며, 일찍이 위나라의 재상을 지냈다.

子思生白, 字子上, 年四十七. 子上生求, 字子家, 年四十五. 子家生箕, 字子京, 年四十六. 子京生穿, 字子高, 年五十一. 子高生子愼, 年五十七, 嘗為魏相.

자신은 부를 낳았다. 57세까지 살았다. 진나라 왕 섭의 박사를 지냈고, 진나라에서 죽었다.

子愼生鮒, 年五十七, 為陳王涉博士, 死於陳下.

부의 동생 자양은 57세까지 살았다. 일찍이 효혜황제의 박사가 되었다가 장사의 태수로 옮겨갔다. 키가 9척 6촌이었다.

鮒弟子襄, 年五十七. 嘗為孝惠皇帝博士, 遷為長沙太守. 長九尺六寸.

자양은 충을 낳았는데, 57세까지 살았다. 충은 무를 낳았고, 무는 연년과 안국을 낳았다. 안국은 현왕現王의 박사가 되었다가, 임회 태수에까지 이르렀으나 일찍 죽었다. 안국은 앙을 낳았고, 앙은 환을 낳았다.

子襄生忠, 年五十七. 忠生武, 武生延年及安國. 安國為今皇帝博士, 至臨淮太守, 蚤卒. 安國生卬, 卬生驩.

사마천의 논평

태사공은 이렇게 말한다.

"≪시≫에 '높은 산을 우러러보고, 큰 길을 따라가네.'라고 하였다. 비록 거기에 이르지는 못하지만 마음은 그곳을 향해 있다. 나는 공자의 책을 읽을 때마다 그 사람을 생각했다. 노나라에 있는 공자의 사당에서 수레와 의복, 예기를 보았고, 유생들이 때마다 그 집에서 예를 익히는 것도 보았다. 나는 공경심에 그곳을 배회하며 떠날 수가 없었다. 천하의 수많은 군왕들과 현인들은 살아있는 동안에는 영화를 누렸으나 죽고 나면 그만이었다. 그러나 공자는 평민의 몸으로 10여 대가 지나도록 학자들이 그를 주종으로 받들고 있다. 천자왕후는 물론 중국에서 6예를 말하는 자들은 모두 공자를 기준으로 삼아 판단하다. 이로써 지극한 성인이라 할 수밖에 없다!"

太史公曰: ≪詩≫有之: "高山仰止, 景行行止." 雖不能至, 然心鄉往之. 余讀孔氏書, 想見其為人. 適魯, 觀仲尼廟堂車服禮器, 諸生以時習禮其家, 余祇回留之不能去云. 天下君王至於賢人衆矣, 當時則榮, 沒則已焉. 孔子布衣, 傳十餘世, 學者宗之. 自天子王侯, 中國言六藝者折中於夫子, 可謂至聖矣.

부록 2

사기 史記
중니제자열전 仲尼弟子列傳

≪부록 2≫

사기 史記 · 중니제자열전 仲尼弟子列傳

공자孔子가 "나의 가르침을 받고 육예에 통달한 제자는 일흔 일곱 명이다."라고 하였듯이 모두 뛰어난 재능을 가진 인물들이다.

덕행으로는 안연顔淵, 민자건閔子騫, 염백우冉伯牛, 중궁仲弓이 있었고, 정치로는 염유冉有, 계로季路가, 언변으로는 재아宰我, 자공子貢이, 문학으로는 자유子遊, 자하子夏가 뛰어나다.

사師는 치우친 데가 있고, 삼參은 노둔한 면이 있으며, 시柴는 우직하고, 유由는 거친 면이 있다. 회回는 매우 가난했고, 사賜는 천명에 얽매이지 않고 재산을 불렸지만 예측하는 대로 자주 들어맞았다.

공자가 존경한 인물은 주나라의 노자老子와 위나라의 거백옥蘧伯玉, 제나라의 안평중晏平仲, 초나라의 노래자老萊子, 정나라의 자산子産, 노나라의 맹공작孟公綽 등이 있었다. 장문중臧文仲, 유하혜柳下惠, 동제백화銅鞮伯華, 개산자연介山子然 등을 자주 칭송하였다. 이들은 모두 공자 이전의 인물들로 그들과 동시대를 함께 살지는 않았다.

孔子曰: "受業身通者七十有七人", 皆異能之士也. 德行: 顔淵, 閔子騫, 冉伯牛, 仲弓. 政事: 冉有, 季路. 言語: 宰我, 子貢. 文學: 子遊, 子夏. 師也辟, 參也魯, 柴也愚, 由也喭, 回也屢空. 賜不受命而貨殖焉, 億則屢中.

孔子之所嚴事: 於周則老子; 於衛, 蘧伯玉; 於齊, 晏平仲; 於楚, 老萊子; 於鄭, 子產; 於魯, 孟公綽. 數稱臧文仲·柳下惠·銅鞮伯華·介山子然, 孔子皆後之, 不並世.

안회

안회顔回는 노나라 사람이다. 자字는 자연子淵이고 공자보다 30년 아래이다.

안연이 인仁에 대하여 묻자 공자는 "자신을 단속하고 예로 돌아간다면 천하의 사람들이 인仁으로 귀의할 것이다."라고 하였다.

공자가 말하였다. "어질구나, 회야! 밥 한 그릇과 물 한 바가지를 가지고 누추한 골목에 살고 있으니, 보통사람들은 걱정을 견디지 못하겠지만 안회 너는 그 즐거움을 바꾸려하지 않는구나."

"안회는 어리석어 보인다. 그러나 물러난 뒤에 그 행동을 살펴보면 배운 것을 충분히 계발하고 있었다. 그러므로 회는 어리석지 않다."

"세상이 써주면 도리를 행하고 세상이 저버리면 숨기고 드러내지 않는 것은 오직 나와 너 만이 지니고 있을 뿐이다!"

안회는 스물아홉에 머리털이 다 쇠었고, 요절하였다. 공자는 애통해하며 "내게 회를 제자로 삼은 뒤로부터 다른 제자들이 더욱 가까워졌거늘!"이라고 통곡하였다.

노 애공哀公이 "제자들 가운데 누가 배우길 좋아합니까?"라고 묻자 공자는 "안회라는 제자가 배우길 좋아하고, 노여움을 남에게 옮기지 않으며 잘못을 두 번 다시 되풀이하지 않았습니다. 그러나 불행하게도 명이 짧아 일찍 죽었습니다. 그리하여 지금은 그와 같은 제자가 없습니다."라고 대답하였다.

顔回者, 魯人也, 字子淵. 少孔子三十歲. 顔淵問仁, 孔子曰: "克己復禮, 天下歸仁焉." 孔子曰: "賢哉回也! 一簞食, 一瓢飮, 在陋巷, 人不堪其憂, 回也不改其樂." "回也如愚; 退而省其私, 亦足以發, 回也不愚." "用之則行, 捨之則藏, 唯我與爾有是夫!" 回年二十九, 髮盡白, 蚤死. 孔子哭之慟, 曰: "自吾有回, 門人益親." 魯哀公問: "弟子孰爲好學?" 孔子對曰: "有顔回者好學, 不遷怒, 不貳過. 不幸短命死矣, 今也則亡."

민손

민손閔損은 자가 자건子騫이고, 공자보다 나이가 15세 아래이다.

공자는 "효성스럽구나, 민자건이여! 그 부모형제의 말에 사람들이 트집을 잡지 못하는구나."라고 했다.

민손은 대부의 벼슬을 하지 않고, 더러운 군주의 녹을 받으려 하지 않았다. 이로써 민손은 "누군가 나를 다시 찾는 이가 있으면, 나는 틀림없이 제나라의 문수汶水가에 있을 것이다."라고 하였다.

閔損字子騫. 少孔子十五歲.

孔子曰: "孝哉閔子騫! 人不間於其父母昆弟之言." 不仕大夫, 不食汚君之祿. "如有復我者, 必在汶上矣."

염경

염경冉耕은 자가 백우伯牛다. 공자는 그가 덕행이 뛰어나다고 생각하였다.

백우가 고치기 어려운 병에 걸렸을 때에 공자가 찾아가 문병을 하였다. 공자는 창 너머로 그의 손을 잡고는 "운명이로구나! 이런 사람이 이런 병에 걸리다니, 운명이로다!"라고 하였다.

冉耕字伯牛. 孔子以爲有德行.

伯牛有惡疾, 孔子往問之, 自牖執其手, 曰: "命也夫! 斯人也而有斯疾, 命也夫!"

염옹

염옹冉雍은 자를 중궁仲弓이다. 중궁이 정치에 대해 묻자 공자는 "문을 나서면 큰 손님을 대하듯 하고, 백성을 부릴 때는 큰 제사를 받들 듯이 해야 한다. 그리하면 나라에서도 집안에서도 원망이 없을 것이다."라고 했다.

공자는 중궁의 덕행이 훌륭하다고 여겼다. 이에 "옹은 남면(왕의 자리에 앉다)할만하다."라고 하였다.

중궁의 아버지는 미천한 사람이었다. 공자는 "얼룩소의 새끼가 털이 붉고 뿔이 단정하다면 설사 쓰지 않으려 해도 산천의 신령이 그를 버리겠는가?"라고 하였다.

冉雍字仲弓. 仲弓問政, 孔子曰: "出門如見大賓, 使民如承大祭. 在邦無怨, 在家無怨." 孔子以仲弓爲有德行, 曰: "雍也可使南面." 仲弓父, 賤人. 孔子曰: "犂牛之子騂且角, 雖欲勿用, 山川其舍諸?"

염구

염구冉求의 자字는 자유子有이다. 공자보다 29살 아래다. 그는 노나라 계씨의 읍재가 되었다. 계강자季康子가 공자에게 "염구는 어집니까?"라고 묻자 공자는 "천 호에 이르는 읍과 백 대의 전차를 가진 대부 집안이라면, 그 군사와 재정을 맡아 관리할 수는 있겠지만 그가 어진지는 모르겠습니다."라고 하였다. 계강자가 다시 "자로는 어집니까?"라고 묻자 공자는 "염구와 같습니다."라고 대답하였다.

염구가 "의로운 일을 들었으면 바로 행동으로 옮겨야 합니까?"라고 묻자 공자 "행동으로 옮겨야 한다."라고 하였다. 자로가 "의로운 일을 들었으면 바로 실천해야 합니까?"라고 묻자 공자는 "부형이 건재하신데 의로운 일을 들었다고 해서, 어찌 바로 행동으로 옮길 수 있겠는가?"라고 했다.

자화子華가 이를 이상하게 여기며 공자에게 물었다. "질문은 같은데 답을 달리하시니 그 이유를 감히 여쭙습니다." 공자는 "염구는 머뭇거리기 때문에 격려한 것이고, 자로는 성급하게 남을 이기려하기 때문에 억제한 것이다."라고 하였다.

冉求字子有, 少孔子二十九歲. 爲季氏宰.

季康子問孔子曰: "冉求仁乎?" 曰: "千室之邑, 百乘之家, 求也可使治其賦. 仁則吾不知也." 復問: "子路仁乎?" 孔子對曰: "如求."

求問曰: "聞斯行諸?" 子曰: "行之." 子路問: "聞斯行諸?" 子曰: "有父兄在, 如之何其聞斯行之!" 子華怪之, "敢問問同而答異?" 孔子曰: "求也退, 故進之. 由也兼人, 故退之."

중유

중유仲由의 자는 자로子路이다. 노나라 변卞 땅 사람으로, 공자보다 9살 아래다.

자로는 천성이 거칠고 용맹하게 힘쓰는 것을 좋아하였으며 의지가 강했다. 그는 수탉의 꼬리로 만든 관을 쓰고, 수퇘지의 가죽으로 장식한 검을 차고 다니면서 힘만 믿고 공자를 업신여기기도 했다.

공자가 예의로 대하며 천천히 자로를 이끌자 자로는 후에 유자의 옷을 입고 스승에게 드릴 예물을 가지고 문인을 통해 제자가 되기를 청했다.

자로가 정치에 대해 묻자 공자는 "솔선하여야 하며 부지런히 해야 한다."라고 하였다. 좀 더 듣기를 청하자 "게을리 하지 마라."고 했다.

자로가 "군자는 용맹함을 숭상합니까?"라고 묻자 공자는 "의를 가장 위에 둔다. 군자가 용맹함을 좋아하면서 의리가 없으면 세상이 어지러워지고, 소인이 용맹함을 좋아하면서 의리가 없으면 도둑질을 한다."라고 하였다.

자로는 좋은 말을 듣고 아직 실천하지 못했는데 또 좋은 말을 들을까 봐 겁을 냈다.

공자는 이렇게 말했다.

> "한 쪽 말만 듣고 송사를 단정할 수 있는 사람은 자로뿐일 게다."
>
> "중유는 용맹함에 있어서는 나보다 낫지만, 사물의 이치를 취하여 헤아리지 못한다."
>
> "중유와 같은 사람은 제 명에 죽기 어렵다."
>
> "해지고 낡은 웃옷을 입은 채 여우나 담비의 가죽으로 만든 갖옷을 입은 자와 나란히 서 있어도 부끄러워하지 않을 사람은 바로 유야일 것이다!"

"중유의 학문은 대청까지 들어가긴 했으나 아직 방안 까지 들어가지는 못했다."

계강자가 "중유는 어집니까?"라고 묻자 공자가 "전차 천 대를 가진 나라의 군사와 재정을 맡을 수는 있지만 어진지는 모르겠습니다."라고 하였다.

자로는 공자를 따라 여러 나라를 돌아다니는 것을 좋아 하여, 장저長沮, 걸익桀溺, 망태기를 짊어진 노인 등을 만났다.

자로가 계씨의 재宰가 되었을 때, 계손季孫씨가 공자에게 "자로는 대신이라 할 만 합니까?"라고 물었다. 그러자 공자는 "숫자만 채우는 신하라 할 수 있을 것입니다."라고 하였다.

자로가 포蒲 읍의 대부가 되어 공자에게 하직인사를 드리러 오자, 공자는 "포 땅은 장사壯士들이 많아 다스리기가 어려운 땅이다. 그러므로 내가 너에게 일러주마. 몸가짐을 공경하게 하면 용맹한 자들을 다룰 수 있고, 너그럽고 공정하면 사람들을 따르게 할 수 있으며, 공경과 공정함으로 나라를 안정시키면 윗사람에게 보답할 수 있을 것이다."라고 하였다.

위나라 영공에게는 남자南子라는 총애하는 부인이 있었다. 영공의 태자 괴외蒯聵는 남자에게 잘못을 저지르고, 죽임을 당할까 겁이 나서 나라 밖으로 도망쳤다. 영공이 죽자 부인은 공자 영郢을 왕으로 세우려고 하였다. 하지만 공자 영은 "망명한 태자의 아들 첩輒이 있습니다."라며 내켜하지 않았다. 이에 위나라는 첩輒을 왕으로 세웠으니 그가 바로 출공出公이다.

출공이 즉위하고 12년이 되도록 그의 아버지 괴외는 나라 밖에 살면서 위나라로 들어오지 못하고 있었다. 이 무렵 자로는 위나라 대부 공회孔悝의 읍재邑宰로 있었다. 괴외는 공회와 함께 난을 일으킬 생각으로 몰래 공회의 집으로 들어가 마침내 그 무리들과 함께 출공을 습격하였다. 출공은 노나라로 달아나고 괴외가 위나라로 들어와 왕의 자리에 오르니, 그가 바로 장공莊公이다.

공회가 난을 일으켰을 때 자로는 성 밖에 있었는데, 그 소식을 듣고 달려오다가 성문을 나서는 자고子羔와 마주쳤다. 자고는 자로에게 "출공은 달아났고 성문은 이미 닫혔으니 공연히 화를 당하지 말고 그대는 돌아가는 것이 좋겠소."라고 하였다. 자로는 "그 집 밥을 먹는 사람이 그 집의 재난을 피해서는 안 되는 것이오."라고 하였다.

자고는 끝내 떠나버렸다. 마침 성으로 들어가는 사자使者가 있어 성문이 열린 틈에 자로는 그를 따라 들어갔다. 괴외가 있는 곳으로 가자 괴외는 공회와 대臺에 오르고 있었다. 자로가 "태자께서는 어찌하여 공회를 기용하려 하십니까? 청컨대 그를 죽이게 해주십시오."라고 하였다. 괴외는 자로의 청을 들어주지 않았다. 그러자 자로는 대臺에 불을 지르려고 하였다. 괴외는 겁이 나서 석걸石乞과 호염壺黶에게 자로를 공격하게 하였고, 그들은 자로를 공격하여 갓끈을 베었다. 자로는 "군자는 죽어도 관은 벗지 않는다."라는 말을 남기고 갓끈을 다시 매고 죽음을 맞았다.

공자는 위나라에 난이 일어났다는 소식을 듣고, "아아 슬프도다. 유가 죽겠구나!"라고 하였는데 얼마 뒤 과연 자로가 죽음을 맞았다. 이에 공자는 "내가 중유를 얻은 뒤로 사람들의 험담을 듣지 않았다."라고 하였다. 이즈음 자공子貢은 노나라를 위해 제나라에 사신으로 가 있었다.

仲由字子路, 卞人也. 少孔子九歲.

子路性鄙, 好勇力, 志伉直, 冠雄雞, 佩豭豚, 陵暴孔子. 孔子設禮稍誘子路, 子路後儒服委質, 因門人請爲弟子.

子路問政, 孔子曰: "先之, 勞之." 請益. 曰: "無倦." 子路問: "君子尚勇乎?" 孔子曰: "義之爲上. 君子好勇而無義則亂, 小人好勇而無義則盜."

子路有聞, 未之能行, 唯恐有聞. 孔子曰: "片言可以折獄者, 其由也與!"

"由也好勇過我, 無所取材."

"若由也, 不得其死然."

"衣敝緼袍與衣狐貉者立而不恥者, 其由也與!"

"由也升堂矣, 未入於室也."

季康子問: "仲由仁乎?" 孔子曰: "千乘之國可使治其賦, 不知其仁."

子路喜從遊, 遇長沮·桀溺·荷蓧丈人.

子路爲季氏宰, 季孫問曰: "子路可謂大臣與?" 孔子曰: "可謂具臣矣." 子路爲蒲大夫, 辭孔子. 孔子曰: "蒲多壯士, 又難治. 然吾語汝: 恭以敬, 可以執勇; 寬以正, 可以比衆; 恭正以靜, 可以報上."

初, 衛靈公有寵姬曰南子. 靈公太子蕢聵得過南子, 懼誅出奔. 及靈公卒而夫人欲立公子郢. 郢不肯, 曰: "亡人太子之子輒在." 於是衛立輒爲君, 是爲出公. 出公立十二年, 其父蕢聵居外, 不得入. 子路爲衛大夫孔悝之邑宰. 蕢聵乃與孔悝作亂, 謀入孔悝家, 遂與其徒襲攻出公. 出公奔魯, 而蕢聵入立, 是爲莊公. 方孔悝作亂, 子路在外, 聞之而馳往. 遇子羔出衛城門, 謂子路曰: "出公去矣, 而門已閉, 子可還矣, 毋空受其禍." 子路曰: "食其食者不避其難." 子羔卒去. 有使者入城, 城門開, 子路隨而入. 造蕢聵, 蕢聵與孔悝登台. 子路曰: "君焉用孔悝? 請得而殺之." 蕢聵弗聽. 於是子路欲燔台, 蕢聵懼, 乃下石乞·壺黶攻子路, 擊斷子路之纓. 子路曰: "君子死而冠不免." 遂結纓而死.

孔子聞衛亂, 曰: "嗟乎, 由死矣!" 已而果死. 故孔子曰: "自吾得由, 惡言不聞於耳." 是時子貢爲魯使於齊.

재여

재여宰予는 자가 자아子我이다. 그는 언변이 좋았다. 공자에게 가르침을 받은 뒤 재여가 공자에게 물었다.

"3년 상을 치르는 것은 너무 긴 것이 아닙니까? 군자가 3년 동안이나 예를 행하지 않으면 예가 반드시 무너지고, 3년 동안 음악을 익히지 않으면 음악이 반드시 무너질 수밖에 없습니다. 묵은 곡식이 다 없어지고 새 곡식이 익으며, 불씨를 만드는 나무도 바꾸니 1년이면 될 것 같습니다."

공자가 대답하길, "그렇게 하면 네 마음이 편안하겠느냐?"라고 하자 "편안하겠습니다."라고 하였다. "네가 편안하면 그리 하여라. 군자는 상중에 음식을 먹어도 맛을 모르고 음악을 들어도 즐겁지 않기 때문에 그리하지 않는 것이다."라고 하였다.

재여가 물러가자 공자는 "재여는 어질지 못하구나! 자식은 태어나 3년이 지난 뒤에야 부모의 품을 벗어나게 된다. 이로써 삼년상이 천하에 두루 통용되는 대의인 것이다."라고 하였다.

어느 날 재여가 낮잠을 잤다. 공자는 "썩은 나무로는 조각을 할 수 없고, 거름흙으로 쌓은 담장은 흙손질을 할 수 없다."라고 하였다.

宰予字子我. 利口辯辭. 既受業, 問: "三年之喪不已久乎? 君子三年不爲禮, 禮必壞; 三年不爲樂, 樂必崩. 舊穀既沒, 新穀既升, 鑽燧改火, 期可已矣." 子曰: "於汝安乎?" 曰: "安." "汝安則爲之. 君子居喪, 食旨不甘, 聞樂不樂, 故弗爲也." 宰我出, 子曰: "予之不仁也! 子生三年然後免於父母之懷. 夫三年之喪, 天下之通義也."

宰予晝寢. 子曰: "朽木不可雕也, 糞土之牆不可圬也."

재아가 오제五帝의 덕을 묻자 공자는 "너는 그런 것을 물을 사람이 아니다."라고 했다.

재아가 임치臨菑의 대부가 되었다가 전상田常과 난을 일으켜 멸족을 당하니 공자가 이것을 부끄러워했다.

宰我問五帝之德, 子曰: "予非其人也."

宰我爲臨菑大夫, 與田常作亂, 以夷其族, 孔子恥之.

단목사

단목사端沐賜는 위衛나라 사람으로 자字는 자공子貢이다. 공자보다 31년 아래이다.

자공은 언변이 좋았으나 공자는 늘 그의 언변에 대해 경계하도록 하였다. 공자가 "너와 안회 가운데 누가 더 나으냐?"라고 묻자, "제가 어찌 감히 안회를 따라갈 수 있겠습니까? 안회는 하나를 들으면 열을 알지만, 저는 하나를 들으면 둘 밖에는 모릅니다."라고 대답했다.

자공이 공자의 가르침을 받은 뒤에, "저는 어떤 사람입니까?"라고 물었다. 공자는 "너는 그릇이니라."라고 대답하였다. 자공이 다시 묻기를 "어떤 그릇입니까?"라고 하자 "종묘제사에 쓰이는 호련瑚璉과 같은 그릇이니라."라고 하였다.

진자금陳子禽이 자공에게 "중니仲尼는 어디에서 배우셨습니까?"라고 묻자 자공은 이렇게 대답하였다.

"문왕과 무왕의 도가 아직 땅에 떨어지지 않아 사람들에게 남아있습니다. 어진 사람은 그 큰 것(근본)을 알고 그렇지 못한 사람도 작은 것을 알고 있으니 문왕과 무왕의 도가 없는 곳이 없습니다. 그러니 스승님은 어디선들 배우지 못했을 리가 있겠으며, 또한 어찌 정해진 스승이 있겠습니까?"

또 "공자께서 이르는 나라마다 반드시 그 나라의 정치에 관해 듣습니다. 그것은 공자께서 요구하신 것입니까, 아니면 그 나라에서 알려준 것입니까?"라고 묻자, 자공이 "스승님은 온화, 선량, 공경, 절제, 겸양으로 알고자 하는 것을 들으십니다. 스승님께서 요청하는 것은 보통사람들의 것과는 다릅니다."라고 대답하였다.

자공이 공자에게 "부유하면서 교만하지 않고, 가난하지만 아첨하지 않으면 어떻습니까?"라고 묻자, 공자는 "괜찮다. 다만 가난하면서 도를 즐기고, 부유하면서 예를 좋아하느니만 못하다."라고 대답하였다.

전상田常이 제나라에서 난을 일으키려 하였다. 그러나 고씨高氏, 국씨國氏, 포씨鮑氏, 안씨顏氏가 두려워 우선 군대를 옮겨 노나라를 정벌하려 하였다. 공자가 이를 듣고 문인제자들에게 "무릇 노나라는 조상의 무덤이 있는 부모의 나라이다. 노나라가 이처럼 위기에 처해있는데 너희들은 어찌하여 나서지 않는 것이냐?"라고 하였다. 자로가 나서기를 청했으나 공자가 자로를 제지하였다. 자장子張과 자석子石이 나서기를 청했으나 공자는 허락하지 않았다. 자공이 나가겠다고 청하자 공자가 비로소 허락하였다.

자공이 일을 수행하기 위해 제나라에 이르러 전상에게 유세하였다.

"상공相公께서 노나라를 치려하시는 것은 잘못입니다. 노나라는 정벌하기 어려운 나라입니다. 나라의 성벽은 얇고 낮으며, 해자는 좁고 얕습니다. 나라의 왕은 어리석고 어질지 못하며, 대신들은 위선적이고 쓸모가 없습니다. 그리고 그 나라의 백성들은 전쟁과 관련된 일을 싫어합니다. 그러므로 이런 나라는 싸울 만 한 상대가 못 됩니다. 상공은 오나라를 정벌하느니만 못합니다. 오나라는 성벽이 높고 두꺼우며 해자는 넓고 깊습니다. 무기는 견고하고 새것이며, 병사들은 정예병이고 식량은 충분합니다. 날카로운 무기와 정예병이 모두 그 성 안에 있고, 또 현명한 대부들이 그곳을 지키고 있습니다. 그러므로 이런 나라는 정벌하기가 쉽습니다."

전상은 버럭 화를 내며 정색을 하고 말했다.

> "그대가 어렵다고 하는 것은 사람들이 쉽다고 하는 것이고, 그대가 쉽다고 하는 것은 사람들이 어렵다고 하는 것이오. 그런데 이런 터무니없는 말로 나를 가르치려드니 이 무슨 까닭입니까?"

자공은 이렇게 대답하였다.

> "신이 듣기에 근심이 안에 있으면 강한 자를 공격하고, 걱정이 밖에 있으면 약한 자를 공격한다고 합니다. 지금 상공의 근심은 안에 있습니다. 상공께서는 세 번이나 국군國君에 봉해졌음에도 세 번 다 성사되지 못하였다고 들었습니다. 이는 제나라 대신들 가운데 찬성하지 않는 대신들이 있었기 때문입니다. 지금 상공이 노나라를 격파하고 제나라 영토를 넓히고 전쟁에서 승리를 거둔다면, 왕을 더욱 교만하게 만들고 노나라를 무너뜨린 것으로 대신들만 더욱 귀하게 만들 뿐 상공의 공덕은

없을 것입니다. 그렇게 되면 왕과의 관계는 갈수록 멀어질 것입니다. 상공께서 위로는 군주의 마음을 교만하게 만들고 아래로 신하들을 방자하게 만들어 놓고, 큰일을 이루려 하는 것은 어려운 일입니다.

무릇 위가 교만해지면 방자해지고, 신하가 교만해지면 다툼이 일어나는 법입니다. 이로써 상공은 위로는 군주와 사이가 벌이지고, 아래로는 대신들과 다투게 될 것입니다. 결국 제나라에서 상공의 입지가 위태로워지게 될 것입니다. 이 때문에 오나라를 정벌하느니만 못하다고 한 것입니다. 또한 오나라를 정벌하여 이기지 못하면 백성들은 밖에서 죽고 대신들은 안에서 텅 비게 되니, 상공으로서는 위로는 대적할 강력한 신하가 없고, 아래로는 백성들의 책임추궁이 없게 됩니다. 왕을 고립시키고 제나라를 통제할 사람은 오직 상공뿐입니다."

전상이 "그대의 말이 옳소. 하지만 우리 군대는 벌써 노나라로 떠났소. 그곳을 떠나 오나라로 가게 하면, 대신들은 나를 의심할 것이오. 그러니 이를 어쩐단 말이오?"라고 물었다.

자공은 "상공께서는 병사들을 붙들고 공격하지 마십시오. 신이 오나라 왕에게 가서 노나라를 구하고 제나라를 치도록 하겠습니다. 상공께서는 그 참에 군대를 이끌고 오나라 군대를 맞아 싸우시면 됩니다."라고 하였다.

전상이 이를 허락하였고, 자공은 남쪽으로 가서 오나라 왕을 만나 이렇게 유세했다.

"신이 듣기에 왕도를 펴는 자는 다른 나라의 후대를 끊지 않고, 패도를 펴는 자는 적을 강하게 만들지 않습니다. 천근의 무게도 미세한 무게 때문에 달라지는 법입니다. 그런데 지금 만승의 제나라가 천승의 노나라를 사사로이 치려는 것은 오나라와 힘을 겨루려 하는 것이니, 왕께 위협이 될 듯합니다. 더욱이 노나라를 구하는 것은 명분을 드러내는 일이고, 제나라를 토벌하는 것은 큰 이익이 되는 일입니다. 이로써 사수 주변의 제후들을 안심시키고 포악한 제나라를 토벌하여 강력한 진나라를 굴복시킨다면, 이보다 더 큰 이익은 없을 것입니다. 명분상으로는 망해가는 노나라를 존속시키는 것이지만, 실제로는 강력한 제나라를 곤경에 빠뜨리는 것이니 지혜로운 사람이라면 의심하지 않을 것입니다."

오나라 왕은 "좋소. 하지만 나는 월나라와 싸워 그 왕을 회계會稽로 몰아넣은 적이 있소. 이로써 월나라 왕은 고생을 참아내며 병사를 양성하여 내게 보복할 마음을 품어왔소. 그러니 그대는 내가 월나라를 정벌한 다음 그대의 말을 따를 때까지 기다리시오."라고 하였다.

그러자 자공은 "월나라의 힘은 노나라만 못하고, 오나라의 강함은 제나라를 뛰어넘지 못합니다. 왕이 제나라를 내버려둔 채 월나라를 정벌하시면, 제나라는 이미 노나라를 평정한 다음일 것입니다. 더욱이 왕께서는 이제 망해가는 나라를 구하여 대가 끊어지지 않게 한다는 명분을 찾게 되실 텐데 작은 월나라를 치고 강한 제나라를 두려워하는 것은 용기가 아닙니다. 용기 있는 자는 어려운 일을 피하지 않고, 어진 자는 곤란함에 처한 사람을 궁지로 몰아넣지 않으며, 지혜로운 자는 시기를 놓치지 않고, 왕도를 펴는 자는 남의 후사를 끊어버리지 않음으로써 대의를 세우는 법입니다. 그러므로 지금 월나라를 존속시킴으로써 제후들에게 어질다는 것을 보여주고, 노나라를 구하고 제나라를 쳐서 진晉나라에 위엄을 보여준다면 제후들이 틀림없이 서로를 이끌고 오나라로 찾아들 것이니, 패업을 이룩하게 될 것입니다. 또한 왕께서 그렇게 월나라가 걱정되신다면 제가 동쪽으로 가서 월나라 왕을 만나 군대를 내어 따르라고 하겠습니다. 이렇게 되면 월나라는 실제로는 텅 비게 될 것이고, 명분상으로는 제후를 거느리고 제나라를 정벌하는 것이 됩니다."라고 하였다. 오나라 왕이 크게 기뻐하며 자공을 월나라로 보냈다.

월나라 왕은 길을 청소하고 교외까지 나와 맞이하고는 몸소 수레를 몰아 객사에 이르렀다. 왕은 자공에게 "이 궁벽한 오랑캐의 나라에 대부께서 어찌 이렇게 욕되게도 힘든 걸음을 하셨습니까?"라고 물었다. 자공은 "지금 제가 오나라 왕에게 노나라를 구하고 제나라를 치라고 설득하였습니다. 오나라 왕은 그렇게 하길 바라지만 월나라가 두려워 '내가 월나라를 토벌한 다음이라면 가능하겠소.'라고 말하였습니다. 이렇게 된다면 오나라는 월나라를 틀림없이 칠 것입니다.

무릇 보복할 마음이 없는데 남을 의심하게 만드는 것은 서투른 짓입니다. 설사 보복할 마음을 품고 있었다 하더라도 그것을 알게 하는 것은 위태로운 짓입니다. 일이 시작되지도 않았는데 그보다 먼저 소식이 새어나가면 그것은 위험한 짓입니다. 이 세 가지는 일을 하는데 있어서 큰 걱정거리가 됩니다."라고 하였다.

구천이 머리를 조아리고 절을 하며 "제가 힘을 헤아리지 못하고 오나라와 싸웠다가 회계에서 곤욕을 치른 일이 있었습니다. 그 고통이 뼈에 사무쳐 밤낮없이 입술과 혀가 바짝바짝 타들어갑니다. 오직 오나라 왕과 함께 죽는 것이 저의 소원일 따름입니다."라고 말했다. 그리고 마침내 자공에게 계책을 물었다.

자공은 "오나라 왕은 사람 됨됨이가 사납고 포악하여 신하들이 감당하지 못하고, 나라는 빈번한 전쟁으로 피폐해져 있어 병사들은 견디기 힘들어 하고 있습니다. 또한 백성들은 윗사람을 원망하고 대신들은 안에서 다른 마음을 먹고 있습니다. 오자서는 바른말을 하다가 죽었고, 태재 백비가 일을 주무르며 군주의 잘못에 그대로 순종하여 자신의 사사로운 이득에 안주하고 있습니다. 이는 나라를 망치는 정치입니다. 지금 왕께서 군대를 내어 오나라를 도움으로써 그 왕 뜻에 따르고, 귀한 보물들로 그 마음을 달래고, 겸손한 언사로 한껏 예를 차린다면, 오나라 왕은 틀림없이 제나라를 토벌할 것입니다. 오나라가 패배하면 그것은 왕의 복福입니다. 오나라가 이기면 틀림없이 군대를 이끌고 진나라로 갈 것입니다. 그러니 제가 북쪽으로 가서 진나라 왕을 만나 뵙고, 제나라와 함께 오나라를 치게 하면 틀림없이 오나라를 약하게 만들 수 있을 것입니다. 오나라의 정예병이 제나라에서 모두 꺾이고, 단단히 무장한 병사들이 진나라에서 곤경을 치르고 있을 때에 왕께서 오나라를 치신다면 오나라의 멸망은 분명한 일이 될 것입니다."라고 하였다.

월나라 왕이 몹시 기뻐하며 이를 승낙하였다. 자공에게 황금 100일(약 2천 냥)과 검 한 자루, 좋은 창 두 자루를 주었다. 자공이 받지 않고 바로 떠났다.

자공이 월나라에서 돌아와 오나라 왕에게 "신이 삼가 왕의 말씀을 월나라 왕에게 알렸더니 왕이 몹시 두려워하며 '이 몸은 불행하게도 어린 나이에 선친을 여의고, 미처 스스로의 힘을 헤아리지 못하고 오나라에 죄를 지어 그에 상응한 벌을 받고 말았습니다. 결국 군대는 패배하고 몸은 욕을 당하고 말았습니다. 또한 회계에 깃들어 살면서 나라는 폐허가 되고 말았습니다. 하지만 오나라 왕의 은혜에 힘입어 제기를 받들어 제사를 드리게 되었으니, 감히 죽어도 잊지 못할 일인데 어찌 딴 마음을 품겠습니까?'라고 하였습니다."라고 보고하였다.

닷새 뒤 월나라는 대부 문종文種을 오나라에 보내 머리를 조아리며 고하게 하기를, "동해의 충성스러운 신하 구천의 사신인 문종은 감히 왕의 신하들과 친분을 맺고 좌우 사람들에게 묻고자 합니다. 장차 왕께서는 대의를 앞세워 강한 자를 토벌하여 약자를 구하기 위해 포악한 제나라를 압박하여 주 왕실의 친족인 노나라를 위로하려 하신다고 들었습니다. 그러므로 청하오니 우리 월나라는 나라 안의 병사 3천을 모두 출병시키고, 저 또한 갑옷을 입고 무기를 들고 화살과 돌을 앞장서서 받고자 하옵니다. 월나라의 미천한 신하 문종에게 선대 조상들의 병기와 갑옷 20벌과 굴로屈盧가 만든 창, 보광步光의 검을 바치고자 하오니, 이로써 장병들의 노고를 치하하옵소서!"라고 하였다.

오나라 왕은 매우 기뻐하며 자공에게 이 일을 알렸다.

"월나라 왕이 몸소 과인을 따라 제나라의 정벌에 나서겠다는 괜찮겠소?"

자공이 "안 됩니다. 남의 나라를 텅 비게 만들고 군사를 모두 동원하였는데, 그 나라의 왕마저 따르게 하는 것은 대의가 아닙니다. 왕께서는 월나라의 예물을 거두시고 군사의 출정만을 허락하십시오. 그리고 월나라 왕이 따르는 것은 사양하십시오."라고 하였다.

오나라 왕이 이를 허락하고, 월나라 왕의 출정은 사양하였다. 이에 오나라 왕은 아홉 개 군郡의 병사를 징발하여 마침내 제나라의 토벌에 나섰다.

자공은 진나라로 가서 진나라 왕에게 말했다.

"신은 '사전에 생각을 정해놓지 않으면 갑작스러운 일에 대응할 수 없고, 병사를 미리 훈련시켜 놓지 않으면 적을 이기지 못한다.'고 들었습니다. 지금 제나라와 오나라가 싸우려 합니다. 오나라가 싸워 이기지 못하면 월나라가 그 틈을 이용해 난을 일으킬 것이 분명하고, 제나라와 싸워 이기면 그 군대를 이끌고 진나라로 쳐들어 올 것이 분명합니다."

진나라 왕이 크게 두려워하며 물었다.

"그렇다면 어찌 해야 하겠소?"

자공이 "무기를 정비하고 병사들을 쉬게 하면서 기다립시오."라고 하였고, 진나라 왕이 그것을 받아들였다.

자공은 물러나 노나라로 돌아왔다. 오나라 왕은 과연 제나라의 군대와 애릉艾陵에서 싸워 제나라 군대를 대파하였고, 일곱 명의 장수와 그 병사들을 포로로 붙잡았다. 그러나 오나라는 군대를 돌리지 않고, 정말로 진나라로 진격하여 진나라와 황지黃池에서 대치하였다. 오나라와 진나라가 힘을 겨루었다. 진나라 군사가 공격하여 오나라의 군사를 크게 물리쳤다. 월나라 왕은 그 소식을 듣고 장강을 건너 오나라를 습격하여 도성 7리 밖에 군대를 주둔시켰다. 오나라 왕이 그 소식을 듣고 진나라를 포기하고 돌아와 월나라와 오호五湖에서 격돌하였는데 세 번 싸워 세 번 모두 이기지 못하고 성을 지켜내지 못했다. 결국 월나라가 왕궁을 포위하여 부차를 죽이고 그 재상인 백비를 죽였다. 월나라 왕은 오나라를 격파하고 3년 뒤에 동쪽으로 진군하여 패주가 되었다.

이로써 자공은 한 번 나섬으로써 노나라가 보존되고 제나라는 혼란에 빠졌으며, 오나라가 격파되고 진나라는 강대해졌으며, 월나라는 패주가 되었다. 자공이 한 번 사신으로 나간 것으로 여러 나라의 형세가 깨어져 10년 사이에 다섯 나라가 모두 변화를 맞이하였다.

자공은 사고팔기를 잘 하여 시세의 변동에 따라 물건을 회전시켰다. 남의 장점을 칭찬하길 좋아했지만 남의 잘못을 감출 줄도 몰랐다. 일찍이 노나라와 위나라에서 재상을 지냈으며 가산이 천금에 이르렀지만, 종국에는 제나라에서 생을 마쳤다.

端沐賜, 衛人, 字子貢. 少孔子三十一歲.

子貢利口巧辭, 孔子常黜其辯. 問曰: "汝與回也孰愈?" 對曰: "賜也何敢望回! 回也聞一以知十, 賜也聞一以知二."

子貢旣已受業, 問曰: "賜何人也?" 孔子曰: "汝器也." 曰: "何器也?" 曰: "瑚璉也." 陳子禽問子貢曰: "仲尼焉學?" 子貢曰: "文武之道未墜於地, 在人, 賢者識其大者, 不賢者識其小者, 莫不有文武之道. 夫子焉不學, 而亦何常師之有!" 又問曰: "孔子適是國必聞其政. 求之與? 抑與之與?" 子貢曰: "夫子溫良恭儉讓以得之. 夫子之求之也, 其諸異乎人之求之也." 子貢問曰: "富而無驕, 貧而無諂, 何如?" 孔子曰: "可也; 不如貧而樂道, 富而好禮." 田常欲作亂於齊, 憚高·國·鮑·晏, 故移其兵欲以伐魯. 孔子聞之, 謂門弟子曰: "夫魯, 墳墓所處, 父母之國, 國危如此, 二三子何爲莫出?" 子路請出, 孔子止之. 子張·子石請行, 孔子弗許. 子貢請行, 孔子許之.

遂行, 至齊, 說田常曰: "君之伐魯過矣. 夫魯, 難伐之國, 其城薄以卑, 其地狹以泄, 其君愚而不仁, 大臣僞而無用, 其士民又惡甲兵之事, 此不可與戰. 君不如伐吳. 夫吳, 城高以厚, 地廣以深, 甲堅以新, 士選以飽, 重器精兵盡在其中, 又使明大夫守之, 此易伐也." 田常忿然作色曰: "子之所難, 人之所易; 子之所易, 人之所難: 而以教常, 何也?" 子貢曰: "臣聞之,憂在內者攻彊, 憂在外者攻弱. 今君憂在內. 吾聞君三封而三不成者, 大臣有不聽者也. 今君破魯以廣齊, 戰勝以驕主, 破國以尊臣, 而君之功不與焉, 則交日疏於主. 是君上驕主心, 下恣群臣, 求以成大事, 難矣. 夫上驕則恣, 臣驕則爭, 是君上與主有郤, 下與大臣交爭也. 如此, 則君之立於齊危矣. 故曰不如伐吳. 伐吳不勝, 民人外死, 大臣內空, 是君上無彊臣之敵, 下無民人之過, 孤主制齊者唯君也." 田常曰: "善. 雖然, 吾兵業已加魯矣, 去而之吳, 大臣疑我, 柰何?" 子貢曰: "君按兵無伐, 臣請往使吳王, 令之救魯而伐齊, 君因以兵迎之." 田常許之, 使子貢南見吳王.

說曰: "臣聞之, 王者不絕世, 霸者無彊敵, 千鈞之重加銖兩而移. 今以萬乘之齊而私千乘之魯, 與吳爭彊, 竊爲王危之. 且夫救魯, 顯名也; 伐齊, 大利也. 以撫泗上諸侯, 誅暴齊以服彊晉, 利莫大焉. 名存亡魯, 實困彊齊. 智者不疑也." 吳王曰: "善. 雖然, 吾嘗與越戰, 棲之會稽. 越王苦身養士, 有報我心. 子待我伐越而聽子." 子貢曰: "越之勁不過魯, 吳之彊不過齊, 王置齊而伐越, 則齊已平魯矣. 且王方以存亡繼絕爲名, 夫伐小越而畏彊齊, 非勇也. 大勇者不避難, 仁者不窮約, 智者不失時, 王者不絕世, 以立其義. 今存越示諸侯以仁, 救魯伐齊, 威加晉國, 諸侯必相率而朝吳, 霸業成矣. 且王必惡越, 臣請東見越王, 令出兵以從, 此實空越, 名從諸侯以伐也." 吳王大說, 乃使子貢之越.

越王除道郊迎, 身御至舍而問曰: "此蠻夷之國, 大夫何以儼然辱而臨之?" 子貢曰: "今者吾說吳王以救魯伐齊, 其志欲之而畏越, 曰≪待我伐越乃可≫. 如此, 破越必矣. 且夫無報人之志而令人疑之, 拙也; 有報人之志, 使人知之, 殆也; 事未發而先聞, 危也. 三者舉事之大患." 句踐頓首再拜曰: "孤嘗不料力, 乃與吳戰, 困於會稽, 痛入於骨髓, 日夜焦脣乾舌, 徒欲與吳王接踵而死, 孤之願也." 遂問子貢. 子貢曰: "吳王爲人猛暴, 群臣不堪; 國家敝以數戰, 士卒弗忍; 百姓怨上, 大臣內變; 子胥以諫死, 太宰嚭用事, 順君之過以安其私: 是殘國之治也. 今王誠發士卒佐之徼其志, 重寶以說其心, 卑辭以尊其禮, 其伐齊必也. 彼戰不勝, 王之福矣. 戰勝, 必以兵臨晉, 臣請北見晉君, 令共攻之, 弱吳必矣. 其銳兵盡於齊, 重甲困於晉, 而王制其敝, 此滅吳必矣." 越王大說, 許諾. 送子貢金百鎰, 劍一, 良矛二. 子貢不受, 遂行.

報吳王曰: "臣敬以大王之言告越王, 越王大恐, 曰: 孤不幸, 少失先人, 內不自量, 抵罪於吳, 軍敗身辱, 棲於會稽, 國爲虛莽, 賴大王之賜, 使得奉俎豆而修祭祀, 死不敢忘, 何謀之敢慮!"後五日, 越使大夫種頓首言於吳王曰: "東海役臣孤句踐使者臣種, 敢修下吏問於左右. 今竊聞大王將興大義, 誅彊救弱, 困暴齊而撫周室, 請悉起境內士卒三千人, 孤請自被堅執銳, 以先受矢石. 因越賤臣種奉先人藏器, 甲二十領, 鈇屈盧之矛, 步光之劍, 以賀軍吏." 吳王大說, 以告子貢曰: "越王欲身從寡人伐齊, 可乎?" 子貢曰: "不可. 夫空人之國, 悉人之衆, 又從其君, 不義. 君受其幣, 許其師, 而辭其君." 吳王許諾, 乃謝越王. 於是吳王乃遂發九郡兵伐齊.

子貢因去之晉, 謂晉君曰: "臣聞之, 慮不先定不可以應卒, 兵不先辨不可以勝敵. 今夫齊與吳將戰, 彼戰而不勝, 越亂之必矣; 與齊戰而勝, 必以其兵臨晉." 晉君大恐, 曰: "爲之柰何?" 子貢曰: "修兵休卒以待之." 晉君許諾.

子貢去而之魯. 吳王果與齊人戰於艾陵, 大破齊師, 獲七將軍之兵而不歸, 果以兵臨晉, 與晉人相遇黃池之上. 吳晉爭彊. 晉人擊之, 大敗吳師. 越王聞之, 涉江襲吳, 去城七里而軍. 吳王聞之, 去晉而歸, 與越戰於五湖. 三戰不勝, 城門不守, 越遂圍王宮, 殺夫差而戮其相. 破吳三年, 東向而霸.

故子貢一出, 存魯, 亂齊, 破吳, 彊晉而霸越. 子貢一使, 使勢相破, 十年之中, 五國各有變. 子貢好廢擧, 與時轉貨貲. 喜揚人之美, 不能匿人之過. 常相魯衛, 家累千金, 卒終於齊.

언언

언언言偃은 오나라 사람으로 자字는 자유子遊이다. 공자보다 45년 아래이다.

자유는 공자의 가르침을 받고 난 이후에 무성武城의 읍재邑宰가 되었는데, 공자가 그곳을 지나다가 거문고를 타며 노래하는 소리를 들었다. 공자가 빙그레 미소 지으며 "닭 잡는 데에 어찌하여 소 잡는 칼을 쓰는가?"라고 하였다. 자유가 대답하기를, "전에 제가 선생님께 듣기로는 군자는 도를 배우면 남을 사랑하고, 소인은 도를 배우면 부리기가 쉽다고 하셨습니다."라고 하였다. 공자는 "제자들아, 언언의 말이 맞다. 방금 내가 한 말은 농담이었다."라고 하였다. 공자는 자유가 문학에 재능이 있다고 생각하였다.

言偃, 吳人, 字子遊. 少孔子四十五歲.

子遊既已受業, 爲武城宰. 孔子過, 聞弦歌之聲. 孔子莞爾而笑曰: "割雞焉用牛刀?" 子遊曰: "昔者偃聞諸夫子曰, 君子學道則愛人, 小人學道則易使." 孔子曰: "二三子, 偃之言是也. 前言戲之耳." 孔子以爲子遊習於文學.

복상

복상卜商은 자가 자하子夏이며, 공자보다 44년 아래이다.

자하가 "'예쁜 미소에 어여쁜 보조개여, 맑은 눈에 선명한 눈동자여.

흰 비단으로 채색을 하였네.'라고 하였는데 무엇을 뜻하는 것인지요?" 라고 물었다. 공자가 "그림 그리는 일은 흰 비단을 마련하는 것보다 뒤에 한다는 뜻이다."라고 하였다. 자하가 "예가 그 다음이란 말씀이시군요."라고 하자, 공자는 "복상이 이제야 나와 ≪시詩≫를 얘기할 수 있게 되었구나."라고 하였다.

자공이 "사師(자장)와 상商(복상) 가운데 누가 더 낫습니까?"라고 묻자, 공자는 "자장은 지나치고, 복상은 미치지 못한다."라고 하였다.

자공이 "그렇다면 자장이 더 나은 것입니까?"라고 묻자, 공자는 "지나친 것이나 미치지 못한 것이나 매한가지이다."라고 하였다.

공자는 자하에게 "너는 군자유君子儒가 되어야지 소인유小人儒가 되어서는 안 된다."라고 일러 말하였다.

공자가 세상을 떠나고, 자하는 서하西河에 머무르면서 사람들에게 가르침을 베풀고 위나라 문후文侯의 스승이 되었다. 자하는 자신의 아들을 잃고 지나치게 슬퍼한 나머지 눈이 멀고 말았다.

卜商字子夏 少孔子四十四歲.

子夏問: "巧笑倩兮, 美目盼兮, 素以爲絢兮, 何謂也?" 子曰: "繪事後素." 曰: "禮後乎?" 孔子曰: "商始可與言詩已矣."

子貢問: "師與商孰賢?" 子曰: "師也過, 商也不及." "然則師愈與?" 曰: "過猶不及."

子謂子夏曰: "汝爲君子儒, 無爲小人儒."

孔子既沒, 子夏居西河教授, 爲魏文侯師. 其子死, 哭之失明.

전손사

전손사顓孫師는 진陳나라 사람으로 자는 자장子張이다. 공자보다 48년 아래이다.

자장이 봉록을 구하는 것에 대해 묻자 공자는 "많이 듣고서 의심나는 것을 보류해두고, 그 나머지를 신중하게 말하면 허물이 적을 것이다. 많이 보고서 위태로운 일을 보류해두고, 그 나머지를 신중하게 행동하면 후회가 적을 것이다. 말에 허물이 적고 행동에 후회가 적으면 봉록이 그 안에 있을 것이다."라고 하였다.

어느 날 자장이 공자를 따르다가 진陳나라와 채蔡나라 사이에서 곤욕을 치를 때, 행동처세에 대해 물었다.

공자는 "말이 충직하고 진실하며, 행동이 독실하고 공경스럽다면 오랑캐 나라일지라도 통하겠지만, 말이 충직하지도 진실하지도 않고, 행동 또한 독실하지도 공경스럽지도 못하면 중원의 고을(州里)인들 통하겠느냐? 서 있을 때나 앉아 있을 때나 늘 그것이 눈앞에 보여야 행할 수 있느니라."

자장은 이 말씀을 허리띠에 적어두었다.

자장이 "선비가 어떠해야 통달했다고 할 수 있습니까?"라고 묻자, 공자가 "무엇이냐, 네가 말하는 통달이란 것이?"라고 하였다.

자장이 "나라에서는 반드시 그 이름이 들려야 하고, 집안에서도 반드시 그 이름이 들리는 것입니다."라고 대답하였다.

그러자 공자는 "그것은 명성이지 통달한 것이 아니다. 무릇 통달이란 바탕이 곧아 의리를 좋아하고, 말을 잘 살피고 표정을 관찰하며, 늘 남보다 낮은 자세로 임하고자 하는 것이다. 그리하여 나라에서든 집안에서든 통달할 수밖에 없는 것이다. 무릇 명성이란 어진 것 같지만 행동은 어긋나는데도 거기에 안주하여 의심하지 않는 것으로, 그러면 나라에서든 집안에서든 명성이 나기 마련이다."라고 하였다.

顓孫師, 陳人, 字子張. 少孔子四十八歲.

子張問幹祿, 孔子曰: "多聞闕疑, 愼言其餘, 則寡尤; 多見闕殆, 愼行其餘, 則寡悔. 言寡尤, 行寡悔, 祿在其中矣." 他日從在陳蔡閒, 困, 問行. 孔子曰: "言忠信, 行篤敬, 雖蠻貊之國行也; 言不忠信, 行不篤敬, 雖州里行乎哉! 立則見其參於前也, 在輿則見其倚於衡, 夫然後行." 子張書諸紳. 子張問: "士何如斯可謂之達矣?" 孔子曰: "何哉, 爾所謂達者?" 子張對曰: "在國必聞, 在家必聞." 孔子曰: "是聞也, 非達也. 夫達者, 質直而好義, 察言而觀色, 慮以下人, 在國及家必達. 夫聞也者, 色取仁而行違, 居之不疑, 在國及家必聞."

증삼

증삼曾參은 남무성南武城 사람으로 자는 자여子輿이다. 공자보다 46년 아래이다.

공자는 증삼이 효孝의 도리에 능통하다고 여겨, 그에게 가르침을 주었고, 이로써 ≪효경孝經≫을 지었다. 증삼은 노나라에서 죽었다.

曾參, 南武城人, 字子輿. 少孔子四十六歲.

孔子以爲能通孝道, 故授之業. 作孝經. 死於魯.

담대멸명

담대멸명澹臺滅明은 무성武城 사람으로 자는 자우子羽이다. 공자보다 39년 아래이다.

그는 얼굴이 매우 못 생겼다. 그가 공자를 섬기기 위해 찾아 왔는데, 공자는 그의 재능이 보잘 것 없을 것이라고 생각하였다. 그러나 그는 수업을 마치고 물러나온 뒤에도 행동을 조심하였는데, 길도 지름길로 가지 않고 공적인 일이 아니면 경대부를 만나지 않았다.

남쪽을 떠돌다 장강에 이르렀을 무렵 그를 따르는 제자가 300명에 달했다. 주고받는 것, 나아가고 물러나는 것이 분명하여 그 명성이 제후들 사이에 퍼져나갔다. 공자가 이를 듣고는 "나는 말로 사람을 평가했다가 재여에게 실수를 범했고, 얼굴로 사람을 판단했다가 자우에게 실수를 범했다."라고 하였다.

澹台滅明, 武城人, 字子羽. 少孔子三十九歲.

狀貌甚惡. 欲事孔子, 孔子以爲材薄. 既已受業, 退而修行, 行不由徑, 非公事不見卿大夫.

南遊至江, 從弟子三百人, 設取予去就, 名施乎諸侯. 孔子聞之, 曰: "吾以言取人, 失之宰予; 以貌取人, 失之子羽."

복부제

복부제宓不齊는 자가 자천子賤이다. 공자보다 30년 아래이다.

공자는 "자천은 군자로다! 노나라에는 군자가 없다고 하는데, 이 사람은 어디에서 이와 같은 덕을 배웠단 말인가?"라고 하였다.

자천이 선보單父의 재宰로 있다가 돌아와 공자에게, "이 나라에는 저보다 뛰어난 다섯 사람이 있어 저에게 다스림이 무엇인지를 가르쳐 줍니다."라고 보고하였다.

공자가 "안타까운 일이구나. 네가 다스리는 곳이 작구나! 다스리는 곳이 컸다하더라도 다를 것이 없었을 텐데!"라고 하였다.

宓不齊字子賤. 少孔子三十歲.

孔子謂"子賤君子哉! 魯無君子, 斯焉取斯?"

子賤爲單父宰, 反命於孔子, 曰: "此國有賢不齊者五人, 教不齊所以治者." 孔子曰: "惜哉不齊所治者小, 所治者大則庶幾矣."

원헌

원헌原憲은 자가 자사子思이다.

자사가 부끄러움에 대해 묻자, 공자는 "나라에 도가 있을 때 훌륭한 일을 하지 못하고 봉록만 받고, 나라에 도가 없을 때 제 몸을 닦지 못하고 봉록만 받는다면 이것이 바로 부끄러움이다."라고 하였다.

자사가 "남을 이겨먹으려 하고, 자랑하려 하며, 남을 원망하고, 가지려하는 일들을 행하지 않으면 어질다고 할 수 있겠습니까?"라고 하자, 공자는 "어려운 일이라 할 수 있겠지만 그것이 어진 것인지는 나도 모르겠다."라고 하였다.

공자가 세상을 떠나고 난 뒤, 원헌은 끝내 초야에 들어가 숨어 지냈다. 자공이 위나라의 재상으로 있을 적에 네 필의 말이 끄는 마차를 타고 호위병들을 거느리고서 풀숲을 헤치고 궁핍한 골목을 찾아 원헌을 방문한 적이 있었다. 원헌은 해진 의관을 단정히 여미고 자공을 만났다. 자공이 그 모습을 부끄럽게 여기며 "그대는 어찌 하여 이렇게 궁색하게 사시오?"라고 하였다. 원헌은 "나는 재산이 없는 것을 가난이라 하고, 도를 배워 행하지 않는 것을 궁색이라 한다 들었소. 나는 가난하지만 궁색하지는 않소이다."라고 하였다.

자공은 부끄러운 기색을 감추지 못하고 언짢아하며 그 자리를 떠났고, 죽을 때까지 자신의 잘못된 말을 부끄러워하였다.

原憲字子思.

子思問恥. 孔子曰: "邦有道, 穀, 邦無道, 穀, 恥也."

子思曰: "克伐怨欲不行焉, 可以爲仁乎?" 孔子曰: "可以爲難矣, 仁則吾弗知也."

孔子卒, 原憲遂亡在草澤中. 子貢相衛, 而結駟連騎, 排藜藿入窮閻, 過謝原憲. 憲攝敝衣冠見子貢. 子貢恥之, 曰: "夫子豈病乎?" 原憲曰: "吾聞之, 無財者謂之貧, 學道而不能行者謂之病. 若憲, 貧也, 非病也." 子貢慚, 不懌而去, 終身恥其言之過也.

공야장

공야장公冶長은 제나라 사람으로 자字가 자장子張이다.

공자는 "공야장은 사위를 삼을 만하다. 포승줄에 묶여 있는 몸이지만 그의 잘못이 아니다."라고 하며, 자신의 딸을 아내로 삼게 하였다.

公冶長, 齊人, 字子長.

孔子曰: "長可妻也, 雖在累紲之中, 非其罪也." 以其子妻之.

남궁괄

남궁괄南宮括은 자가 자용子容이다.

공자에게 "예羿는 활을 잘 쏘았고, 오奡는 땅위에서 배를 움직일 정도로 힘이 장사였는데 모두 제 명에 죽지 못하였고, 우禹와 직稷은 몸소 농사를 지었는데도 천하를 얻었습니다. 이는 무슨 까닭입니까?"라고 물었으나 공자는 답하지 않았다.

자용이 물러가자 공자는 "저 이는 군자로구나! 덕을 숭상할 줄 아는 사람이구나!"라고 하였다. 또한 "나라에 도가 있을 때에는 버려지지 않을 사람이고, 나라에 도가 없더라도 죽음을 면할 사람이다."라고 하였다. 남궁괄은 ≪시경≫의 "백규白珪"를 매일 세 차례 반복하여 읊으며 자신을 반성하였는데, 공자는 형님의 딸을 그에게 시집보냈다.

南宮括字子容.

問孔子曰: "羿善射, 奡盪舟, 俱不得其死然; 禹稷躬稼而有天下?" 孔子弗答. 容出, 孔子曰: "君子哉若人! 上德哉若人!" "國有道, 不廢; 國無道, 免於刑戮." "三復白珪之玷", 以其兄之子妻之.

공석애

공석애公晳哀는 자가 계차季次이다.

공자는 "천하 사람들은 도를 행하지 않고, 대부분 대부의 가신이 되어 도성에서 벼슬하며 지내는데, 계차만은 벼슬을 하지 않는구나."라고 하였다.

公晳哀字季次.

孔子曰: "天下無行, 多爲家臣, 仕於都; 唯季次未嘗仕."

증점

증점曾點은 자가 석晳이다.

공자를 모시고 있는데 공자가 "네 뜻을 말해 보거라."라고 하자, 증점은 "화창한 봄날 봄옷이 다 지어지면, 어른 대여섯 명과 동자 예닐곱 명과 함께 기수沂水에서 목욕하고, 무우舞雩의 대臺 위에서 바람을 쐰 다음 노래를 부르며 돌아오고 싶습니다."라고 하였다. 공자가 크게 감탄하며 "나는 점과 생각이 같다."고 하였다.

曾點字晳.

侍孔子, 孔子曰: "言爾志." 點曰: "春服既成, 冠者五六人, 童子六七人, 浴乎沂, 風乎舞雩, 詠而歸." 孔子喟爾歎曰: "吾與點也!"

안무요

안무요顔無繇는 자가 로路이다. 로는 안회의 아버지로서 아버지와 아들이 각기 시기를 달리하여 공자를 섬겼다.

안회가 죽자 가난했던 안로顔路는 공자에게 수레를 팔아 그것으로 장례를 치러줄 것을 청했다. 공자는 "재능이 있든 없든 각기 다 자기 자식들이 아닌가. 내 아들 공리孔鯉가 죽었을 때 관으로 널만 쓰고 겉 널은 쓰지 않았다. 내가 수레를 팔아 겉 널을 마련해주지 못하는 것은 내가 대부의 말석에 있기 때문에 걸어 다닐 수 없었기 때문이다."라고 하였다.

顔無繇字路. 路者, 顔回父, 父子嘗各異時事孔子.

顔回死, 顔路貧, 請孔子車以葬. 孔子曰: "材不材, 亦各言其子也. 鯉也死, 有棺而無槨, 吾不徒行以爲之槨, 以吾從大夫之後, 不可以徒行."

상구

상구商瞿는 노나라 사람으로 자가 자목子木이다. 공자보다 29년 아래이다.

공자는 ≪역易≫을 상구에게 전했고, 상구는 초나라 사람 한비자홍馯臂子弘에게 전했으며, 홍은 강동江東 사람 교자용자矯子庸疵에게 전했고, 자는 연나라 사람 주자가수周子家豎에게 전했다. 수는 순우淳于 사람 광자승우光子乘羽에게 전했고, 우는 제나라 사람 전자장하田子莊何에게 전했으며, 하는 동무東武 사람 왕자중동王子中同에게 전했고, 동은 치천菑川 사람 양하楊何에게 전했다. 양하는 ≪역≫을 연구하여 원삭元朔 연간(기원전128~123년)에 한나라 중대부中大夫가 되었다.

商瞿, 魯人, 字子木. 少孔子二十九歲.

孔子傳易於瞿, 瞿傳楚人馯臂子弘, 弘傳江東人矯子庸疵, 疵傳燕人周子家豎, 豎傳淳於人光子乘羽, 羽傳齊人田子莊何, 何傳東武人王子中同, 同傳菑川人楊何. 何元朔中以治易爲漢中大夫.

고시

고시高柴는 자가 자고子羔이다. 공자보다 30년 아래이다.

자고는 신장이 다섯 척이 안 되었다. 자고는 공자에게 가르침을 받았는데 공자는 그를 우직하다고 여겼다.

자로가 자고를 비읍費邑의 재宰로 삼자, 공자는 "남의 자식을 그르치는구나!"라고 하였다. 자로가 "백성들이 있어야 사직이 있는 법입니다. 어찌 꼭 책을 읽어야만 학문이 있다고 할 수 있겠습니까?"라고 하였다. 공자는 "이래서 나는 말만 잘하는 자들이 싫다."라고 하였다.

高柴字子羔. 少孔子三十歲.

子羔長不盈五尺, 受業孔子, 孔子以爲愚.

子路使子羔爲費郈宰, 孔子曰: "賊夫人之子!" 子路曰: "有民人焉, 有社稷焉, 何必讀書然後爲學!" 孔子曰: "是故惡夫佞者."

칠조개

칠조개漆雕開는 자가 자개子開이다.

공자가 칠조개에게 벼슬하기를 권하자 그는 "저는 그 일에 자신이 없습니다."라고 하였다. 이에 공자가 기뻐하였다.

漆彫開字子開.

孔子使開仕, 對曰: "吾斯之未能信." 孔子說.

공백료

공백료公伯繚는 자가 자주子周이다.

자주가 계손季孫에게 자로를 헐뜯었다. 자복경백子服景伯이 이를 공자에게 알리며 "계손 씨가 참으로 의심을 품게 되었습니다. 공백료라면 제 힘으로도 저자거리에서 조리를 돌릴 수 있습니다."라고 하였다. 공자는 "도가 장차 행하여지는 것도 천명이고 도가 장차 버려지는 것도 천명이다. 공백료가 천명을 어찌 하겠느냐?"라고 하였다.

公伯繚字子周.

周愬子路於季孫, 子服景伯以告孔子, 曰: "夫子固有惑志, 繚也, 吾力猶能肆諸市朝." 孔子曰: "道之將行, 命也; 道之將廢, 命也. 公伯繚其如命何!"

사마경

사마경司馬耕은 자가 자우子牛이다.

자우는 말이 많고 성격이 급했다. 공자에게 인仁에 대해 물은 적이 있는데, 공자는 "인자仁者는 말을 조심스럽게 한다."라고 하였다.

자우가 "말을 조심스럽게 하면 어질다(仁)고 할 수 있습니까?"라고 다시 묻자, 공자는 "행하기도 어려운데 말을 조심스럽게 하지 않을 수 있겠느냐?"라고 하였다.

자우가 군자에 대해 묻자 공자는 "군자는 걱정도 두려움도 없다."라고 하였다. "걱정도 두려움도 없으면 군자라 할 수 있습니까?"라고 다시 묻자 "안으로 자신을 살펴 터럭의 잘못도 없다면 무엇을 걱정하고 두려워하겠느냐?"라고 하였다.

司馬耕字子牛.

牛多言而躁. 問仁於孔子, 孔子曰: "仁者其言也訒." 曰: "其言也訒, 斯可謂之仁乎?" 子曰: "爲之難, 言之得無訒乎!"

問君子, 子曰: "君子不憂不懼." 曰: "不憂不懼, 斯可謂之君子乎?" 子曰: "內省不疚, 夫何憂何懼!"

번수

번수樊須는 자가 자지子遲이다. 공자보다 36년 아래이다.

번지樊遲가 농사에 대해 가르침을 청하자, 공자는 "나는 오래 농사지은 사람만 못하다."라고 대답하였다. 채소 키우는 것에 대한 가르침을 청하자, "나는 오래 채소를 가꾼 사람만 못하다."라고 하였다. 번지가 물러가자 공자는 "번수는 소인이로구나! 윗사람이 예禮를 좋아하면 공경하지 않을 백성이 없고, 윗사람이 의義를 좋아하면 복종하지 않을 사람이 없으며, 윗사람이 진실함(信)을 좋아하면 진정으로 대하지 않을 백성이 없는 법이다. 그리하면 사방의 백성들이 제 자식을 들쳐 업고라도 찾아 올 터인데, 농사가 무슨 소용이란 말이냐?"라고 하였다.

번지가 인仁에 대해 묻자, 공자는 "사람을 사랑하는 것이다."라고 하였다. 번지가 지혜에 대해 묻자, "사람을 아는 것이다."라고 대답하였다.

樊須字子遲 少孔子三十六歲.

樊遲請學稼, 孔子曰: "吾不如老農." 請學圃, 曰: "吾不如老圃." 樊遲出, 孔子曰: "小人哉樊須也! 上好禮, 則民莫敢不敬; 上好義, 則民莫敢不服; 上好信, 則民莫敢不用情. 夫如是, 則四方之民繈負其子而至矣, 焉用稼!"

樊遲問仁, 子曰: "愛人." 問智, 曰: "知人."

유약

유약有若은 공자보다 43년 아래이다.

유약이 이런 말을 하였다.

> "예의 쓰임에서 중요한 것은 조화이다. 선왕의 도에서도 이것을 최고로 여겼다. 하지만 크든 작든 무조건 이를 따를 경우 통하지 않는 경우도 있다. 오직 조화만 알고 조화만을 내세우면서 예로 조절하지 않는다면, 이 또한 통하지 않을 수 있다."
>
> "믿음이 의리에 가까우면 말을 반복할 수 있다. 공경이 예에 가까우면 치욕을 멀리 할 수 있다. 가까이 해야 할 사람을 잃지 않으면 또한 의지할 수 있다."

공자가 세상을 떠난 뒤에도 제자들은 공자를 그리워하였다. 그리하여 공자를 닮은 유약을 함께 스승으로 모시고 스승을 모시던 때처럼 그를 섬겼다.

어느 날 한 제자가 와서 "옛날 스승님께서 길을 나서시면서 제자에게 우산을 갖추라고 했는데 과연 비가 왔습니다. 제자가 '스승님께서는 비가 올 줄 어찌 아셨습니까?'라고 하자 스승님께서 '≪시≫에 달이 필畢이란 별과 만나면 큰 비가 온다고 하지 않더냐며 어제 밤 달이 필에 머물러 있었다.'라고 하셨습니다. 어느 날 달이 필에 머물러 있었지만 비는 오지 않았습니다.

그리고 한 번은 상구商瞿가 나이가 많은데도 아직 후사가 없자, 그 어머니가 첩실을 얻으라고 하였습니다. 스승님께서 상구를 제나라에 보내려고 하자 상구의 어머니가 보내지 말아달라고 청하였습니다. 스승님께서는 '걱정 마십시오. 상구는 마흔이 넘어서 아들 다섯을 두게 될 것입니다'라고 하셨습니다. 나중에 정말 그렇게 되었습니다. 감히 묻건대 스승님께서는 이를 어떻게 아셨을까요?"라고 물었다. 유약은 잠자코 대답하지 못했다.

그때 질문을 했던 제자가 일어나면서 "당신은 비키시오. 그 자리는 당신 자리가 아니오!"라고 하였다.

有若少孔子四十三歲. 有若日: "禮之用, 和爲貴, 先王之道斯爲美. 小大由之, 有所不行; 知和而和, 不以禮節之, 亦不可行也." "信近於義, 言可復也; 恭近於禮, 遠恥辱也; 因不失其親, 亦可宗也."

孔子既沒, 弟子思慕, 有若狀似孔子, 弟子相與共立爲師, 師之如夫子時也. 他日, 弟子進問日: "昔夫子當行, 使弟子持雨具, 已而果雨. 弟子問日: "夫子何以知之?"夫子日: "詩不云乎? 月離於畢, 俾滂沱矣."昨暮月不宿畢乎?"他日, 月宿畢, 竟不雨. 商瞿年長無子, 其母爲取室. 孔子使之齊, 瞿母請之. 孔子曰: "無憂, 瞿年四十後當有五丈夫子." 已而果然. 問夫子何以知此?" 有若黙然無以應. 弟子起曰: "有子避之, 此非子之座也!"

공서적

공서적公西赤은 자가 자화子華이다. 공자보다 42년 아래이다.

자화가 제나라에 사신으로 가게 되었을 때, 염유가 자화의 어머니를 위해 양식을 요청했다. 공자가 "한 부釜만 주어라."라고 하였는데, 염유가 더 줄 것을 요청했다. 공자가 "한 유庾를 주어라."라고 하였다. 그런데도 염유는 곡식 다섯 병秉을 주었다.

이에 공자가 "공서적은 제나라로 갈 때 살찐 말을 타고 가벼운 갖옷을 입고 있었다. 나는 '군자는 급한 사람은 보살피지만 부유한 사람에게는 더 보태주지 않는 법'이라고 들었다.

公西赤字子華. 少孔子四十二歲.

子華使於齊, 冉有爲其母請粟. 孔子曰: "與之釜." 請益, 曰: "與之庾." 冉子與之粟五秉. 孔子曰: "赤之適齊也, 乘肥馬, 衣輕裘. 吾聞君子周急不繼富."

무마시

무마시巫馬施는 자가 자기子旗이다. 공자보다 30년 아래이다.

진사패陳司敗가 공자에게 "노나라 소공은 예를 알았습니까?"라고 묻자, 공자는 "예를 알고 계셨다."라고 하였다. 진사패가 물러나와 무마기

巫馬旗에 절을 하고는 "제가 듣기로 군자는 편당을 만들지 않는다고 하였는데, 군자도 편당을 만드는 것인지요? 노나라 왕이 오나라 왕의 딸을 부인으로 맞아들여 '맹자孟子'라 불렀습니다. 이것은 맹자의 성이 '희姬'로, 동성이었기 때문에 그렇게 부른 것입니다. 노나라 왕이 예를 알고 있는 것이라 한다면, 그 누가 예를 모르는 것이겠습니까?"라고 하였다. 무마기가 이를 공자에게 알리자 공자는 "나는 참으로 다행이다. 나에게 잘못이 있으면 누군가 반드시 알게 해주는구나. 그러나 신하는 왕의 잘못을 말하지 않고 숨기는 것이 예인 것이다."라고 하였다.

巫馬施字子旗. 少孔子三十歲.

陳司敗問孔子曰: "魯昭公知禮乎?" 孔子曰: "知禮." 退而揖巫馬旗曰: "吾聞君子不黨, 君子亦黨乎? 魯君娶吳女爲夫人, 命之爲孟子. 孟子姓姬, 諱稱同姓, 故謂之孟子. 魯君而知禮, 孰不知禮!" 施以告孔子, 孔子曰: "丘也幸, 苟有過, 人必知之. 臣不可言君親之惡, 爲諱者, 禮也."

그밖의 제자들

양전梁鱣은 자가 숙어叔魚이며 공자보다 29년 아래였다.

안행顏幸은 자가 자류子柳이며 공자보다 46년 아래였다.

염유冉孺는 자가 자로子魯이며 공자보다 50년 아래였다.

조휼은 자가 자순子循이며 공자보다 50년 아래였다.

백건伯虔은 자가 자석子析이며 공자보다 50년 아래였다.

공손룡公孫龍은 자가 자석子石이며 공자보다 53년 아래였다.

자석으로부터 위 35명까지는 나이와 이름, 가르침을 받고 묻고 들은 내용이 책에 보인다.

그 나머지 나이와 이름이 책에 보이지 않는 42명을 아래에 기록해 둔다.

염계冉季는 자가 자산子產이다.

공조구자公祖句玆는 자가 자지子之이다.

진조秦祖는 자가 자남子南이다.

칠조차漆雕哆는 자가 자렴子斂이다.

안고顔高는 자가 자교子驕이다.

칠조도보漆雕徒父. 자문子文

양사적壤駟赤은 자가 자도子徒이다.

상택商澤.

석작촉石作蜀은 자가 자명子明이다.

임부제任不齊는 자가 선選이다.

공량유公良孺는 자가 자정子正이다.

후처后處는 자가 자리子里이다.

진염秦冉은 자가 개開이다.

공하수公夏首는 자가 승乘이다.

해용잠奚容箴은 자가 자석子晳이다.

공견정公堅定은 자가 자중子中이다.

안조顔祖는 자가 양襄이다.

교선鄡單은 자가 자가子家이다.

구정강句井疆.

한보흑罕父黑은 자가 자색子索이다.

진상秦商은 자가 자비子丕이다.

신당申黨은 자가 주周이다.

안지복顔之僕은 자가 숙叔이다.

영기榮旂는 자가 자기子祈이다.

현성縣成은 자가 자기子祺이다.

좌인영左人郢은 자가 행行이다.

연급燕伋은 자가 사思이다.

정국鄭國은 자가 자도子徒이다.

진비秦非는 자가 자지子之이다.

시지상施之常은 자가 자항子恒이다.

안쾌顔噲는 자가 자성子聲이다.

보숙승步叔乘은 자가 자거子車이다.

원항적原亢籍.

악해樂欬는 자가 자성子聲이다.

염결廉絜은 자가 용庸이다.

숙중회叔仲會는 자가 자기子期이다.

안하顔何는 자가 염冉이다.

적흑狄黑은 자가 석晳이다.

방손邦巽은 자가 자렴子斂이다.

공충孔忠.

공서여여公西輿如는 자가 자상子上이다.

공서겸公西蒧은 자가 자상子上이다.

梁鱣字叔魚. 少孔子二十九歲.

顔幸字子柳. 少孔子四十六歲.

冉孺字子魯, 少孔子五十歲.

曹卹字子循. 少孔子五十歲.

伯虔字子析, 少孔子五十歲.

公孫龍字子石. 少孔子五十三歲.

自子石已右三十五人, 顯有年名及受業見於書傳. 其四十有二人, 無年及不見書傳者紀於左:

冉季字子產.

公祖句茲字子之.

秦祖字子南.

漆雕哆字子斂.

顔高字子驕.

漆雕徒父.

壤駟赤字子徒.

商沢.

石作蜀字子明.

任不齊字選.

公良孺字子正.

后處字子里.

秦冉字開.

公夏首字乘.

奚容箴字子皙.

公肩定字子中.

顏祖字襄.

鄡單字子家.

句井疆.

罕父黑字子索.

秦商字子丕.

申黨字周.

顏之僕字叔.

榮旂字子祈.

縣成字子祺.

左人郢字行.

燕伋字思.

鄭國字子徒.

秦非字子之.

施之常字子恆.

顏噲字子聲.

步叔乘字子車.

原亢籍.

樂欬字子聲.

廉絜字庸.

叔仲會字子期.

顔何字冉.

狄黒字晳.

邦巽字子斂.

孔忠.

公西輿如字子上.

公西葴字子上.

사마천의 논평

태사공은 이렇게 말한다.

“70여명의 제자들에 대해, 학자들은 많은 말을 하였다. 때로는 칭찬이 실제보다 지나치기도 하고 비방이 진실을 손상시키기도 한다. 이는 모두 그들의 전체적인 모습을 보지 않았기 때문이다. 제자들의 사적을 말하자면 공 씨의 고문논어에 쓰여 있는 것이 비교적 가까울 것이다. 나는 제자의 이름과 성, 그리고 그와 관련된 글들을 ≪논어≫에서 취하고, 제자들의 문답을 함께 순서대로 엮었는데 그 가운데 의심나는 것은 남겨 두었다.”

太史公曰: 學者多稱七十子之徒, 譽者或過其實, 毁者或損其眞, 鈞之未睹厥容貌, 則論言弟子籍, 出孔氏古文近是. 余以弟子名姓文字悉取論語弟子問並次爲篇, 疑者闕焉.

주제로 읽는 논어

지은이 최남규
펴낸이 김동원
펴낸곳 전북대학교출판문화원

초판 1쇄 인쇄 2022. 5. 25
초판 1쇄 발행 2022. 5. 30

전북대학교출판문화원 전라북도 전주시 완산구 어진길 32 (풍남동2가)
전화 (063) 219-5319~5322
FAX (063) 219-5323
출판등록 2012년 8월 20일 제465-2012-000021호

값 27,000원

ISBN 979-11-6372-154-3　03140